hänssler

Praxisbuch
Kurzbibelschule
So lerne ich die Bibel kennen

Geschichtliche Zusammenhänge,
Sitten und Gebräuche,
biblische Autoren,
ihre Botschaft und deren Bedeutung,
dem Wort Gottes vertrauen —
ein kompakter Kurs, der Überblick und
Durchblick verschafft,
mit Fragen zum Weiterdenken.

Rainer Wagner

Quellenangaben:

Seite 147, 236, 242 aus: »Ernst Aebi: Kurze Einführung in die Bibel«, Verlag
Bibellesebund, CH-Winterthur, 1990, 12. Auflage

Seite 85, 87, 98 aus: »Claus Westermann: Abriß der Bibelkunde«, Calwer
Verlag, Stuttgart, 1991, 13. Auflage

Seite 139, 184, aus: »John H. Walton: Chronologische Tabellen zum
Alten Testament«, Verlag der Francke-Buchhand-
lung GmbH, Marburg, 1986

Die Deutsche Bibliothek — CIP-Einheitsaufnahme

Wagner, Rainer:
Praxisbuch Kurzbibelschule : so lerne ich die Bibel kennen /
Rainer Wagner. — Neuhausen-Stuttgart : Hänssler, 1991
   (Edition C : W, Wege zum Dienst ; 44 : Werkbuch)
   ISBN 3-7751-1641-9
NE: Edition C / W

EDITION C-Werkbuch, W 44
Bestell-Nr. 55.544
© Copyright 1991 by Hänssler-Verlag, Neuhausen Stuttgart
Lektorat: Constance Feyler
Umschlaggestaltung: Daniel Dolmetsch
Satz: AbSatz Ewert-Mohr, Klein Nordende
Printed in Germany

Meiner lieben Frau und unseren Kindern,
sowie meinem verehrten Pfarrer Uwe Holmer
(Lobetal) in Dankbarkeit gewidmet.

Vorwort

»So wenig ein Reiseprospekt eine Reise ist, so wenig ist eine Meinung über Glauben Glauben.« (W. Steinberg)
Das Meinungsspektrum über den Glauben ist verwirrend vielfältig. Jeder, der Klärung sucht, Überblick und Durchblick gewinnen, die Bibel im Zusammenhang kennenlernen und verstehen möchte, findet hier eine hilfreiche Anleitung.
Der Verfasser setzt keine theologischen Kenntnisse voraus. Er hat sein Werk konzipiert als Einführung in Inhalt, Aufbau und Entstehungsgeschichte der Bibel. Das Buch ist aus der Praxis entstanden und in der Praxis erprobt.
Als Bibelseminar wurde es in einem Gemeinschaftsbezirk in 70 Kursabenden (Doppelstunden) durchgeführt. Mit großem Gewinn und starker Motivation für Einsteiger und gestandene Christen. Die Fülle des Stoffes wird gebündelt und griffig dargelegt. Die Ausarbeitungen sind fortlaufend, die Texte tabellarisch aufbereitet, ein abschließender Fragenkatalog vertieft die bearbeiteten Abschnitte. Eine effektive und einprägsame Form, den umfangreichen Stoff in einer Kurzbibelschule für Einzelne und Gruppen zu fassen. Das Buch will prägnant informieren, Grund legen, Vertrauen in die heilige Schrift fördern, darum setzt es sich mit herrschenden theologischen Meinungen, moderner Bibelkritik und Angriffen auf die Autorität der Bibel auseinander.
Das Buch ist empfehlenswert
— als Handbuch zur Bibelkunde
— als wertvolle Handreichung zum Selbststudium der Bibel
— als gut strukturiertes Arbeitsbuch für Hauskreise, Bibelgesprächskreise, Gemeindebibelseminare, Jugendkreise, Junge Erwachsenenkreise, Neulandmission
— als Lehrbuch für Kurzbibelschulen
— als Nachschlagewerk für Pfarrer, Religionslehrer, Prediger und Mitarbeiter in der Gemeinde.

Christian Herrmann

Inhalt

Lektion 3

Thema: Einteilung der Bibel

Lektion 4

Thema: Der Weg zum Urtext

Lektion 5

Thema: Das Buch Genesis

Lektion 6

Thema: Das Buch Exodus

Lektion 7

Thema: Das Buch Levitikus

Lektion 8

Thema: Das Buch Numeri

Lektion 9

Thema: Das Buch Deuteronomium

Lektion 10

Thema: Das Buch Josua

Lektion 11

Thema: Das Buch der Richter

Lektion 12

Thema: Das Buch Ruth

Lektion 13

Thema: Das 1. Buch Samuel

Lektion 14

Thema: Das 2. Buch Samuel

Lektion 15

Thema: Das 1. Buch Könige

Lektion 16

Thema: Das 2. Buch Könige

Lektion 17

Thema: Das 1. Buch der Chroniken

Lektion 18

Thema: Das 2. Buch der Chroniken

Lektion 19

Thema: Die Bücher Esra und Nehemia

Lektion 20

Thema: Das Buch Ester

Lektion 21

Thema: Das Buch Hiob (Ijob)

Lektion 22

Thema: Die Psalmen

Lektion 23

Thema: Die Sprüche Salomos

Lektion 24

Thema: Der Prediger Salomo

Lektion 25

Thema: Das Hohelied Salomos

Lektion 26

Thema: Der Prophet Jesaja

Lektion 27

Thema: Der Prophet Jeremia

Lektion 28

Thema: Klagelieder

Lektion 29

Thema: Der Prophet Hesekiel

Lektion 32

Thema: Der Prophet Joel

Lektion 33

Thema: Der Prophet Amos

Lektion 34

Thema: Der Prophet Obadja

Lektion 37

Thema: Der Prophet Nahum

Lektion 38

Thema: Der Prophet Habakuk

Lektion 39

Thema: Der Prophet Zefanja

Lektion 40

Thema: Der Prophet Haggai

Lektion 41

Thema: Der Prophet Sacharja

Lektion 42

Thema: Der Prophet Maleachi

Lektion 43

Thema: Einleitung in das Neue Testament

Lektion 44

Thema: Das Evangelium nach Matthäus

Lektion 45

Thema: Das Evangelium nach Markus

Lektion 48

Thema: Die Apostelgeschichte des Lukas

Lektion 49

Thema: Der Römerbrief

Lektion 50

Thema: Der erste Korintherbrief

Lektion 51

Thema: Der zweite Korintherbrief

Lektion 54

Thema: Der Brief an die Philipper

Lektion 55

Thema: Der Brief an die Kolosser

Lektion 56

Thema: Der erste Thessalonicherbrief

Lektion 57

Thema: Der zweite Thessalonicherbrief

Lektion 58

Thema: Der erste und zweite Timotheusbrief

Lektion 59

Thema: Der Titusbrief

Lektion 60

Thema: Der Philemonbrief

Lektion 61

Thema: Der erste Petrusbrief

Lektion 62

Thema: Der zweite Petrusbrief

Lektion 63

Thema: Die Johannesbriefe

Lektion 64

Thema: Der Hebräerbrief

Lektion 65

Thema: Der Jakobusbrief

Lektion 66

Thema: Der Judasbrief

Lektion 67

Thema: Die Offenbarung des Johannes

Anhang

Die sogenannte historisch-kritische Methode

Lektion 1

Thema: Einführung in die Bibelkunde

1. Was ist Bibelkunde?

Unter Bibelkunde verstehen wir die Lehre vom Inhalt und Aufbau der Bibel als Gesamtwerk und von jedem einzelnen ihrer 66 Bücher.
In der Theologie wird Bibelkunde gelegentlich auch Bibellistik genannt.

2. Die Bedeutung der Bibelkunde für eine bibeltreue Theologie

Bibelkunde kann mit Recht Grunddisziplin der Theologie genannt werden. Neben den Fächern Exegese (Auslegung der Bibel) und Dogmatik (Glaubenslehre) ist sie das Hauptfach der Theologie.
Sowohl Exegese wie auch Dogmatik sind ohne gründliches bibelkundliches Wissen nicht durchführbar.
Die Bibel ist die alleinige und unfehlbare Offenbarungsquelle der Lehre von Gott (Theologie) und des christlichen Glaubens.
Sie ist Grundlage allen Wissens über Gottes Person und Wirklichkeit, seiner Pläne, seines Willens, seines Handelns.
Die Kenntnis der Bibel ist somit VORAUSSETZUNG für die THEOLOGIE.
Darum kann Dogmatik (Lehre von Gott und Glaubensgrundsätze), Ekklesiologie (Lehre über Wesen und Gestalt der Gemeinde), Ethik (Lehre über Leben und Handeln aus dem Glauben heraus) nur von der Bibel her erarbeitet und entwickelt werden.

3. Ziele der Bibelkunde

Wir wollen
- einen allgemeinen ÜBERBLICK ÜBER DEN INHALT DER BIBEL ERLANGEN,
- die ENTSTEHUNG, die HINTERGRÜNDE und den AUFBAU der Bücher des Alten und des Neuen Testamentes KENNENLERNEN,
- die AUSSAGEABSICHT (Skopus) der biblischen Bücher erfassen,
- einen soliden ÜBERBLICK ÜBER DIE HISTORISCHEN VERHÄLTNISSE der Bibel, über die in der Bibel erwähnten Personen und deren Handlungen bekommen,
- den biblischen Grundgedanken, nämlich das EVANGELIUM von Jesus sowohl im Alten wie auch im Neuen Testament ERKENNEN,
- durch das Studium des Wortes Gottes unseren persönlichen GLAUBEN an Gott, unseren himmlischen Vater, seinen Sohn Jesus Christus, unseren Erlöser und die LIEBE zu seinem, vom Heiligen Geist inspirierten Wort stärken.

4. Hilfsmittel

Das wichtigste Hilfsmittel ist die **BIBEL**.
Wer über die sprachlichen Voraussetzungen verfügt, sollte mit dem Urtext arbeiten.
Das Alte Testament (AT) wurde in hebräischer Sprache verfaßt. Der hebräische Text findet sich in der »Biblica Hebraica«, herausgegeben von Rudolf Kittel oder in »Biblia Hebraica Stuttgartensia«(Deutsche Bibelgesellschaft Stuttgart).
Das Neue Testament (NT) ist im griechischen Dialekt Koine geschrieben. Der griechische Text findet sich in »Novum Testamentum Graece«, herausgegeben von Eberhard Nestle und Kurt Aland (Deutsche Bibelgesellschaft Stuttgart).
Interessant ist auch die INTERLINIARE ÜBERSETZUNG des NT, übersetzt von Ernst Dietzfelbinger (Hänssler-Verlag, Neu-

hausen, 1989, 3.korrigierte Auflage) und die in Interliniarübersetzung Hebräisch — Deutsch mit Transkription (Umschrei-
bung der hebräischen in lateinische Buchstaben), übersetzt
von Rita Maria Steurer (Hänssler-Verlag, Neuhausen, 1. Band
1989).

Als sehr genaue, eng am Text entlanggehende Übersetzung
hat sich die sogenannte »ELBERFELDER BIBEL« besonders
bewährt. In ihrer unrevidierten Form (vor 1978) verzichtet sie
zugunsten der Textgenauigkeit auf die Annäherung an die
heutige Umgangssprache. Darum bedarf es einer geraumen
Zeit, sich in ihre Sprache einzulesen. Auch die revidierte
ELBERFELDER BIBEL ist sehr empfehlenswert.

Sehr geeignet ist weiter die »JERUSALEMER BIBEL« (Herder-
Verlag), außerdem die jüdische Übersetzung des Alten Testamentes von MARTIN BUBER.

In kirchlichen Kreisen wird meist die LUTHERBIBEL (bevor-
zugt die revidierte Ausgabe von 1984), die ZÜRICHER BIBEL
und die Übersetzung von HERRMANN MENGE benutzt.

Nicht geeignet für unsere Zwecke sind die zahlreichen mehr
oder wenigen guten Übertragungen. Bei ihnen wurde zugunsten der Verständlichkeit auf die Genauigkeit der Übersetzung
verzichtet. In einigen Übertragungen sind ganze Einschübe
des Übersetzers in den Text eingearbeitet (oft als Einschub
nicht erkenntlich gemacht, wie bei der Übertragung von Jörg
Zink). Die bekanntesten Übertragungen sind die von Hans
Bruns und Jörg Zink. Als ungeeignet muß auch die sogenannte
»GUTE NACHRICHT«, die fälschlich als Übersetzung ausgege-
ben wird, betrachtet werden. In ihr kommen existential-theo-
logische Meinungen zum Tragen. Daher ist sie nicht als Übersetzung, sondern als Übertragung anzusehen.

Eine **KONKORDANZ.** Mit Hilfe der Konkordanz kann anhand
des entsprechenden Stichworts jede Bibelstelle schnell gefunden werden.

Hinweisen möchten wir auch auf die Computerbibeln, die in
neuester Zeit erschienen sind. So gibt es neben Computeraus-
gaben des Urtextes auch Computerübersetzungen wie z.Z. die

Lutherbibel (Stuttgarter Bibelanstalt) und die Elberfelder Bibel (R. Brockhaus-Verlag, Wuppertal). Sie ersetzen eine Konkordanz zwar nicht ganz, bieten aber ähnliche und andere sehr hilfreiche Möglichkeiten.

Die **BÜCHER**, welche unter den QUELLENANGABEN aufgeführt sind.

Das Studienmaterial, welches in UNSERER **»KURZBIBEL-SCHULE«** aufgearbeitet ist.

Eine **Ringbuchmappe**, bzw. eine geeignete Ablage für Anmerkungen zum Lehrstoff oder zum Festhalten von eigenen Studien.

5. Methodik

Falls Sie die BIBEL noch nie IM ZUSAMMENHANG GELESEN haben, sollten Sie damit am Anfang unseres Lehrganges beginnen. Dies kann auch parallel zu unseren Studien erfolgen.
Wenn Sie täglich ein biblisches Buch lesen, haben Sie innerhalb von ca. 7 Wochen die Bibel einmal durchgelesen. Schrekken Sie auch nicht vor den sogenannten Geschlechtsregistern (Stammbäumen) oder andersartigen Statistiken zurück. Sie sind Teil der Bibel und tragen zu deren Gesamteindruck bei.

Wenn Sie die REIHENFOLGE DER BIBLISCHEN BÜCHER nicht kennen, so lernen Sie diese auswendig. Das erleichtert die Arbeit auch in anderen theologischen Bereichen. Die Reihenfolge sollten Sie nach der Elberfelder Übersetzung lernen. Sowohl die Lutherübersetzung wie auch die katholischen Übersetzungen (die ökumenische Einheitsübersetzung eingeschlossen) weichen von der ursprünglichen Kanonreihenfolge ab (siehe »Kanon«, Lektion 2).

Die Reihenfolge der Bücher finden Sie im Inhaltsverzeichnis der Bibeln und in dieser Lektion.
LESEN SIE parallel zur Durcharbeitung der biblischen Lektionen noch einmal die BEHANDELTEN BÜCHER. Das einmalige Durchlesen der Bibel genügt nicht zum Kennenlernen der Heiligen Schrift. Inhalt und Aussage der Bibel sind so umfangreich, daß man sie nicht mit einmaliger Lektüre erfassen kann.

SCHLAGEN SIE die besonders erwähnten BIBELSTELLEN NACH. Nur so wird man BIBELFEST. Bibelkunde ist ein Lernfach!

ERARBEITEN Sie die jeweiligen AUFGABEN genau.

Tips zur Bearbeitung der Lektionen

* Machen Sie sich Notizen. Halten Sie ihre selbst erarbeiteten Ergebnisse schriftlich fest. Unterstreichen Sie die wichtigsten Aussagen.

* Prägen Sie sich den Inhalt der Lektionen genau ein. Testen Sie anhand der Frage am Ende der jeweiligen Lektionen, inwieweit Sie den Lektionsinhalt erfaßt haben.

* Wichtig! Schreiben Sie bei der Beantwortung der Fragen nicht einfach ab!

* Vergleichen Sie dann ihre Aufzeichnung nochmals mit dem Inhalt des Lektionsstoffes. Prägen Sie sich besonders ein, was Sie ursprünglich nicht notiert hatten.

6. Aufbau einer Lektion

In der Regel wird in einer Lektion ein Thema bzw. ein biblisches Buch behandelt.

Bei Themen gestaltet sich der Lektionsaufbau unterschiedlich.
Bei biblischen Büchern folgen wir im Regelfall folgendem Muster:

Zusammenfassung

1. Vorbemerkungen
2. Das Thema des Buches
3. Der Zeitabschnitt
4. Verfasserschaft und Abfassungszeit
5. Echtheit (Authentizität) und wichtigste Punkte der Bibelkritik
6. Hauptverständniswort
7. Hauptverständnisvers
8. Abriß
9. Symbolik
10. Besonderheiten

Allerdings:
Buchspezifische Abweichungen von dieser Regel treten bei
fast jedem Buch auf.

7. Begrifflichkeiten

Falls Ihnen gewisse Fachausdrücke noch nicht geläufig sind,
sollten Sie diese einfach herausschreiben und sich deren Bedeutung einprägen.
Jeder Beruf, jede Wissenschaft, ja selbst die meisten Hobbys
haben ihre Fachausdrücke. Auch in der Bibelkunde sowie in
der ganzen Theologie kommen wir ohne derartige Begriffe nur
schwer aus.

Gebräuchliche Bezeichnungen und Abkürzungen von biblischen Büchern:

Altes Testament — AT
Neues Testament — NT
alttestamentlich — alttestatmentl./atl.
neutestamentlich — neutestatmentl./ntl.

8. Die Bücher des Alten Testamentes

DAS ALTE TESTAMENT umfaßt 39 Bücher. Es wird aufgeteilt
in:

A. GESCHICHTSBÜCHER

(Pentateuch bzw. die 5 Bücher Mose von Genesis — Deuteronomium)

Genesis — Gen (1. Mose)
Exodus — Ex (2. Mose)
Levitikus — Lev (3. Mose)
Numeri — Nu (4. Mose)
Deuteronomium — Dtn (5. Mose)

Josua — Jos
Richter — Ri
Ruth — Rut
1. Samuel — 1. Sam
2. Samuel — 2. Sam
1. Könige — 1. Kön
2. Könige — 2. Kön
1. Buch der Chroniken — 1. Chr
2. Buch der Chroniken — 2. Chr
Buch Esra — Esr
Buch Nehemia — Neh
Buch Esther — Est

B. LEHRBÜCHER (Poetische Bücher)

Hiob (Ijob) — Hiob
Psalmen (Psalter) — Ps
Die Sprüche Salomos — Spr
Der Prediger Salomo (Kohelet) — Pred(Koh)
Das Hohe Lied Salomo — Hld

C. PROPHETEN (proph. Bücher)

Jesaja — Jes
Jeremia — Jer
Klagelieder Jeremias — Klgl
Hesekiel (Ezechiel) — Hes (Ez)
Daniel — Dan
Hosea — Hos
Joel — Joel
Amos — Am
Obadja — Obd
Jona — Jona
Micha — Mi
Nahum — Nah
Habakuk — Hab
Zephania — Zef
Haggai — Hag
Sacharia — Sach
Maleachi bzw. Malachias — Mal

9. Die Bücher des Neuen Testaments

DAS NEUE TESTAMENT umfaßt 27 Bücher. Es wird aufgeteilt in:

A. GESCHICHTSBÜCHER

Das Evangelium des Matthäus — Mt

Das Evangelium des Markus — Mk
Das Evangelium des Lukas — Lk
Das Evangelium des Johannes — Joh
Die Apostelgeschichte des Lukas — Apg

B. LEHRBÜCHER (Briefe)

Römerbrief — Röm
1. Korintherbrief — 1. Kor
2. Korintherbrief — 2. Kor
Galaterbrief — Gal
Epheserbrief — Eph
Philipperbrief — Phil
Kolosserbrief — Kol
1. Thessalonicherbrief — 1. Thess
2. Thessalonicherbrief — 2. Thess
1. Timotheusbrief — 1. Tim
2. Timotheusbrief — 2. Tim
Titusbrief — Tit
Philemonbrief — Phil
Hebräerbrief — Hebr
Jokobusbrief — Jak
1. Petrusbrief — 1. Petr
2. Petrusbrief — 2. Petr
1. Johannesbrief — 1. Joh
2. Johannesbrief — 2. Joh
3. Johannesbrief — 3. Joh
Judasbrief — Jud

(Bitte beachten Sie, daß in den üblichen Lutherbibeln der Hebräerbrief erst nach dem 3. Johannesbrief folgt.)

C. PROPHETISCHES BUCH

Die Offenbarung des Johannes (Apokalypse) — Offb

10. Die Apokryphen

Sie gehören nicht zum biblischen Kanon dazu (siehe „Kanon",
Lektion 2).

Judith — Jdt
Das Buch der Weisheit — Weish
Das Buch Tobias — Tob
Das Buch Jesus Sirach — Sir
Das Buch Baruch — Bar
Der Brief Jeremias — Brief Jer
Das 1. Buch der Makkabäer — 1. Makk
Das 2. Buch der Makkabäer — 2. Makk
Zusätze zu Daniel: — Susanne
               — Bel zu Babel
               — Gebete der drei Jünglinge im Feuer-
                 ofen
Zusätze zu Esther
Das Gebet der Manasse

(Für die Zusätze gibt es keine allgemeingültigen Abkürzungen.)

Fragen zu Lektion 1

1. Was sollten Sie tun, um »bibelfest« zu werden?

2. Was ist die Bedeutung der Bibelkunde in der Theologie?

3. Was offenbart uns die Bibel?

4. Was versteht man unter einem Skopus?

5. Was unterscheidet eine Bibelübersetzung von einer Übertragung?

6. Wieviele Biblische Bücher gehören zum Kanon:
   Insgesamt?
   Zum AT?
   Zum NT?

7. Was ist eine Konkordanz?

8. Geben Sie mit eigenen Worten den Inhalt der 1. Lektion wieder:

Lektion 2

Thema: Die Bibel

1. Was ist die Bibel?

Die Bibel ist GOTTES WAHRHAFTIGES UND UNVER-FÄLSCHTES WORT. In ihr offenbart sich der lebendige Gott, der Schöpfer aller Dinge, des Himmels und der Erde, der Urgrund allen Seins. Er ist ewig (Ps 90,2; Jer 1,12; Joh 1,1 u.a.). Gott benutzt nur das Mittel der menschlichen Sprache, um seinen Geschöpfen, den Menschen, alles mitzuteilen, was sie über ihren Schöpfer und über sich selbst wissen müssen. In diesem Reden Gottes enthüllt er uns die Wahrheit, die wir selbst nicht wissen könnten – wir nennen dies Offenbarung. Dieses geoffenbarte Wort Gottes ist die Bibel. Hier redet Gott zu uns so, daß wir ihn verstehen können.

Wer aber hat die Bibel geschrieben?
Gott hat zu verschiedenen Zeiten mittels seines Heiligen Geistes zu ganz bestimmten Menschen gesprochen und ihnen den Auftrag gegeben, seine Botschaften niederzuschreiben. Man nennt diesen Vorgang Inspiration.
Inspiration heißt: Gott befähigt menschliche Verfasser unter Verwendung ihrer eigenen Persönlichkeit (daher der sehr unterschiedliche Stil verschiedener biblischer Bücher), Gottes Offenbarung ohne Irrtümer oder Fehler verfassen und aufschreiben zu können. Diese Definition bezieht sich auf die ursprünglichen Manuskripte (siehe »Urtext«, Lektion 4)!

Alle echt christliche Existenz ist an dieses geoffenbarte Wort Gottes gebunden. Hier finden wir den Maßstab, den Gott uns als Lebenshilfe gibt (2.Petr 1,20f, 2.Tim 3,16f u.a.).
Ja, so eng ist Gott mit seiner Art und Weise, sich im »Wort« zu

offenbaren, identisch, daß sein Sohn Jesus Christus sogar den Namen »WORT GOTTES« trägt (Joh 1,14; Hebr 1,1-2; Offb 19,13 u.a.). Werner de Boor sagte: »Jesus Christus ist das Wort, in dem Gott sich absolut ausgesprochen hat.«

2. Die Bedeutung des Wortes »Bibel«

Der Name »Bibel« ist GRIECHISCHEN URSPRUNGS und leitet sich vom Wort
BIBLOS = Buch ab.
Ursprünglich wurde manchmal auch die Bezeichnung
BIBLITHECA = Büchersammlung genutzt.

Der Verfasser der wichtigsten Bibelübersetzung, der VULGA-TA, Kirchenvater HIERONYMUS nannte die Bibel auch

DIVINA BIBLIOTHECA = göttliche Büchersammlung.

In der Bibel selbst finden sich auch gewisse Selbstbezeichnungen. Dieses **Selbstzeugnis** ist sehr wichtig. Hier erfahren wir, wie die Bibel verstanden werden will und welchen Anspruch sie stellt.

Studieren Sie die Bibelverse genau und prägen Sie sich folgende Verse ein:

Schrift: Lk 4,21; Joh 2,22, Joh 10,34-35, Lk 24,27
Heilige Schrift: Röm 1,2; 2. Tim 3,16 u.a.
Die Bücher: Dan 9,2 u.a.
Gesetz und Propheten: Mt 5,17-18, Apg 13,15; Röm 3,21; u.a.
Inspiration durch den Geist Gottes: 2. Tim 3,16; 2. Petr 1,2
Wort Gottes: Mt 22,31-32; Joh 17,17; Röm 3,4; Hebr 1,1-2
Offenbarung von Gott: Gal 1,11-12

Diese biblischen Selbstbezeichnungen haben sich ursprünglich nur auf den zur Zeit ihrer Formulierung vorhandenen Teil

der Bibel bezogen. Dennoch können wir sie auf die ganze Bibel
anwenden, da sie sachlich alle Teile des geoffenbarten Wortes
Gottes erfassen.
Diese These wird dadurch unterstützt, daß gleiche Begriffe zu
verschiedenen Zeiten für einen verschieden großen Umfang
der biblischen Bücher benutzt wurden. Ein Beispiel: Josua
nennt das Wort Gottes das »Gesetz« (Jos 1,8). Zu seiner Zeit
gab es aber erst die Thora, bzw. den Pentateuch (5 Bücher Mose). Es existierte also erst ein kleiner Teil unserer heutigen Bibel.
Jesus, wie alle Juden zur damaligen Zeit, nannte das gesamte
AT »das Gesetz und die Propheten« oder auch nur »das Gesetz« (vgl. Mt 5,17-18, Mt 7,12 u.a.). Zwischen Josua und Jesus
liegen ca. 1300 Jahre. Beide verwenden den Begriff »Gesetz«
und beziehen ihn doch auf einen verschiedenen Schriftenum-
fang.
Es geht also beim Selbstzeugnis der Bibel nicht so sehr um ein
bestimmtes biblisches Buch, sondern vielmehr um die Sache:
Es geht um das geoffenbarte Wort Gottes, das uns im biblischen Kanon vorliegt.

3. Die menschlichen Verfasser der Bibel

Gott gab sein Wort gläubigen Menschen ein (Inspiration). Sie
dienten als Übermittler seiner wichtigen Botschaft (2. Tim
3,16f wörtlich: Alle Schrift ist von Gott »eingehaucht«).
Die Bibel wurde in einem Zeitraum von 1500 Jahren von ca. 40
verschiedenen Personen geschrieben.
Stellen Sie sich zum Vergleich ein Buch vor, an dem der erste
Autor 400 n.Chr. zu schreiben begonnen hat und das 1990 abgeschlossen wurde.
Unmöglich! denkt jeder. Der kulturelle Hintergrund der verschiedenen Autoren ist viel zu unterschiedlich. Solch ein Buch
müßte ein einziges Durcheinander sein!
Die Bibel aber zeichnet sich besonders durch ihre innerliche
Einheitlichkeit aus.

Diese Tatsache zeigt, daß HINTER ALLEN MENSCHLICHEN
SCHREIBERN DER GLEICHE INSPIRATOR, nämlich der **HEI-
LIGE GEIST STEHT.** Nur dieser Inspiration ist die innerliche
Einheitlichkeit der Bibel zuzuschreiben.

DIE VERFASSER der einzelnen biblischen Bücher GEHÖRTEN
UNTERSCHIEDLICHSTEN BEVÖLKERUNGSSCHICHTEN AN
(betreffend den sozialen und gesellschaftlichen Status sowie
das Bildungsniveau).
So finden wir u.a.:
    Könige: Salomo und David u.a.;
    Ärzte und Priester: Lukas, Jesaja u.a.;
    Theologen: Paulus und Esra u.a.;
    Politiker: Mose, Daniel, Nehmia u.a.;
    Landwirte und Handwerker: Amos, Petrus u.a.;
    Musiker und Sänger: Asaph, Söhne Korahs;
    Militärs: Josua u.a.;
    Propheten: Ezechiel, Haggai u.a.

4. Die Entstehungszeit der Bibel

Die Bibel ist unter den Werken der Weltliteratur (diesen Begriff verwenden wir hier nur, um ihre Wertschätzung von
nichtchristlicher Seite zu erwähnen) das Buch mit der längsten
Entstehungszeit.
Wir müssen von wenigstens 1500 Jahren ausgehen. Möglicherweise aber liegen ihr viel ältere Quellen zugrunde. (Dieser Quel-
lengedanke darf nicht mit der weitverbreiteten Urkunden-
bzw. Quellenscheidungs-Theorie, auf die noch eingegangen
wird, verwechselt werden.) Es ist durchaus möglich, daß Aufzeichnungen aus der Zeit vor der Sintflut (z.B. Geschlechterregister) in die später entstandenen Schriften eingeflossen sind.
In der jüdischen Überlieferung des Talmuds (Sammlung von
Gesetzen und religiösen Überlieferungen des nachbiblischen
Judentums) wird sogar die Meinung vertreten, daß die 10 Gebote (Ex 20) schon vor Erschaffung der Welt von Engeln niedergeschrieben wurden.

Horst W. Beck geht davon aus, daß Mose Aufzeichnungen der
Patriarchen zur Verfügung hatte. Vgl. Beck, Horst W.
(1991)
»Was sagt die Archäologie zur Entstehung der Genesis« in
Scherer, S. (Hg.) Die Suche nach Eden. Wege zur alternativen
Deutung der menschlichen Frühgeschichte. Neuhausen Stutt-
gart, S. 126-135. Vgl. auch Theophil Flügge:»Wer schrieb das
1. Buch Mose?«.
Sicher ist, daß es wenigstens mündliche Überlieferungen gab.
Ansonsten wäre das Vorhandensein von Einzelheiten aus dem
Familienleben Adams, Lamechs, Abrahams etc. nur schwer zu
verstehen.
Die Abfassung des zuletzt geschriebenen Buches der Bibel,
der Apokalypse, wird auf die Zeit um 96-100 n.Chr. datiert.

5. Was ist der Kanon

In der Theologie wird der Begriff KANON immer wieder gebraucht.
Unter Kanon versteht man die allgemein anerkannten Schriften des NT und AT.
Das Wort Kanon ist griechisch.
Es bezeichnete ursprünglich das Meßgerät auf antiken Bau-
stellen.
Wir können das Wort Kanon mit »MASSTAB« oder »REGEL«
übersetzen.
Da die Bibel Maßstab und Regel unseres Glaubens ist, wurde
der Begriff von der Urkirche übernommen.

Der ALTTESTAMENTLICHE KANON WURDE UM 300 v.Chr.
ABGESCHLOSSEN.
Die Liberalen bestreiten dies und ordnen z.B. Daniel in das 2.
vorchristl. Jahrhundert ein. Diese Sicht hat allerdings durch
die neueren archäologischen Funde (u.a. Funde von Qumran)
starke Erschütterungen erlitten.
Auch gibt es eine aus dem 2.vorchristlichen Jahrhundert stammende griechische Übersetzung, die SEPTUAGINTA (wissen-

schaftliche Kurzbezeichnung LXX), die schon den gesamten alttestamentlichen Kanon nebst Apokryphen umfaßt. Das Judentum sanktionierte (bestätigte) den hebräischen alttestamentlichen Kanon (ohne Apokryphen) um 100 n.Chr. im RAT VON JAMNIA (auch Synode von Jamnia genannt), unter wesentlichem Einfluß des berühmten Rabbi Akiba. Die LXX wurde für den Gebrauch in der Synagoge verworfen. Man wird darin eine Abwehrreaktion gegen das aufkommende Christentum sehen müssen, in dem die LXX gebräuchlich war.

Aber auch im Christentum setzte sich dann der hebräische Kanon in der hebräischen Ursprache (masoretischer Text) durch (besonders im Protestantismus).

DER NEUTESTAMENTLICHE KANON wurde mit der OFFENBARUNG DES JOHANNES UM 96/98 n.Chr. endgültig abgeschlossen.

Wenn auch ein Klärungsprozeß nötig war, in dem nichtkanonische Schriften ausgesondert wurden, so kann man doch davon ausgehen, daß schon um 150 n.Chr. der neutestamentliche Kanon in seinem heutigen Umfang allgemein anerkannt war. Hierfür ist das sogenannte MURATORISCHE FRAGMENT ein Beweis.

Unter dem muratorischen Fragment bzw. Kanon Muratori (altes Dokument von dem italienischen Bibliothekar L.A. Murator; es handelt sich um die lateinische Übersetzung eines griechischen Schreibens und wurde 1740 veröffentlicht) versteht man die Aufzählung der anerkannten biblischen Bücher. Der Kanon Muratori entstand um 170 n.Chr. in Rom.

Letzte Anerkennung fand dann unser heutiger Kanon durch die altkirchlichen Konzile des 3. und 4. Jahrhunderts.
1. Synode zu Laodicea, 363 n.Chr.: alle jetzigen Bücher des NT, einschließlich der Offenbarung, wurden als kanonisch akzeptiert.
2. Konzil in Karthago, 397 n.Chr.: alle 27 Bücher des NT, einschließlich der Offenbarung, sind als kanonisch akzeptiert (entspricht unserem heutigen Kanon).

3. Konzil zu Hippo, 419 n.Chr.: bestätigt die Entscheidung in
   Karthago.

Erst die Gegenreformation brachte durch das Konzil von
Trient (8.4.1548) die Kanonfrage neu auf. Seitdem zählt die
röm.-kath. Kirche die alttestamentlichen Apokryphen der
LXX wieder zum Kanon. Die Reformationskirchen lehnten
dies ab. Die kath. Kirche erhoffte sich mit der Kanonisierung
der Apokryphen ein ideologisches Mittel gegen die die Schrift
betonenden Protestanten.
Zu behaupten, daß Luther den Kanon in Frage stellte, wie dies
neuere Theologen tun, ist falsch. Zwar gab es für ihn eine unterschiedliche Gewichtung der Bücher, was aber den Kanon
nicht in Frage stellte. Er meinte vielmehr, man müsse die Bedeutung der einzelnen biblischen Bücher am »Kanon im Kanon« bewerten. Dieser »Kanon im Kanon« ist nach Luthers
Worten: »Was Christum treibet«. Nach seinem persönlichen
Erkenntnisstand schnitten, gemessen an dem »was Christum
treibet«, das Estherbuch, der Jakobusbrief und die Offenbarung schlechter ab als andere biblische Bücher. Der Kanon als
solcher wurde aber von Luther nie in Frage gestellt.
Neu wurde die Kanonfrage erst in den 60er Jahren von Liberalen wie Käsemann u.a. aufgeworfen. Dahinter verbirgt sich der
Wunsch, durch neue Kanonisierungen ideologische Anliegen
aufzuwerten und biblische Aussagen zu relativieren.

6. Was sind die Apokryphen?

Das Wort Apokryphen ist griechischen Ursprungs und bedeutet soviel wie VERHÜLLTE BÜCHER, UNTERGESCHOBENE
BÜCHER.
Es handelt sich dabei um religiöse Schriften aus der Zeit nach
der Beendigung des alttestamentlichen Kanons bis etwa 100
n.Chr.
Wir unterscheiden zwischen neutestamentlichen und alttestamentlichen Apokryphen.

Nach jüdischer Ansicht war der letzte Schreiber der Bibel der Schriftgelehrte Esra (gegen 430 v.Chr.). Aus Geschlechtsregistern im Buche Nehemia (Neh 12) müssen wir allerdings schließen, daß der alttestamentl. Kanon frühestens z.Z. Alexanders d. Großen beendet wurde.
Die bekannteren alttestamentlichen Apokryphen stammen aus der Zeit zwischen 300 und 80 v.Chr.
Im Laufe der Kanonisierung wurden sie aus der Reihe der biblischen Bücher ausgesondert. Inhaltlich enthalten sie, im Gegensatz zu den biblischen Büchern, sowohl sachliche wie auch geistliche Fehler.
Sie vertreten teilweise Meinungen, die im Gegensatz zur Gesamtaussage der Bibel stehen.
Als bekannteste Apokryphen sind die »zwischentestamentlichen« anzusehen (geschrieben in der »zwischentestamentlichen Periode«, also im Zeitraum zwischen AT und NT).
Zu ihnen gehören:
3. Buch Esra, 1-3. Buch Makkabäer, Buch Tobias, Gebet der Manasse, Zusätze zu Daniel, Zusätze zu Esra, Baruch, Brief des Jeremias, Sprüche Jesus Sirachs und Weisheiten Salomos (siehe Lektion 1 »Die Apokryphen«).
Diese Bücher finden sich teilweise in der LXX, aber nicht im hebräischen Kanon.
Die reformierten Kirchen verwerfen sie ganz.
Luther behielt sie bei. Sie finden sich in einem Anhang zu seiner »Septemberbibel« (erste Übersetzung der ganzen Bibel von Luther). Allerdings setzt er ihnen eine Erklärung betreffs ihrer Bedeutung voran:
»Die Apokryphen, das sind Bücher, die der Heiligen Schrift nicht gleichgehalten sind; und doch nützlich und gut zu lesen.«

Wie schon erwähnt, wurden sie als gegenreformatorisches Kampfmittel auf dem Trientinum 1548 (Konzil von Trient) für die römische Kirche kanonisiert.
NEBEN DEN APOKRYPHEN GIBT ES NOCH SOGENANNTE PSEUDEPIGRAPHEN (Schriften der Antike, die einem Autor

fälschlich zugeschrieben werden). Dies sind Schriften, die im Gegenteil zu den Apokryphen im Judentum nie allgemein anerkannt waren. Sie entstammen der Zeit von 150 v.Chr. bis 150 n.Chr.
Meist handelt es sich bei ihnen um Schriften jüdisch-hellenistischen Ursprungs, die oft gnostische Spekulationen beinhalten (Gnosis = deutsch: Erkenntnis). Diese griechische Philosophie lehrt eine Trennung von Geist und Materie, wobei die Materie als schlecht, niedrig und böse bewertet wird, der Geist aber als gut und göttlich. Die Materie hält den Geist gefangen. Ziel des Menschen ist es, sich durch verschiedene geistige Übungen, durch Erkenntnis, von der Materie zu befreien und eine Gottesschau zu erfahren. In der Urkirche wurden sie zeitweise und teilweise geachtet. Zitate und Anspielungen findet man auch in neutestamentl. Büchern (Kol, Tim, Petr, Jud).
Zu ihnen gehören:
Aristeasbrief, 4. Makkabäer, Psalmen und Oden Salomos, das äthiopisch-griechische Henochbuch u.a.
Zu besonderer Bedeutung sind zeitweise das TESTAMENT DER 12 PATRIARCHEN, DIE HISTORIE VON JANNES UND JAMBRES sowie das LEBEN ADAMS UND EVAS gekommen.

Ähnliche nichtkanonische Bücher wie diese Pseudepigraphen sind die **NEUTESTAMENTLICHEN APOKRYPHEN.**
Die wichtigsten dieser meist aus gnostisch-christlichem Hintergrund kommenden Bücher sind u.a.:
a) Evangelien: Hebräer-, Ägypter- und Petrusevangelium, sowie weitere Evangelien von denen noch einige nicht mehr deutlich identifizierbare Reste existieren.
b) Briefe: 1.Clemensbrief, Ignatiusbrief, Polykarpbrief, Barnabasbrief u.a.
c) Apokalypsen: Petrusapokalypse, das Henochbuch u.a.

Fragen zu Lektion 2:

1. Was ist die Bibel?

2. Woher kommt die Bezeichnung Bibel?

3. Welche weiteren Bezeichnungen gibt es für die Bibel?

4. Wie lange dauerte die Entstehung der Bibel?

5. Wer waren die menschlichen Autoren der Bibel?

6. Definieren Sie den Begriff der biblischen Inspiration:

7. Welche Quellen standen Mose für den Pentateuch (5 Bücher Mose) zur Verfügung?

8. Was verstehen wir unter dem Kanon?

9. Wann und wo wurde der Kanon festgelegt?

10. Was sind Apokryphen und Pseudepigraphen?

Lektion 3

Thema: Einteilung der Bibel

Ein so umfangreiches Werk wie die Bibel muß, um studiert
und erfaßt werden zu können, gegliedert und unterteilt werden.
Gerade wenn wir historisch-kritische Methoden bei der wissenschaftlichen Erarbeitung der Bibel ablehnen, benötigen wir
andere Arbeitsweisen. Zu ihnen gehört das Analysieren und
das Gliedern der Schrift als Ganzheit, der einzelnen Bücher
und biblischer Abschnitte (wissenschaftlicher Begriff: Perikopen).

Methoden, wie sie die liberalen Theologen benutzen, z.B. »religionsgeschichtlicher Vergleich«, »formgeschichtliche Methode (auch Gattungsforschung genannt)«, »vergleichende
Methode« und andere Arten der »Bibelkritik«, wollen wir meiden. Was wir suchen, ist **eine der Bibel »angemessene« Metho-
de**. Was heißt das? Wir gehen davon aus (Denkvoraussetzung),
daß die Bibel das von Gott geoffenbarte Wort ist (vgl. Lek-
tion 2). Wenn Gott zu uns spricht, teilt er uns Wahrheit mit.
Wenn Gott sich offenbart, enthüllt er uns Dinge, die wir sonst
nicht wissen könnten.
Darum tritt die Bibel mit einem **Anspruch** an uns heran:
Sie ist Gottes Wort.
Sie ist wahr.
Ihre Botschaft hat Autorität (nämlich die Autorität des Redens
Gottes zu uns).
Wir sollten die Botschaft hören, verstehen und befolgen.

Weil die historisch-kritische Methode diesen Anspruch der Bibel nicht bedingungslos akzeptiert, ist sie keine angemessene
Methode.
Was wir also suchen, sind alternative, und zwar der Bibel entsprechende, Arbeitsmethoden, Methoden die die Ehrfurcht

vor Gottes Wort behalten, aber dennoch zu Ergebnissen füh-
ren.
Eine dieser Methoden für die Bibelkunde ist das Gliedern und
Analysieren. Sie ist wissenschaftlich, konstruktiv und **dem
Worte Gottes angemessen.**

1. Die äußere Einteilung der Bibel

a. Die Hauptteile

Die Bibel besteht aus zwei Hauptteilen, dem Alten und
dem Neuen Testament.

1. DAS ALTE TESTAMENT: Dieser Bibelteil ist gemeinsame Glaubensgrundlage der Christen und auch der
   Juden.

2. DAS NEUE TESTAMENT: Dieser Bibelteil ist das nur
   den Christen anvertraute Gotteswort.

Die Bezeichnung TESTAMENT (deutsch: Bund) geht
auf Kirchenvater Tertullian zurück.
Er verstand die beiden Testamente als zwei Bünde.

Testament = deutsch: Bund
AT = Bund Gottes mit Israel durch Mose (Ex 19,5) u.a.
NT = Bund Gottes mit der Gemeinde durch Christus
     (Mt 26,28)

Im AT hat sich Gott insbesondere seinem ausgewählten
Volk, den Juden, offenbart.
Durch die Apostel, die ja selber Juden waren, hat Gott
das AT auch den »Heidenchristen« (Christen, die nicht
vom jüdischen Volk abstammen, sondern sich aus anderen Völkern und Religionen zum Christentum bekehrt
haben) zugänglich und verständlich gemacht.

Die Apostel sind außerdem die Verfasser des NT. Im NT offenbart Gott seinen neuen Bund, den er mit allen Menschen, also mit Juden und Heiden (nichtjüdische Völker) schließen will. Das neue Bundesvolk ist die Gemeinde Jesu. Darum ist das NT auch das an die Gemeinde gerichtete Gotteswort. Inhaltlich entspricht es der »Apostellehre« (Apg 2,42; vgl. Eph 2,20). Im neuen Bund haben die Christen die Aufgabe, das Wort Gottes in der ganzen Welt bekannt zu machen, denn Gott will ja allen Menschen dieser Erde begegnen.

b. Die Bucheinteilung

Nach Entstehung, Verfasser und Inhalt ist sowohl das AT wie auch das NT in weitere Bücher unterteilt.
Diese Bücher waren ursprünglich selbständige literarische Werke. Sie wurden durch die Kanonisierung, unter der Leitung des Heiligen Geistes, zur Bibel zusammengefügt.

AT = 39 Bücher   Genesis bis Maleachi
NT = 27 Bücher   Matthäus bis Offenbarung

c. Kapitel- und Verseinteilung

Um mit der Bibel besser arbeiten zu können, gibt es seit langem die Feinunterteilung in Verse und Kapitel.
Diese Einteilung ist weder ursprünglich noch kanonisch.
Sie gibt demzufolge auch keinerlei Glaubenswahrheiten wieder.
Aber sie ist sinnvoll.
Die übliche Kapiteleinteilung geht auf den englischen Erzbischof Stephan Langton aus Cambridge (1205 n. Chr.) zurück. Die Untergliederung in Verse führen

wir auf den Pariser Buchdrucker Robert Stefanus zurück. Er verwendete sie erstmalig 1551.
In einigen Übersetzungen weicht die Verseinteilung un-
wesentlich von der allgemein üblichen ab (z.b. Elberfelder und kath. Übersetzungen).

2. Die theologisch übliche Sachunterteilung

Wir unterscheiden

   a) Geschichtsbücher
   b) Lehrbücher
   c) Prophetische Bücher

In der Bibel sind sie entsprechend ihrer Gattung angeordnet:

AT = 17 Geschichtsbücher Genesis – Esther
    = 5 poetische Bücher (Lehrbücher) Hiob – Hoheslied
    = 17 prophetische Bücher Jesaja – Maleachi

NT = 5 Geschichtsbücher Matthäus – Apostelgeschichte
    = 21 Briefe (Lehrbücher) Römerbrief – Judasbrief
    = 1 prophetisches Buch Offenbarung des Johannes

Dabei müssen wir berücksichtigen, daß die einzelnen Bücher
inhaltlich nicht unbedingt durchgehend ihrer Gattung entsprechen:
Es finden sich z.b. in Geschichtsbüchern prophetische Teile,
z.B. Luk 21 und Mt 25 u.a.
Ebenso finden wir Prophetie in Lehrbüchern, z.B. Röm. 11,1;
1. Thess 4-5
In den Propheten finden sich seelsorgerliche Teile, Offb 2-3
oder Jes 40 ff u.a.
Ihrem Wesen nach sind die alttestamentlichen Lehrbücher
poetische Schriften. Die neutestamentlichen Lehrbücher dagegen sind ausnahmslos Briefe.

3. Die jüdische Einteilung des AT

Die jüdische Einteilung war schon zur Zeit Jesu die übliche und ist auch heute noch im Judentum gebräuchlich.
Die Juden unterteilen die Bibel in:

Gesetz, Propheten und Schriften!

Diese Bezeichnungen sind mit den von uns verwendeten Begriffen nicht voll identisch.
(Auch weicht die Bucheinteilung der Juden von der christlichen ab.)

Wenn Jesus also in der Synagoge las oder predigte, ging er von genau dieser Einteilung aus.
Paulus diente sie ebenfalls als Grundlage während seiner für uns grundlegenden Arbeit in den Briefen.

a. Die Thora

Hebräisch: Thora = deutsch: Das Gesetz

Die Juden nennen die Bücher von Genesis – Deuteronomium (5 Bücher Mose) Thora.
In jeder Synagoge befindet sich eine heilige Buchrolle, auf der die gesamte Thora niedergeschrieben ist.
Sie ist in 52 Abschnitte unterteilt und wird fortlaufend in den Sabbatfeiern vorgelesen. Auf diese Weise wird einmal im Jahr die gesamte Thora zu Gehör gebracht.
Besonders die Rolle wird von den Juden sehr stark verehrt. Sie wird geküßt, mit einer Krone versehen, und am »Tag der Gesetzesfreude« (jüdischer Feiertag) tanzt man sogar mit ihr.
Ist sie unbrauchbar oder entweiht, so wird sie wie ein Mensch mit einer Totenklage auf dem Friedhof beigesetzt.

Das Wort THORA leitet man vom aramäischen JARA, was soviel wie Lehren bzw. unterrichten bedeutet, ab. Von den Hellenisten (einer mit griechischer Kultur sympathisierenden Gruppe in Israel) bekam sie den Namen PENTATEUKOS. Dieser Ausdruck wird auch in der Septuaginta (griechische Übersetzung des AT) benutzt. Heute gebrauchen wir die auf Hieronymus zurückgehende lat. Bezeichnung Pentateuch.

Pentateukos wie Pentateuch = 5-teiliges Buch

Hin und wieder wird auch noch das Josuabuch dazugezählt. Dann nennt man diese ersten 6 biblischen Bücher HEXATEUCH.

Hexateuch = 6-teiliges Buch

b. Die Nebiim

Hebräisch: Nebiim = deutsch : Die Propheten
Hier wird noch einmal unterteilt:
1. die ersten bzw. frühen Propheten,
2. die zweiten bzw. späten Propheten.

1. **Nebiim Rischonim** = frühe Propheten
   Es sind die Bücher:
   Josua, Richter Samuel und Könige.
   Die zwei Bücher Samuel, sowie Könige 1 und 2, die wir als je zwei Bücher zählen, gelten bei den Juden nur als je ein Werk. Es gibt also nur 1 Buch Samuel und nur 1 Buch Könige.

2. **Nebiim Acharonim** = späte Propheten
   Es sind die Bücher:
   Jesaja, Jeremia, Hesekiel und das 12 Propheten Buch Hosea — Maleachi (die kleinen Propheten gelten bei den Juden als ein Buch)

Nach jüdischer Zählung haben beide Prophetensamm-
lungen je 4 Bücher.

c. Die Ketubiim

Hebräisch: Ketubiim = deutsch: Die Schriften (griech.:
Haiographa).
Zu ihnen gehören drei Büchergruppen:
1. Psalmen, Sprüche, Hiob,
2. Hoheslied, Ruth, Klagelieder, Prediger und Esther
   (dieser Teil wird bei den Juden auch Megilloth genannt),
3. Daniel, Esra, Nehmia, Chronik. (Das Buch Chronik
   wird in der christlichen Bibel in zwei Bücher unterteilt.)
Jede dieser drei Gruppen ist in der jüdischen Bibel in je
einer Rolle niedergelegt. Die Rollen werden in den Synagogen in einem sogenannten Thora-Schrein ver-
wahrt.

4. Der Inhalt des AT aus jüdischer Sicht

Die Thora ist die Grundlage der Lebensordnung des jüdischen
Volkes, der sogenannten Theokratie (Gott hat die Königsherrschaft).

Die Nebiim schildern die Geschichte der Theokratie.

Die Ketubiim wollen Einblick in die Gedankenwelt der Glieder des Gottesvolkes geben.

Fragen zu Lektion 3

1. In welche zwei Teile teilen wir die Bibel auf?

2. Welche sachliche Unterteilung nehmen wir bei den Büchern vor?

3. Was ist die jüdische Bibeleinteilung? Inwiefern ist diese für uns von Bedeutung?

4. Was ist die Thora? Welchen Namen hat sie noch?

5. Nach welchem Muster lesen Juden die Thora in der Synagoge?

6. Wie unterscheidet sich die christliche von der jüdischen Propheteneinteilung?

7. Nennen Sie einige historisch kritische Methoden:

8. Auf wen geht die übliche Kapitel- und Verseinteilung der Bibel zurück?

9. Wieviele Bücher gehören zum AT?

10. Wieviele Geschichtsbücher gehören zum NT?

11. Wo ordnen wir ein:

Hoheslied	2 Chroniken	Amos
Hebräerbrief	Hiob	Galater
1. Makkabäer	3. Johannes	Titus
Numeri	Malachie	Exodus
Offenbarung	Ruth	Daniel

Lektion 4

Thema: Der Weg zum Urtext

1. Die ursprüngliche Sprache der Bibel

Die Bibel ist im wesentlichen in Israel im Einflußbereich des Judentums entstanden. Selbst die Briefe des Paulus, die er während seiner Missionsreisen oder seinen Gefangenschaften von verschiedensten Orten im Römischen Reich geschrieben hat, ja, selbst wenn sie an heidenchristliche Gemeinden gerichtet sind – sie stammen doch von einem Juden. Paulus war im tiefsten Sinne echter Jude, und er war lange Mitglied der jüdischen Religionspartei der Pharisäer (Phil 3,5.6).

Später, als an Jesus Glaubender, sah er in Jesus den von Israel lange ersehnten Messias, den die Juden nicht erkannt hatten. Im NT wird, statt des hebräischen Wortes MESSIAS, der griechische Begriff CHRISTUS verwendet.

Hebräisch: Messias = deutsch: Der Gesalbte
Griechisch: Christus = deutsch: Der Gesalbte

a. DAS ALTE TESTAMENT IST IN HEBRÄISCHER SPRACHE GESCHRIEBEN

Da das jüdische Volk seit dem 2. Jahrhundert über die ganze Welt verstreut war, wurde das Hebräische nur noch als Kultsprache für das Gebet und die Synagoge gebraucht. Hierdurch unterlag es keinen Veränderungen, wie sie in lebendigen Sprachen üblich sind. Als sich die Zionisten am Ende des 19. Jahrhunderts entschlossen, in der zu gründenden »Heimstadt für die Juden« (so Theodor Herzl in seinem Werk »Der Judenstaat«) das Hebräisch als Landessprache einzuführen, griffen sie damit auf eine durch den Gottesdienst allen Juden bekannte Sprache der Antike zurück. Somit wird in Israel eine Sprache

gesprochen, die der vor ca. 3 000 Jahren verstorbene König Salomo verstehen würde. Natürlich gibt es einige neuere techni-
sche und moderne Begriffe als Ergänzungen.
Einige Teile, z.b. Teile aus Daniel, Esra und Nehmia, sind in
Aramäisch verfaßt. Aramäisch war der nach dem babylonischen Exil übliche volkstümliche Dialekt des Hebräisch. Aramäisch war auch die Umgangssprache zur Zeit Jesu.

**b. DAS NEUE TESTAMENT IST IN GRIECHISCHER SPRACHE
GESCHRIEBEN**

Allerdings nicht im heutigen Griechisch. Die Sprache hat sich
in den letzten 2 000 Jahren stark verändert. Bei dem Griechisch
des NT handelt es sich auch nicht um das klassische Griechisch
des Homer, welches zur Zeit der Apostel schon nicht mehr gesprochen wurde. Es handelt sich vielmehr um die griechische
Umgangssprache der Zeitenwende, das sogenannte KOINE.
Das im Gegensatz zum klassischen Griechisch des Homer ein-
fachere Koine war zur Apostelzeit die Welt- und Reichsspra-
che des römischen Imperiums. Die Muttersprachen der Völker
führten ein mehr zurückgezogenes Dasein, vergleichbar den
heutigen Dialekten in Deutschland. Bis in die einfachsten
Volksschichten hinein war so gut wie die gesamte Bevölkerung
des römischen Reiches zweisprachig. Das erleichterte übrigens die Ausbreitung des Christentums in den ersten Jahrhunderten ungemein.
Außer der griechischen Sprache finden wir im NT als Fremd-
wörter verwendete aramäische, lateinische und hebräische Begriffe.

2. Was ist der Urtext?

In der Theologie spielt der Begriff URTEXT eine große Rolle.
Der URTEXT IST KEINE ETWA VORHANDENE URSCHRIFT
DER BIBEL. So etwas gibt es nicht. Eine Urschrift könnte es
auch nie geben, da die Bibel aus einzelnen Büchern, die in ei-

nem Zeitraum von ca. 1500 Jahren entstanden, zusammengesetzt ist.
DER URTEXT IST AUCH KEIN ORIGINAL IRGENDEINES BI-
BELTEILES, wie der Name vermuten lassen könnte. Es gibt
heute keine Originale irgendwelcher Niederschriften oder
auch nur Originale eines biblischen Autors.
Uns stehen nur die Abschriften der Originale, wahrscheinlich
sogar nur die Abschriften von Abschriften zur Verfügung. Diese Abschriften nennt man KODEXI (Handschriften).

Derartige Kodexi gibt es allerdings einige. Inhaltlich stimmen
sie weitgehend überein. Durch Abschreibfehler, die den mit
der Kopie der Schriften beauftragten Personen unterlaufen
sind, gibt es einige Unterschiede in den Texten der verschiedenen Kodexi. Manchmal muß man auch inhaltliche Ergänzungen vermuten. Wenn diese Unterschiede auch inhaltlich weitgehend ohne Bedeutung sind, werden sie doch in der Theologie beachtet.
Um den ursprünglichen genauen Wortlaut der Kodexi festzustellen, werden die einzelnen Handschriften erforscht und
verglichen. Den ältesten Handschriften fällt dabei natürlich
die größte Bedeutung zu. In einigen Fällen ist es nicht ganz
klar, welche Handschrift die älteste ist. Dann geht man davon
aus, daß die Handschrift mit der kompliziertesten Form die
älteste ist. Dabei folgt man dem Gedankengang, daß spätere
Veränderungen keine Komplizierung, sondern eine Glättung
des Textes zum Ziel hatten. Weisen einige Handschriften
Zusätze auf, wird meist auch angenommen, daß diese die Jüngeren sind. Die Zusätze stellen ja meist eine Art Auslegung
dar.
Faustregel ist also: Der schwierigere Text (lectio difficilor) und
der kürzere Text (lectio brevior) ist der ältere, also der ur-
sprünglichere.

Den Urtext erstellt man nun, indem man die Texte verschiedener Kodexi miteinander vergleicht und sie untereinander har-
monisiert, um sie zu einem einheitlichen Ganzen zusammen-

zufügen. Der Urtext wird entsprechend dem neuesten Forschungsstand ständig überarbeitet.

3. Was steht uns als Urtext zur Verfügung?

Lange wurde in der Kirche nicht nach dem Urtext gefragt. Man hatte die lateinische Übersetzung, die Vulgata, und meinte, daß Hieronymus bei seiner Übersetzungsarbeit ebenso geistinspiriert war wie die Schreiber des NT. Die mittelalterliche römische Kirche setzte die Vulgata durch Konzilbeschluß dem Urtext gleich. So konnte man sich das mühevolle Erforschen der Handschriften sparen.

Erst die Renaissance mit ihrer Rückbesinnung auf die Antike, deren Philosophen und Sprachen, machte den Urtext wieder interessant.

Im katholischen Bereich ist die Vulgata noch heute dem Urtext gleichgestellt.

Anfang des 16. Jahrhunderts begann nun die Erforschung der Handschriften.

Die erste URTEXTERSTELLUNG geht auf das Jahr 1514 zurück. Ihr Vater war ein gewisser KARDINAL XIMENS. Allerdings wurde sein Urtext erst 1522 veröffentlicht.

Einen besseren Urtext erstellt ERASMUS VON ROTTERDAM 1516. Ihm standen bei seinen Forschungen ältere Handschriften als Kardinal Ximens zur Verfügung. Den Urtext des Erasmus nennt man EDITION PRINZIPES. Diesen Urtext benutzte Luther zur Übersetzung des NT ins Deutsche.

Theodor Beza und der schon erwähnte Erfinder der biblischen Verszählung Robert Stephanus gaben im 16. Jahrhundert weitere Urtexte heraus.

Einen besonderen Fortschritt in der Texterforschung gab es durch Freiherr Konstantin v. Tischendorfs EDITION VIII CRITIKTA MAJOR 1864-72.

Ihm standen die neusten Textfunde zur Verfügung.

Tischendorf selbst hatte den KODEX SINAITICUS im Katharinenkloster auf dem Sinai entdeckt.

Der heute gebräuchlichste Urtext ist der sogenannte »Nestle Aland«-Text.
Eberhard Nestle gab ihn 1896 als »OVUM TESTAMENTUM GRAECE« heraus. Er wird ständig verbessert und mit Hilfe der neuesten Textfunde und Schriftforschung auf den neusten Erkenntnisstand gebracht.

Für das AT gibt es verschiedene »Urtexte«. Einer der im Christentum gebräuchlichsten Texte stammt von Rudolf Kittel. Neuerdings wird meist die BIBLIA HEBRAICA STUTTGARTENSIA« (Stuttgart 1967) verwandt. Beim AT gibt es nicht so viele Schwierigkeiten wie beim NT. Die Juden haben die alten Texte sehr genau überliefert. Das hängt mit ihrer als Gottesdienst verstandenen Abschreibtechnik der einzelnen Bibelteile zusammen. Es ist bis heute so, daß die Schriftrollen des AT von speziellen jüdischen Schreibern, den Schriftgelehrten, von Hand abgeschrieben werden. Schriftgelehrte waren ausgebildete jüdische Theologen. Ihre Aufgabe war das Studium, die Auslegung und die Abschrift des jüdischen Gesetzes. Unterläuft dem Schreiber auch nur bei einem Buchstaben ein Schreibfehler, so wird auch heute noch die gesamte Handschrift vernichtet.
Somit wird jede fehlerhafte oder mit Anmerkungen (sogenannten Glossen) versehene Weitergabe des AT ausgeschlossen.
1948 machte man in Israel aufsehenerregende Funde. Arabische Hirtenknaben fanden in den Höhlen von **Qumran** am Toten Meer Schriftrollen aus dem 1. Jahrhundert vor Christus. Diese Schriftrollen stammen wahrscheinlich von der jüdischen Sekte der Essener, die hier in der Wüste in einer Art Klostergemeinschaft zusammenlebte. Neben sekteninternen Schriften fand man u.a. Teile des Propheten Jesaja, die bis in die kleinste Einzelheit mit dem heute gebräuchlichen hebräischen Text identisch waren.
Diese Entdeckung gab der liberalen Bibelkritik einen gewaltigen Schlag.

4. Was versteht man unter dem »Apparat«?

Der Apparat ist ein im unteren Teil des Urtextes (Nestle etc.)
befindlicher Abschnitt, der meist durch einen Querstrich vom
eigentlichen Text getrennt ist. In ihm werden alle bekannten
Textabweichungen und deren Quellen (Handschriften) angegeben.
Den ersten Urtext mit Apparat hat der pietistische Theologe
Albrecht Bengel im 18.Jahrhundert herausgegeben. Er zog sich
seinerzeit viel Kritik von orthodox-konservativer Seite zu.
Heute ist die Apparat-Frage unumstritten.

5. Welche Manuskripte stehen zur Erstellung des Urtextes zur Verfügung?

Als alte Manuskripte haben wir meist unvollständige handge-
schriebene Kodexi zur Verfügung. Ihr Umfang ist verschieden
groß. Teilweise beinhalten sie fast das ganze NT, teilweise nur
Auszüge, teilweise sind nur Fragmente vorhanden.
In der Regel sind die Kodexi auf Papyrus oder Pergament geschrieben.
Die wichtigsten vorhandenen Kodexi des NT sind:

CODEX SINAITICUS: Er gilt als die älteste vorhandene Handschrift. Dieser Kodex ist im 4.Jahrhundert entstanden.
Während seiner Studien im Katharinenkloster auf dem Sinai
entdeckte ihn Tischendorf. Er entwendete ihn und brachte ihn
als Geschenk für den Zaren nach Petersburg. Man darf die
Handlungsweise Tischendorfs nicht moralisierend verurtei-
len. Tischendorf sah nur in Europa die Möglichkeit, den Kodex
für wissenschaftliche Forschungen zugänglich zu machen. Der
Zar verstand sich als Schutzherr der Orthodoxie. Indem Tischendorf den Kodex Sinaiticus dem Zar überreichte, sorgte er
dafür, daß der Kodex der Orthodoxie nicht entwendet, sondern lediglich an einen anderen Ort gebracht und so der Forschung zugänglich gemacht wurde.

1934 verkauften die Sowjets den Codex Sinaiticus nach England.
Heute befindet er sich im Britischen Museum London.

CODEX ALEXANDRINUS: Um 450 v.Chr. in Ägypten verfaßt.
Lange lag er beim Patriarchen von Konstantinopel. Heute ist er
im Britischen Museum London.

CODEX VATIKANUS: Mitte des 5. Jahrhunderts in Ägypten verfaßt. Heute liegt er im Vatikan. Er beinhaltet das AT in griechischer Sprache (Septuaginta). Das NT hat große Lücken. Er ist
wegen nachträglicher Veränderungen nur schlecht lesbar.

CODEX EPHRAEMI: Mitte des 5. Jahrhunderts in Ägypten entstanden. Sein Name leitet sich vom Kirchenvater Ephräm ab.
Über dem Text steht sein Name. Unklar ist, ob es sich dabei um
den Verfasser oder um eine Widmung handelt.
Die Schrift wurde erst 1843/45 von Tischendorf mit chemischen Hilfsmitteln wieder lesbar gemacht.

CODEX CANTABRIGIENSIS ET CLAROMONTANUS:
Beide Handschriften entstanden um 550 n.Chr. Sie sind mit einer lateinischen Übersetzung verbunden.

6. Die wichtigsten Übersetzungen

Vorhandene Bibelübersetzungen sind z.T. älter als die ältesten
erhaltenen hebräischen und griechischen Handschriften.
So ist die griechische Übersetzung des AT, die SEPTUAGINTA, über 1000 Jahre älter als die ältesten erhalten gebliebenen
hebräischen Handschriften.
Die Ursache dafür liegt in der Geschichte. Gerade die Juden,
die ja den hebräischen Urtext verwahrten, verloren in den vielen Pogromen, denen sie ausgesetzt waren, immer wieder die
Handschriften.
Ähnlich ging es den Christen während der ersten Jahrhunderte.

DIE SEPTUAGINTA (wissenschaftliche Abkürzung LXX): Sie ist zwischen 275 v.Chr. und 130 v.Chr. in Alexandrien entstanden. Der ARISTEASBRIEF überliefert uns folgende Legende: Für seine Bibliothek wollte der ägyptische König Ptolemäus II eine griechische Übersetzung der Thora. Der Hohepriester Eleazar stellte daraufhin für diese Aufgabe 72 Männer, aus jedem der 12 Stämme 6, zur Verfügung. Auf der Insel Pharos übersetzten sie in Stille und Abgeschiedenheit das Gesetz in 72 Tagen.
PHILO (griechischer Schreiber, 25 v.Chr. − 40 n.Chr.) erhob die Übersetzung zu einem Werk göttlicher Inspiration: 70 Übersetzer hätten in 70 Tagen getrennt am Gesamt-AT gearbeitet. Jedes Wort der Übersetzer hätte dann übereingestimmt. Sie bekam den Namen Septuaginta = 70.
Die LXX ist also aus dem Hebräischen ins Griechische übersetzt worden. Ihr Inhalt ist das AT mit Apokryphen. Zur Zeit Jesu war sie besonders im Judentum der Diaspora (Diaspora = deutsch: Zerstreuung, d.h. die aus ihrer Heimat Entrissenen und unter die Heiden Zerstreuten) gebräuchlich. In der Diaspora war man des Hebräischen oft nicht mehr mächtig. So half man sich mit der griechischen Übersetzung. Die Zitate des AT in den Briefen des NT sind oft der LXX entnommen. Die Urgemeinde benutzte sie demnach.
In Abwehr zum aufkommenden Christentum wurde sie unter Einfluß des Rabbi Akiba von den Juden Ende des 1. Jahrhunderts (Synode von Jamnia) verworfen. Für die Juden gab es fortan nur noch den hebräischen Text. Der hebräische Text setzte sich dann nach und nach auch im Christentum durch. Die LXX hat heute nur noch wissenschaftliche Bedeutung.

DIE PESCHITTA: Eine syrische Übersetzung des AT und des NT. Sie geht möglicherweise auf Bischof Rabbula von Edessa im 5. Jahrhundert n.Chr. oder früher zurück.

CODEX ARGENTEUS: Es ist eine gotische Übersetzung. Sie ist das Werk des gotischen Bischofs Wulfila (gest. 388 n.Chr.), die älteste germanische Übersetzung. Die Goten waren ein sehr

kriegerisches Volk. Wulfila glaubte, daß sie von der Kriegslust durch das Christentum befreit werden konnten. Um diese Linie zu unterstützen, merzte er in seiner Übersetzung alle Stellen aus, die einen kriegerischen Charakter hatten (besonders im AT).
Der Codex Argenteus ist fragmentarisch in Uppsala vorhanden.

DIE VULGATA: Sie ist wohl die einflußreichste Übersetzung der Bibel. Im Auftrag des römischen Bischofs Damarus wurde sie 392-405 vom Kirchenvater Hieronymus in Bethlehem erstellt.
Seit Papst Gregor dem Großen ist sie allgemein anerkannt.
Sie ist die am meisten verbreitete Übersetzung und seit dem gegenreformatorischen Konzil von Trient in der katholischen Kirche dem Urtext gleichgestellt.

7. Die wichtigsten deutschen Übersetzungen

LUTHERBIBEL: 1521 auf der Wartburg mit dem NT begonnen, 1534 vollendet (sogenannte Septemberbibel). Im Laufe der Jahre immer wieder überarbeitet (Revisionen). Die für heute beste und am meisten verwendete ist die Luther '84-Ausgabe.

ZÜRICHER BIBEL: Sie geht auf den Schweizer Reformatoren Ulrich Zwingli zurück. Sie ist in gutem und verständlichem Deutsch geschrieben und wird ständig der heutigen Sprache angepaßt.

ELBERFELDER ÜBERSETZUNG: Dem Grundtext als Übersetzung wohl am nächsten. Daher schwer verständliche Sprache. Sie ist besonders in Freikirchen weit verbreitet. Seit ca. 10 Jahren ist sie auch als Revision vorhanden.

DIE INTERLINEAR ÜBERSETZUNG ist nur für am Urtext interessierte Personen geeignet. In ihr wird unter der griechischen Zeile im NT die wörtliche Übersetzung des jeweiligen

Wortes gegeben. Im AT gibt es zusätzlich eine Transkription, d.h. die Umschrift der hebräischen in lateinische Buchstaben. Dadurch wird der Wortklang der hebräischen Sprache für jeden erkennbar.

In den letzten Jahrzehnten sind viele, auch katholische, Übersetzungen entstanden.
Zu besonderer Bedeutung gekommen sind die Übersetzungen von MENGE, SCHLACHTER, PFEFFLIN.
Eine sehr gute Übersetzung ist die katholische JERUSALEMER BIBEL.
Auf jüdischer Seite ist die Übersetzung von Martin Buber die wichtigste geworden. Sie wird aber im Judentum nicht für gottesdienstliche Zwecke genutzt. Diesen sind die handschriftlichen Schriften bzw. Thora-Rollen vorbehalten.

Außerdem gibt es verschiedene ÜBERTRAGUNGEN, so von Bruns, Zink und die Gute Nachricht (Gute Nachricht versteht sich zwar als Übersetzung, kann aber ihres freien Stiles wegen nur als Übertragung eingestuft werden).

Fragen zu Lektion 4

1. Was ist der gesellschaftliche und religiöse Hintergrund der Verfasser der biblischen Bücher?

2. In welchen Sprachen ist das AT / das NT verfaßt?

3. Welche Sprachen bzw. Dialekte kommen zusätzlich im NT und AT vor?

4. Wie nennt man den Dialekt des NT?

5. Was verstehen wir unter Handschriften?

6. Was ist der Urtext?

7. Wie kann man den Urtext ermitteln?

8. Was hat Kardinal Ximens mit Erasmus v. Rotterdam gemeinsam?

9. Wie nennt man den Urtext, den Luther für seine NT-Übersetzung zur Verfügung hatte und wann ist er entstanden?

10. Was hat Bengel eingeführt?

11. Nennen Sie einige Handschriften:

12. Nennen Sie einige frühkirchliche Übersetzungen:

13. Warum hat die Septuaginta an Bedeutung verloren?

14. Wie kürzt man Septuaginta ab?

15. Wer hat wann und wo die Vulgata geschaffen?

16. Welche Bedeutung hat die Vulgata in der Kath. Kirche?

17. Was hat Tischendorf mit dem NT zu tun?

18. Was sind die Funde von Qumran und welche Bedeutung haben sie?

19. Fassen Sie den Inhalt der 4. Lektion mit eigenen Worten zusammen:

Lektion 5

Thema: Das Buch Genesis

Kurze Zusammenfassung

Autor und Redaktor: Mose
Zeitraum: Schöpfung bis Tod des Josef
Inhalt: Es zeigt die Ursprünge der ganzen Welt und des Volkes Israel auf.

---

1. Vorbemerkungen

Das Buch Genesis gehört zu den Geschichtsbüchern des AT.
Es ist das erste Buch der Bibel.
Zugleich ist es das erste Buch der jüdischen Thora.

a. Die Namensbedeutung

Das Wort Genesis kommt aus dem Griechischen:
Genesis = deutsch: Entstehung, Geburt

Es schildert die Entstehung der sichtbaren Welt.
Beginnend mit dem Schöpfungsbericht (Gen 1), dem Bericht über die Erschaffung der Menschen und des Paradieses (Gen 1,27-2,25), geht es weiter über die Entstehung der Kultur (Gen 4,17-26), das Aufkommen der Sünde (Gen 3), der Besiedelung der Erde (Gen 10-11) bis zur Erwählung Abrahams und durch ihn Israels. Von Kap. 12-50 steht die Familiengeschichte der Erzväter Israels im Mittelpunkt.
Auch die Entstehung von Recht und Ordnung sowie die Festsetzung von Naturgesetzen zählen wir dazu (Gen 8,22; 9,4.4-6).

Überall geht es um Entstehung und Geburt, daher der Name
des Buches »Genesis«.

b. Der jüdische Name

Die Juden haben die Bücher der Thora nach dem jeweils ersten
hebräischen Wort des Buches benannt. Es heißt in unserem
Fall: Bəreschit

Bəreschit = deutsch: Am Anfang

c. Der gebräuchlichste Name

Im deutschsprachigen Raum ist der gebräuchlichste Name
»1. Buch Mose«. Dieser Name geht auf den Verfasser zurück.
Mose selbst wird im Buch Dtn 18,15 als Verfasser genannt.

d. Offenbarungscharakter des Buches

Ohne das Buch Genesis wären wir wie die Heidenvölker von
der Antike bis zur Neuzeit, von der primitivsten bis zur höchsten Kultur, auf Mythen, Legenden und fehlerhafte menschliche oder gar wissenschaftliche Spekulationen angewiesen.
Das Buch Genesis ist die Grundlage der biblischen Offenbarung. Auf seinen Aussagen baut alles weitere auf. In ihm beginnen die heilsgeschichtlichen Linien, die sich durch die ganze Bibel ziehen.

2. Das Thema des Buches

Das menschliche Versagen unter den unterschiedlichsten
äußeren Bedingungen.

Das menschliche Versagen beginnt schon im Paradies. Der Mensch ist nicht in der Lage, das Paradies zu bewahren (vgl. Gen 2,15; 3,8-13).

Es geht weiter über das Leben in der Familie, wo schon in der zweiten menschlichen Generation der Tod durch den ersten Brudermord eindringt (Gen 4,8).

Es setzt sich am Ende der vorsintflutlichen Zeit fort bis zum Aufkommen sexuell-dämonischer Verbindungen (Gen 6,1.2.4).

Nach der großen Reinigung der Welt durch die Sintflut bleibt die Sünde trotzdem als Realität bestehen. Gott weiß, daß sie zutiefst das Wesen aller Menschen durchdringt (Gen 8,21).

Die Tragödie zwischen Noah und Ham macht es aufs Neue deutlich (Gen 9,18-25).

Auch als Gott eine Familie (die Sippe Abrahams) und durch diese ein Volk (Israel) auserwählt, dringt immer wieder die Sünde ein.

Gott schätzt den Menschen richtig ein: DER MENSCH IST BÖSE. Diese These zieht sich durch die ganze Bibel. Der Mensch, auch der Fromme und Gottesfürchtige wie Noah, ist sündig (Gen 8,21).

Gott aber gewährt immer wieder Gnade (Gen 3,21; 4,15; 6,8;).

Doch nicht die moralische Geradlinigkeit und die äußeren Qualitäten machen den Menschen vor Gott gerecht, sondern sein Vertrauen auf Gott, das die Bibel Glauben nennt (Gen 15,6).

3. Der Zeitabschnitt

Das Buch beginnt in den Urgründen der Geschichte, »Im Anfang« (Gen 1,1).

Weiter zurückzudenken sind wir nicht in der Lage.

Geschichtlich beginnt das Buch mit der Erschaffung der Welt (Gen 1) und endet mit dem Tod des Joseph in Ägypten (Gen 50,26).

4. Verfasserschaft

Sowohl die jüdische Überlieferung wie auch die erste Gemein-
de sahen im Buch Genesis eindeutig ein Werk des Mose.
Auch Jesus redet von den Schriften des Mose (Joh 5,46-47; Lk
24,27 u.a.).
Mose war ein außergewöhnlicher Mann. Er war wohl der größ-
te Prophet, den es vor Johannes d. Täufer gab.
Gott selbst beerdigte ihn nach seinem Tode (Dtn 34,5f).
Die Person des Mose war Satan so verhaßt, daß er um dessen
Leichnam kämpfte (Jud 9).

In der Kindheit wurde Mose durch den Glaubensmut seiner
Familie vor dem sicheren Tod gerettet (Ex 2,1f).
Später wurde er durch Gottes Wunder vor dem elenden Ertrin-
ken bewahrt (Ex 2,5).
Seine Jugendjahre verbrachte er am Hofe des ägyptischen
Herrschers (Pharao). Dort genoß er eine gute Ausbildung. Sein
Bildungsniveau war sehr hoch, denn er war in aller ägyptischer
Wissenschaft und Weisheit unterrichtet und gelehrt (Apg
7,22). Diese Zeit war außerdem verbunden mit Ansehen und
irdischem Luxus (Hebr 11,24.25).
Doch aufgrund der Ermordung eines ägyptischen Aufsehers
mußte er im Alter von 40 Jahren vom ägyptischen Hof fliehen.
Seine Lebensmitte, die sogenannten »besten Jahre«, verbrachte er als Hirte zwischen den Granitbergen Horeb und Sinai —
völlig abgeschieden und scheinbar ausgeschaltet (Ex 2,11-
12.15.21; 3,1).
Erst im hohen Alter, zu einem Zeitpunkt also, an dem man nur
noch auf einen friedlichen Tod wartet, wird Mose zum Anfüh-
rer seines Volkes, zum Volksbefreier berufen (Ex 3,9f.).
F. Bettex schreibt: »Die Genesis ist nicht eine Sage, noch ein
Mythos, noch die Literaturgeschichte eines vergangenen Volkes. Ein Mann, der wie Mose von Angesicht zu Angesicht mit
Jehova (alte Form von ›Jahwe‹ also dem Gottesnamen) sprach,
erzählt nicht alte Sagen über die Schöpfung. Er saß an der
Quelle und brauchte nur zu fragen... Was ist natürlicher, als

daß er (Gott) Mose nicht das Gesetz gab, sondern ihn auch die Anfänge und die Zukunft der Welt und der Menschheit in Gesichten (Visionen) sehen ließ? Das erste Kapitel der Bibel klingt wie der Bericht eines Geschauten, das mit wenigen großen, monumentalen, fast abgerissenen Worten wiedergegeben wird.«

Im NT wird klar bezeugt, daß Mose der Verfasser der Genesis ist (Apg 7,37f).
Sicherlich gab es schriftliche Überlieferungen, die von Adam über Methusalah und Noah zu den Patriarchen gingen. Mose hat sie dann verwertet. Diese Hypothese wird von verschiedenen bibeltreuen Theologen vertreten (vgl. Bibliographie).
So werden Ortsnamen genannt, die z.Z. der Abfassung schon jahrhundertelang nicht mehr geläufig waren (Gen 28,19 u.a.).

5. Historisch-kritischer Ansatz

Viele der neueren Theologen stellen die Echtheit des Buches Genesis stark in Frage.

1. Zur **Sachkritik**
Bei dieser Kritik werden die geschichtlichen Tatsachen, die uns das Buch Genesis berichtet, in Frage gestellt.
Auf diesen Punkt ist bereits eingegangen worden (Lektion 3).
Es handelt sich vor allem um die **Quellenscheidungshypothese** (siehe Anhang).
Bei der Sachkritik baut man auf den Gedanken auf, daß der bzw. die Autoren des Buches Genesis einem vorwissenschaftlichen Weltbild verhaftet waren. Somit seien die Ansichten, Darstellungen und Erzählungen auch nicht wissenschaftlich zu verstehen. Das Weltbild, dem sie entspringen, habe ja kein wissenschaftliches Fundament.
Somit behauptet man, daß es im Buch Genesis nicht um historische Ereignisse ginge. Vielmehr seien die Berichte (z.B. Schöpfung, Sündenfall etc.) Glaubensbekenntnisse antiker

Menschen. Es ginge im Schöpfungsbericht nicht um das »wie«
der Schöpfung, sondern nur um das »daß« der Schöpfung.
Der oder die Schreiber der Genesis wollten also nur folgende
Aussage machen: Gott hat die Welt erschaffen.
Wie das geschah, wollten sie gar nicht aussagen, sie konnten es
auch nicht, da sie die heutigen wissenschaftlichen Mittel nicht
zur Verfügung hatten.
Darum haben sie ihre beabsichtigte Aussage: Gott hat die Welt
erschaffen in Mythen und Legenden verpackt.
Diese Mythen und Legenden sollte also Fragen beantworten,
Unverständliches erklären.

Ein **Beispiel**: Gen 3 berichtet von den Folgen des Sündenfalls,
unter anderem von der Strafe, die die Frau trifft: »Ich will dir
viel Mühsal schaffen, wenn du schwanger wirst...« Gen 3,16.
Nach Meinung der Liberalen hätte Genesis 3 nur die Bedeutung einer Erklärung: Es will mit Hilfe eines Mythos erklären,
wieso es Beschwerden während der Schwangerschaft gibt und
warum die Schmerzen der Geburt vorhanden sind.

Solch eine Theologie hat natürlich nichts mehr mit dem biblischen Inspirationsgedanken zu tun.
Wenn ein allwissender Schöpfergott, wie ihn die Bibel offenbart, die Bibel inspiriert hat, dann ist sie auch in Sachfragen
fehlerlos.
Das Problem der Kritiker ist, daß sie die Aussagen der Bibel für
überholt ansehen. Nun versuchen sie, gewisse ethische Werte
zu retten.
Bultmann hat diesen Ansatz als »Entmythologisierungsprogramm« (siehe Anhang) bezeichnet. Sein Ziel ist es, aus dem
Mythos den eigentlichen Kern einer beabsichtigten Aussage, z.B.
eines ethischen Wertes, herauszuschälen (vgl. auch Anhang).

Wir lehnen einen solchen Ansatz ab.
Warum?
Weil er zugunsten menschlicher Erkenntnisse Gottes Wort in
Frage stellt.

Menschlicher Verstand wird zum Richter bzw. Kritiker der göttlichen Offenbarung in der Bibel gemacht.
Auf den bibeltreuen Theologen Adolf Schlatter geht der Ausspruch zurück:
»Nicht wir haben die Bibel zu kritisieren, sondern die Bibel hat uns zu kritisieren.«

6. Botschaft

Gott ist der allmächtige Schöpfer der Welt.
Der Mensch hat vollkommen versagt. Er ist unter keinerlei Verhältnissen in der Lage, dieses Versagen zu korrigieren.
Gott aber schafft ihm das Heil aus lauter Gnade.

7. Hauptverständniswort

Anfang

8. Hauptverständnisvers

Gen 1,1: »Am Anfang schuf Gott Himmel und Erde«

9. Abriß

Wir wollen der Wichtigkeit des Buches wegen den Abriß in verschiedenen Formen betrachten.

a. Grobe Einteilung:

1. Kap. 1-11 umfaßt ca. 2 000 Jahre
2. Kap. 12-50 umfaßt ca. 300 Jahre

1. Kap. 1-11: Urgeschichte der Menschheit
   Sie geht zurück bis in die Anfänge der Welt.
   Inhaltlich geht es um die ganze Menschheit
   Inhalt:
   Erschaffung der Welt   Gen 1-2
   Sündenfall   Gen 3
   Vorsintflutliche Zeit   Gen 4-6
   Noah   Gen 7-9
   Besiedelung der Welt   Gen 10
   Turmbau zu Babel, Konzentration
   auf eine Geschlechtslinie,
   die mit Abram endet   Gen 11

2. Kap. 12-50: Geschichte der Partriarchen Israels
   Hier geht es um die Urväter Israels. Abram (später
   Abraham) wurde von Gott ausgewählt. Seine Glau-
   benstreue ist Segen, der auf dem Volk bleibt.
   Inhalt:
   * Abraham = Mann des Glaubens
     Ihm sind Nachkommen verheißen.
     Seinen Nachkommen ist das Land verheißen
     (Gen 12,1-25,18).

   * Jakob = Mann der List
     Seine List nützte ihm nichts, wäre er nicht Verhei-
     ßungsträger (Gen 25,19 - Kap. 36).

   * 12 Söhne Jakobs (Josephsgeschichte)
     Die Josephsgeschichte unterscheidet sich von den
     anderen Vätergeschichten. Sie verläuft ohne sicht-
     bares Eingreifen Gottes. Sie will die Lehre einprä-
     gen, daß die Tugend der Weisen belohnt wird und
     daß Gottes Vorsehung menschliche Schuld zum
     Guten zu wenden weiß (Gen 37-50).

b. **Geschlechtsregister** (Stammbäume) Israels und seiner
   Nachbarn

In ( ) die Kapitel und Verse, in denen die Personen geschildert werden. Ab den Erzvätergeschichten Kap.12 greift der Inhalt stark ineinander und die Abgrenzungen sind schwierig.

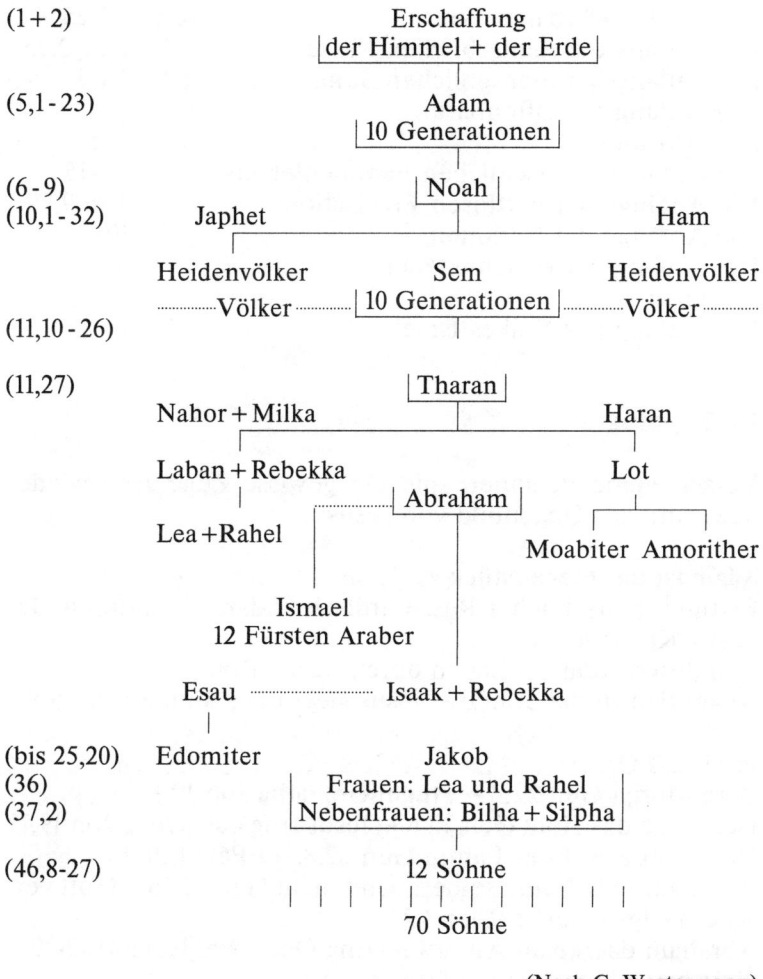

(1 + 2)   Erschaffung
                              ⌊der Himmel + der Erde⌋

(5,1 - 23)   Adam
                                  ⌊10 Generationen⌋

(6 - 9)   ⌊Noah⌋
(10,1 - 32)   Japhet   Ham

              Heidenvölker   Sem   Heidenvölker
              ·······Völker·······⌊10 Generationen⌋·······Völker·······
(11,10 - 26)

(11,27)   ⌊Tharan⌋
                  Nahor + Milka   Haran

              Laban + Rebekka   Lot
              ⌊   ·······⌊Abraham⌋
              Lea + Rahel   Moabiter Amorither

                      Ismael
                  12 Fürsten Araber

              Esau ······· Isaak + Rebekka

(bis 25,20)   Edomiter   Jakob
(36)   ⌊ Frauen: Lea und Rahel
(37,2)   Nebenfrauen: Bilha + Silpha⌋

(46,8-27)   12 Söhne
                      ⎮ ⎮ ⎮ ⎮ ⎮ ⎮ ⎮ ⎮ ⎮ ⎮ ⎮ ⎮
                                  70 Söhne

                                              (Nach C. Westermann)

c. Gliederung

Das Buch Genesis ist das Buch der Anfänge.
Alles, was auf der Welt vorfindlich ist, begann hier.

Der Anfang der Materie, der sichtbaren und der unsichtbaren Welt	Kap. 1,1-25
Der Anfang der menschlichen Rasse	" 1,26-2,25
Der Anfang der menschlichen Sünde	" 3,1-7
Der Anfang der Offenbarung der Erlösung	" 3,15
Die Anfänge menschlichen Familienlebens	" 4,1-15
Die Anfänge der gottlosen Zivilisation	" 4,16-9,29
Die Anfänge der Nationen	" 10
Der Anfang der verschiedenen Sprachen	" 11
Der Anfang des Volkes Israel	" 12-50

10. Typologie

Verschiedene Personen spiegeln gewisse Züge Jesu wieder bzw. sind das Gegenbild von Jesus:

Adam ist das Gegenstück zu Jesus
Erstling menschlicher Rasse, irdisch (Adam) himmlisch (Jesus) 1. Kor 15,47
Tod durch Adam — Leben durch Jesus Röm 5,17
Adam fällt in die Sünde — Jesus siegt über Sünde Röm 5,19

Isaak das Opfer
Berg Morija Gen 22,2 — Hügel Golgatha Joh 19,17
Isaak trug das Holz Gen 22,6 — Jesus trug das Kreuz Joh 19,17
Von Gott erwähltes Lamm Gen 22,8 — 1 Petr 1,19-20
Abraham verschonte seinen Sohn nicht Gen 22,16 — Gott verschonte Jesus nicht Röm 8,22
Abraham dachte an Auferweckung Gen 22,5, Hebr 11,17-19
Gott hat seinen Sohn auferweckt Apg 2,32

Joseph Viele Sinnbilder auf Christus

Geliebter des Vaters	Gen 37,3	– Mt 3,17
Dem Willen des Vaters treu	Gen 37,13	– Hebr 10,9
Gesandter des Vaters	Gen 37,13	– Joh 3,17
Brüder verschwören sich gegen ihn	Gen 37,18	– Mt 27,1
Verkauft	Gen 37,28	– Mt 26,17
Andere werden um seinetwillen gesegnet	Gen 39,5	– Eph 1,3
Widersteht der Versuchung	Gen 39,8-9	– Mt 4,10
Leidet unschuldig	Gen 40,15	– Joh 18,38
Mit zwei anderen verurteilt	Gen 40	– Joh 19,18
Wird befreit	Gen 41,14	– Apg 2,24
Ihm wird alle Gewalt gegeben	Gen 41,40-44	– Mt 28,1
Er vergibt seinen Brüdern	Gen 45,5	– Lk 23,34

11. Besonderheiten

a. Der Schöpfungsbericht aufgegliedert in die Tageswerke:

1. Tag	Licht		Finsternis	
2. Tag	Wasser		Feste	Wasser
3. Tag	Meer	Trockenes		
		Vegetation		
4. Tag			Sterne	1. Herrschaftsbereich
5. Tag	Fische		Vögel	
6. Tag		Landtiere		2. Herrschaftsbereich
		Mensch		

7. Tag Gott ruhte und schuf damit den Sabbath

(Nach C. Westermann)

b. Irrlehren, denen sich das Buch Genesis widersetzt

Dem Darwinismus — seiner Abstammungslehre
Dem Atheismus — seiner Gottesleugnung
Dem Polytheismus — seiner Vielgötterei
Dem Fatalismus — seinem Schicksalsglauben
Dem Materialismus — Ewigkeit der Materie und
Materie als Wesen aller Dinge

c. Gottesnamen im Buch Genesis

Wie bereits erwähnt, gibt es in der Bibel verschiedene Gottesnamen.
Sie drücken jeweils verschiedene Wesensarten des einen Gottes aus. In Genesis treten sie besonders hervor. Hier die drei wichtigsten:

ELOHIM = Gott (1,1) Dieser Name kommt im AT 2500 mal vor.
Er wird von den Juden als Sammelbegriff betrachtet.
Er leitet sich vom Wort Eloah ab. Elohim ist also die Pluralform. Die Kirchenväter sahen darin eine Andeutung auf die Dreieinigkeit.

JAHWE = Ich bin der, der ich sein werde.
Als eigentlicher Gottesname verstanden.
Juden sprechen ihn nicht aus. Da es im Hebräischen keine Konsonanten gibt, ist nicht klar, ob er wirklich »Jahwe« gesprochen wird. Lange galt Jehova als die rechte Sprechweise.
Das Wort Jahwe hat sich allerdings seit 100 durchgesetzt.
Die Septuaginta (griechische Übersetzung) gebraucht hier das Wort »Herr«.
Luther übernahm dieses Wort, machte aber durch seine Schreibweise deutlich, daß hier im Grundtext Jahwe steht (Luther: HErr bzw. HERR).

EL SCHADDAI = Der allmächtige Gott (17,1)
Dieser Ausdruck findet sich vor allem in der Patriarchenzeit.

d. Die Restitutionshypothese

Einige evangelikale Bibelausleger vertreten die sogenannte
Restitutionshypothese. Sie meinen, Gott hätte schon vor der
7-Tage-Schöpfung eine Welt erschaffen. Durch den Fall des
Teufels sei diese weitgehend zerstört worden. Gen 1 würde
nun im wesentlichen die Wiederherstellung dieser Welt schildern. In der vormaligen Welt sei Satan, der damals noch Erzen-
gel Luzifer (deutsch: Lichtträger) war, Gottes Regent über die
Erde gewesen. Dieser Luzifer aber hätte in sich die Sünde entwickelt. Er hätte einen Aufstand gegen Gott gemacht, um sich
an Gottes Stelle zu setzen oder wenigstens Gott gleich zu sein.
Diesen Aufstand habe Gott niedergeschlagen.
Gott hätte nun aus den Trümmern der alten Welt in dem
7 Tage Werk unsere jetzige Welt »restituiert« (d.h. wiederhergestellt, daher der Name Restitutionshypothese). In der
restituierten Welt wäre jetzt der Mensch zum Herrscher beru-
fen.
Die Anhänger dieser Hypothese berufen sich vor allem auf
Gen 1,2 »Und die Erde war wüst und leer«. Im hebräischen
steht hier das Wort »tohu wabohu« = Durcheinander oder
auch Wüstenei und Öde. Nach Meinung der Anhänger dieser
Hypothese sei Gott ein Gott der Ordnung (Sir 16,25), er würde
nie ein Tohu-wabohu schaffen.
Somit schildere Gen 1,1 die Erschaffung einer vollständigen
Welt;
Gen. 1,2 deutet Satans Fall an;
Gen. 1,2bff die Wiederherstellung der Schöpfung.

Wir halten die Andeutungen der Schrift für nicht ausreichend,
um ein solches Gedankengebäude der Weltentstehung daran
festzumachen.

Fragen zu Lektion 5

1. Welchen Namen führt das 1. Buch Mose in der Thora?
   Woher leitet man ihn ab?
   Was bedeutet er?

2. Welches ist das Thema des 1. Buches Mose?

3. Wie schätzt Gott das Wesen des Menschen nach der Sintflut ein?

4. Welchen Zeitraum in etwa umfaßt 1. Mose 1-12?

5. Welche Argumente setzt die Sachkritik der biblischen
   Schöpfungslehre entgegen?

6. Welche Quellen standen Mose bei der Abfassung von Genesis möglicherweise zur Verfügung und was spricht für
   derartige Quellen?

7. Worin unterscheidet sich die Quellenscheidungshypothese von unserer Ansicht, daß Mose bei der Erstellung des
   Buches Genesis ältere Quellen zur Verfügung standen?

8. Was verstehen wir unter Restitutionshypothese?

9. Welchen neutestamentlichen Bezug hat Gen 22?

10. Welche Gottesnamen finden sich in Genesis und was sa-
    gen sie aus?

11. An welchen Stellen und auf welche Art und Weise wird im
    NT die Verfasserschaft des Mose bevorzugt?

12. Fassen Sie kurz den Inhalt der Urgeschichte (Kap. 1-12)
    und in einem zweiten Abschnitt die Patriarchengeschichte
    zusammen.

Lektion 6

Thema: Das Buch Exodus

Kurze Zusammenfassung

Autor: Mose
Zeitraum: Vom Tode Josefs bis zur Gesetzgebung in
            der Wüste
Inhalt: Israels Bedrückung in und Auszug aus Ägypten

---

1. Vorbemerkungen

Der Name des Buches ist wieder der LXX entnommen:
    Exodus = Auszug
Dies ist auch im wesentlichen der Inhalt des Buches. Es schildert den Auszug der Kinder Israels aus Ägypten und dessen Vorgeschichte. Der hebräische Name ist

    Wǝelläh schǝmot = deutsch: Und dies sind die Namen.

Die hebräischen Bücher sind immer nach den ersten Worten des hebräischen Textes benannt.
Am üblichsten im deutschsprachigen Raum ist die Bezeichnung:
    2. Buch Mose.

Neben dem Auszug aus Ägypten werden auch erste Erfahrungen aus der Wüstenwanderung weitergegeben.

Das Buch Exodus ist die direkte Fortsetzung der Genesis (vgl. Gen 50,26 + Ex 1,6).
Die Geschichtsbücher von 1. Mose bis Richter schließen in-

haltlich an das jeweils vorhergehende Buch an. Meist greift das
folgende Buch im ersten Kapitel einen Satz oder Gedanken
des letzten Kapitels des vorhergehenden Buches auf.

2. Das Thema des Buches

Besonders im Buch Exodus muß zwischen vordergründigem
Inhalt und eigentlichem Thema unterschieden werden.
Das Thema ist: Die Erlösung durch das Blut des Lammes.
Die letzte der 10 ägyptischen Plagen ist die Tötung der Erstge-
burt (Ex 11,1-12,36). Die Kinder Israels wurden vor dieser Plage
geschützt, weil sie auf Gottes Befehl hin die Türpfosten ihrer
Häuser mit dem Blut des Passah-Lammes bestrichen hatten.
Das Passahlamm: Passah = deutsch: vorübergehen. Das Passahlamm mußte männlich sein, ein Jahr alt und durfte keinen
Fehler oder Mangel aufweisen. Es durfte ihm kein Knochen
gebrochen werden und es mußte ganz aufgegessen werden.
Die Ausführung des Befehls Gottes, das Blut des Lammes an
die Türpfosten zu streichen, war ein Ausdruck des Glaubens
und Vertrauens zu Gott.
Das Lamm sollte stellvertretend geschlachtet werden, nämlich
an Stelle der erstgeborenen Söhne und Tiere des Volkes Israels.

3. Der Zeitabschnitt

Die genaue Datierung der Ereignisse des Buches ist in Jahreszahlen schlecht aufzuzeigen.
Sachlich und inhaltlich ist es einfacher, eine Chronologie zu
erstellen.
Das Buch umfaßt den Zeitraum vom Tode Josephs bis zur Einweihung der Stiftshütte.
Das ist ein Zeitraum von 359 Jahren.
Stephanus hingegen spricht von einer 400jährigen Knechtschaft in Ägypten, als er sich vor dem Hohen Rat für seine

Christusnachfolge verantworten muß. Stephanus zitiert in seiner Verteidigungsrede aus der Thora, nämlich aus Gen 15,13-14.
Auch hier ist von 400 Jahren die Rede.
Wir können davon ausgehen, daß Stephanus eine abgerundete Zahl benutzt.
Ex 12,40 nennt eine präzise Zahl von 430 Jahren.
Die Jahre setzen sich folgendermaßen zusammen.

Ankunft in Ägypten bis Josephs Tod	71 Jahre
Tod Josephs bis Geburt Moses	278 Jahre
Geburt Mose bis Flucht	40 Jahre
Mose bis Jethro	40 Jahre
Auszug bis Weihe Stiftshütte	1 Jahr
	430 Jahre

Wann sich die Ereignisse des Buches Exodus abgespielt haben, darüber gibt es zwei Hypothesen.
Die eine nennt man den »FRÜHEREN EXODUS«, die andere den »SPÄTEREN EXODUS«.
Nach der Übersiedlung der Sippe Jakobs aus Kanaan nach Ägypten genoß diese Familie großes Ansehen in Ägypten, hatte doch Joseph, einer der 12 Söhne Jakobs, als oberster Minister Ägyptens das Land über eine 7jährige Dürreperiode hinweggebracht.
Die Familie bekam das Land Gosen als Siedlungsraum vom Pharao zur Verfügung gestellt.
Über die ersten Jahrhunderte nach Josephs Tod liegen uns kaum Aufzeichnungen vor.
Einiges aber läßt sich aus der Bibel rekonstruieren:

Israel vermehrte sich gewaltig.
Sie wanderten mit ca. 70 Personen ein (Gen 46,27).
Sie wuchsen in ca. 400 Jahren auf über 600 000 Männer zuzüglich ihrer Familien (Frauen und Kinder) an (Ex 12,37). Wir können von ca. 2-3 Millionen Menschen ausgehen.
Israel wurde ein Volk von Sklaven.
Es war je länger desto mehr verachtet, geschunden und unterdrückt.

* Die Anhänger des »**Späteren Exodus**« ordnen den geschichtlichen Ablauf folgendermaßen zu:
Aufenthalt Israels in Ägypten: 1644-1214 v.Chr. bzw. 1660-1230
v. Chr. Zur Zeit Josephs regierten in Ägypten die mit Israel
stammverwandten Hyrkos (1730-1580 v.Chr.).
Sie wurden jedoch im Laufe der Zeit durch einheimische
Ägypter der 18. Dynastie abgelöst. Diese waren Israel gegenüber unfreundlich gesinnt. Der »Spätere Exodus« fand nach
dieser Theorie im 13. Jahrhundert v. Chr. statt.
Für das 13. Jahrhundert scheinen etliche historische Daten zu
sprechen: Da gibt es Berichte über eine Residenz im Delta des
Nils und die großen Bauten der Pharaonen der 19. Dynastie,
über die Schwächung der ägyptischen Oberherrschaft in Syro-
Palästina zum Ende der Regierung Ramses'II. Für diese Datierung sprechen auch Erkenntnisse der neuen Archäologie über
die Entstehung der Königreiche von Edom und Moab im Ostjordanland und über den Beginn der Eisenzeit, der mit der Nie-
derlassung der Kanaaniter in Palästina zusammenfällt.
Die Unterdrückung begann nach dieser Rechnung unter Pharao Seti I (1310-1290).
Ihren Höhepunkt erreichte sie unter Ramses II (1290-1224).
Der Auszug war unter Meranptahs (1224-1214).

* Allerdings gibt es auch trifftige Gründe für die Theorie des
»**Frühen Exodus**«. Ihr zufolge hat die Sklaverei unter den Pharaonen Hyksos XV u. XVI ihren Höhepunkt erreicht. Der Auszug ist unter Thutmosis II bzw. Amenophis II erfolgt (1446
v. Chr.).
Die Einwanderung der Sippe Jakobs ist demnach 1875 v.Chr.
zu datieren. Die Zeitspanne des Buches geht dann von 1805
v. Chr. (Tod des Josef) bis 1445 v. Chr. (Einweihung der Stiftshütte).
(Weiteres zum »Früheren Exodus« im Exkurs am Ende der
Lektion.)

Israel wendet sich ägyptischen Göttern zu.

Sowohl auf politischem wie auf religiösem Gebiet irrte Israel während seiner Knechtschaft in Ägypten immer weiter von Gott ab (Jos 24,14).

Mit dem Auszug aus Ägypten sollte für Israel eine neue Zeit anbrechen. Götzendienst und Unterjochung durch eine fremde Macht sollten ein Ende finden. Die Staatsform sollte die THEOKRATIE werden. Theokratie heißt: Gott regiert als König, und zwar auf religiösem, politischen, wirtschaftlichen, sozialen, eben auf allen Gebieten. Es gibt keine Trennung zwischen religiösen Geboten und gesellschaftlicher Gesetzgebung (Theos = deutsch: Gott).

Den Willen Gottes konnte jeder im Gesetz (Gesetzgebung am Sinai) erfahren.

Wenn die Theokratie auch nie bis in die letzte Konsequenz verwirklicht wurde, war sie doch bis zur Krönung des Königs Saul angestrebtes Ziel.

Im 1. Sam wird dann das Ende der Theokratie geschildert.

1. Sam 8,7: »Sie haben nicht dich (Samuel), sondern mich (Gott) verworfen, daß ich nicht mehr König über sie sein soll.«

4. Verfasserschaft

Das Buch selbst gibt dreimal Mose als Verfasser an (Ex 17,14; 24,4; 34,27-28).

Ägyptologen sagen, daß nur ein interner Kenner der Verhältnisse am Hofe des Pharao und der damaligen Sitten derartige Einzelheiten weitergeben konnte, wie wir sie im Buche Exodus finden.

Da Mose am Hofe Pharaos aufwuchs, erzogen und unterrichtet wurde, haben wir in ihm einen solchen Kenner. Mose selbst war es auch, der später mit Pharao verhandelte.

5. Botschaft

Errettung durch das Blut des Lammes

6. Hauptverständnisverse

Kap. 3,8 »...und ich bin herniedergefahren, daß ich sie errette aus der Ägypter Hand und sie herausführe aus diesem Land in ein gutes und weites Land, in ein Land, darin Milch und Honig fließt, in das Gebiet der Kanaaniter, Hetiter, Amoriter, Perisiter, Hiwiter und Jebusiter.«

Kap. 12,23 »Denn der HErr wird umhergehen und die Ägypter schlagen. Wenn er aber das Blut sehen wird an der Oberschwelle und an den beiden Pfosten, wird er an der Tür vorübergehen und den Verderber nicht in eure Häuser kommen lassen, um euch zu schlagen.«

7. Abriß

a. Grobe Einteilung

Das Buch läßt sich von seiner Form her grob in zwei Teile gliedern:

Kap. 1 -18 Erzählung
Kap. 19-40 Gesetzgebung

Inhaltlich läßt sich das Buch in drei Teile gliedern:

Kap. 1-12,36 Die Berufung Israels in Ägypten
Kap. 12,37-18,27 Auszug Israels aus Ägypten
Kap. 19-40 Bundesschließung Israels am Sinai

b. Gliederung

1. Gott beruft Israel   1-12,36
   Israels Unterjochung   Kap. 1

Mose: Geburt, Rettung, Flucht,
Berufung   Kap. 2,1-4,17
Mose: Rückkehr nach Ägypten
und erste Verhandlungen
mit Pharao   „   4,18-6,30
Die ersten neun Plagen über
Ägypten   „   7,1-10
Die 10. Plage und das Passahlamm   „   11,1-12,36

2. Gott erlöst Israel   12,27-18,27
Der Auszug   Kap. 12,37-13
Durchzug durch das Schilfmeer   „   14
Das Triumphlied des Mose   „   15,1-15,22
Der Weg zum Sinai   „   15,22-18

3. Gottes Bund mit Israel   19 - 40
Mose auf dem Sinai   Kap. 19
Die 10 Gebote   „   20,1 – 20,17
Das Bundesgesetz   „   20,18 – 24
Priesterschaft und Gottesdienst   „   25 – 31
Abfall und Götzendienst
(goldenes Kalb)   „   32 – 33
Erneuerung des Bundes und der
Gesetzestafeln   „   34
Das Heiligtum entsteht
(Stiftshütte)   „   35 – 40

c. Tabellarische Einteilung

1-11 Die Not		1 Unterjochung in Ägypten 2-6 Mose (Jugend – Wüste – Wirken) 7-11 Mose und Pharao (Wunder und Plagen)
12-14 Die Rettung		12-13 Passah und Auszug 13-14 durch die Wüste (Verfolgung und Rettung)
	15 Lobgesang	V. 1-21 Das Miriam Lied (V. 2-18 Geschichtsplan)
16-18 Der Schutz		15 22-27 Wasser in der Wüste (+17,1-7) 16 Wachteln und Manna 17 Die Amalekiter werden besiegt 18 Jethro besucht Mose Einsetzung von Richtern
	19-23 Gesetz	19 Gott erscheint am Sinai 20 Der Dekalog (10 Gebote) 21-23 Rechtsordnungen
24 Der Bund		24 Der Bundesschluß: Bundesmahl und -opfer die Tafeln + Gottes Herrlichkeit
	25-31 Gesetze	25-31 Anweisung zum Herstellen der Stiftshütte + der heiligen Geräte
	32-33 Bundesbruch	32 Abfall durch Götzendienst Fürbitte des Mose, Strafe Gottes 33 Befehl zum Aufbruch Zelt der Begegnung (Stiftshütte)
34 Der erneute Bund		34 Erneuerung der Gesetzestafeln Der kultische Dekalog
	35-40 Stiftshütte	35-40 Ausführung und Anweisung zu Kap. 25-31

(Nach C. Westermann)

8. Typologie

Die sechsfache Offenbarung der Person Gottes

Zwar hatte Israel von Gott gehört, aber es hatte ihn in Ägypten verlassen. Aus Barmherzigkeit offenbarte sich Gott dem Volk neu.

* Als Erlöser im Passahlamm	Kap. 12
* Als Führer in Wolken- und Feuersäule	” 13,21
* Als Befreier am Roten Meer	” 14,19-22
* Als Arzt, der Israel vor Krankheit bewahren will	” 15,26
* Als Lebensspender in Manna und Wasser	” 16,13 ff. 17,1 ff.
* Als Sieger über die Feinde im Krieg	” 17,8-16

Verschiedene Symbolik im Blick auf Christus

1. Das Passahlamm Kap. 12 —	Christus Gottes Lamm
Osterlamm	1. Kor 5,7
Lamm ohne Fehl	Kap. 12,5 — 1. Petr 1,18f
Vergossenes und angewendetes Blut	Kap. 12,7; Heb 9,14; 1. Joh 1,7
Kein gebrochenes Bein usw.	Kap. 12,46 vgl. Joh 19,36
2. Das Manna Kap. 16 —	Christus das Brot des Lebens
Manna vom Himmel — Jesus	Joh 6,31f
Gott, der Geber des Brotes	Joh 6,32
Selbstoffenbarung als Brot	Joh 6,35.48
Wer dieses Brot ißt, stirbt nicht	Joh 6,50
Das Manna muß täglich gesammelt werden usw.	Apg 17,11

3. Die Stiftshütte Kap. 25-30	—	Hinweis auf Jesu
		Erlösungswerk
Vorbild auf Zukunft		Hebr 8,5
Jesus die Tür		Joh 10,9
Opferaltar — Ohne Blut keine		
Vergebung		Hebr 9,22; 1.Joh 1,7
Das Waschbecken — tägliche		
Reinigung		Joh 13,10
Der Schaubrottisch — Jesus		
das Brot des Lebens		Joh 6,35
Der Leuchter — Jesus das		
Licht der Welt		Joh 8,12
Der Räucheraltar — Jesus,		
unser Hohepriester		Hebr 7,25, 9,24

9. EXKURS zur Datierung des Auszugs aus Ägypten

* Hinweise auf den »Früheren Exodus« im 15. Jahrhundert v. Chr.:
  In 1. Könige 6,1 erhalten wir folgende Angaben: Die Tempelweihe unter König Salomo (966 v.Chr.) erfolgte im 480. Jahr nach dem Auszug Israels aus Ägypten. Rechnet man aufgrund dieser Daten zurück, so hat der Auszug 1446 v. Chr. stattgefunden.

* Die »Traumstele« des Pharao Thutmoses IV (1426-1408 v.Chr.) auf Sphinx läßt erkennen, daß er nicht der eigentliche Thronfolger war. Der rechtmäßige Thronfolger, nämlich der älteste Sohn, ist ja wie alle ägyptische Erstgeburt bei der 10. Plage umgekommen. Vgl. Walton: Chronologische Tabellen zum AT.

* Der Richter Jeftah rechnet von seiner Zeit zurück zur Landnahme und spricht von einem Zeitraum von 300 Jahren. Jeftahs Amtsantritt war wahrscheinlich 1106 v. Chr., die Landnahme also ungefähr 1406 v. Chr., der Exodus also im 15. Jahrhundert v. Chr. (Richter 11,26).

* Die letzte Schicht der Ausgrabungen von Hazor, das von De-
  bora zerstört wurde, enthält mykenische Keramik der späten
  Bronzezeit. Dafür ist die äußerste Datierung im 13. Jahrhundert möglich (4,2).
* Die Mereptah-Säule (ca. 1220 v.Chr.) erwähnt Israel namentlich. Wenn Israel hier als Staat von Ägyptern anerkannt wurde, muß es schon lange existiert haben.
* Die Armana-Tafeln (um 1400 v.Chr.) berichten von einem
  Aufstand, der von den »Habiru« verursacht wurde. Viel
  spricht dafür, daß mit HABIRU Hebräer gemeint sind.
  (Vgl. Walton: Chronologische Tabellen zum AT, S. 20.29)

Fragen zu Lektion 6

1. Was bedeutet der Name Exodus?

2. Welche Plage öffnete Israel zum Schluß den Weg in die Freiheit?

3. Welchen Zeitraum umfaßt das Buch Exodus?

4. Wie alt war Mose, als er das Volk aus Ägypten führte?

5. Was verstehen wir unter Theokratie?

6. Bis wann währte die Theokratie?

7. Was spricht gegen die Theorie des »Späten Exodus«?

8. Was ist das Thema des Buches Exodus und was hat dieses Thema für uns zu bedeuten?

9. Welche Typologien finden wir im Buche Exodus?

10. Schildern Sie das Leben des Mose, soweit es im Buch Exodus zu erkennen ist.

11. Schildern Sie die Vorgänge um die Erwählung des Stammes Levi zum Priesterdienst.

Lektion 7

Thema: Das Buch Levitikus

Kurze Zusammenfassung

Autor: Mose
Inhalt: Gesetze für Priester und Volk
Zeitraum: 50 Tage in der Wüste

---

1. Vorbemerkungen

Für viele Christen gehört das Buch Levitikus zu den unverständlichsten und unbekanntesten Teilen der Bibel. Aber im Lichte des NT, besonders durch Jesu Opfertod auf Golgatha, erkennt man die prophetische Bedeutung des Buches. Sein tiefer Sinn kann erst mit dem Blick auf Jesus voll erfaßt werden.

Der Name des Buches

Die LXX nannte das Buch LEVITIKON. Wir benutzen die in der Wissenschaft übliche latinisierte Form LEVITIKUS.

Früher bezeichnete man das Buch auch als »Regel der Priester« bzw. »Opfergesetz«.
Der heutige Name Levitikus leitet sich vom Namen des israelischen Priesterstammes LEVI ab.
Der im deutschsprachigen Raum gebräuchlichste Name bezieht sich auch beim Buch Levitikus auf seinen Verfasser und heißt:
3. Buch Mose

Der hebräische Name lautet:
Wayyiqra = deutsch: Und er rief.

2. Zentralthemen

Gottes Heiligkeit

Der Hintergrund aller Gesetze ist Gottes Heiligkeit. Heiligkeit bedeutet abgesondert / ausgesondert für Gott.
»Der Heilige« ist in diesem Sinne nur Gott.
Alles, was Gott beschlagnahmt, ist (ihm) heilig
(Lev 11,44.45; 19,2-4; 20,7.8.24-26 u. a.).

Gottes Gerechtigkeit

Gottes Heiligkeit und Gottes Gerechtigkeit gehören zusammen. Gott geht gerecht mit seinem Volk um und erwartet, daß sich die Angehörigen des Gottesvolkes gegenseitig auch gerecht behandeln.
Die Anweisungen in Kap. 19 zeigen, wie Gerechtigkeit praktiziert werden sollte.

Gottes Bund

Gott hat mit seinem Volk einen Bund geschlossen. Sowohl die Verheißungen Gottes wie auch die Gesetze gelten als Vertragsbedingungen. Gottes Volk soll nach den Bedingungen des Vertrages leben. Hier ist bes. Kap. 26 wichtig.

Die Dankesschuld Israels

Israel muß erkennen, daß es nur von Gottes Geschenken und von seiner Barmherzigkeit lebt. Selbst das Gesetz ist ein Geschenk. Besonders groß ist das Geschenk des Opfergesetzes, denn durch Opfer wird die Verbindung zu Gott wiederhergestellt, wenn sie durch menschliche Schuld zerbrochen worden ist. Letztlich sind aber auch diese Opfer nur Hinweise auf Jesu Opfer, das alle Schuld ein für allemal sühnte. Die Feste in Lev 23 zeigen, wie Israel seinen Dank ausdrücken kann.

3. Der Zeitabschnitt

Das Buch umfaßt den kurzen Zeitraum von nur 50 Tagen. Das ist einmalig unter den biblischen Geschichtsbüchern. Die im Buch enthaltenen Verordnungen wurden zwischen dem 1. Nisan des 2. Jahres nach dem Auszug aus Ägypten und dem 20. Ijjar, als die Kinder Israels die Wüste Sinai verließen, gegeben (März-April) (vgl. Ex 40,1-17 und Num 10,11).

4. Verfasserschaft

Das Buch selbst nennt keinen Verfasser. Die Gesetze, die den Inhalt des Buches bilden, empfing Mose von Gott. Es spricht nichts dagegen, in ihm auch den Verfasser zu sehen. Diese Sicht hat die jüdische Tradition und auch die Urgemeinde vertreten.

Über diese vordergründige Autorenschaft hinaus sollten wir aber nicht vergessen, daß Gott selbst die Gesetze gegeben hat. Das ist wohl auch der Grund, weshalb der Verfasser im Buch selbst so wenig hervortritt.

Der **Empfänger** war Israel, denn Levitikus ist Teil des Bundesgesetzes und zwar des Bundes, den Gott speziell mit seinem Volk Israel geschlossen hat.
Dennoch gilt der Inhalt und die Botschaft allen Gottesgläubigen, also auch allen Christen. Levitikus zeigt uns die Wahrheit über Sünde, ihre Folgen, den Wert des Lebens und die Heiligkeit Gottes.

Die Inhalte der Mosebücher stehen außerdem für eine heilsgeschichtliche Bedeutung:
1. Buch Mose führt uns den Fall des Menschen vor Augen
2. Buch Mose offenbart den Weg der Erlösung
3. Buch Mose zeigt, wie sich der Erlöste Gott nahen und ihn anbeten kann

5. Hauptverständniswort

Heiligung

6. Hauptverständnisvers

Lev 19,2 »Ihr sollt heilig sein, denn ich bin heilig, der Herr, euer Gott.«

7. Abriß

a. Grobe Einteilung

Wir finden eine sachliche Zweiteilung in dem Buch
1. Kap. 1 - 10
Wegen Gottes Heiligkeit können Menschen nur auf der Grundlage eines Opfers und des vergossenen Blutes des Opfers Zugang zu Gott bekommen.

2. Kap. 11 - 27
Wegen Gottes Heiligkeit muß auch Gottes Volk an Leib und Seele heilig sein.

b. Gliederung

1. Der Weg zur Versöhnung mit Gott (Opfergesetze) Kap. 1-5

Das Brandopfer	Kap. 1
Das Speisopfer	″ 2
Das Dankopfer	″ 3
Das Sündopfer	″ 4-5,13
Das Schuldopfer	″ 5,14 ff

2. Die Brücke zu Gott Kap. 6-10
Recht der Priester Kap. 6-7
Weihe Aarons " 8
Opfer der Priester " 9
Heiligung der Priester " 10
    Exkurs I.: Kap. 8-10 kann man noch einmal unterteilen
Priestertum:
1. Berufung 8,1-5
2. Reinigung 8,6
3. Kleidung 8,7-13
4. Versöhnung 8,14-29
5. Salbung 8,30
6. Speise 8,31-36
7. Dienst Kap. 9
8. Versagen Kap. 10

3. Persönliche Reinheit (Reinheitsgesetze) Kap. 11-16
Bei Speisen Kap. 11
Bei Wöchnerinnen " 12
Bei Aussatz bei Mensch und
Gebäuden " 13-14
Im sexuellen Bereich " 15
Der große Versöhnungstag " 16

4. Prägung nach Gottes Art (Heiligung Kap. 17-27)
Einzelpersonen Kap. 17
Familien " 18
Gesellschaft " 19-20
Priestertum " 21-22
Gottesdienst " 23-27
    Exkurs II: Kap. 23 Liste der Feste
Kap. 27 Gesetz über das Ablegen von Gelübden

8. Besonderheiten

a. Das Opfer

Das alttestamentl. Opfersystem wurde durch Jesu einmaliges
Opfer abgelöst und erfüllt. In sich selbst waren Opfer wertlos.
Nur ihre Verbindung zu Jesu Opfer machten sie wirksam:
Hebr 9,11-14. Die Opfer im israelischen Gottesdienst waren zei-
chenhafte, prophetische Handlungen, die Jesu Opfertod von
Golgatha prophezeiten und Jesu Opfertod erklärten.

EXKURS:
Man kann die Opfer in drei Gruppen teilen:

   a. Die freiwilligen Opfer
      Zur Ehre Gottes und als Zeichen der persönlichen Hin-
      gabe an ihn:
      Brandopfer
      Speisopfer
      Trankopfer

   b. Gemeinschaftsopfer
      Zur Aufrechterhaltung der Gemeinschaft mit Gott:
      Heilsopfer / Dankopfer

   c. Reinigungsopfer:
      Sündopfer
      Schuldopfer
      Weiheopfer

DAS BRANDOPFER, Kap. 1
Es wurde zur Sühne von (unbewußten) Sünden und als Weihe-
opfer gebracht.
Es bestand aus einem Tieropfer, das Tier mußte männlich sein
und ohne jeden Makel. Um was für ein Tier es sich handelte
(Bock oder Taube) entschied die Vermögenslage des Opfernden.

Das gesamte Tier wurde im Vorhof des Heiligtums auf dem Brandopferaltar verbrannt, nachdem die Haut abgezogen, das Tier zerlegt und gewaschen war. Das Blut von Stier und Lamm wurde in einem Gefäß aufgefangen und gegen die Seiten des Altars gesprengt. Das Blut von Tauben lief nach dem Abknicken des Kopfes an des Seiten des Altars ab.
Das Brandopfer versinnbildlicht die ungeteilte Hingabe an Gott. Es ist ein Hinweis von Christi Vollkommenheit im Sterben.

DAS SPEISOPFER, Kap. 2
Dankopfer für Ernte und Wohlstand (Erstlinge).
Es besteht immer, außer in Gen 4.4, aus Früchten der bebauten Erde (oft auch Getreide bzw. ungesäuerter Kuchen, beides mußte allerdings gesalzen sein). Symbolisch wird ein kleiner Teil verbrannt. Das übrige wurde von den Priestern verzehrt.
Es ist ein Hingabeopfer der Gläubigen.

DAS DANKOPFER, Kap. 3 und 22,18-30
Dank für unerwartete Segnung, nach der Einlösung eines Gelübdes oder aus allgemeiner Dankbarkeit.
Es ähnelt dem Brandopfer. An seinem Ende steht eine Opfermahlzeit. Es stellt die wiederhergestellte Einheit von Gott und Mensch bzw. Mensch und Mensch dar.

DAS SÜNDOPFER, Kap. 4-5,13
wurde gebracht wenn Reinigung von Sünde nötig war.
Es wurde ein Stier oder eine Ziege geopfert. Das Fett wurde verbrannt, das übrige von den Priestern gegessen. Das Blut wurde an den Altar gesprengt. Die Höhe des Opfers richtete sich nach der sozialen Lage des Opfernden. War eine Familie sehr arm, so reichte ein Krug Mehl als Sündopfer.

DAS SCHULDOPFER, Kap. 5,14-6,7
Geopfert wurde ein Widder. Das Fett wurde verbrannt und das Übrige von den Priestern gegessen. Das Blut wurde in einem Gefäß aufgefangen und gegen die Seiten des Altars gegossen.

Es bezog sich auf Verfehlungen an Gott geweihten Dingen und auf ungewolltes Unrecht Gott gegenüber (z. B. am Zehnten, an den Erstlingsgaben usw.). Hier genügte das Opfer nicht. Die Schuld mußte auch wiedergutgemacht werden. Dies galt sowohl gegenüber Gott wie auch gegenüber den Menschen.

Außerdem werden noch Weiheopfer Kap. 6,12-16, die Heilsopfer Kap. 7,28-38 erwähnt.

b. Die Feste

In Israel gab es 8 Feste.
    1 wöchentliches Fest
    7 jährliche Feste

Zusätzliche Feste wie das Jubeljahr (Halljahr) und Purim entstanden erst später bzw. werden extra aufgeführt (Jubeljahr).

DER SABBAT, Kap. 23,3
Der Sabbat ist der auf Gottes Schöpfungsordnung (Gen 2,3) zurückgehende wöchentliche Ruhetag.
    Sabbat = deutsch: Ruhetag
Er wurde im Dekalog Ex 20,8 ff als 4. Gebot gegeben. Levitikus ordnet den Sabbat den Festen des Herrn zu.
Der Sabbat ist eine Weissagung auf die ewige Ruhe, auf die Ruhe im 1000jährigen Reich und auf die innere Ruhe der Gotteskinder (Hebr 4,3-11).

DAS PASSAHFEST (hebr.: pesach)
Passahfest = Osterfest Kap. 23,4+5
Es wurde am 14. Nisan gefeiert.
Lesung der Megilloth: Hoheslied
Es erinnert an das Vorübergehen Gottes (in Gestalt des Todesengels, der alle Erstgeburt tötete), als Israel in ägyptischer Knechtschaft lebte.
Bedeutung: Erlösung und Befreiung.

DAS FEST DER UNGESÄUERTEN BROTE, Kap. 23,6-8

Es wurde in Verbindung mit Passah gefeiert. Die Brote sollten ohne Sauerteig gebacken werden und somit an den eiligen Aufbruch der Kinder Israels in Ägypten erinnern, bei dem es keine Zeit mehr gab, für das Brot Sauerteig herzustellen.
Paulus nennt Sauerteig das Symbol für Unreinheit und Sünde. 1. Kor 5,6-8; 2. Kor 7,1.
Bedeutung: Hingabe an Gott.

DAS FEST DER ERSTLINGE, Kap. 23,10-14

Es wurde am 21. Nisan begangen.
Eine Art Erntedankfest. Es symbolisiert die Auferstehung aus den Toten, Joh 12,24; 1. Kor 15,20-23.

DAS WOCHENFEST (hebr.: Schavut), Kap. 23,15-21

Es ist das Pfingstfest und wurde 50 Tage nach Passah begangen (daher sein griech. Name: Pentekoste: 50), nämlich am 6. Sivan. Bei diesem Fest wurde das Buch Ruth verlesen. Am Pfingstfest wurde später auch der Geist Gottes ausgegossen und daraufhin bekehrten sich 3 000 Personen. Eine erste Ernte für die neutestamentl. Gemeinde.

DAS DROMMETENFEST, Kap. 23,23-25

Es wurde am 1. Tischri gehalten und ist das jüdische Neujahrsfest. Es deutet prophetisch auf die Ankunft des Messias.
Für uns Christen ist es ein Hinweis auf Jesu Wiederkunft 1. Thess 4,16; Joel 2,1+15.

DAS VERSÖHNUNGSFEST, Kap. 23,26-32

Es wurde am 10. Tischri begangen und folgte auf Neujahr. Hier wurde das große Opfer des Hohenpriesters für das ganze Volk gebracht (16,21). Dieses war der einzige Tag des Jahres, an dem der Hohepriester das Allerheiligste der Stiftshütte, bzw. später des Tempels, betreten durfte.
Er brachte Blut vom Opfer zum Gnadenthron (dem Deckel der im Allerheiligsten befindlichen Bundeslade).

Jeder mußte das priesterliche Opfer innerlich mitvollziehen, um Anteil an seiner Wirkung zu erlangen (23,29 + 16,29-31). Für uns hat Jesus dieses Opfer am Kreuz erfüllt. Er kam mit seinem eigenen Blut ins himmlische Allerheiligste, um uns zu versöhnen (Hebr 9,23 ff). Sein Blut wäscht alle Sünden rein (1. Joh 2,2).

DAS LAUBHÜTTENFEST, Kap. 23,33-43
Diese Festwoche wurde vom 15.-21. Tischri begangen. Sie wurde zur Erinnerung an die Wüstenwanderung, während der die Kinder Israels in Laubhütten wohnten, eingesetzt. Bedeutung: In dieser Welt leben wir als Fremdlinge und Pilger ohne bleibende Stadt (1. Petr 2,11).

Zusätzliche spätere Feste (nicht in Lev)
* Gedenktag der Tempelzerstörung: 9. Ab
  Lesung: Klagelieder
* Tempelweihfest zur Erinnerung an die Wiederindienststellung des Tempels in der Makkabäerzeit am 25. Kislav.
  Bezug: Joh 10,22
* Losfest (Purim) am 13./14. Ader zur Erinnerung an Rettung vor Ausrottung durch Haman. Lesung: Esther

c. Gesetze für ein Leben in Heiligkeit

Das Buch Levitikus wirft Licht auf einige sonst wenig erklärte Dinge:

ABERGLAUBEN UND ASTROLOGIE
Das Deuten von Sternen, Wolken, Vogelgeschrei usw. (Kap. 19,26; 20,27); Spiritismus, Wahrsagerei, Befragen von Verstorbenen bzw. Medien (Kap. 19,31; 20,6; 20,27) sind Gott ein Greuel.
Wer mit diesen Dingen zu tun hat, verfällt der Todesstrafe. Dies betrifft sowohl die aktiven Spiritisten als auch die, die Rat bei ihnen suchen! (Kap. 20,27 vgl. 22,17)

DAS TÄTOWIEREN, Kap. 19,28
Gott verbietet das Tätowieren, das zu alttestamentl. Zeiten im Zusammenhang mit Totenkult und Götzendienst üblich war. Wir sollten unsere Meinung zu dieser Entstellung des Körpers von dem neutestamentlichen Gedanken prägen lassen, daß unser Körper ein Tempel des Heiligen Geistes ist (1. Kor 6,20).

GELD, Kap. 25,36-37
Geld als Mittel ist aus dem Tauschhandel hervorgegangen und soll das Leben der Menschen erleichtern. Auf keinen Fall darf man sich von ihm beherrschen lassen. Gottes Gebot richtet sich außerdem deutlich gegen jede Art von Wucher! Jesus warnt vor dem hinter ihm stehenden Götzen Mammon. Man kann nicht Gott und dem Mammon zur gleichen Zeit dienen (Mt 6,24).

REINE UND UNREINE TIERE, Kap. 11,1-23
Das Gesetz unterscheidet zwischen reinen und unreinen Tieren. Aus welchen Gründen war dies der Fall?

Theologische Bedeutung:
Durch das Einhalten der besonderen Speisegesetze sollte etwas davon deutlich werden, daß Israel ein heiliges, also für Gott abgesondertes Volk ist. Aufgrund der Speisegesetze konnte Israel mit keinem heidnischen Volk Tischgemeinschaft haben, ohne sich »unrein« zu machen.
Die beiden großen Kapitel über Speisegesetze (vgl. auch Dtn 14,1-21) sind eng verknüpft mit dem Hinweis auf die göttliche Erwählung Israels. Das Einhalten der Speisegebote war der sichtbare Ausdruck der Zugehörigkeit zum Volk Gottes. Genau dieser Aspekt führte später in der neutestamentl. Gemeinde zwischen Judenchristen und Heidenchristen zu allerlei Konflikten (vgl. z. B. Apg 11,2-3; 15,28-29; Gal 2,12-14). Als Christen sind wir nicht an die Speisegebote gebunden. Unsere Zugehörigkeit zum Volk Gottes machen wir allein an unserem Glauben an Jesus Christus fest (Kol 2,16-17).

Kultische Gründe:
Einige der Tiere hatten eine kultische Bedeutung im heidnischen Götzendienst.
Israel sollte sich davon deutlich unterscheiden.

Hygienische Gründe:
Viele der Tiere waren Krankheitsüberträger, das Schwein z. B.
Überträger der Trichinen.

Gruppen	Rein	Unrein
Säugetiere	Mit gespaltenen Hufen Wiederkäuer Lev 11,3-7	Fleischfresser, die nicht den beiden Reinheitsvorschriften entsprechen
Vögel	Alle, die nicht als verboten aufgeführt werden.	Raubvögel + Aasfresser Lev 11,13-19
Wassertiere	Alle, die Flossen und Schuppen haben Lev 11,9-12	Alle, die nicht beide Reinheitsmerkmale haben
Insekten	Alle Heuschreckenarten Lev 11,20-23	Geflügelte Vierfüßler
Reptilien	keine	Alle Lev 11,13-19

Fragen zu Lektion 7

1. Welchen Zeitraum umfaßt das Buch Levitikus?

2. Welcher Zentralbegriff durchzieht das Buch und welche Bedeutung hat er?

3. Welche anderen Namen hat das Buch Levitikus und was sagen diese aus?

4. Welche heilsgeschichtlichen Aussagen gehen aus der Aufeinanderfolge von Genesis bis Levitikus hervor?

5. An welchem Ort spielt sich das Buch Levitikus inhaltlich ab?

6. Welche Bedeutung hat der Begriff der Heiligkeit im Buch Levitikus?

7. Welche Symbolik stand hinter dem Brandopfer?

8. Von welchen Opfern durften die Priester essen?

9. Welche Feste werden im Buch Levitikus genannt? Welche anderen Feste gab es in Israel außerdem?

10. Aus welchen Gründen wurde zwischen reinen und unreinen Tieren unterschieden? Welche Merkmale mußte ein reines Säugetier haben?

Lektion 8

Thema: Das Buch Numeri

Kurze Zusammenfassung

Autor:	Mose
Inhalt:	Wüstenwanderung Israels
Zeitraum:	Geschichtlicher Bericht über ca. 39 Jahre in der Wüste

---

1. Vorbemerkungen

Das Buch Numeri ist die Fortsetzung des Buches Exodus. Der lateinische, in der Theologie übliche Name des Buches heißt
Numeri = Zahlen
Numeri ist die lateinische Übersetzung des in der LXX gebrauchten Namens
Arithmoi.

Sowohl der griechische wie auch der lateinische Name weisen auf die lange Liste der Volkszählung (Num 1-4; 26) im Buch hin.
Der in ihm gegebene geschichtliche Überblick zieht sich allerdings nicht chronologisch fortlaufend durch das ganze Buch, sondern wird oft von Gesetzen und Aufzählungen unterbrochen.
Somit ist das Buch zum Teil Geschichtswerk und zum Teil Gesetzessammlung.

Der hebräische Titel heißt:
»Bəmidbar« = »in der Wüste«
Im Gegensatz zu den anderen Mosebüchern ist dieser Name nicht das erste, sondern das vierte Wort des hebräischen Textes.

Deshalb findet sich im rabbinischen Judentum ein zweiter hebräischer Buchtitel
»Wayədabber« = »und er sprach«.

Der volkstümliche deutsche Name ist
4. Buch Mose.

2. Das Thema des Buches und Zentralthemen

Das Volk Gottes ist zum Dienst erlöst. Es muß sich aber vor
dem Unglauben hüten.
Dieses Thema wird anhand des Geschichtsberichtes über die
40jährige Wüstenwanderung des Gottesvolkes entwickelt. Die
Wüstenwanderung ist neben der Knechtschaft in Ägypten und
der babylonischen Gefangenschaft die traurigste Zeit der Geschichte Israels im AT. Die schweren Wege Israels im Buch
Numeri sind meist auf eigene Untreue und Ungehorsam zurückzuführen.
Menschliches Versagen und Gottes Treue werden immer wieder einander gegenübergestellt.

Neben dem Hauptthema finden wir etliche Unterthemen, die
sehr aufschlußreich sind.

Gottes Fürsorge	(Num 20,1-11, 21,1-9; 27,1-11 u. a.)
Gottes Zorn	Num 11,1-3; 12,1-16; 14,20-23 u. a.)
Gottes Ordnung	(Num 1+2 u. a.)
Gottes Leitung	(Num 9,15-23)

3. Der Zeitabschnitt

Das 4. Buch Mose erzählt weder ausführlich noch streng fortlaufend. Aus der langen Zeit in der Wüste werden recht wenige

Einzelheiten berichtet. Allerdings werden immer wieder gewisse Höhepunkte genannt und diese dann ausführlich geschildert. Wir können die Zeit in der Wüste wie folgt unterteilen:

Von Ägypten bis Sinai   2 Monate   Ex 12,37-19,2

Im Lager am Berg Sinai   ca. 1 Jahr   Ex 19,3 bis Num 10,10

Vom Sinai bis zu den Ebenen Moabs
        38 Jahre und 10 Monate   Num 10,11 bis Dtn 34

Insgesamt ergibt sich eine Zeit von 38 Jahren und 10 Monaten Wüstenwanderung.

4. Verfasserschaft

Eindeutig ist, daß dem Verfasser genaue schriftliche Aufzeichnungen über die Wüstenwanderung zur Verfügung standen. Es ist unmöglich, daß die Listen der Volkszählung bzw. andere Einzelheiten erst nachträglich zusammengestellt wurden. Dies alles spricht für die Überlieferung, die Mose als Verfasser nennt.
Außerdem bestätigt Num 33,2 klar, daß Mose während der Wüstenwanderung auf Gottes Befehl hin Aufzeichnungen machte.

Ein Pfarrer bemerkte:
»Die Ungläubigen haben natürlich versucht, dieses Buch zu zerstückeln, sie haben darin alles Mögliche gesehen: Sagen, Fabeln, Übertreibungen usw.; der Christ sieht darin das Werk Moses und göttliche Wahrheit.«
Daß es sich bei den Ungläubigen keinesfalls um Atheisten handeln muß, wissen wir. Die liberale Theologie alter und neuer Schule setzt alles daran, um das Wort Gottes als Ganzes und besonders auch die Mose-Bücher unglaubwürdig zu machen.

5. Hauptverständnisworte

Dienst
Wandel
Arbeit
Kriegsführung

6. Hauptverständnisvers

Das Buch schildert inhaltlich die Erlebnisse der Wüstenwanderung, also die Zeit, bevor Israel schließlich das verheißene Land Kanaan einnehmen konnte.
In dieser Wüstenzeit lebte Israel nur aus dem Verheißungswort – mit diesem Wort sollte das Volk zuversichtlich rechnen. Als Hauptverständnisvers könnte daher Num 14,8 angesehen werden:
»Wenn der HErr uns gnädig ist, so wird er uns in dies Land bringen und es uns geben, ein Land, darin Milch und Honig fließt.«

7. Abriß

Am besten kann man das Buch nach dem jeweiligen Aufenthaltsort des Volkes Israel einteilen:

1. Am Berg Sinai (20 Tage)	Kap.	1-10
Ordnung des Dienstes		
(Erste Volkszählung)	"	1-4
Ordnung im Krieg	"	1
Ordnung im Lager	"	2
Ordnung in der Stiftshütte	"	3+4
Ordnung im Lager (Reinhaltung)	"	5
Ordnung im Leben der Geweihten	"	6
Ordnung bei freiwilligen Gaben	"	7
Ordnung im Dienst der Priester		

8. Sinnbilder

Der Fels in der Wüste (Kap. 20)
ist eine Allegorie (= Sinnbild) für Christus. Vgl. 1. Kor 10,4:
Hier wird der Fels in der Wüste geistlich (also allegorisch) gedeutet: der Fels ist Christus.

Die eherne Schlange (Kap. 21)
nach Joh.3,14 Sinnbild auf das Evangelium in Jesu Kreuz.
Das Volk, welches im Numeri immer unterwegs ist
1. Petr 2,11: Christen sind Pilger und Fremdlinge in der Welt.
8mal hat das Volk in der Wüste gemurrt.
Dies Murren war ein Ausdruck der Auflehnung gegen Gott
und zog Gottes Strafe nach sich. In 1. Kor 10,10 werden wir vor
solchem Verhalten gewarnt:»Murrt auch nicht, wie einige von
ihnen murren und wurden umgebracht durch den Verderber«
(vgl. auch Phil 2,14).

9. Besonderheiten

a. Kämpfe und Kriege während der Wüstenwanderung

Gegner	Ort	Angreifer	Sieger	Text
Amalek	Rafidim	Amalek	Israel	Ex 17,8-16
Amalek	Horma	Israel	Amalek	Num 14,45
Arad	Horma	Arad	Israel	Num 21,1-3
Amoriter König Sidon	Jahaz	Amoriter	Israel	Num 21,21-25
König Og von Baschan	Edrei	Israel	Israel	Num 21,33-35
Midianiter Könige: Ewi, Rekem, Reba, Hur und Zur	Israel	Israel		Num 31,1-12

b. Ordnung und Dienst

Neben der Geschichtsschilderung, die sich in Numeri vor allem auf Kriege konzentriert, stehen Ordnungen und Dienst im

Mittelpunkt. Gott erwartet von seinem Volk einen willigen Dienst.

Bei den Ordnungen handelt sich um die Ordnungen in
— Lager
— Familie
— Schlachtfeld
— Heiligtum

Die Stuttgarter Jubiläumsbibel erklärt z. B. zu Num 2,2 : »Das Kriegsheer des HErrn erhält nun auch seine bestimmte Lagerordnung. Jeder der 4 Hauptstämme hat ein Panier, um das sich die Mannschaft von drei Stämmen sammelte, die einzelne Abteilung ihr Feldzeichen. Die Ordnung der Stämme läßt sich am besten durch eine Zeichnung veranschaulichen.«

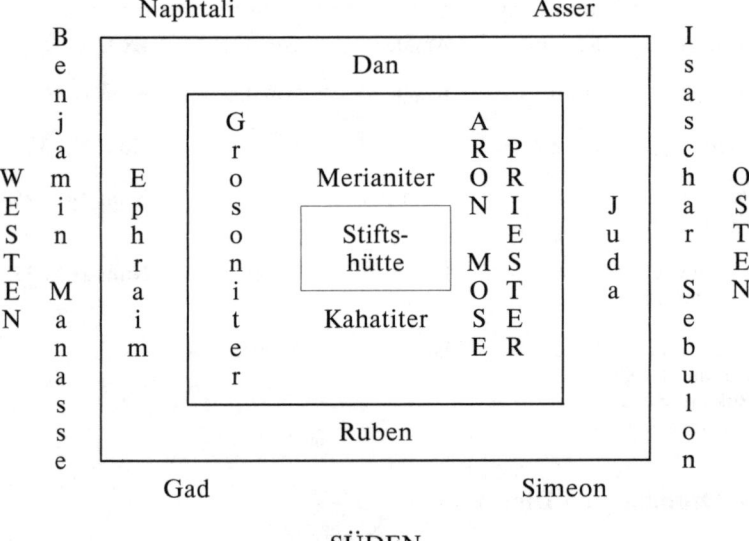

NORDEN

SÜDEN

(Nach Jubiläumsbibel)

Im Mittelpunkt: Die Wohnung des Höchsten
Um das Heiligtum: Die Priester und Leviten
Außen herum: Die streitbaren Männer der 12 Stämme

Symbolik: Nicht jeder kann einen Ehrenplatz im Dienst einnehmen; aber jeder kann den Platz, den Gott ihm zugewiesen
hat, treu und ehrenhaft ausfüllen.

c. Bedeutung innerhalb des Pentateuch

Wir haben schon erwähnt, daß der Aufbau und die inhaltliche
Reihenfolge der 5 Bücher Mose eine heilsgeschichtliche Bedeutung aufweist. Folgenden Platz nimmt hier Numeri ein:

Genesis	= Der Fall eines Menschen
Exodus	= Die Erlösung des Menschen
Levitikus	= Die Heiligung des erlösten Menschen
Numeri	= Der Dienst des erlösten und heiligen Menschen

Fragen zu Lektion 8

1. Welche wichtigen geschichtlichen Ereignisse schildert das Buch Numeri?

2. Welches Ereignis war Anlaß der langen Wüstenwanderung?

3. Welche Namen hat das Buch und was bedeuten sie?

4. Weshalb ist Ordnung ein so wichtiges Thema des Buches?

5. Was spricht für die Verfasserschaft des Mose?

6. Welches ist der inhaltliche Schwerpunkt des Buches? Was ist seine heilsgeschichtliche Bedeutung innerhalb des Aufbaus des Pentateuchs?

7. Stellen Sie die im Buch Numeri geschilderten Ereignisse zusammen:

Lektion 9

Thema: Das Buch Deuteronomium

Kurze Zusammenfassung

Autor: Mose und eine unbekannte Person, die das letzte Kapitel zugefügt hat. Möglicherweise hat dieselbe Person außerdem folgende redaktionellen Anmerkungen vorgenommen: Kap. 2,10-12.20-23; 3,13b-14. Diese Erklärungen könnten aber auch von Mose selbst stammen.

Zeitraum: Knapp 2 Monate im Jahr 40 der Wüstenwanderung Israels

Inhalt: Moses letzte Reden und sein Tod

1. Vorbemerkungen

Das Buch Deuteronomium nennen die Rabbiner
»Mischne« = zu deutsch: Gesetzeswiederholung
Der eigentliche hebräische Name lautet:
Elläh haddəbarim = zu deutsch: »Dies sind die Reden«

In der LXX ist sein Name »Deuteronomia«. Die bei uns gebräuchliche Form ist die lat. Bezeichnung:
Deuteronomium = zu deutsch: das zweite Gesetz

Die rabbinische Bezeichnung »Gesetzeswiederholung« entspricht dem Inhalt des 5. Mosebuches mehr, als die der LXX oder ihrer lat. Form. Beim Inhalt des Dtn handelt es sich keinesfalls um ein zweites (neues) Gesetz, sondern vielmehr um das alte Gesetz vom Sinai. Es wurde 39 Jahre zuvor gegeben. Eine neue Einprägung war nötig, da die Erwachsenen-Generation vom Sinai, mit Ausnahme von Josua und Kaleb, ausgestorben war. Dtn ist nun Wiederholung und Kommentierung dieses Gesetzes. Die volkstümliche Bezeichnung ist wieder die Zählung der Mosebücher:

5. Buch Mose

Das Buch unterscheidet sich von den anderen Mose-Büchern dadurch, daß es fast nur Reden des Mose enthält. Was wir in Exodus als geschriebenes Gesetz haben, finden wir in Deuteronomium in Predigtform als Wiederholung wieder.

EXKURS: Als Abgrenzung gegen okkulte Werke, die den Namen »Mose« bzw. „Mosis" führen ist es wichtig zu wissen, daß es nur fünf biblische Bücher unter dem Namen Mose gibt. Bücher wie das 6.+7. Buch Mose sind okkulten, abergläubischen Ursprungs. Sie dienen oft als Zauberbücher. Ihre Wurzeln gehen auf heidnische, zum Teil babylonische Quellen zurück. In ihrer heutigen Form sind sie im späten Mittelalter Anfang des 16. Jahrhunderts erstmalig gedruckt und im 19. Jahrhundert mit einem französischen Zauberbuch vermischt worden. Ihr Inhalt besteht aus Beschwörungsriten, Rache-, Krankheits-, und Fruchtbarkeitszauber etc. Neben üblicher Magie beinhaltet es auch kabbalistische Anleihen (jüdische Mystik und Zauberei).

Der formale Aufbau:

Da das »Gesetz des Mose« beim Bundesschluß zwischen Gott und dem Volk Israel gegeben wurde, handelt es sich um ein Bundesgesetz. Es entspricht darum in vielerlei Hinsicht den üblichen Vertragsabschlüssen im Alten Orient. Dies wird sogar im formalen Aufbau des Buches Deuteronomium deutlich:

1. Historische Rahmenhandlung
2. Vertragsbestimmungen
3. Segensverheißungen und Fluchandrohungen
4. Anweisungen über Aufbewahrung und Verlesung des Vertragsdokuments.

Ernst Aebi beurteilt das Dtn zusammenfassend: »Mose redet
wie ein sterbender Vater zu seinen Kindern. Bevor er von ihnen geht, will er ihnen noch einmal so recht eindrücklich das
Gesetz ihres Gottes in Erinnerung rufen.«

2. Das Thema des Buches

Das Thema des Dtn ist die Aufforderung zum Gehorsam gegen Gottes Gebote.
In 8 Reden, die Mose in der Ebene Moab gehalten hat, faßt er
den Glauben Israels zusammen. Er fordert Israel auf, die Gebote zu befolgen und sich dem Dienst für den Herrn zur Verfügung zu stellen.
Vor Israel liegt die Aufgabe der Eroberung des Landes Kanaan.
Gehorsam ist der einzige Weg zum Sieg und zur Einnahme des
verheißenen Landes.
Gehorsam zieht ein Leben in der Gemeinschaft mit Gott nach
sich. Ungehorsam aber hat schreckliche Konsequenzen. Er
führt unter den Fluch Gottes.
W. Steinseifer urteilt: »Man könnte das Buch als ›Verfassung‹
Israels bezeichnen«.
Interessanterweise hat der heutige Staat Israel als Ausnahme
unter den modernen Demokratien keine schriftliche Verfas-
sung. Das AT, welches vom Oberrabbinat interpretiert wird,
gilt als Staatsgrundlage.
Das Zentralthema ist: Gehorsam.

3. Der Zeitabschnitt

Das Buch erstreckt sich über die zwei letzten Monate der Wüstenwanderung.
Es beginnt am 1. Sebet (im Jan.) des 40. Jahres in der Wüste
(Dtn 1,3). Es endet im Monat Adar (März) des 40. Jahres. Dies
ist der 30. Tag der Volkstrauer um Mose (Dtn 34,8).

4. Verfasserschaft und Abfassungszeit

Wir können davon ausgehen, daß der größte Teil des Buches
von Mose geschrieben bzw. diktiert wurde. Das Buch nennt
Mose selbst als Gesetzesschreiber und Liederdichter (Dtn
31,9+22). Das letzte Kapitel ist als Zusatz zu betrachten, welchen »vielleicht Josua beigefügt hat«, meint E. Aebi. Möglicherweise ist das Dtn später noch überarbeitet worden.

5. Echtheit und wichtigste Punkte der Bibelkritik

Das Dtn ist besonders starker Bibelkritik ausgesetzt. Robert
Lee meint, daß dies auf »Satans Furcht vor diesem Buch« zurückzuführen sei. Interessanterweise ist es das einzige Buch,
aus dem Jesus in seiner Versuchung in der Wüste Juda zitiert
(Versuchungsgeschichte: Mt 4,1-1, Lk 4,1-13; vgl. Dtn 8,3; 6,16;
6,13 und 10,20). Dtn wird im NT 90mal zitiert, was für die allgemeine Akzeptanz des Buches spricht.

Liberale Kritikpunkte:

In 2. Kön 22 wird berichtet, daß zur Zeit des Königs Josia das
»Buch des Gesetzes« bei den Restaurationsarbeiten des Tempels gefunden wird, was dann in Juda zu einer Erweckung und
zu einer Reform unter König Josia führt. Die meisten Theologen gehen davon aus, daß es sich bei dem »Buch des Gesetzes«
um das 5. Buch Mose handelt.

* Die These liberaler Theologen ist nun, daß das 5. Buch Mose
  nicht gefunden wurde, sondern in jener Zeit unter dem
  Decknamen Moses erst geschrieben wurde. Dieses Werk
  sollte dann die Reform Josias unterstützen.
  Antwort: Was das »Buch der Gesetze« war, bleibt eine offene
  Frage: Es könnte sich durchaus auch um den gesamten Pentateuch gehandelt haben. Vielleicht war es aber auch nur ein

Auszug des Deuteronomium. Wir wissen es nicht. Dem Bericht aus 2. Kön 22 zufolge löste der Fund dieses Buches die Reform unter Josia erst aus, nicht umgekehrt. An dieser Stelle wird deutlich, wie Bibelkritiker Fakten nach eigenem Ermessen verdrehen und neu interpretieren. Das Schreiben religiöser Texte unter dem Decknamen eines längst verstorbenen bekannten Autors (unter einem Pseudonym) war im Alten Orient unbekannt! Beispiele dieser Art stammen aus der viel späteren Zeit der Römer. Hier wird deutlich, wie sehr Bibelkritiker oft von abendländischen Denkansätzen und Kriterien geprägt sind (die abendländische Kultur ist sehr stark von der griechischen Philosophie geprägt) und zu wenig bedenken, daß sie sich im altorientalischen Kulturkreis befinden.

* Die Kritiker meinen, der gesamte Pentateuch sei »größtenteils gedichtet worden, um das Jerusalemer Priestertum zu verherrlichen; das 5.Buch Mose insbesondere wurde verfaßt, um Jerusalem als die zentrale und einzig annehmbare Stätte der Anbetung in Israel festzulegen«. Vgl. Robert Lee: Grundriß der Bibel, S. 16.
Antwort: Dem ist entgegenzuhalten, daß Jerusalem in keinem der 5 Bücher Mose direkt genannt wird (Ausnahme: Gen 14,18: Salem, Hinweis auf Jerusalem nur indirekt). Das 5.Mosebuch aber nennt es an keiner Stelle.

* Kritiker behaupten, daß der Verfasser nach Mose gelebt hat. In der Zeit vor der Reform des Josia wäre das Gesetz nur den Priestern und Schriftgelehrten bekannt gewesen. Um es nun volkstümlich zu machen, hätte ein unbekannter Autor das Dtn verfaßt, die Rahmenhandlung konstruiert und die Worte Mose in den Mund gelegt.
Antwort: Die Tatsache, daß Jesus das Werk mehrere Male zitiert, wertet das Buch Deuteronomium stark auf und betont dessen wichtige Bedeutung. Jesus, der als Gottessohn über die Schrift besser Bescheid wußte als menschliche Theologen, würde keine Hochstapelei oder Fälschung aufwerten.

Schon Mose hat angewiesen wie Dtn aufbewahrt werden
muß: Neben der Bundeslade im Allerheiligsten (Dtn 31,26).
Die Heiligkeit dieses Aufbewahrungsortes sagt etwas über
den Wert des Buches aus.

* Man bestreitet die Autorenschaft des Mose, da Dtn einen
prophetischen Klang hat. Deshalb, so sagt man, könne es
nicht vom Gesetzgeber Mose sein.
Antwort: Dtn 34,10: MOSE WAR DER GRÖSSTE PROPHET
DES AT.
Vergleiche hierzu auch:»Das Alte Testament erklärt und
ausgelegt«(Hg.: J. F. Walvoord und R. F. Zuck), Bd. 1, Hänssler-
Verlag, 1990.

6. Hauptverständnisvers

Dtn 11,26:»Siehe ich lege euch heute vor den Segen und den
Fluch.«

7. Abriß

Eine grobe Analyse des Dtn ergibt, daß das Buch aus 8 klar zu
unterscheidenden Reden und einem Abschlußkapitel über
den Tod des Mose besteht. Den größten Platz nimmt dabei die
zweite Rede, die sogenannte»Gesetzeswiederholung«, ein.
Zu beachten ist hier der schon erwähnte formale Aufbau, der
den Vertragsabschlüssen im Alten Orient entspricht.

1. Rede: Historische Rahmenhandlung		
Die einleitenden Reden	Kap.	1-4
Geschichtlicher Rückblick	"	1,1-4,43
Versagen bei Kadesch-Barnea	"	1
Wüstenzug	"	2+3
Geistliche Anwendung	"	4,1-40
Die Freistädte	"	4,41-43

2. Rede: Vertragsbestimmungen
   Die Große Gesetzesrede   Kap. 4,44-26,19
   Vorwort und Einleitung   ”   4,44-49
   Ermahnungen zur Bundestreue   ”   5-11
   Gottesdienstordnung   ”   12-16,17
   Bürgerliches Recht   ”   16,18-18,22
   Freistädte (Amnestie)   ”   19
   Kriegsführung   ”   20-21,14
   Nächstenliebe   ”   21,15-26,19

3. Rede: Segensverheißungen und Fluchandrohungen
   Warnungsrede   Kap. 27-28
   Gedenksteine   ”   27,1-8
   Fluch und Segen   ”   27,9-28,69

4. Rede: Zusammenfassung der Vertragsbestimmungen
   Bundesrede   Kap. 29-30

5. Rede: Anweisungen über Aufbewahrung und Verlesung des Vertragsdokuments
   Ratschläge   Kap. 31,1-23
   an Israel   ”   31,1-6
   an Josua   ”   31,7+8
   an die Priester   ”   31,9-15
   Warnung des HErrn   ”   31,14-21

6. Rede: Unterweisung   Kap. 31,24-29
   an die Leviten   ”   31,24+25
   Verwahrung des Dtn   ”   31,26-29

7. Rede: Erhabener Lobpsalm   Kap. 31,30-32,52
   Der Psalm ist nach Dtn 32,44 von Josua und Mose als
   Doppelgesang vorgetragen worden.

8. Rede: Segen   Kap. 33

   Schlußkapitel: Tod des Mose   Kap. 34

8. Typologische und prophetische Hinweise

* Erster Bezug auf die »Kinder Belia« (hebr.: beliyaal) = heillose Leute Dtn 13,14; vgl. 2. Kor 6,15
* Jesu Hinrichtung am Kreuz (typologisch erstmalig angedeutet): Baum Dtn 21,22-23.
* Erste Bezugnahme auf das Erlebnis im Dornenbusch Dtn 33,16
* Weissagung auf den kommenden größeren Propheten (Jesus) Dtn 18,15-19; vgl. Joh 1,45; 6,14; 7,40; Apg 3,22; 7,37

Fragen zur Lektion 9

1. In welcher Zeit handelt das Buch Dtn genau?

2. Was drückt der rabbinische Name des 5. Buch Mose deutlicher aus als der lateinische?

3. Warum war am Ende der Wüstenwanderung eine Gesetzeswiederholung nötig?

4. Wo sollte das Gesetzbuch aufbewahrt werden?

5. Woran erinnert der Aufbau des Buches Dtn?

6. Wieviele Reden Moses enthält das Buch?
   Welches ist die längste Rede in Dtn?
   Was ist ihr Inhalt?

7. Was weissagt Mose im Buch Dtn im Blick auf Jesus?

8. Was versteht man unter der Thora und welchen Platz nimmt sie im Judentum ein?

9. Geben Sie einen Gesamtüberblick über die geschichtlichen Entwicklungen, die in den ersten 5 Büchern Mose berichtet werden:

Lektion 10

Thema: Das Buch Josua

Kurze Zusammenfassung

Autor:	Mit Ausnahme einiger Zusätze und Nachträge wahrscheinlich Josua
Zeit:	Die ersten 25 Jahre nach dem Tod des Mose
Inhalt:	Die Einnahme Kanaans durch Israel (Landnahme)

---

1. Vorbemerkungen

Das Buch Josua bildet das Bindeglied zwischen der Zeit, als Israel noch kein Land hatte, zu der Zeit, als es zu einem Staat wurde. Heilsgeschichtlich verbindet es die Zeit:

1. der Geschichte Gottes mit der Menschheit (Gen 1-12),
2. der Geschichte Gottes mit den Patriarchen oder auch Vätern Israels (Gen 12-50),
3. der Geschichte Israels in Ägypten und auf der Wüstenwanderung (Ex-Dtn) und
4. Gottes Volk im Heiligen Land (Ri-Chr).

Es ist die unmittelbare Fortsetzung des Dtn. Das zeigt u.a. sein erstes Wort im Grundtext: »und« (die Elberfelder Übersetzung läßt das Bindewort auch im Deutschen erscheinen). Auch nimmt das Buch Josua immer wieder Bezug auf andere Worte im Pentateuch (fünfteiliges Buch = fünf Bücher Mose) bzw. auf Aussagen des Dtn.
Es bildet eine solche Einheit mit dem Pentateuch, daß man es in Verbindung mit den 5 Büchern Mose auch als

»Hexateuch« = deutsch: sechsteiliges Buch
bezeichnet hat.

In der jüdischen Zählung ist es das erste Buch der »Nebiim Rischonim« (Frühere Propheten).

2. Das Thema des Buches

Die Treue Gottes, die in der Einnahme des verheißenen Landes bewiesen wird.
Die Verheißungen an Israel, welche bis auf den Stammvater Abraham zurückgehen, werden erfüllt (Gen 17,15-21 u. a.). Das Buch ist primär ein historischer Bericht darüber, wie das geschieht.
Es zeigt, wie Gott das mit Mose begonnene Werk vollendet: Durch Wunder erfüllt Gott seine Verheißungen.
* Gott gibt den Weg durch den Jordan frei (Jos 3).
* Nach dem liturgischen Umschreiten Jerichos fallen dessen Mauern (Jos 6, vgl. Hebr 11,30).
* Während der Schlacht bei Gibeon läßt Gott Sonne und Mond still stehen, um Israel zu helfen (Jos 10).

3. Der Zeitabschnitt

Das Buch umfaßt einen Zeitraum von ca. 25 Jahren. Es beginnt mit dem Tod des Mose (Jos 1,1 f vgl. Dtn 34) und endet mit dem Tod des Josua und des Hohenpriesters Eleasar (Jos 24,29+33). Die geschichtliche Wahrheit des Geschehens wird gestützt u. a. durch die Ausgrabungen verschiedener Städte der vorisraelischen Zeit in Kanaan (z. B. eines Restes der Stadtmauer von Jericho u. a.) und durch den Fund des sog. Armana-Briefes. Dieser Fund von Tel el Armana besteht aus ca. 300 Tafeln. Diese sind Briefe von Königen aus Palästina, in denen der ägyptische Pharao Echnaton um Hilfe gebeten wird. Sie schildern die Verhältnisse der kanaanäischen Völker zur Zeit Josuas.

4. Verfasserschaft und Abfassungszeit

Der Autor wird im Buch nicht namentlich genannt. Der Talmud (wichtigste Sammlung jüdischer Überlieferungen) gibt
Josua als Verfasser an. Nach talmudischer Auffassung sind nur
die letzten Verse durch Pinehas, Sohn des Hohenpriesters
Eleasar, hinzugefügt.
Ob wir von Josua als Schreiber ausgehen können, ist nicht sicher.
Möglicherweise hat er ein Grundkonzept bzw. Aufzeichnungen hinterlassen, die später überarbeitet wurden. Es könnten
dann noch andere Quellen eingearbeitet worden sein. In jedem
Fall hat Josua Texte hinterlassen (Kap. 24,26). Auch geht aus
dem Buch Josua hervor, daß viele Teile des Buches von Augenzeugen niedergeschrieben wurden. Ebenso gibt der Text
über eine frühe Abfassungszeit Aufschluß (siehe unten). Viele
evangelikale Theologen gehen darum davon aus, daß Josua
selbst der Hauptautor des Buches ist.
Zur Datierung der Abfassung gibt das Buch folgende Anhalts-
punkte:
* Nach Kapitel 15,63 waren zur Abfassungszeit die Jebusiter
  noch in Jerusalem. David vertrieb sie nach einem siebenjäh-
  rigen Krieg aus der Stadt (2. Sam 5,6-9).
* Aus dem Buch Josua geht weiter hervor, daß Rahab zur Zeit
  der Abfassung noch lebte (Jos 6,25).
  Beide Hinweise sprechen dafür, daß das Buch durch Josua
  selbst (was aufgrund der jüdischen Tradition gut möglich ist)
  oder wenigstens zu bzw. nicht lange nach dessen Lebzeiten
  von einem seiner Zeitgenossen verfaßt wurde.

Bei der Aufzeichnung standen mehrere heute nicht mehr
vorhandene Werke als Quellen zur Verfügung.
In Jos werden genannt:
* Das Buch der Redlichen (Heldenbuch der Frommen. Es
  handelt sich um eine literarische Sammlung von Liedern im
  Gedichtstil, die zu Ehren der Ruhmestaten der Führer Israels in einem Buch aufgezeichnet wurden.) Jos 10,13

* Verzeichnis der unterworfenen Könige Jos 12
* Gedenksteine Jos 4,6 ff; Jos 8,30 ff (Altar); Jos 22,26 ff (Altar)
  u. a.

Josua, der Hauptheld des Gesamtwerkes, gibt dem Buch den
Namen.

5. Wer war Josua?

* Er gehörte zum Stamm Ephraim.
* Sein Vater hieß Nun (Jos 1,1).
* Ursprünglich war Josuas Name HOSEA (deutsch = Hilfe).
* Von Mose bekam er einen neuen Namen nämlich: Josua =
  deutsch: Jahwe ist Hilfe, Rettung (Num 13,16)
* Er tritt schon während der Wüstenwanderung als Heerfüh-
  rer auf (Ex 17,9 ff).
* Er begleitet Mose zum Berg der Gesetzgebung (Ex 33,11).
* Er war einer der von Mose ins Land Kanaan entsandten
  Kundschafter. Nur er und Kaleb wagten es, dem Volk Mut
  zur Landnahme zuzusprechen (Num 14,6 ff).
* Nur er und Kaleb durften als Angehörige der Generation,
  die aus Ägypten ausgezogen war, das Gelobte Land betreten.
* Gott selbst setzte ihn zum Hüter der Offenbarung ein (Ex
  17,14).

Mose setzte ihn als seinen Nachfolger ein:
Dtn 31,3: Gott beauftragte Mose dazu.
Dtn 31,23.34,9 Mose setzt ihn unter Handauflegung ein und
gibt ihm Verheißungen Gottes mit.
Dtn 34,9 Josua empfängt den Geist Gottes nach dem Tod des
Moses.

* Jos 1,6-9 Gott ermutigt Josua durch seine Verheißungen.

6. Echtheit

Neben den schon erwähnten außerbiblischen Belegen (Armana-Briefe) werden Fakten des Buches durch andere biblische Bücher bestätigt.

z. B. Kap. 3: Übergang über den Jordan Ps 114,3.5
Kap. 6: Jerichos Fall / Rahab Hebr 11,30-31
Kap. 6,26: Fluch über Jericho 1. Kön 16,34
Kap. 9,15: Bündnis mit den Gibionitern 2. Sam 21,1

7. Hauptverständniswort

Besitznahme

8. Hauptverständnisvers

Kap. 11,23: »So nahm Josua das ganze Land ein, ganz so, wie der Herr zu Mose geredet hatte, und gab es Israel zum Besitz, einem jedem Stamm sein Teil. Und das Land war zur Ruhe gekommen vom Kriege.«

9. Abriß

a. Grobe Einteilung

Kap. 1-12 Eroberung des Westjordanlandes
Kap. 13-21 Verteilung des eroberten Landes
Kap. 22 Heimkehr der östlichen Stämme
Kap. 23 Landtag zu Sichem und Tod des Josua

b. Gliederung

1. Einzug ins verheißene Land	Kap. 1,1-5,12
Auftrag und Marschbefehl	„ 1
Aussendung von Spionen	„ 2
Überschreitung des Jordans	„ 3
Gedenksteine	„ 4
Beschneidung, Passah	„ 5,1-12
2. Eroberung des verheißenen Landes	Kap. 5,13-12
Der Engel Gottes erscheint Josua	„ 5,13-15
Jerichos Fall	„ 6
Achans Sünde	„ 7
Eroberung von Ai	„ 8
List der Gibioniter	„ 9
Sieg im Süden	„ 10
Unterwerfung des Nordens	„ 11
Sieg über Königsbündnis	„ 12
3. Aufteilung und Organisation des verheißenen Landes	Kap. 13-22,34
Verteilung des Ostjordanlandes	„ 13
Verteilung des Westjordanlandes	„ 14-19
Freistädte	„ 20
Levitenstädte	„ 21
Heimzug der Ostjordanstämme	„ 22
4. Josuas Abschied vom verheißenen Land	Kap. 23-24
Josuas Abschiedsrede	„ 23
Landtag von Sichem	„ 24,1-28
Josuas und Eleasars Tod	„ 24,29-33

10. Die Eroberungskriege unter Josua

Gegner	Kriegsschau-platz	Angreifer	Sieger	Text
Jericho	Jericho	Israel	Israel	6,12-27
Ai	Ai	Israel	Ai	7,2-6
Ai + Bethel	Ai	Israel	Israel	8,1-29
Ammoriter-Bündnis: König von Jerusalem König von Hebron König von Jarmut König von Lachisch König von Eglon	Bei Gideon Verfolgung durch Bet-Horon bis Aseka, Makkeda und das Ajalon-Tal	Amoriter	Israel	10,1-27
König von Makkeda	Makkeda	Israel	Israel	10,28
Libna	Libna	Israel	Israel	10,29 f
Lachisch	Lachisch	Israel	Israel	10,31 f
Horam, König von Geser	Lachisch	Israel	Israel	10,33
Eglon	Eglon	Israel	Israel	10,34 f
Hebron	Hebron	Israel	Israel	10,36 f
Debir	Debir	Israel	Israel	10,38 f
Nord-Könige	Ebene Mizpe im Osten	Israel	Israel	11,1-9
Hazor	Hazor	Israel	Israel	11,10 f
nördl. Städte-bündnis	Mehrere Orte (unbekannte Namen)	Israel	Israel	11,12-17

11. Allegorie und Typologie

* In das verheißene Land zu kommen, wird im NT allegorisch gedeutet: es bedeutet, in die Ruhe Gottes zu kommen. Hebr 4,1-11

ist eine Ermutigung für Christen, damit sie sich nicht mit weniger zufriedengeben, als Gott für sie bestimmt hat.
* Der hebräische Name Josua wird, da die hebräische Sprache keine Selbstlaute hat, gleich wie der Name Jesus geschrieben. Beide Namen haben somit die gleiche Bedeutung: »Jahwe rettet«.
Somit ist Josua ein Typus auf Christus hin.

12. Besonderheiten

Bisher hatte Gott immer durch Träume, Visionen oder Engel gesprochen. Jetzt fordert Gott auf, auf seine Stimme zu hören, indem man das Gesetzbuch, welches Gott dem Mose gab, hörbar macht (Kap. 1,8).

Fragen zu Lektion 10

1. Welchen Verbindungscharakter nimmt das Buch Josua unter den alttestamentl. Geschichtsbüchern ein? Woran erkennt man dies auch stilistisch?

2. Was wird im Buch Josua (in gröbster Einteilung) wiedergegeben?

3. Welche Bedeutung haben die Armana-Briefe für die Beurteilung des Buches Josua?

4. Welchen Namen führte Josua ursprünglich?

5. Schildern Sie den Lebensweg des Josua.

6. Was sagt das Buch Josua über die Ursache der ersten Niederlage gegen Ai?

7. Wo ordnen die Juden das Buch Josua in ihrer Bibelaufteilung ein?

8. Was ist am Namen Josua auffällig?

9. Wo im NT wird ausführlich auf Ereignisse des Buches Josua eingegangen?

Lektion 11

Thema: Das Buch der Richter

Kurze Zusammenfassung

Autor: unbekannt
Zeit: Vom Tode Josuas bis zum benjamenitischen
         Krieg
Inhalt: Die ersten Jahrhunderte Israels im eigenen
         Land

---

1. Vorbemerkungen

Dieses Buch bezieht seinen Namen von den führenden Persönlichkeiten während des geschilderten Zeitraums, den sogenannten Richtern.
Dieser Titel ist allerdings etwas irreführend, denn die im Buch genannten 13 biblischen Richter waren nicht Richter, wie wir das im heutigen Sinne verstehen.
Jene Richter waren Menschen, die Gott in Notzeiten berufen hat, um das Volk Israel zu befreien, zu führen, zu einigen und auf den rechten Weg zu rufen.

In der Richterzeit gab es keine Zentralgewalt in Israel, sondern es herrschte eine Form von Anarchie. Darauf weist das Buch an verschiedenen Stellen ausdrücklich hin. Das Richteramt bestand aus allgemeiner administrativer Autorität, militärischer Verteidigung gegenüber Israels Feinden und juristischer Entscheidungsgewalt.

Wie das Buch Josua durch das Bindewort »und« (Jos 1,1) mit dem 5. Buch Mose verbunden ist, so schließt sich das Buch der Richter unmittelbar an das Buch Josua an, angegliedert mit

»und«. Es beginnt mit den Worten: »Und es geschah nach dem
Tode Josuas« (vgl. Jos 24.29).

EXKURS:
Chronologie der geschichtlichen Entwicklung Israels bis zum
Ende der Richterzeit (Einsetzung König Sauls).
Wir haben in den Büchern Genesis bis Richter eine Schilderung der Geschichte Israels vor uns. Die Chronologie ist zum
Teil lückenhaft. Dies liegt darin begründet, daß die chronologische Auflistung nicht den Anspruch hat, vollständig zu sein,
sondern alle wichtigen Persönlichkeiten und Daten aufzufüh-
ren, die für die heilsgeschichtliche Entwicklung relevant sind.

Man kann sie in etwa wie folgt einteilen:

2166 v. Chr. - 1991 v. Chr. Abraham
2091 v. Chr. Abrahams Auszug aus seinem
             Vaterland und Einzug in Kanaan   Gen 12,4
2066 v. Chr. - 1886 v. Chr. Isaak
2006 v. Chr. - 1859 v. Chr. Jakob
1876 v. Chr. Jakob zieht mit Familie
             nach Ägypten   Gen 46,7
1915 v. Chr 1805 v. Chr. Joseph
1876 v. Chr. 1446 v. Chr. Zeit in Ägypten   Ex 12,40
1526 v. Chr. 1406 v. Chr. Mose
1447 v. Chr. Auszug aus Ägypten   Ex 12,37
1446 v. Chr. Einweihung der Stiftshütte   Ex 40
1446 v. Chr. - 1406 v. Chr. Wüstenwanderung
1491 v. Chr. - 1381 v. Chr. Josua
1406 v. Chr. - 1381 v. Chr. Landnahme unter
             Josua   Jos 1-12
1381 v. Chr. - 1050 v. Chr. Richterzeit
1377 v. Chr. - 1337 v. Chr. Otnïel   Ri 3,9-11
1319 v. Chr. - 1239 v. Chr. Ehud   Ri 3,15-30
1260 v. Chr. - 1250 v. Chr. Schamgar   Ri 3,31

1239 v. Chr. - 1199 v. Chr. Debora	Ri 4,4-5,31
1192 v. Chr. - 1152 v. Chr. Gideon	Ri 6,7-8,35
1149 v. Chr. - 1126 v. Chr. Tola	Ri 10,1-2
1126 v. Chr. - 1104 v. Chr. Jaïr	Ri 10,3-6
1086 v. Chr. - 1080 v. Chr. Jeftah	Ri 10,10-12,7
1080 v. Chr. - 1072 v. Chr. Ibzan	Ri 12,8-10
1072 v. Chr. - 1062 v. Chr. Elon	Ri 12,11-12
1062 v. Chr. - 1055 v. Chr. Abdon	Ri 12,13-15
1075 v. Chr. - 1055 v. Chr. Simson	Ri 13,2-16,31

Es gibt in dieser Chronologie einige Unsicherheiten:

1. Dies betrifft sowohl die Patriarchenzeit wie auch die Richterzeit. Etliche Theorien setzen die Patriarchen und auch den Auszug aus Ägypten später an (z. B. Patriarchen von 1952 v. Chr.-1589 v. Chr.). Dies liegt an einer unterschiedlichen Lesart vom »masoretischen Text« und der LXX. Die LXX redet in Ex 12,40 von nur 215 Jahren in Ägypten. Die sogenannte Theorie des späten Exodus datiert Landnahme und Richterzeit auf 1230 v. Chr. bis 1025 v. Chr.
Unsere Chronologie setzt den »frühen Exodus bei langer Verweildauer in Ägypten« (nach masoretischer Lesung) voraus (vgl. Walton: Chronologische Tabellen zum AT). Sie entspricht auch Apg 13,20, wo Paulus trotz seiner Kenntnis der LXX von 450 Jahren in Ägypten spricht (näheres in Lektion 6).

2. Am unsichersten ist die Datierung der Lebens- und Wirkungszeit der Richter selbst. Es ist davon auszugehen, daß etliche Richter nebeneinander gewirkt haben. Da die Richter wahrscheinlich in geographisch begrenzten Gebieten regierten, ist diese Annahme recht plausibel. Die oben genannten Zahlenangaben zu den Richtern haben also nur etwaige Genauigkeit.

2. Das Thema des Buches

Das Buch stellt uns die »unermüdliche Gnade und Barmherzigkeit Gottes, die immer wieder bereit ist, dem untreuen und
in Sünde gefallenen, aber bußfertigen Volk zu vergeben und es
neu anzunehmen« (E. Aebi) vor Augen.
Es zeigt sich aber auch die Wankelmütigkeit und Schuldverfal-
lenheit des Menschen. Selbst Diener Gottes wie Richter leben
in dieser Tragik. In gewisser Weise wiederholt sich folgender
Kreislauf von Ereignissen quer durch das ganze Buch.

1. Es geht dem Volk gut. MAN VERGISST GOTT. Heidnischer
   Götzendienst beginnt, im Volk um sich zu greifen.

2. UNTERDRÜCKUNG. Gott läßt das Volk seine eigensinni-
   gen Wege des Götzendienstes gehen. Aber er überläßt es
   auch der Willkür seiner Feinde. Die Kanaaniter bedrücken
   oder unterjochen Israel (Moab, Philister usw.). Es geht dem
   Volk Israel äußerst schlecht.

3. BUSSE. Israel bekennt seine Schuld und bittet Gott um Vergebung. Gott vergibt immer wieder. Es kommt zu einer inneren Erneuerung.

4. Der Herr erweckt BEFREIER. Der Herr beauftragt und bevoll-
   mächtigt einen Richter, der das Volk befreit und führt. Es wird
   immer klar, daß der Herr selbst durch den Richter wirkt.

5. DEM VOLK GEHT ES GUT, der Kreislauf der Sünde beginnt
   von neuem.

Zusammengefaßt wird dieser Kreislauf in Ri 3,7-11.

3. Der Zeitabschnitt

Die genaue Zeitdauer ist nicht exakt bestimmbar (siehe An-

merkungen zu 1. Exkurs). Nach Paulus (Apg 13,20) rechnet
man mit einer Richterzeit von ca. 450 Jahren. Sie beginnt mit
dem Tod Josuas (Josua 24,29) und endet mit dem benjaminiti-
schen Bürgerkrieg und anschließender Versöhnung (Ri 21).

4. Verfasserschaft

Der Verfasser ist unbekannt. Allerdings gibt es begründete
und interessante Hypothesen.
Mit Sicherheit wurde das Buch in der Königszeit geschrieben.
In Ri 17,6 heißt es:»Zu der Zeit (des geschilderten Geschehens
im Gegensatz zur Zeit des Verfassers) war kein König in Israel
und jeder tat, was ihn recht dünkte.« vgl. Kap. 18,1; 19,1; 21,25.
Einige (so der Talmud) schreiben das Buch dem letzten Richter, dem Priester Samuel (nicht in der Richterliste aufgeführt)
zu. Er könnte es geschrieben haben, als er im zeitweiligen Ru-
hestand war, während der ersten Regierungszeit von König
Saul. R. Lee schreibt:»Ist dies der Fall, so verstehen wir die Begeisterung, mit der er vom Verzicht des Gideon (auf die Krone) berichtet (8,22-23)!« Samuel war kein Freund des Königtums (1. Sam 8,6). Andere Theologen halten den Hohenpriester Eli für den Autor.
Unberücksichtigt lassen wir die liberalen Einschätzungen, die
fast alle alttestamentlichen Bücher als nachexilisch (d. h. nach
dem babylonischen Exil geschrieben) einstufen.

5. Echtheit

Die christliche und jüdische Tradition bestätigen die Echtheit
des Buches.
Weitere Hinweise des AT bestätigen die tatsächliche Existenz
der erwähnten Gestalten (z. B. 1. Sam 12,9; 2. Sam 11,21; Ps
83,10-12; usw. Im NT u. a. Apg 13,20; Hebr 11,32 f).

6. Die Verhältnisse zur Zeit der Richter

a. Statt Theokratie herrschte Anarchie

Des öfteren gebraucht das Buch der Richter die schon erwähnte Wendung »Jeder tat, was ihm recht dünkte« (u. a. 17,6; 21,25).
Gott selbst wollte König sein (1. Sam 8,7) und durch sein Gesetz das Volk regieren (Jos 1,8); doch die Menschen taten, was sie wollten. Das Ergebnis war Götzendienst, Aberglaube, menschliche Brutalität. Im Land herrschte Anarchie. Raub, Vergewaltigung, Mord waren gang und gäbe.

b. Die politischen Verhältnisse

B. Balscheid zeichnet das geschichtliche Umfeld der Richterzeit folgendermaßen:
»Die im Land eingewanderten Israelstämme hatten sowohl mit den kanaanäischen Ureinwohnern, soweit diese ihre Selbständigkeit behaupten konnten, als auch mit den Nachbarvölkern mannigfaltige Kämpfe zu führen. Im Norden des Landes bestanden kleinere, aramäische Königreiche, im Osten das ammonitische und das moabitische Königreich, die beide auf das Ostjordanland Anspruch erhoben. Von Süden her drohten die Stammesstaaten der Amalekiter, Edomiter und Midianiter, deren Kriegszüge gegen Israel eher den Charakter von Streifzügen räuberischer Beduinenhorden hatten. Im Westen, an der Küste des Meeres, lebte das wohl von Kreta stammende Kulturvolk der Philister, das jetzt schon, besonders aber dann später unter Saul und David, der Hauptfeind der eingewanderten Israeliten war. Israel hatte diesen Nachbarvölkern gegenüber den großen Nachteil, daß es nach dem Tode Josuas keine einheitliche, alle Stämme umfassende Führung mehr hatte. Es hatte wohl das Heiligtum (Stiftshütte), und dieses

Heiligtum sollte Gewähr dafür bieten, daß die Stämme in der Not einander beiständen. Das Israel in dieser Zeit lebte aber in der ständigen Versuchung, in Einzelstämme auseinanderzufallen« (nach E. Aebi zitiert).

c. Zeiten des Abfalls und der Not (ca. 111 der 450 Jahre)

Anlaß	Unterdrückende Macht	Jahre	Befreier	Text
Götzen Balim + Ascheroth	König von Mesopotamnien Kuschan-Rischatajim	8	Otnïel	3,7-11
Ungehorsam (sofort Otnïels Tod)	Eglon-Moabiterkönig + Ammoniter + Amalekiter + Philister	18	Ehud und Schamgar	3,12-31
Ungehorsam	Jabin, Kanaaniterkönig	20	Debora	4+5
Ungehorsam u. a. Baal	Midianiter	7	Gideon	6,11-8,32
Götzendienst Baal-Berith	Bürgerkrieg Abimelech gegen Tebez		Tola Jaïr	8,33-10,5
Vielfältiger Götzendienst	Philister, Ammoniter	18	Jeftah Ibzan, Elon, Abdon	10,6- Kap.12
Ungehorsam	Philister	40	Simson	Kap.13-16

7. Botschaft

Die Abkehr von Gott hat gesellschaftliches Chaos und anarchische Zustände zur Folge. Wenn das Volk Buße tut, erbarmt sich Gott und greift befreiend ein. Gott stellt Ordnung wieder her und ermöglicht so ein ruhiges Leben.

8. Hauptverständnisverse

Ri 2,11-17:»Da taten die Israeliten, was dem HErrn mißfiel und dienten den Baalen und verließen den HErrn, den Gott ihrer Väter, der sie aus Ägyptenland geführt hatte, und folgten anderen Göttern nach von den Göttern der Völker, die um sie her wohnten, und beteten sie an und erzürnten den HErrn. Denn sie verließen je und je den HErrn und dienten dem Baal und den Astarten.
So entbrannte denn der Zorn des Herrn über Israel, und er gab sie in die Hand von Räubern, die sie beraubten, und verkaufte sie in die Hände ihrer Feinde ringsumher. Und sie konnten nicht mehr ihren Feinden widerstehen; sondern sooft sie auszogen, war des HErrn Hand wider sie zum Unheil, wie denn der Herr ihnen gesagt und geschworen hatte. Und wurden hart bedrängt. Wenn dann der Herr Richter erweckte, die ihnen halfen aus der Räuber Hand, so gehorchten sie den Richtern auch nicht, sondern liefen anderen Göttern nach und beteten sie an und wichen bald von dem Wege, auf dem ihre Väter gegangen waren, als sie des HErrn Geboten gehorchten; sie jedoch taten nicht wie diese.«

9. Abriß

1. Politische und religiöse Verhältnisse	Kap.	1-3,6
Kriegszüge der Judäer und Simoniter	"	1,1-21
Kriegszug des Stammes Joseph	"	1,22-36
Gottes Vorwurf wegen fauler Kompromisse	"	2,1-5
Josuas Tod	"	2,6-9
Der Teufelskreis der Sünde	"	2,10-23
Feindselige Umwelt	"	3,1-6

2. Richter	Kap. 3,7 - Kap. 16
Otnïel, Ehud, Schamgar	" 3,7-31
Debora, Barak	" 4-5
Gideon	" 6-8
Abimelech	" 9
Tola, Jaïr	" 10
Jeftah	" 11-12
(Konsequenzen gefährlicher	
Gelübde 11,34-40)	
Simson	" 13-16
(Heirat 14,1-20; Rache 15,1-20;	
Delila 16,1-22; Simsons Tod 16,23-31)	

3. Weitere geschichtliche Ereignisse	Kap. 17-21
Michas Götzendienst und die	
Daniter	" 17-18
Benjaminitischer Bürgerkrieg	" 19-21

10. Typologie

Das Wort Richter kann auch mit »Retter« wiedergegeben werden. Die Richter sind, trotz Unvollkommenheit, Vorschatten auf Jesus, den Retter der Welt.

11. Die Götzen der Nachbarstaaten Israels z. Z. des AT

Immer wieder war Israel der Gefahr ausgesetzt, heidnischem Götzendienst zu verfallen. Namen der Götzen treten in den Geschichtsbüchern und später auch bei den Propheten auf. Hier die wichtigsten

Götze	Land	Bedeutung
1. Baal	Kanaan	Fruchtbarkeits- u. Sturmgott
2. Astarte Königin des Himmels	"	Fruchtbarkeit, Liebe, Muttergöttin
3. El	"	Hauptgott des Pantheon *
4. Anat	"	Kriegsgott *
5. Mot	"	Tod und Fruchtbarkeit *
6. Adad	"	Syrischer Wettergott *
7. Teschub	"	Hetitischer Wettergott *
8. Hannahanna	"	Hetitische Muttergöttin *
9. Arinna	"	Hetitische Sonnengöttin *
10. Kemosch	Moab	Kriegsgott
11. Moloch	Ammon	Nationalgottheit
12. Dargon	Philister	Gott des Getreides
13. Marduk Bel	Babel	Hauptgott / Junger Sturmgott
14. Nebo	"	Sohn Marduks (Bels)
15. Tammus	Sumer	Junger Wettergott
16. Osiris	Ägypten	Todesgott *
17. Isis	"	Fruchtbarkeit *
18. Horus	"	Sonne *
19. Re	"	Sonne *
20. Seth	"	Unglück / Unwetter *
21. Ptah	"	Künste *

* gekennzeichnete Götzen werden im AT nicht erwähnt.

Fragen zu Lektion 11

1. Welchen Zeitraum schildert das Buch Richter?

2. Was versteht man unter Richtern im Sinne des Buches Richter?

3. Nennen Sie die im Buch genannten 13 Richter und ihre wichtigsten Taten:

4. Welchen Zyklus von Sünde und Buße zeigt das Buch Richter?

5. Was spricht für die Autorenschaft des Samuel bei Richter?

6. Worin weicht die LXX fundamental vom masoretischen Text ab?

7. Wie kam es, daß zur Zeit der Richter aus Theokratie Anarchie wurde?

8. Welche heidnischen Gottheiten werden im Buch der Richter genannt?
   An welcher Stelle?

Lektion 12

Thema: Das Buch Ruth

Kurze Zusammenfassung

Autor:	Unbekannt, vor dem Ende der Richterzeit
Zeit:	Richterzeit
Inhalt:	Die Moabiterin Ruth kommt zum Volk Israel
Besonderheit:	Gott zeigt, daß er kein Nationalgott, sondern der Gott der ganzen Menschheit ist

---

1. Vorbemerkungen

Das Buch Ruth erzählt eine Geschichte von besonderer Treue und Liebe. Da ist zum einen die Treue einer Schwiegertochter gegenüber ihrer Schwiegermutter und zum anderen die Liebe eines reichen Bauern zu einer armen Witwe.

Diese Geschichte spielt ausgerechnet in der Richterzeit, also in jenen Jahren, in denen in Israel anarchische Zustände herrschten und das Volk sich immer wieder dem Götzendienst zuwandte.

Das Buch Ruth setzt hier einen Gegenakzent. Es berichtet von einzelnen gottesfürchtigen Menschen, die selbst in der Richterzeit Gottes Gebote halten und ihr Leben am Bundesgesetz orientieren.

Die besondere Person dieses Buches ist die Moabiterin Ruth, also eine Heidin, die — als Gegenakzent zum Götzendienst Israels — dem Gott Israels, Jahwe, ihr Vertrauen schenkt und eine Zugehörige des Gottesvolkes wird.

Zu beachten ist beim Buch Ruth, wie Gott sozusagen hinter

den Kulissen wirkt und helfend eingreift. Indem Menschen
das Bundesgesetz halten und entsprechend den Geboten leben, kann Gott helfen und Not lindern. Vordergründig sind es
Menschen, die Hilfe leisten, doch in Wahrheit kommt die Hilfe von Gott.
Ein Beispiel: Boas gestattet Ruth, auf seinem Feld Nachlese zu
halten, um so Nahrung für den Tag zu bekommen und befolgt
damit das Bundesgesetz (vgl. 3. Mose 19,9-10). Indem Boas so
handelt, beschenkt Gott Ruth und Nooni mit dem »täglichen
Brot«.

a. Stellung des Buches im jüdischen Gottesdienst

Das Buch Ruth gehört zu den sogenannten Megilloth (fünf
Büchern = Hld, Rut, Klgl, Koh, Est), die an bestimmten Festen im Tempel, bzw. heute in der Synagoge verlesen wurden. Das Buch Ruth wird am Fest Shavut (Pfingsten) gelesen. Shavut fand 50 Tage nach dem Pesach (Passah) statt
und führte auch den griechischen Namen Pentekoste. Es
fiel auf den 6. Sivan (im Mai) und war eine Art Erntedankfest. Zur Zeit des SHAVUT feierte man die Weizenernte
und den Rebschnitt.

b. Sozialgesetzgebung für Witwen

Witwen waren in allen Völkern des alten Orients völlig mit-
tellos und somit ganz auf Almosen und Gaben anderer
Leute angewiesen. Gott hat im Bundesgesetz, das er sei-
nem Volk gegeben hat, eine besondere Fürsorge für die so-
zial Schwachen, wie Witwen, Waisen, Elenden, zugesichert.
Siehe Ex 22,21; Dtn 10,18; 24 ff; 27,19; Ps 146,9 u. a. So ist im
Bundesgesetz auch vorgesehen, daß die Witwen, Waisen,
Fremdlinge (also die sozial Schwachen) nicht verhungern
müssen, sondern sich selbst mit den lebensnotwendigen
Nahrungsmitteln versorgen, indem sie auf den Feldern

Nachlese halten (siehe oben und vgl. auch Dtn 24,19). Wer
ein Feld besitzt, ist verpflichtet, die Möglichkeit zur Nachlese zu gewähren. Boas erfüllt diese Pflicht und zeigt damit
seine Treue zum Bundesgesetz und seinen Glauben an
Gott. Doch er tut noch mehr: Über die Pflicht hinaus gebie-
tet er seinen Knechten, noch zusätzlich Ähren aus den Gar-
ben herauszuziehen und für Ruth zur Nachlese auf dem
Feld liegen zu lassen.

c. Die Schwagerehe (Leviratsehe)

Die Schwagerehe ist eine Regelung für kinderlose Witwen.
Um die Nachkommenschaft des verstorbenen Mannes zu
sichern, ist dessen Bruder verpflichtet, die Witwe zu heiraten und Kinder zu zeugen. Der erste Sohn aus dieser
Schwagerehe erbt auch den Landbesitz des verstorbenen
Bruders, und damit bleibt das Land der jeweiligen Familie
erhalten. Ebenso ist gesichert, daß die Sippe nicht ausstirbt
(siehe Dtn 5,5-6).
Boas ist nicht der nächste Verwandte und somit nicht verpflichtet, Ruth zu »lösen« (mit ihr die Schwagerehe einzugehen), vielmehr muß er dem näher Verwandten den Vor-
tritt lassen.
Ein Verzicht auf die Pflicht, die Schwagerehe einzugehen,
war zugleich ein Recht, von dem jedoch nur dann Gebrauch
gemacht werden konnte, wenn die Witwe und der zur Heirat verpflichtete Verwandte übereingekommen waren.

2. Das Thema des Buches

Das Buch führt anschaulich vor Augen, daß Gott auch in der
Zeit des AT nicht an ein bestimmtes Volk gebunden ist, sondern einen Blick für die Menschheit außerhalb des eigentlichen Israel hat.
Ruth hält ihrer Schwiegermutter die Treue. So kommt Ruth,

die Moabiterin, zum lebendigen Gott und zu seinem Volk. Sie wird, wie vor ihr schon die Hure Rahab aus Jericho, zu einer Person aus heidnischem Hintergrund, die heilsgeschichtliche Bedeutung gewinnt. Beide sind im Stammbaum Jesu aufgeführt. Auch in Zeiten der Abkehr von Gott und des zunehmenden Götzendienstes gibt es immer einzelne Menschen, die den Glauben zu Jahwe bewahren und das Bundesgesetz halten. Im Buch Ruth wird deutlich, daß Gott diese Bundestreue segnet und helfend eingreifen kann, wenn sein Volk den Geboten gehorcht.

Jahwe ist ein Gott gerade auch der Witwen und Waisen. Er verläßt die Seinen nicht in der Not. Indem er sich erbarmt, steht er zu seinen Verheißungen (Dtn 10,18; Ps 68,6).

3. Der Zeitabschnitt

Man kann davon ausgehen, daß sich die geschilderten Begebenheiten etwa um 1100 v. Chr. abspielten. Das Buch umfaßt einen Zeitraum von ca. 10-12 Jahren (Rut 1,4).

Die Geschichte handelt zu einer Zeit des geistlichen Niederganges in Israel. Während der Epoche der Richter strafte Gott sein Volk u. a. auch mit Hungersnöten (vgl. Ri 6,4).

Der geistliche Niedergang zeigt sich z. B. daran, daß Ruths Schwiegervater Elimelech während der Hungersnot das Gelobte Land verläßt und in eine heidnische Umgebung zieht (Rut 1,2). Die Söhne Elimelechs, Machlon und Kiljon, nahmen heidnische Frauen, Orpa und Ruth, was Juden gemäß dem Bundesgesetz nicht erlaubt war. Daß es zur Zeit der Richter auch geistliche Persönlichkeiten in Israel gab, wird im Buch Ruth u. a. an Boas sichtbar.

4. Verfasserschaft

Weder das Buch selbst noch ein anderer Teil der Bibel nennt

den Verfasser. Er bleibt unbekannt. Der Talmud gibt Samuel als Autor an.
Mit Sicherheit wurde das Buch nach Ende der Richterzeit geschrieben (Kap. 1,1). David muß schon Bedeutung gehabt haben (Rut 4,22).
Es handelt sich bei dem Buch um keine Legende, wie es liberale Bibelkritiker behaupten. Ein solch nationalbewußtes Volk wie Israel (das sich immer als auserwähltes Volk sah) hätte keinen Sinn darin gesehen, eine Heidin wie Ruth derart aufzuwerten, wie es im Buch geschieht.
Die Geschichtlichkeit des Buches und der Person wird im NT bestätigt.

5. Hauptverständniswort

Loskauf

6. Hauptverständnisvers

Kap. 1,16+17: »Rede mir nicht ein, daß ich dich verlassen soll und von dir umkehren sollte. Wo du hingehst, da will ich auch hingehen; wo du bleibst, da bleibe ich auch. Dein Volk ist mein Volk, und dein Gott ist mein Gott.«

7. Abriß

1. Elimelech und seine Familie	Kap. 1,1-5
Flucht in die Fremde	” 1,1
Leben in der Fremde	” 1,2
Tod in der Fremde	” 1,3-5
2. Noomi und ihre Schwiegertöchter	Kap. 1,6-22
Trennung von Orpa	” 1,6-15
Verbindung mit Ruth	” 1,16-22

3. Boas und Ruth   Kap. 2+3

4. Die Heirat   Kap. 4,1-17

5. Davids Geschlechtsregister   Kap. 4,18-22

8. Allegorie

* Ruth, die Treue, die Moabiterin, die durch das Gesetz vom Volke Gottes ausgeschlossen war (Dtn 23,4), erhält durch die Gnade Zugang.
  Gleichzeitig ist sie ein Vorbild für alle, die ihr altes Leben aufgeben, um zu Jesus zu gehören (vgl. Kol 2,9-10).
* Allegorisch deutend könnte man sagen, Orpa ist die Weltliche, deren Herz an ihrem Land und an ihrem Götzen hängt (vgl. 2. Tim 4,10).
* Noomi, die Abgefallene und Zurückgekommene, sie ist die, die Gottes Nähe verläßt und nach schweren Heimsuchungen zurückkehrt.
* Nächster Verwandter, der nicht loskaufen konnte, ist ein Hinweis auf das jüdische Ritualgesetz, das nicht freimachen kann.
* Boas, Symbol des himmlischen Bräutigams, der die Losgekaufte zu sich nimmt.

Fragen zu Lektion 12

1. Was deutet die Handlungsweise des Elimelech im Blick auf die Hungersnot in Bethlehem an?

2. Warum wurde wohl gerade das Buch Ruth als liturgisches Buch zu Pfingsten gelesen?

3. Welchen Blick öffnet das Buch Ruth bezüglich Gottes Anliegen für Heiden?

4. Was läßt die Vermutung wahrscheinlich werden, daß Ruth um 1100 v. Chr. lebte?

5. Wann wurde das Buch Ruth frühestens fertig gestellt? Begründen sie dieses Abfassungsdatum.

Lektion 13

Thema: Das 1. Buch Samuel

Kurze Zusammenfassung

Autor:	Unbekannt. Sicher erste Quellen bei Samuel
Zeit:	Übergang von der Richterzeit zur Monarchie
Inhalt:	Samuels Leben und Dienst / Erwählung und Abstieg Sauls

---

1. Vorbemerkungen

Unter den Geschichtsbüchern des AT ist das 1. Buch Samuel wohl das bekannteste Buch.
Die historischen Ereignisse aus dem Leben Samuels, Sauls und Davids sind schon aufmerksamen Sonntagsschulkindern geläufig. Von Samuel, der Haupthandlungsfigur des Buches, hat das Buch seinen Namen.
Ursprünglich bildeten die vier Bücher 1. und 2. Samuel und 1. und 2. Könige ein Gesamtgeschichtswerk. Die LXX unterteilt dieses erstmalig in vier Unterbücher, die die Gesamtbezeichnung »Bücher der Königsherrschaften« tragen. Für den Anlaß dieser Teilung gibt es eine sinnvolle Hypothese:

Die griechische Schrift der LXX erforderte mindestens $\frac{1}{3}$ mehr Platz als die Hebräische. Da eine Schriftrolle aber nicht beliebig lang sein konnte, unterteilte man das Gesamtwerk im Griechischen in vier Unterbücher. Dies geschah nach Sinnabschnitten.

Noch Hieronymus faßt alle vier Bücher unter der Bezeichnung »Bücher der Könige« zusammen.

Sehr langsam setzte sich im Hebräischen eine äußere Trennung durch.
Origenes bezeugt (bei Eusebius), daß die Juden seiner Zeit immer noch die beiden Samuelbücher als ein Buch betrachteten.
Die jetzige Zweiteilung der Samuelbücher, und folgerichtig
die Vierteilung des Gesamtwerkes, findet sich erstmalig im hebräischen Text der Ausgabe von Daniel Bomberg (gest. 1549),
in der sogenannten »BIBLIA RABBINICA BOEBERGIANA II
CURA R. JAKOB BEN CHAJIM« (1525-26).

2. Das Thema des Buches

Es geht um die Treue Gottes im Blick auf seine Verheißungen.
Auch wenn die politischen und geistlichen Führer des Volkes
Gottes untreu werden, so bleibt Gott doch treu.
Allerdings bringt die Treue Gottes seinem Volk gegenüber
auch mit sich, daß er dann und wann einen untreuen Knecht
durch einen treuen ersetzen muß:
  Eli durch Samuel,
  Saul durch David.

Außer diesem Hauptthema finden sich in 1. Sam noch beachtenswerte Erkenntnisse und Lehren z. B.:
* Es zeigt die Not, welche Polygamie (Vielweiberei) für die Betroffenen mit sich brachte (Kap. 1,6).
* Zu große Nachsicht des Vaters in der Erziehung bringt
  schlimme Folgen (Kap. 2,22-25).
* Gefahr der Ungeduld (Kap. 13)

3. Der Zeitabschnitt

Das Buch fällt in die Übergangzeit der ausgehenden Richterzeit und des anbrechenden Königtums in Israel.
Es beginnt mit der Philisterherrschaft und endet mit dem Anbruch der Davidischen Königsherrschaft.

Zeitlich können wir es in etwa zwischen 1080 v. Chr. und 1012
v. Chr. einordnen.
Drei Personen prägen den Inhalt von 1. Sam: Samuel, Saul,
David.

4. Verfasserschaft und Abfassungszeit

Das Buch selbst nennt den Verfasser nicht.
Möglicherweise liegen ihm Aufzeichnungen von Samuel, Gad
und Nathan zugrunde. Quellenmaterial könnten folgende
Schriften gewesen sein: »Die Geschichte des Propheten Nathan« und »Die Geschichte Gads des Sehers«, welche heute
ganz verschollen sind. Von ihrer Existenz wissen wir aber aus
1. Chr 29,29.
Die endgültige Niederschrift des 1. Sam kann nicht vor der
Reichsteilung 931 v. Chr. erfolgt sein, da in 1. Sam 27,6 von den
»Königen Judas« die Rede ist.
Da die vier Geschichtsbücher (Samuel und Könige) ursprünglich ein Gesamtwerk waren, die letzten Verse von 2. Könige
aber von der babylonischen Gefangenschaft reden, ist eine
letzte Revision nicht vor dem Exil 587-532 v. Chr. denkbar.
E. Aebi meint, daß Jeremia und Esra die Aufzeichnungen Samuels »weitergeführt« haben könnten.

Liberale Exegeten gehen häufig davon aus, daß das Richter-
buch wie auch die Samuel- und Königebücher einen sogenannten »deuteronomistischen Redaktor« hätten. Sie meinen
damit, daß die Bücher einmal vor dem Exil inhaltlich zusammengefaßt wurden. Nachexilisch wurden sie dann noch einmal überarbeitet und in die heutige Form gebracht.

5. Echtheit

Sie wird durch verschiedene neutestamentliche Zitate bestätigt (Mt 12.3 f, Apg 13,20 ff; Hebr 11,32 u. a.).

6. Das Königtum

Das Buch der Richter endet mit der Schilderung der Anarchie in Israel. Ursache: »Weil kein König war in Israel«. Trotz der Popularität des Samuel war sein Einfluß wohl örtlich begrenzt: Weil seine Söhne korrupt waren, traute man ihnen zu Recht nicht zu, das Land zu regieren (1. Sam 8,3). Das Volk rief nach einem König. Dieser Wunsch mißfiel sowohl Samuel wie auch Gott. Nicht etwa, weil Gott die Monarchie ablehnte, sondern weil das Volk sich an heidnischen Vorbildern orientierte (1. Sam 8,1-9). Es verwarf damit die uneingeschränkte Königsherrschaft Gottes und die Theokratie. Dennoch gewährt Gott dem Volk seinen Willen, macht ihm aber klar, welche Last es sich mit einem König auferlegt. Durch Samuel läßt er das »Recht des Königs verkünden« (1. Sam 8,10-22).
Dieses Recht war für das Volk eine drückende Last. Saul, der erste König, hat zunächst mit etlichem Widerstand zu kämpfen, ja, von einigen wird er sogar verachtet (1. Sam 10,27 und 1. Sam 11,12-15).

7. Das Prophetentum

Das Prophetentum, welches seit Josua fast verschwunden war, tritt neu in Erscheinung. Es beginnt mit Samuel und bleibt bis nach der babylonischen Gefangenschaft erhalten (letzte bekannte Propheten sind Haggai, Micha und Maleachi).

8. Hauptverständniswort

Königsherrschaft

9. Hauptverständnisverse

1. Sam 8,6-7: »Das mißfiel Samuel, daß sie sagten: Gib uns einen König, der uns richte. Und Samuel betete zu dem Herrn.

Der Herr aber sprach zu Samuel: Gehorche der Stimme des
Volkes in allem, was sie zu dir gesagt haben; denn sie haben
nicht dich, sondern mich verworfen, daß ich nicht mehr König
über sie sein soll.«

10. Abriß

a. Grobe Gliederung

1. Israel und Samuel	Kap.	1-7
Samuels Jugend	"	1-3
Niedergang des Hauses Eli	"	4
Die Bundeslade bei den Philistern	"	5
Die Bundeslade kommt zurück	"	6
Israels Buße über Götzendienst	"	7,1-14
2. Israels erste Monarchie (Saul)	Kap.	8-15
Israels Begehren nach einem König	"	8,1-9
Das Recht des Königs	"	8,10-22
Saul wird König	"	9-10
Sauls Taten	"	11-14
Sauls Verwerfung	"	15
3. David	Kap.	16-31
Davids Berufung	"	16
David und Goliath	"	17
Am Hofe / Freundschaft mit Jonathan	"	18-20
Davids unstetes Leben	"	21-30
Sauls Niedergang und Tod	"	31

b. Die Kriege Sauls

Anlaß	Gegner	Ort	Angreifer	Sieger	Text
Kampf um Jabasch in Gilead	Ammoniter	Jabesch	Ammon	Israel	11,1-11
Befreiung des Gebirges Israels von d. Philistern	Philister	Gibea	Israel	Israel	13,3
Um sich der Philister zu erwehren, sie zu vertreiben	Philister	Michmas	Philister	Israel	13,5-14,46
Vorverlegung der Grenzen	Moab, Amon, Edom, Zoba	verschiedene Orte	Saul	Israel	14,47
Vernichtungskrieg: Von Gott geboten	Amalekiter	Südwestpalästina	Israel	Israel	15,1-9
Eroberung Israels	Philister	Tal von Socho	Philister	Israel	17,1-54
Eroberung Israels	Philister	Gebirge Gilboa	Philister	Philister	31,1-6

Fragen zu Lektion 13

1. In welcher Form konnte man 1. Samuel ursprünglich vorfinden?

2. Weshalb wurde das ursprüngliche Geschichtswerk in vier Bücher geteilt und nach welchen Gesichtspunkten ging man bei der Teilung vor? Wann taucht dieser Vierteilung erstmalig auf?

3. Was ist die BIBLIA RABBINICA BOMBERGINA?

4. Welche Schlüsse lassen die Aussagen des Buches im Blick auf folgende Punkte zu?

   a. Zu nachlässige Erziehung der Kinder

   b. Vielehe

5. Welche Personen nahm Gott in 1. Samuel aus ihrem Amt?

6. Welche Personen stehen im Mittelpunkt von 1. Samuel?

7. Welche Rechte hat nach 1. Samuel 8,10 ff der König in Israel?

8. Welchen Zeitraum umfaßt 1. Samuel?

Lektion 14

Thema: Das 2. Buch Samuel

Kurze Zusammenfassung

Autor: Unbekannt
Zeit: Die Regierungszeit Davids
Inhalt: Der Aufstieg Israels zur Großmacht

---

1. Vorbemerkungen

Obwohl die beiden Bücher Samuel ursprünglich zusammen-
gehörten, hat doch jeder Teil seinen besonderen Charakter
und seine Schwerpunkte.
Standen im 1. Sam mehrere Personen im Mittelpunkt, dreht
sich 2. Sam im wesentlichen um David.
Man hat das Buch deshalb auch gelegentlich als »Davids Hof-
chronik« bezeichnet.
David ist auch für uns Christen von größter Wichtigkeit, da aus
seiner Familie der Messias kommen sollte.

2. Das Thema des Buches

David war ein Mann, der auch Rückschläge und Niederlagen
ertragen konnte. Wenn er in Sünde geraten war, war er nicht zu
stolz, vor Gott Buße zu tun. Hierin kann uns David ein Vorbild
werden.
Allerdings mußte David auch durch manche Tiefen, damit er
ein von Gott geprägter und brauchbarer Diener Gottes werden
konnte. Obwohl David oft versagte und viele grobe Fehler
machte, heißt es von ihm: Er war ein Mann nach dem Herzen

Gottes (1. Sam 13,14; Apg 13,22). Seine vielen Psalmen zeugen
von seiner Liebe zum Herrn. Alle späteren Könige mußten
sich an David messen lassen.

3. Der Zeitabschnitt

Die Zeit des Buches umfaßt die 40jährige Herrschaft Davids
1012-972 v. Chr.
Es beginnt mit seiner Thronbesteigung, berichtet die Ereignisse seiner Regierungszeit und endet kurz vor den Beschreibun-
gen seiner Altersschwächen (1. Kön).
Die Zeit seiner Regentschaft war eine Glanzzeit für Israel.
Trotz gelegentlicher Niederlagen erlebte das Land seine größten militärischen Erfolge.

4. Verfasserschaft

Wie Lektion 13.

5. Hauptverständniswort

Sieg

6. Hauptverständnisvers

2. Sam 5,12: »Und David erkannte, daß der Herr ihn zum König
über Israel bestätigt und sein Königtum erhöht hatte, um seines Volkes Israel willen.«

7. Abriß

a. Grobe Einteilung

Das 2. Buch Sam kann man in zwei Teile und einen
Nachtrag gliedern.
1. Zeit der militärischen Erfolge Davids Kap. 1-10
2. Zeit vielfältiger Demütigungen Kap. 11-18
3. Verschiedene Ereignisse seiner Regierungszeit
Kap. 19-24

b. Genauere Gliederung

1. Davids Aufstieg	Kap.1-10
David würdigt Saul bei dessen Tod	" 1
Kampf um die staatliche Einheit, Ischboseth, Abner	" 2-5
Kampf um den rechten Gottes- dienst, Bundeslade, Tempelpläne	" 6-7
Kampf gegen äußere Feinde: Philister, Moabiter, Syrer	" 8
Wohltat gegen Mefi-Boschet	" 9
Sieg gegen Ammoniter + Syrer	" 10

2. Davids Demütigungen	Kap. 11-20
Fall und Buße (Batseba)	" 12-13
Amnon und Absalom	" 13-18
Wiederhergestellte Macht	" 19-20

3. Nachträge	Kap. 21-24
Vergeltung der Gibeoniter	" 21
Dank und Siegeslied	" 22-23,7
Davids Helden	" 23,8-39
Davids Selbstüberlegung und Demütigung (Volkszählung und Pest)	" 24

c. Die Kriege Davids

Gegner	Ort	Angreifer	Sieger	Text
Anhänger der Saul-, Dynastie, Aufstand	Teich Gibeon	Gegenseitig	David	2,12-29
Philister	Ebene Refraïm	Philister	Israel	5,17-25
Jebusiter	Jerusalem	Israel	David	1. Chr 11,4-7
Moabiter		Israel	Israel	2. Sam 8,2
Hadad-Eser, König von Zoba, Aramäer	Euphrat	Israel	Israel	8,3-6
Edomiter	Salztal	Israel	Israel (Abischai)	1. Chr 18,12
Ammon, Aramäer von Zoba und Bet-Rehob, Maacha, Tob	Helam	Israel	Israel	2. Sam 10,1-9
Ammon	Rabba	Israel	Israel (Joab)	12,26-31
Absalom: Aufstand	Mahanajim	David	David	18,1-16
Scheba: Aufstand	Abel-Bet-Maacha	David	David	20,1-22
Philister	Gob	Philister	Davids Helden	21,18-22

Fragen zu Lektion 14

1. Welche Person steht im Mittelpunkt von 2. Samuel?

2. Welche Bedeutung hat David im Blick auf den Messias?

3. In welcher geschichtlichen Zeit spielt 2. Samuel?

4. Welche besonderen Probleme hat David mit seinen Kindern?

5. Stellen Sie anhand von 2. Samuel eine Biographie des Königs David zusammen. Bitte berücksichtigen Sie dabei auch die Aussagen aus 1. Samuel und 1. Könige.

Lektion 15

Thema: Das 1. Buch Könige

Kurze Zusammenfassung

Autor:	Unbekannt. Aus der Zeit der babylonischen Gefangenschaft
Zeit:	Von Davids hohem Alter bis König Ahasja (ca. 125 Jahre)
Inhalt:	Nach anfänglicher Größe beginnender innerer Zerfall Israels, Götzendienst, Reichsteilung

---

1. Vorbemerkungen

Wie schon in 1. Sam erwähnt, bildeten die Bücher Samuel und die Bücher der Könige ursprünglich ein einheitliches Geschichtswerk. Es schildert die Geschichte Israels und Judas vom Ende der Richterzeit bis zur babylonischen Gefangenschaft.
Bald aber trennte man die Samuelbücher und die Königebücher. Dies geschah wahrscheinlich aus sachlichen Gründen.

Zwei Gründe spielen eine besondere Rolle:

a. Die schon erwähnte griechische Schrift, die auf Rollen der LXX $1/3$ mehr Platz einnahm als die hebräische Schrift.
b. Inhaltliche Unterschiede zwischen dem Teil des Geschichtswerks, das wir unter dem Namen Samuel führen, und dem Teil, das wir unter der Bezeichnung Könige kennen: Die Samuelbücher schildern das Entstehen der Monarchie von Samuel bis David.
Die Königebücher schildern ihre Fortentwicklung und den Niedergang, von Salomo über die Reichsteilung bis zum

Ende der staatlichen Selbständigkeit Israels durch die assyrische Gefangenschaft (722 v. Chr.) und den Niedergang Judas durch die babylonische Gefangenschaft (586 v. Chr.).

Die weitere Unterteilung in je zwei Bücher geschah später als die Zweiteilung.
Wenn man die Königebücher für sich nimmt, so weisen sie als Geschichtswerk erhebliche Lücken auf.
Der Verfasser ist sich der Unvollständigkeit seines Werkes bewußt und verweist immer wieder auf andere historische Berichte seiner Zeit: z. B. »Die Chronik von Salomo« 1. Kön 11,41, »die Chronik der Könige Judas« 1.Kön 14,29, »Die Chronik der Könige Israels« 1. Kön 14,19.
Diese Quellen nutzte er möglicherweise auch selbst für sein Buch.
Die beiden Königebücher wurden demnach nicht mit der Absicht geschrieben, eine vollständige Chronologie aufzustellen, sondern die Ereignisse und Personen darzustellen, die heilsgeschichtliche Bedeutung haben.

2. Das Thema des Buches

Das Buch zeigt, wie wichtig es ist, daß Gottes Volk den Bund mit Gott hält.
An der Stellung zu diesem Buch entwickeln sich die Gründe für den Aufstieg und den Niedergang des Königreiches.
Aufstieg war immer Folge der Treue des Volkes und seines Königs gegenüber Gott.
Niedergang war das Ergebnis von Götzendienst, sittlichem Verfall und von Korruption.

3. Der Zeitabschnitt

Das 1. Buch Könige umfaßt einen Zeitraum von ungefähr 120-125 Jahren. Es beginnt in der Zeit des Greisenalters Davids (gest. 972 v. Chr.) und endet mit König Ahasja (853/854 v. Chr.).

4. Verfasserschaft

Der Verfasser ist uns völlig unbekannt. Die jüdische Überlieferung gibt Jeremia als Verfasser an. Dies aber erscheint sehr unwahrscheinlich, da in 2. Kön 25,27-30 die Freilassung König Jojachims aus babylonischer Haft geschildert wird (März 561 v. Chr.). 2. Kön 25,30 erweckt den Eindruck, daß das Buch sogar erst nach dem Tod Jojachims verfaßt wurde. Allerdings nicht vor dem Ende des Exils, da dies sonst sicher irgendwie erwähnt wäre. Jeremia war nicht in Babel, sondern wurde von den Juden nach Ägypten verschleppt.
Allerdings ist nicht auszuschließen, daß das 25. Kap. des 2. Königebuches ein fremder Zusatz ist.
Weil man davon ausgehen kann, daß der Autor das babylonische Exil miterlebt hat, haben einige Forscher erwogen, bedeutende exilische Autoren wie Esra oder Hesekiel als Verfasser der beiden Königebücher anzunehmen. Dies wäre durchaus eine Möglichkeit.

5. Echtheit

Die Echtheit der Bücher ist stark bezeugt. Im NT wird auf sie Bezug genommen (Mt 12,42; Röm 11,2; Jak 5,17 f u. a.).
Viele archäologische Funde in Israel, Syrien, Ägypten und Babylon bestätigen den Inhalt der Königebücher (u. a. Die Siloah-Inschrift, Taylor-Zylinder, Ostraka von Lachsis (Briefe), Chroniken der Chaldäer u. a.).
Ihre Kanonizität wurde nie ernstlich bestritten.

6. Die Erzähltechnik der Königebücher

Die Königebücher wollen sowohl einen Überblick über die Entwicklung in Juda wie auch in Israel geben. Das muß man bei der Lektüre vor Augen haben.
Es schildert erst eine Epoche in dem einen Teil des Landes und

berichtet dann über die gleiche Zeit im anderen Teil des geteilten Gottesvolkes. Es werden also jeweils parallele Entwicklungen aufgezeigt, was in den Berichten zu zeitlichen Überschneidungen führt.

7. Wichtige Entwicklungen im Zeitraum des 1. Königebuches

* Tod des Königs David 972 v. Chr. (Kap. 2,10).
* Tempelweihe 966 v. Chr. (Kap. 8,12 ff).
* Gegen Ende seines Lebens verübt Salomo seinen heidnischen Frauen zuliebe Götzendienst; gest. 932 v. Chr. (Kap. 11,1-13).
* Reichsteilung des vereinigten Königreiches Israel in das Nordreich Israel und das Südreich Juda durch den Abfall der 10 Nordstämme von Juda, 932 v. Chr. (Kap. 12,20).

8. Schlüsselthema: »Wie sein Vater David«

Ein eigentliches Hauptverständniswort ist schwer zu erkennen. Über dem zweiten Teil des Buches könnte das Schlüsselwort »Trennung« stehen.
Das Buch erhebt einen Vergleichsmaßstab für die Könige in Juda. Jeder König muß sich an König David messen lassen, und zwar an dessen Gottesverhältnis. Die innige Beziehung und die Liebe Davids zu Gott ist Vergleichspunkt, anhand welchem jeder König beurteilt wird.

9. Hauptverständnisverse

1. Kön 9,4+5: (Der Herr spricht zu Salomo) »Und du, wenn du vor mir wandelst, wie dein Vater David gewandelt ist, mit rechtschaffenem Herzen und aufrichtig, daß du alles tust, was ich dir geboten habe, und meine Gebote und meine Rechte

hälst, so will ich bestätigen den Thron deines Königtums über Israel ewiglich, wie ich deinem Vater David zugesagt habe: Es soll dir nicht fehlen an einem Mann auf dem Thron Israels.«

10. Abriß

a. Grobe Gliederung

1. Israel in seiner Blüte
   (unter Salomo) Kap. 1-10
2. Israel in ernsten Krisen
   (Ende Salomos, unter Rehabeam) Kap. 11-12,15
3. Israel als geteiltes Land
   (Juda und Israel) Kap. 12,16-22

b. Genauere Gliederung

1. Davids letzte Tage	Kap.	1,1-2,11
Davids Altersschwäche	"	1,1-4
Kampf um die Nachfolge (Adonia)	"	1,5-51
Davids letzter Wille und Tod	"	2,1-11

2. Salomos Glanzzeit	Kap.	2,12-10,29
Salomo festigt seine Herrschaft	"	2,12-46
Ehe mit Pharaos Tochter	"	3,1
Weisheit und Reichtum von Gott	"	3,2-28
Salomos Erfolge	"	4,1-7,51
Tempelweihe	"	8
Weisung und Warnung	"	9,1-9
Außen- und Innenpolitik, Erfolge	"	9,1-10,29

3. Die Reichsteilung kündigt sich an	Kap.	11,1-12,24
Salomos Abgötterei	"	11,1-8
Gerichtsankündigung	"	11,9-13
Probleme aus dem Ausland	"	11,14-25
Probleme durch Jerobeam	"	11,26-40

c. Die Könige im Zeitraum des 1. Königebuches

Im Königreich Juda herrschte bis zur babylonischen Gefangenschaft nur das davidische Königshaus, jedoch gab es mehrere Aufstände und Umstürze. Der erste Aufstand, der zur Teilung des geeigneten Königreiches führte, war ein Volksauf-
stand gewesen und hatte die Einsetzung Jerobeams zum König über das Nordreich Israel zur Folge.
Im Nordreich gab es daraufhin wiederholt Umstürze und auch
Meuchelmorde. Das unstabile Königtum hatte den frühen
Zerfall des Nordreiches zur Folge.

Könige in Juda, dem Südreich

Dynastie Davids:

Rehabeam	von 932 - 913 v. Chr.	Kap. 12,1
Abijam	von 913 - 911 v. Chr.	Kap. 15,1
Asa	von 911 - 870 v. Chr.	Kap. 15,9
Joschafat	von 873 - 848 v. Chr.	Kap. 15,24

Könige in Israel, dem Nordreich

Dynastie des Jerobeams	931 - 909 v. Chr.	
Jerobeam	931 - 910 v. Chr.	Kap. 12,20
Nadab	910 - 909 v. Chr.	Kap. 15,25
Dynastie des Baesa	909 - 885 v. Chr.	
Baesa	909 - 886 v. Chr.	Kap. 15,28
Ela	886 - 885 v. Chr.	Kap. 16,8
Dynastie des Simri	885 v. Chr. (nur 7 Tage)	
Simri	885 v. Chr.	Kap. 16,15
Dynastie des Omri	885 - 841 v. Chr.	
Omri	885 - 875 v. Chr.	Kap. 16,23
Ahab	874 - 853 v. Chr.	Kap. 16,29
Ahasja	853 - 852 v. Chr.	Kap. 22,52
Joram	852 - 841 v. Chr.	2. Kön 3,1

Fragen zu Lektion 15

1. Welche Zeitspanne umfaßt 1. Könige?

2. Woher nahm der Autor der Königebücher sein Wissen über die geschilderte Zeit?

3. Welche Erzähltechnik benutzte der Autor?

4. Welche Ursache führte langfristig zur Reichsteilung?

5. Was war kurzfristig der Anlaß zur Reichsteilung?

6. Welche Namen führten die beiden Teilstaaten, und wer waren ihre ersten Könige?

7. Woran entscheidet sich Aufstieg und Niedergang einer Königsherrschaft in Israel?

Lektion 16

Thema: Das 2. Buch der Könige

Kurze Zusammenfassung

Autor: Unbekannt. Wie 1. Könige
Zeit: Von Ahasja bis Jojachin (ca. 290 Jahre)
Inhalt: Gott ruft sein Volk und dessen Könige durch
            verschiedene Propheten zur Umkehr

---

1. Vorbemerkungen

Das 2. Buch Könige setzt kurz vor der Entrückung des Propheten Elia ein. Dies erinnert uns wieder daran, daß die Königebücher ursprünglich ein Buch darstellten. Die Trennung in erstes und zweites Königebuch ist so konzipiert, daß man zwei etwa gleichlange Bücher bekam. Ein Teil der in den Königebüchern geschilderten Berichte finden wir auch in den zwei Büchern der Chroniken. Allerdings haben die Königebücher immer ganz Israel (als Nord- und Südreich) im Blick, während die Chroniken alles aus der Perspektive Judas schildern.

2. Das Thema des Buches

In dem Zeitraum, den das 2. Königebuch darstellt, hatte sowohl das Nord- als auch das Südreich eine Entwicklung des inneren Zerfalls erlebt. Die Maßstäbe Gottes, sowohl im Blick auf den Gottesdienst als auch auf das sittliche Leben, wurden in beiden Teilen Israels kaum noch beachtet. Gott schickte seine Boten, die Propheten zum Volk und zum König, um zur Umkehr (Buße) aufzurufen. Wo diesem Aufruf nicht Folge geleistet wurde, war Gottes Strafgericht zu erwarten (vgl. hierzu

auch die Bedingungen in den Bundesgesetzen, Dtn 28 u. a.).
Gott sehnt sich nach der Umkehr seines Volkes, sein Wunsch
ist es ja, Bundestreue und Gehorsam zu segnen.

Gleichzeitig deutet das Buch an, daß Jahwe auch in jener Zeit
nicht nur an Israel, sondern an allen Menschen interessiert
war. Beispiele hierfür sind der syrische General Naeman (Kap.
5,1) und der syrische König Hasael (Kap. 8,1-15).

3. Der Zeitabschnitt

Das 2. Königebuch behandelt etwa 290 Jahre. Es setzt mit dem
Abfall der Moabiter vom Israelischen Reich und dem Tod
Ahasjas (gest. 852 v. Chr.) ein. Es endet mit der Begnadigung
des Jojachin in Babel (561 v. Chr.). Das Buch behandelt die geschilderten Geschichtsvorgänge nicht unter dem Aspekt historischer Exaktheit. Relevant sind vielmehr geistliche Aussagen
und Darstellungen, die etwas über das Gottesverhältnis Israels
aussagen. Diesen Dingen wird darum mehr Raum gegeben als
allgemein politischen Entwicklungen. So ist fast die Hälfte des
Buches direkt oder indirekt dem Propheten Elia und Elisa und
deren Wirken gewidmet.

* In den Zeitabschnitt des Buches fällt der Untergang des Nordreiches durch die assyrische Gefangenschaft unter Salmanassar V. (assyrischer König von 727-722 v. Chr.) 2. Kön 17,4-6.
* Die Entstehung des Mischvolkes der Samariter: 2. Kön
  17,24-42
* Die Reform unter Josia: 2. Kön 22-23,28
* Der Beginn der babylonischen Gefangenschaft (die drei Deportationen waren 605, 597, 587/86 v. Chr.): 2. Kön 24+25

4. Verfasserschaft

wie bei 1. Könige

5. Besondere Ausdrücke

* Der Ausdruck »Mann Gottes« kommt 36mal vor. Das ist häufiger als in jedem anderen Buch. Auch in Zeiten geistlichen Niedergangs hat Gott seine Leute.
* 21mal fällt die Bemerkung »Er tat, was dem Herrn mißfiel«. Alles Handeln wird von Gott bewertet.
* 8mal begegnet uns der Ausdruck »Er tat, was dem Herrn wohlgefiel«.

6. Hauptverständniswort

Deportation

7. Hauptverständnisverse

2. Kön 17,23: »... bis der HErr Israel von seinem Angesicht wegtat, wie er geredet hatte durch alle seine Knechte, die Propheten. So wurde Israel aus seinem Lande weggeführt nach Assyrien bis auf diesen Tag.«

2. Kön 24,2: »Da ließ der HErr über ihn Scharen von Kriegsleuten kommen aus Chaldäa, aus Aram, aus Moab und aus Ammon und sandte sie gegen Juda, daß sie ihn vernichteten nach dem Wort des HErrn, das er geredet hatte durch seine Knechte, die Propheten.«

8. Abriß

a. Gliederung

1. Elias Ende	Kap.	1,1-2,2
Elias Himmelfahrt	"	1,1-18

2. Elisas langer Dienst   Kap. 2,12-8,29
   (Erste Wunder durch Elisa)
   Wasser von Jericho   ” 2,19-22
   Die spottenden Knaben   ” 2,23-25
   Aufstand der Moabiter   ” 3
   Die arme Witwe   ” 4
   Naeman   ” 5
   Wunder der schwimmenden Axt   ” 6,1-7
   Kampf gegen Aram   ” 6,8-8,15
   Südreich Juda: Joram, Ahasja   ” 8,16-29

Nordreich Israel:

3. Der Niedergang Israels   Kap. 9,1-10,36
   Jehu, Ahab   ” 9+10

Südreich Juda:

4. Intrige in Juda   Kap. 11,1-12,21
   Atalja, Joasch   ” 11+12

Juda und Israel:

5. Krieg und Frieden   Kap. 13-17
   Krieg Israels gegen Aram,
   Elisas Tod   ” 13
   Amazja, ein guter König in Juda   ” 14,1-22
   Jerobeam II von Israel   ” 14,23-29
   Asarja (Usija)   ” 15,1-7
   Fünf böse Könige in Israel   ” 15,8-31
   Jotam und Ahas von Israel   ” 15,32-16,20
   Israels Ende   ” 17,1-41

6. Judas Niedergang   Kap. 18-25
   Hiskia, ein gottesfürchtiger
   König   ” 18-20,21
   Manasse + Amon   ” 21

Josias Reform	Kap.	22-23,30
Joahas und Jojakim	"	23,31-37
1. Eroberung Jerusalems durch Nebukadnezar	"	24,1-7
Der letzte König: Jojachin	"	24,8-25,7
Deportation nach Babel und Flucht nach Ägypten	"	25,8-26
Jojachins Begnadigung	"	25,27-30

b. Die Könige des Nordreichs Israel im Zeitraum des 2.Königebuches

Dynastie des Jehu			841-752 v. Chr.
Jehu	Kap.	9,2-3	841-814 v. Chr.
Joahas	"	13,1	814-798 v. Chr.
Joas	"	13,10	798-782 v. Chr.
Jerobeam II	"	14,23	793-753 v. Chr.
Sacharia	"	15,8	753-752 v. Chr.
Dynastie des Schallum			752 (1 Monat)
Sachallum	Kap.	15,13	752 v. Chr.
Dynastie des Menahem			752-740 v. Chr.
Menahem	Kap.	15,17	752-742 v. Chr.
Pekahja	"	15,23	742-740 v. Chr.
Dynastie des Pekach			752-732 v. Chr.
Hosea	Kap.	17,1	732-722 v. Chr.

Assyrische Gefangenschaft. Nie mehr Wiederherstellung einer staatlichen Existenz.

c. Die Könige des Südreichs Juda im Zeitraum des 2. Königebuches

Joram	Kap.	8,16	853-841 v. Chr.
Ahasja und Athalja	"	8,24; 11,3	841-835 v. Chr.
Joasch	"	12,1	835-796 v. Chr.
Amazja	"	14,1	796-767 v. Chr.

Asarja (n. 2.Chr: Usia)	Kap. 14,21 parl.	790 - 740 v. Chr.
Jotam	” 15,7	750 - 731 v. Chr.
Ahas	” 16,1	735 - 715 v. Chr.
Hiskia	” 18,1	715 - 686 v. Chr.
Manasse	” 21,1	695 - 642 v. Chr.
Amon	” 21,19	642 - 640 v. Chr.
Josia	” 22,1	640 - 609 v. Chr.
Joahas	” 23,31	609 v. Chr.
Jojachin	” 24,6	609 - 597 v. Chr.
Zedekia	” 24,18	597 - 586 v. Chr.
Babylonische Gefangen-schaft		von 586 - 539 v. Chr.

Hin und wieder überschneiden sich Regierungszeiten. Sie sind im wesentlichen aus den Zeittafeln John H. Waltons entnommen. Die Ursache für diese Überschneidungen sind für uns nicht mehr nachvollziehbare chronologische Differenzen der Bücher Könige und Chroniken.

9. Die Bewertung der Königebücher

Die Königebücher geben auch eine Wertung über ihre verschiedenen Könige ab.
Juda: Unter den 19 Königen und einer Königin zwischen Rehabeam und Zedekia werden 13 als schlecht und 7 als gut (bzw. Hiskia und Josia als sehr gut) eingeschätzt.
Israel: Von seinen 19 Königen waren letztlich alle schlecht. Juda hatte 426 Jahre lang der Dynastie des davidischen Königshauses die Treue gehalten (1012 v. Chr. bis zur babylonischen Gefangenschaft 586 v. Chr.).
Israel wurde von 932 v. Chr. bis zu seinem Untergang 722 v. Chr. von neun verschiedenen Königshäusern regiert. Sechs davon kamen durch Meuchelmord, einer durch Wahl, einer durch das Militär und einer durch einen Umsturz an die Macht.

Fragen zu Lektion 16

1. Stellen Sie anhand von 1. und 2. Könige eine Biographie Elias zusammen:

2. Stellen Sie anhand von 2. Könige eine Biographie Elisas zusammen:

3. Welchen Auftrag hatten die Propheten zur Zeit der Könige?

4. Welchen Zeitraum umfaßt 2. Könige?

5. Wann war die assyrische Gefangenschaft? Wer wurde dorthin deportiert?

6. Wie hieß der verantwortliche König zu dieser Zeit?

7. Wie unterscheiden sich die in Juda und in Israel herrschenden Dynastien?

8. Wer war König, als Juda in die babylonische Gefangenschaft deportiert wurde?

9. Was sagt 2. Könige über Jojachin?

Lektion 17

Thema: Das 1. Buch der Chroniken

Kurze Zusammenfassung

Autor:	Unbekannt. Vieles spricht für Esra
Zeit:	Von Adam bis David
Inhalt:	Die Geschichte Israels. Sie wird nicht sachlich neutral sondern unter dem Aspekt des Verhältnisses zu Gott berichtet.

---

1. Vorbemerkungen

Die ursprüngliche Gestalt des Buches Chroniken.
Wie die Samuelbücher und die Königebücher ursprünglich ein einheitliches Geschichtswerk bildeten, so stellten die vier Bücher der 1. und 2. Chroniken und die Bücher Esra und Nehemia anfangs ein Gesamtwerk dar.
Ebenso, wie in einer ersten Trennung sich dann aus dem Urkönigebuch ein Buch Samuel (bestehend aus dem heutigen 1. Sam und 2. Sam) und ein Buch Könige (bestehend aus dem heutigen 1. Kön und 2. Kön) bildeten, bildete sich aus dem Urchronikenbuch zuerst ein Buch Chroniken (bestehend aus 1. Chr und 2. Chr) und ein Buch Esra (bestehend aus dem jetzigen Buch Esr und Neh).

Der inhaltliche Umfang des ursprünglichen Buches der Chroniken

Dieses Geschichtswerk »Urchroniken« umfaßte die gesamte Weltgeschichte von Adam bis zur Wiederherstellung des Volkes in Israel nach der babylonischen Gefangenschaft aus heilsgeschichtlicher Sicht.

Der Name des Buches Chroniken

Der hebräische Name des Buches lautet:
  Dibre hajamim
zu deutsch =»Zeitgeschichte«,»Angelegenheiten des Tages«,
»Worte des Tages«,»Zeitung« oder auch »Annalen«.

In der LXX, aus der auch erstmals eine Zweiteilung stammt,
wird es als das »Übergangene«
  griechisch = Paraleipomena bezeichnet.
In der Vulgata wird dieser Begriff ins Lateinische transferiert
und lautet:
  Paralipomenon.

Dieser Name soll sagen, daß in den Büchern der Chroniken
Dinge berichtet werden, die in anderen Geschichtsdarstellun-
gen zu kurz gekommen sind. Das Buch könnte als Ergänzung
zu den Büchern Samuel und Könige verstanden werden, berichtet es doch einige Ereignisse, die sich in den anderen Ge-
schichtswerken nicht finden.
Wenn das Buch auch im Stammbaum bis auf Adam zurückgeht, so trifft es doch auf der anderen Seite eine bewußte Auswahl dessen, was es schildert. Hieronymus übernimmt in der
Vulgata zwar den lateinischen Namen, bezeichnet die Bücher
aber immer als
  Chronica.

Die Perspektive des Autors der Chroniken

Das Buch schildert die Geschichte Israels aus der Sicht Gottes.
Dr. Bullinger schreibt:»...bildet ein unabhängiges Werk, in
dem die Geschichte des auserwählten Volkes auf neue Art und
Weise, aus einem anderen Blickwinkel aufs neue erzählt wird.
Zwar werden die gleichen Begebenheiten überliefert, doch
werden sie aus einem anderen Blickwinkel betrachtet. In den

Büchern Samuel und Könige haben wir es mit den Tatsachen
der Geschichte zu tun; hier haben wir es mit göttlichen Aus-
sprüchen und Gedanken über diese Tatsachen zu tun. In den
früheren Büchern werden sie aus dem Blickwinkel des Menschen betrachtet; hier werden sie vom Standpunkt Gottes geschildert.« Siehe Robert Lee: Die Bibel im Grundriß, S. 32.
Die Bedeutung dieser Aussagen kann man z. B. an folgenden
Begebenheiten beobachten:

* 1.Sam 31 schildert, daß die Philister Saul erschlugen.
  1. Chr 10,1-4 sagt, daß der Herr ihn umbrachte. Die Philister
  waren nur das Werkzeug Gottes für sein Gericht.

* 2. Sam 6 schildert in einem Kapitel die Überführung der
  Bundeslade. In 1.Chr nimmt dieser Vorgang drei Kapitel in
  Anspruch (1. Chr 13-15).

* Bei Samuel werden dem Ehebruch und der Blutschande Davids zwei Kapitel gewidmet (2. Sam 11+12). In den Chroniken
  erscheint diese Sünde gar nicht, denn was bei Gott vergeben
  ist, ist nicht mehr erwähnenswert.

Wenn das Buch auch mit seinem Stammbuch bis auf Adam zurückgeht, so liegt sein Schwerpunkt doch bei den Königen, die
für den Tempeldienst in Jerusalem von Bedeutung sind. Deshalb nimmt David eine solch herausragende Stelle ein.

2. Das Thema des Buches

Gott zeigt seine Souveränität in seinem Wirken von der
Schöpfung bis zur babylonischen Gefangenschaft.
Der größte Teil des Buches wurde, wenn Esra sein Verfasser
sein sollte, in einer gottfernen Umwelt (Babel) geschrieben.
Das Gelobte Land war scheinbar verloren. Es war auf jeden
Fall vom Krieg verheert und zerstört. Mancher Jude hatte sei-
nen Glauben aufgegeben. Das Buch will Antwort geben, wa-

rum die Geschichte so verlaufen ist, wie man es erlebt hat. Gott
war treu, und Gott bleibt treu: Der König, der sich auf Jahwe
verläßt, wird von dessen Macht getragen. Denn Gott segnet die
Gehorsamen. Die Ungehorsamen müssen mit Strafe rechnen.

3. Der Zeitabschnitt

Das 1. Buch der Chroniken beginnt mit Adam, dem ersten
Menschen (1. Chr 1,1 a) und endet mit Davids Tod (1. Chr
29,28). Nach biblischer Zählung umfaßt es somit ca. 3 000 Jahre.
1. Chr berichtet uns Vorgänge aus der Anfangszeit Israels, die
uns an keiner anderen Stelle überliefert werden. Beispielhaft
seien genannt:

* Der schlimme Ausgang eines Raubzuges durch Philisträa,
   der von einem Teil der Familie Ephraims unternommen
   wurde, während Ephraim selbst immer noch am Leben war
   (1. Chr 7,21 ff). Möglicherweise ist dieser Raubzug schon von
   Ägypten aus unternommen worden (Gen 50,22.23). Dieser
   böse Überfall könnte eine Erklärung für den bitteren Haß
   zwischen Israel und den Philistern sein.

* Für den levitischen Dienst mußte ein Levit zwischen 30 und
   50 Jahre alt sein (Num 4,3). Das Alter von 30 Jahren als
   Dienstbeginn der Leviten wurde noch Jahrhunderte später
   eingehalten. Allerdings konnten die Leviten verschiedene
   Aufgaben auch schon in jungen Jahren wahrnehmen (Num
   8,24). Die schwere Arbeit des Transportierens der Stiftshütte sollte ein Levit aber erst ab 30 Jahren tun. David setzte das
   Dienstalter auf 20 Jahre herab. Auf diese Weise konnte er
   mehr Leviten einsetzen (1. Chr 23,27).

4. Verfasserschaft und Abfassungszeit

Der Autor ist uns unbekannt.

Die Juden sehen Esra als den Verfasser an. Er soll das Buch in
der babylonischen Gefangenschaft geschrieben haben. Die
Wertschätzung des Tempeldienstes läßt einen Glaubensmen-
schen erkennen, der sich nach diesem Gottesdienst sehnt.
Gemäß Stil und Ausdruck gibt es Ähnlichkeiten zum Buch Esra. Der Inhalt des 9. Kapitels zeigt, daß dieses erst nach dem
Ende der babylonischen Gefangenschaft geschrieben worden
sein kann.
Das Kap. 9 veranlaßt etliche Theologen, im Verfasser einen
Priester der ausgehenden persischen und anbrechenden hellenistischen Zeit zu sehen (4. Jahrhundert v. Chr.).

Wichtiger Anhaltspunkt zur Datierung ist Anai, die zuletzt geborene Person (8. Generation nach Jojakin: 1. Chr. 3,24), die in
1. und 2. Chr genannt wird. Anai muß in etwa zwischen 425 und
400 v. Chr. geboren worden sein. Da dem Verfasser die Nachkommen Davids wichtig waren, war wohl Anai die letzte ihm
bekannte Person dieses Stammbaums. Das Buch kann also
grob auf 400 v.Chr. datiert werden. Vgl. zur Datierungsfrage
auch »Das Alte Testament erklärt und ausgelegt« (Hg.: J. F.
Walvoord und R. F. Zuck), Bd. 2, Hänssler-Verlag 1991.

5. Quellen

Dem Verfasser standen gute und viele Quellen zur Verfügung.
Obwohl sie nicht ausdrücklich erwähnt werden, müssen die
Bücher des Hexateuch (5 Bücher Mose und Josua) als einige
der Hauptquellen angesehen werden. Aber auch sehr genaue,
heute nicht mehr vorhandene Geschlechtsregister und Statistiken dienten als Material. Zusätzlich nennt das Buch selbst
Quellen:

1. Die Chronik des Königs David	1. Chr 27,24
2. Das Buch der Könige von Israel und Juda	2. Chr 27,7 u. a.
3. Das Buch der Könige von Israel	1. Chr 9,1 u. a.

4. Die Geschichte Samuels, des Sehers 1. Chr 29,29
5. Die Geschichte des Propheten
   Nathan   1. Chr 29,29
6. Die Geschichte Gads, des Sehers   1. Chr 29,29
7. Das Buch der Könige von Juda und
   Israel   2. Chr 16,11 u. a.
8. Das Geschichtsbuch der Könige   2. Chr 24,27
9. Die Geschichtsbücher der Könige
   Israels   2. Chr 33,18
10. Ordnungen, aufgeschrieben von
    David, dem König von Israel und
    seinem Sohn Salomo   2. Chr 35,4
11. Die Prophezeiungen Ahijas von Silo 2. Chr 9,29
12. Die Geschichte / Visionen des Sehers
    Jedo   2. Chr 9,29
13. Die Geschichte des Propheten
    Schemaja   2. Chr 12,15
14. Die Geschichte Jehus, des Sohnes
    Hananis   2. Chr 20,34
15. Die frühere und spätere Geschichte
    über Usija, beschrieben vom
    Propheten Jesaja   2. Chr 26,22; 32,32
16. Die Geschichten der Seher   2. Chr 33,19

Da diese Quellen heute nicht mehr vorhanden sind, ist
nicht eindeutig zu klären, ob vielleicht die eine oder andere
Quelle unter mehreren Namen auftaucht. Eindeutig ist aber
die Fülle des Materials, das dem Verfasser zur Verfügung
stand.

6. Bibelkritische Einwände

Es wurde oft kritisiert, daß das Buch das Teilreich Juda und
dessen Könige zu positiv darstellt und negative Seiten der Könige von Juda übergeht.
Wir halten dagegen: Bei der Fülle des Materials, das dem Ver-

fasser zur Verfügung stand, konnte keine alles umfassende
Welt- und Staatsgeschichte abgefaßt werden. Der Verfasser
mußte eine Auswahl treffen. Wir dürfen auch die Intention
(Aussageabsicht) des Verfassers nicht aus den Augen verlieren! Um den Aspekt der Sichtweise Gottes darzustellen, mußte er das ihm zur Verfügung stehende Material aussortieren.
Sein Werk sollte ja in erster Linie Verkündigung sein. Ent-
scheidend ist, daß die berichteten Geschehnisse den Tatsachen entsprechen, wenn sie auch geistlich interpretiert und gewertet wurden (siehe auch Lektion 18).

7. Hauptverständniswort

Dienst

8. Hauptverständnisvers

1. Chr 6,17 a:»Und sie dienten vor der Wohnung der Stiftshütte.«

9. Abriß

1. Israels Vergangenheit	Kap. 1,1-9,44
Geschlechterregister – Von Adam	
bis Jakob	" 1,1-2,2
Judas Söhne	" 2,3-4,23
Simons Söhne	" 4,24-43
Rubens Söhne	" 5,1-10
Gads Söhne	" 5,11-22
Manasses Fürsten sündigen	" 5,23-26
Levis Söhne	" 5,27-6,38
Die Wohnorte der Leviten	" 6,39-66
Issachars Söhne	" 7,1-5
Benjamins Söhne	" 7,6-12
Naftalis Söhne	" 7,14-19

10. Symbolik

* Bundeslade: Thron Gottes, 1. Chr 13-15
Bundeslade in Jerusalem:
Bild dafür, daß Gott Mittelpunkt des religiösen und politischen Lebens seines Volkes sein will, 1. Chr 15

Bundeslade im Haus des Obed-Edom:
Bild für den Segen über einem Haus, in dem Gott der Mittelpunkt ist.

* Berg Morija:
Bild für den Zorn Gottes, der am Hügel Golgatha gestillt
wurde. Die Pest als Strafe für die verbotene Volkszählung
wird bei der Tenne Araunas, des Jebusiters, auf dem Berg
Morija angehalten, 1. Chr 21.

11. Besonderheiten

Die Vielzahl von Zitaten aus heute nicht mehr zugänglicher
geistlicher Literatur zeigt, wie der Geist Gottes echtes inspiriertes Gotteswort von zeitlich gebundener religiöser und er-
baulicher Literatur scheidet.

Fragen zu Lektion 17

1. Welchen Zeitraum schildert 1. Chronik?

2. Welche Gemeinsamkeiten haben die Chroniken mit den Königsbüchern?

3. Worin unterscheidet sich der Blickwinkel der Chroniken im Gegensatz zu Samuel und Könige?

4. Aus welchem Grund fehlt in den Chroniken jeder Hinweis auf Davids Ehebruch?

5. Was spricht für Esra als Verfasser des Gesamtgeschichtswerkes, zu dem 1. Chronik gehörte?

6. In den Chroniken werden einige historische und religiöse Bücher erwähnt, die aber heute nicht mehr erhalten sind. Welche Schlüsse kann man daraus hinsichtlich der Inspiration der Heiligen Schrift ziehen?

7. Inwieweit ergänzt das Buch der Chroniken die Königsbücher?

Lektion 18

Thema: Das 2. Buch der Chroniken

Kurze Zusammenfassung

Autor: Unbekannt (wie 1.Chr)
Zeit: Salomo bis Kyrus von Persien
Inhalt: Geschichtsschau und -beurteilung Judas von
          Salomo bis zur babylonischen Gefangenschaft

---

1. Vorbemerkungen

Der besondere Charakter der Chronik-Bücher ist schon in der letzten Lektion ausführlich dargestellt worden. 1.+2. Chr schildern den Geschichtsablauf aus der Sicht Gottes.

2. Das Thema des Buches

Das Thema des Buches ist Gottes Treue, aus der die Gläubigen ihrerseits die Konsequenzen ziehen sollten, Gott treu zu sein und zu bleiben.
Dies wird in drei Gedanken entwickelt:

Geschichtserklärung: Warum verlief die Regierungszeit einiger Könige in Frieden und Wohlstand, andere dagegen erlebten nur unruhige Zeiten. Das Geheimnis lag in der Treue Gottes bzw. der menschlichen Untreue gegen Gott.

Lehren für die Gegenwart: Das Volk soll aus den Fehlern der Vergangenheit lernen und Gott die Treue halten.

Aufruf, Gott zu vertrauen: Durch die Erklärung der Geschichte wird gezeigt, daß wir nicht einfach nur Schicksalsmächten aus-

geliefert sind. Die Aufdeckung der Ursachen des Leidens soll
ermuntern, dem Herrn auch in der schweren Zeit in und nach
der babylonischen Gefangenschaft zu vertrauen.

3. Verfasserschaft und Abfassungszeit

Siehe Lektion 17.

4. Der Maßstab für die Wichtigkeit von Ereignissen

Entwicklungen, in denen keine geistliche Bedeutung gesehen
wird, werden weggelassen. Aus diesem Grunde interessieren
den Verfasser die Geschehnisse in den abgefallenen 10 Stämmen des Nordreiches nur insofern, als sie als abschreckendes
Beispiel angeführt werden können (2. Chr 21,6.13). Dieser
Volksteil hat sich vom auserwählten Königshaus David abge-
spalten. Ihre Könige sind Rebellen und treiben Götzendienst.
Selbst ihr Jahwedienst ist mit Götzendienst (Goldene Kälber)
verbunden. Die Zeit, die im 2. Buch der Chroniken geschildert
wird, entspricht in etwa der Periode von 1.-2. Kön. Diese geben
historisch gesehen einen viel detaillierteren Überblick über die
geschichtliche Entwicklung jener Zeit. In 2. Chr werden an-
stelle von Ausführlichkeit geistliche Schwerpunkte entfaltet.
Auffallend ist auch, daß Personen und Ereignisse, die eine positive Auswirkung auf Gottesdienst und Tempel haben, in
2. Chr einen breiten Raum finden (z. B. Reformation des Hiskia und des Josia). Vorgänge, die in den Königebüchern nur
nebenbei geschildert werden, können in 2. Chr einen breiten
Raum einnehmen.

* 1. Kön 3,1 berichtet, daß Salomo für die Tochter des Pharao
  ein eigenes Haus baute. 2. Chr 8,11 erläutert warum: Salomo
  war der Meinung, daß eine Götzendienerin nicht in der Heiligen Stadt wohnen dürfe, auch wenn es seine eigene Frau
  sei.

* 2. Kön 21,1-18 berichtet vom bösen König Manasse. 2. Chr
  33,1-11 berichtet, daß er in Gefangenschaft nach Babylon
  kam, um dort eine tiefe innere Wandlung zu erleben.

* Sowohl 2. Kön wie auch 2. Chr berichten in jeweils drei Kapiteln über König Hiskia. In den Königebüchern nehmen seine politischen Aktivitäten und Kriege fast alle drei Kapitel
  ein. Seine Reform wird mit nur drei Versen geschildert:
  2. Kön 18,4-6. In den Chronikbüchern ist das Verhältnis umgekehrt. Fast drei Kapitel reden von der Reform.

5. Hauptverständniswort

Treue

6. Hauptverständnisvers:

2. Chr 20,20 b:»Glaubet an den Herrn, euren Gott, so werdet
ihr sicher sein, und glaubet seinen Propheten, so wird es euch
gelingen.«

7. Abriß

1. Israel unter Salomo	Kap.	1-9
Salomos Regierungsantritt	"	1
Der Tempelbau	"	2-4
Die Tempelweihe	"	5-7
Salomos Größe / Sünde / Tod	"	8-9
2. Juda unter Salomos Nachfolgern	Kap.	10-36
Die Reichsteilung	"	10
Rehabeam: Wenig Lobenswertes	"	11-12
Abija: Untreuer König	"	13
Asa: Guter Anfang	"	14-16

Fragen zur Lektion 18

1. Nach welchen Gesichtspunkten suchte der Verfasser von 2. Chronik die geschilderten Ereignisse heraus?

2. Welcher Gedanke steckte hinter den Auswahlkriterien des Autors?

3. Welche Geschichtsbeurteilung findet sich in 2. Chronik?

Lektion 19

Thema: Die Bücher Esra und Nehemia

Kurze Zusammenfassung

Autor:	Wahrscheinlich Esra
Zeit:	Vom Edikt des Kyrus bis zur Reform in Juda unter Nehmia * 538 v. Chr.-430 v. Chr.
Inhalt:	Neubeginn Judas nach der babylonischen Gefangenschaft

---

1. Vorbemerkungen

Die Bücher Esra und Nehemia bildeten ursprünglich ein Buch. Dies entnehmen wir verschiedenen Quellen wie Josephus, der talmudischen und masoretischen Tradition, den altkirchlichen Zeugnissen sowie vielen Manuskripten und Handschriften. In Lektion 17 wurde darauf schon näher eingegangen.

Die Zweiteilung des Chronikbuches erfolgte erstmalig in der LXX. Hier tritt der zweite Teil (heutige Bücher Esra und Nehemia) als ein Buch unter dem Namen Esra auf.

In der frühen Christenheit wurde das Doppelwerk Esra-Nehemia weiter unterteilt: Es trug den Namen 1. und 2. Buch Esra. Die erste altkirchliche Bezeugung dieser Entwicklung findet sich bei Origenes. Allerdings scheint auch der Name Nehemia für den zweiten Teil schon sehr früh aufgekommen zu sein. Hieronymus ist diese Bezeichnung schon bekannt.

Die offizielle Bezeichnung des Trientinums (gegenreformatorisches Konzil von Trient 1545-1563), die für die Vulgata maßgeblich blieb, lautet: »Erster Esra und zweiter, der auch Nehemia genannt wird.«

Die Bibel der orthodoxen Ostkirche dagegen enthält als 1.Buch »Esra« das 3. Esrabuch, also ein apokryphisches Werk. In der Vulgata steht es nach Esra und Nehemia.

Die jüdische Tradition führt das gesamte Geschichtswerk (Chroniken und Esra-Nehemia) auf Esra als Verfasser zurück. Das Buch Esra schließt unmittelbar an 2.Chr an. Die letzten Verse von 2.Chr und der Beginn von Esra sind identisch (vgl. 2. Chr 36,22+23 und Esr 1,1-3).
Esra und Nehemia weisen denselben Stil auf, der Unterschied der beiden Bücher ist inhaltlicher Art.
Esra, der Priester und Schriftgelehrte, spielt im ersten Buch (von Kap. 7 an) die Hauptrolle, im Buch Nehemia ist der Politiker Nehemia die Hauptperson.

2. Das Thema der Bücher

Es geht in den Büchern um zwei Schwerpunkte: Ausbau von Tempel und Stadtmauer und Reformation im Volke Gottes.
Zwei Dinge sind dazu notwendig:
Mutiges Vertrauen auf Gott und treues Befolgen seines Wortes.

3. Der Zeitabschnitt und historischer Hintergrund

Der zeitgeschichtliche Hintergrund der Bücher:
722 v. Chr. war das Nordreich Israel von den Assyrern erobert worden. Ein Teil der Bevölkerung wurde nach Assyrien verschleppt. Zugleich verfolgten die Assyrer eine Politik der Umsiedelung eroberter Völker. Sie ersetzten die deportierten Israeliten durch ein Völkergemisch aus dem Osten: Babel, Awa, Hamta, Sefarwajim und Kuta. Die Mehrheit der Bevölkerung bestand jedoch weiter aus Israeliten, die nicht deportiert worden waren. Insgesamt entstand aufgrund von Mischehen ein jüdisch-heidnisches Völkergemisch, das man »**Samariter**« nannte (vgl. 2.Kön 17,24-41). Die Volksgruppe der Samariter trieb einen religiösen Mischkult. In diesem Kult spielten der Jahweglaube, die altisraelitische Anbetungs- und Opferstätte Samariens (Betel), der Pentateuch, aber auch heidnische Gedanken eine Rolle.

587 v. Chr. zerstörten die Babylonier bei der Eroberung des Südreiches Juda den Tempel von Jerusalem. Nach einer ersten **Deportation** 605 v. Chr., die im wesentlichen nur einen Teil der Oberschicht betraf, wurde nun fast ganz Israel in andere Teile des Babylonischen Reiches deportiert (2. Deportation 597 v. Chr., 3. Deportation 586 v. Chr.). Dies war eine übliche Methode der Babylonier, möglichen Widerstand von unterworfenen Völkerschaften zu brechen.

539 v. Chr., fast 50 Jahre nach der Zerstörung Jerusalems, nahmen die Perser Babel ein. König Kyrus von Persien erlaubte den Verbannten aus den verschiedenen Regionen des Vielvölkerstaates die Rückkehr in ihre Heimat. Er unterstützte den Wiederaufbau des Tempels und die Wiedereinrichtung des Kultes.

1. Rückwanderung unter Serubbabel: 538 v. Chr. bricht die erste Gruppe unter Serubbabel, einem Nachkommen des davidischen Königshauses, auf und zieht zurück. Nur ein Teil der Juden (ca. 3-5%) folgen dem Aufruf zurückzugehen. Die Nichtzurückgekehrten bilden den ersten Grundstock der bis heute existierenden jüdischen Diaspora.

Die Rückwanderer aber fangen sofort mit den Arbeiten am Tempel an. Noch im gleichen Jahr wird der Brandopferaltar eingeweiht. Aber bald treten Probleme mit den Samaritern auf, die das Volk bewegen, den Tempelbau einzustellen.

Erst durch das Wirken der Propheten Haggai und Sacharja wird das Volk geistlich wiedererweckt und beginnt nach fast 20jähriger Unterbrechung erneut mit dem Bau. 516 v. Chr. wird dann der Tempel fertiggestellt.

2. Rückwanderung unter Esra: Esra aus dem Hohepriestergeschlecht ist Führer der zweiten großen Gruppe von Exilanten. Er setzt sich für die Verschönerung des Tempels und für die geistliche Erneuerung des Volkes ein.

Mit Esra beginnt eine Erweckung des Volkes und eine Rückbesinnung auf das Gesetz. In dieser Entwicklung liegen die Wurzeln des religiösen Lebens der Juden bis heute. Esra ist einer

der ersten Schriftgelehrten, aus denen später das Pharisäertum
erwuchs. Das heutige orthodoxe Judentum steht ebenfalls in
dieser Linie.
Mutlosigkeit und Lauheit führen später zu Mischehen zwischen heimgekehrten Juden und heidnischen Frauen. Esra
und Nehemia bekämpfen diese Entwicklung stark.

3. Rückwanderung unter Nehemia: Nehemia, persischer Mundschenk, kehrt mit der dritten großen Gruppe nach Israel zurück, um die Mauer Jerusalems wieder aufzubauen. Die Einweihung der Mauer erfolgt 444 v. Chr.

Die geschichtlichen Ereignisse, die in den Büchern geschildert
werden, umfassen einen Zeitraum von ca. 100 Jahren.
Sie beginnen mit der ersten Heimkehr unter Serubbabel 538
v. Chr. (Esr 1+2) und enden mit dem 2. Aufenthalt Nehemias
in Jerusalem 430 v. Chr. (Neh 13,6 f).

4. Verfasserschaft

Robert Lee und andere Ausleger sind der Meinung, das Buch
Esra wäre um das Jahr 457 v. Chr. durch Esra geschrieben worden.
Das Buch Neh sei eine Autobiographie Nehemias aus der Zeit
nach seinem zweiten Aufenthalt 430 v. Chr. Bei dieser Hypothese wird übersehen, daß beide Bücher bis ins 2. Jahrhundert
ein Buch waren, was auf einen Verfasser schließen läßt.
Allerdings ist mit Sicherheit anzunehmen, daß dem Verfasser
Aufzeichnungen von Esra und Nehemia zur Verfügung standen. Die autobiographischen Teile in beiden Büchern sind
nicht zu übersehen. Auch lagen dem Autor Listen und Statistiken vor, die er in sein Werk einbaute. Die Geschlechtsregister
in Neh 12,10-21 reichen bis in die Zeit Alexanders des Großen.
Bei dem in Neh 12,22 erwähnten Darius kann es sich nur um
»Darius III. Kodomannus« (Stuttgarter Jubiläumsbibel) handeln, der 331 v. Chr. Alexander dem Großen unterlag. Dies legt
den Schluß nahe, daß die endgültige Abfassung des Buches

frühestens am Anfang des 4. vorchristlichen Jahrhunderts liegen kann.

5. Wer waren Esra und Nehemia

Beide Gestalten wurden Führer des Volkes Israel zu ihrer Zeit.

Esra

Esra war Nachkomme des Hohenpriesters Hilkija, der unter König Josia im Amt war (vgl. Esr 7,1; 2. Chr 34,14). In Babylon gab es weder Priesterdienste noch Opferkulte, da jedes Priestertum an den Tempel gebunden war. So wurde Esra Schriftkundiger (Esr 7,6.10).

Er war mutig und vertraute auf Gott angesichts starker Feinde (Esr 8,21 ff).

Nehemia

Als Mundschenk war er einer der wichtigsten Berater des Persischen Kaisers (vgl. zur Bedeutung und Beratertätigkeit der Mundschenke in der Antike: Gen 41,9 ff. Aufgrund des Rates eines ägyptischen Mundschenkes wurde der Sträfling Josef zum Pharao gebracht. Das war der Anfang seiner Tätigkeit als zweiter Mann in Ägypten.).

Trotz seiner wichtigen gesellschaftlichen Position am Hofe des damaligen Weltherrschers, bekannte er sich zu seiner Herkunft aus dem Volk der Juden (Neh 1).

Als er von Israels Problemen, nämlich den überstarken Feinden, der Armut im Heiligen Land und der äußeren Trostlosigkeit in Jerusalem hört, läßt er sich beurlauben (444 v. Chr.).

Er macht seinen Einfluß geltend und baut die Mauer der Stadt wieder auf. Er organisiert den Widerstand der Juden gegen Feinde (Neh 7,3).

Er setzt sich für die entrechteten Armen im Volk ein (Neh 5,1-13).

Er wendet sich gegen eine Überfremdung im Land (Neh 13,1-3) und bekämpft bei seinem zweiten Aufenthalt 430 v. Chr. das aufgekommene Übel der Mischehen (Neh 13,23-30).

6. Echtheit

Die Echtheit der Ereignisse und Zustände wird durch die Propheten Haggai, Sacharja und Maleachi bestätigt.

7. Zentralgedanken

Esra: Tempelbau und Reformation trotz Widerstand
Nehemia: Gebet und Arbeit trotz Widerstand

8. Hauptverständnisvers

Neh 4,11b:»... mit der einen Hand taten sie die Arbeit und mit der anderen hielten sie die Waffe.«

9. Abriß

1. Die Rückkehr unter Serubbabel   Esra 1-6
   Edikt des Kyrus und Ausführung   ″ 1
   Verzeichnis der Heimkehrer   ″ 2
   Altar und Laubhüttenfest   ″ 3,1-7
   Grundsteinlegung zum Tempel   ″ 3,8-13
   Verhinderung des Tempelbaues
   durch die Samariter   ″ 4
   Haggai und Sacharja bewirken
   die Wiederaufnahme des Baues   ″ 5
   Erlaubnis und Unterstützung des
   Darius für den Tempelbau /
   Einweihung des Tempels   ″ 6

2. Esra und sein Werk   Esra 7-10
   Erlaubnis zur zweiten Rückwande-
   rung   ″ 7
   Geistliche Vorbereitung und   ″ 8

Der Sabbat wird wieder geheiligt   Neh 13,15-22
Aussonderung der heidnischen Frauen   ”   13,23-29

10. Die wichtigsten Ereignisse in Esr / Neh

* 538 v. Chr. Edikt des Kyrus:
  1. Rückführung der Juden unter Serubbabel Esr 1-2
* 538 v. Chr. Wiederaufbau des Altars und Laubhüttenfest Esr
  3,1-7
* 537 v. Chr. Beginn des Tempelbaues Esr 3,8-13
  Unterbrechung der Arbeit Esr 4,23 f
* 520 v. Chr. Haggai und Sacharjas Wirken: Wiederanfang der
  Tempelbauarbeiten Esr 5,2
* 516 v. Chr. Einweihung des Tempels Esr 6,15-18
* 515 v. Chr. Wiedereinsetzung des Passahfestes Esr 6,19-22
* Lücke in der Berichterstattung von 57 Jahren.
* 458 v. Chr. 2. Rückführung der Juden unter Esra Esr 7,1-6,36
* 444 v. Chr. Dritte Rückführung unter Nehemia Neh 2,9
  Mauerbau in 52 Tagen Neh 6,15
* 430 v. Chr. Zweite Reise Nehemias nach Jerusalem Neh
  13,6- 7

Die Rückführungen

Rückkehr	Erste	Zweite	Dritte
Jahr:	538 v.Chr.	458 v. Chr.	444 v.Chr.
Perserkönig:	Kyrus (Kores) 558-529 v.Chr.	Artahsasta (Artaxerxes I.) Longimanus 464-423 v.Chr.	Artahsasta (Artaxerxes I.) Longimanus 464-423 v.Chr.
Führer:	Serubbabel, Jesua	Esra	Nehemia

Rückkehr	Erste	Zweite	Dritte
Rückkehrer:	ca. 50 000	4 000-5 000	nicht überliefert

Ergebnis und Probleme:	* Altarbau
	* Opfer
	* Laubhüttenfest
	* Tempelbau
	* Passah
	* Feindschaft
	  der Samariter
		* Verschönerung
		  des Tempels
		* Geistliche
		  Erweckung
		  des Volkes
		* Mischehen
			* Bau der Stadt-
			  mauer
			* Erweckung
			* Feindschaft
			  der Samariter
			* Mischehen

Bibelwort:	Esra 1-6	Esra 7-10	Nehemiabuch

Die Jahreszahlen differieren bei den Historikern um ca. 2 Jahre.

Fragen zu Lektion 19

1. Welchen Zeitraum schildert das Buch Esra / das Buch Nehemia?

2. Was spricht dafür, daß dem Schreiber des Buches Aufzeichnungen von Nehemia zur Verfügung standen?

3. Welche negative Entwicklung zeichnet sich in der israelischen Oberschicht im Buche Esra und Nehemia ab?

4. Um was für ein Volk handelt es sich bei den Samaritern?

5. Welche Rolle spielen die Samariter z. Z. Esras und Nehemias?

6. Was bewirkt Nehemia während seines ersten, was während seines zweiten Aufenthaltes in Jerusalem?

7. Welche politische Entwicklung machte die Rückkehr der Juden nach Israel möglich?

8. Woran erkennt man, daß das Gesetz in der Zeit Esras / Nehemias im israelischen Volksleben an Bedeutung gewann?

Lektion 20

Thema: Das Buch Ester

Kurze Zusammenfassung

Autor: Unklar. Esra, Mordechai oder »Große Synago-
           ge«. Augenzeugenbericht eines Juden, der mit
           der persischen Kultur gut vertraut war
Zeit: Während der Herrschaft des Xerxes von 486-
           464 v. Chr.
Inhalt: Rettung der Juden durch Ester. Herkunft des
           Purimfestes

---

1. Vorbemerkungen

Kein biblisches Buch wurde wegen seines Inhalts so stark an-
gegriffen wie das Buch Ester.
Ester ist das einzige biblische Buch, das den Namen Gottes
nicht erwähnt. Im NT wird es an keiner Stelle zitiert, unter den
Rollen des Toten Meeres finden sich keine Abschriften des
Buches.
Das Gesetz, das Darbringen von Opfern, das Gebet (nur vom
Fasten ist die Rede) wird bei Ester nicht genannt – im Gegen-
satz zu anderen nachexilischen Büchern wie Esra, Nehemia
u. a.
Das jüdische Volk im persischen Exil kam dem Aufruf und der
Verpflichtung, nach Palästina zurückzukehren und sich am
Tempelgottesdienst zu beteiligen (vgl. Esr/Neh), nicht nach.
Anfänglich war das Buch Ester sogar im Judentum umstritten.
Nachdem Ester aber in den alttestamentl. Kanon aufgenom-
men wurde, erlangte es im Judentum bald höchste Anerken-
nung. Es gehört zu den Schriften (Megilloth). Die Megilloth
sind die nach der Thora am höchsten geachteten Bücher.

Esters liturgischer Platz ist am Purimfest, welches am 13./14.
Ader (Februar/März) begangen wird.

Luther hat vom Buch Ester geäußert, daß er wünsche, es wäre
nie geschrieben worden. Allerdings hat Luther auch zu neutestamentlichen Büchern manchmal eine sehr eigenwillige Meinung vertreten. Er verachtet die Offenbarung, die er ein »Buch
mit sieben Siegeln« nannte und bezeichnete den Jakobusbrief
als »stroherne Epistel«.

Der Antisemitismus hat das Buch gern aufgegriffen, um anhand von Ester den angeblich blutdurstigen und gefährlichen
Juden zu proklamieren. Luther, der gegen Ende seines Lebens
immer mehr zum eifernden Antisemiten wurde, sagte, das
Buch Ester sei »judenzend«.

2. Das Thema des Buches

Das Buch schildert die Herkunft des Purimfestes (Losfest). Es
ist das Fest der Rettung vor der völkischen Ausrottung durch
Haman, den obersten Minister Persiens.
Das Buch zeigt die Realität der göttlichen Vorsehung. Ester
wird von ihrem Onkel Mordechai darauf hingewiesen, daß sie
möglicherweise nur aus dem einen Grund Königin geworden
ist, daß sie mit Hilfe ihrer Position ihr Volk rette.

Das jüdische Volk, das im Exil verharrt und so den Willen Gottes nicht erfüllt, erlebt dennoch Gottes Treue. Es lebt in der
Gewißheit, daß Gott sein Volk bewahren und erhalten wird.

3. Der Zeitabschnitt

Die Ereignisse im Buch Ester fallen in die Zeit zwischen der ersten Rückführung (unter Serubbabel 538 v. Chr.) und der zweiten Rückführung (unter Esra 458 v. Chr.) aus dem Exil. In bezug

auf den biblischen Bericht ordnen wir es zwischen Esra 6 und 7 ein, eine Zeit, über die uns sonst jede biblische Auskunft fehlt. Die Bücher Esra, Ester und Nehemia geben somit einen guten Überblick über die nachexilischen Verhältnisse bei den Juden in Palästina und der Diaspora. Beim im Buch erwähnten König Ahasveros handelt es sich um Xerxes (486-464 v. Chr.). Er ist durch seine Niederlage gegen die Griechen bei den Thermopylen (480 v. Chr.) und bei Salamis (479 v. Chr.) in die Weltgeschichte eingegangen.

4. Verfasserschaft

Der Verfasser wird im Buch selbst nicht genannt. Möglicherweise lebte er in Palästina, als er das Buch schrieb, um Ereignisse im persischen Reich zu berichten. Das Buch wurde verfaßt, um dem jüdischen Volk zu zeigen, daß Gott für sein Volk wirkte. Er handelte sogar durch einige Juden, die sich geweigert hatten, in ihr Land zurückzukehren. Diese Botschaft sollte Heimkehrer ermutigen und ihr Gottvertrauen stärken. Vgl. hierzu auch »Das Alte Testament erklärt und ausgelegt« (Hg. J. F. Walvood und R. F. Zuck), Bd. 2, Hänssler-Verlag 1991.

Esra als möglicher Verfasser

Einige sehen Esra als Autor des Buches an. Sprache und Stil unterstützen diese Meinung. Es ist für die Schriften Esras typisch, daß sie in Hebräisch geschrieben sind, dabei aber viele aramäische Ausdrücke enthalten. Dieser Schreibstil tritt im Buch Ester stark heraus. Auch begründet man die Autorenschaft Esras damit, daß das Buch von einer stark patriotischen Gesinnung geprägt ist, welche sich in allen Schriften findet, die Esra zugeschrieben werden können (Chronika bis Nehemia, zumindest als Quellenmaterial).
Auch sind dem Verfasser die persischen Sitten und Gebräuche geläufig. Esra war ein einflußreicher Mann in Persien und kannte sich dadurch in den Hofsitten aus.

Ester als Werk der »Großen Synagoge«

Im Judentum hält man das Buch Ester für das Werk der »Großen Synagoge«.
Die »Große Synagoge« war eine Behörde aus 120 Mitgliedern, die von der Zeit Esras bis etwa 330 v. Chr. bestanden hat. Sie hat sich besonders um die Durchsetzung des Gesetzes und die Einführung verschiedener Feste verdient gemacht. Allerdings bestreiten einige Kirchengeschichtler ihre Existenz. Sie meinen, ein derartiges Gremium hätte es in vorhellenistischer Zeit nicht gegeben.

Mordechai als möglicher Autor

Einige Ausleger denken, Ester sei das Werk Mordechais. E. Aebi meint, daß dem Buch wenigstens einige Aufzeichnungen Mordechais zugrunde liegen.

5. Echtheit

Das Buch Ester ist inspiriertes Gotteswort.
Von der Inspirationslehre her können wir auch an der Echtheit des Buches Ester nicht zweifeln. Allerdings wird es im NT nie direkt zitiert. Einige Aussagen des Buches werden durch archäologische Funde und vom griechischen Geschichtsschreiber Herodot (485-425 v. Chr.) bestätigt.

Hauptangriffspunkte und biblische Klärung

a. Das Buch sei von einem widerbiblischen, ausgedehnten Rachegedanken geprägt.
   Antwort: Im AT wurde das Reich Gottes mit Israel gleichgesetzt. Der Kampf gegen seine äußeren Feinde war Kampf für Gott. Haman war als Feind des auserwählten jüdischen

Volkes ein Feind Gottes und damit ein Verbündeter des
Teufels.
Die Vorgänge im Buch Ester spielen innerhalb der Heilsgeschichte eine große Rolle: Mit der geplanten Ausrottung
des jüdischen Volkes wollte die Finsternis (Satan) das
Kommen des Messias verhindern.
Der Haß der Juden gegen Haman und sein Gefolge ist
nichts anderes als der neutestamentliche Haß auf die Sünde
und die Ablehnung Satans. Jesus und Paulus eröffnen erst
später den Blick, daß wir »nicht mit Fleisch und Blut zu
kämpfen« haben (Eph 6,12). Gemessen am Erkenntnisstand des AT ist der Rachegedanke normal (vgl. Rachepsalmen, u. a. Ps 94).

b. Der Name Gottes fällt kein einziges Mal, der des Königs
187mal.
Antwort: Der Talmud erklärt bezogen auf Dtn 31,18: Wegen
Israels Sünde hatte Gott sein Antlitz verborgen. Die Diasporajuden, zu denen auch Ester und Mordechai gehörten,
haben das Leben im Wohlstand der Diaspora (im heidnischen Umfeld) dem entbehrungsreichen Leben der Heimgekehrten, die das Land erst wieder aufbauen mußten, vor-
gezogen. Wenn auch der königliche Name oft genannt
wird, gibt es doch keine abgöttische Verehrung von Menschen. Im Gegenteil: Der Haß des Haman auf die Juden ist
dadurch entstanden, daß Mordechai vor keinem Menschen
auf die Knie ging, auch nicht vor dem König. Diese Huldi-
gung gebührte allein Gott.

c. Es gibt keine Bezugnahme auf das Gesetz
Antwort: Der Anlaß dazu fehlt.

d. An keiner Stelle wird das Gebet erwähnt.
Antwort: Auf die Bedeutung des Fastens wird viel Wert gelegt. Vielleicht war das Fasten mit Gebet verbunden. Auf
jeden Fall war das Fasten des Volkes ein Ausdruck des Hil-
ferufes zu Gott, war sich Ester doch bewußt, in ihrer

schwierigen Situation auf Hilfe von außen angewiesen zu
sein.

e. Die scheinbar einzigen religiösen Gedanken sind abergläu-
bische Äußerungen des heidnischen Königs: Glücks- und
Unglückstage.
Antwort: Mordechai hält an dem Gedanken fest, daß Gott
sein Volk erretten und erhalten wird (diese Gewißheit
klingt deutlich durch, auch wenn Gottes Name nicht ausdrücklich genannt wird). Er glaubt an göttliche Führung
und Vorhersehung. Er rechnet mit einem positiven Ausgang der schwierigen Situation (vgl. Est 4,14).

f. Das NT nimmt keinerlei Bezug auf das Buch.
Antwort: Die Notwendigkeit einer derartigen Legitimation
eines Buches ist in der Bibel nirgends gefordert.

6. Bibelkritische Einwände

Die Bibelkritik der liberalen Theologie hält das Buch Ester für
unecht.
Die sogenannte moderne Theologie paart sich dabei zuweilen
mit einem kaum zu übersehenden Antisemitismus. Um einmal die Methoden der altliberalen Theologie zu zeigen, soll an
dieser Stelle ihre Einordnung des Buches Ester wiedergegeben
werden. Als Beispiel dient die Methode, die unter dem Fachbegriff »Religionsgeschichtlicher Vergleich« geführt wird.

EXKURS: ein Zitat aus dem RGG
(Zitat RGG, 1. Auflage, Band II S. 647-651 in Auszügen, bitte
die polemische Sprache der Liberalen gegenüber der Bibel
beachten!)
Zu beachten ist aber auch, daß dieser Auszug aus den ersten
Auflagen des RGG entnommen ist. Der zweite Band ist 1910
erschienen. Die aktuelle dritte Auflage des RGG ist, wie auch
die zweite schon, stark überarbeitet und aufgrund der neueren

wissenschaftlichen Erkenntnisse aktualisiert. Der zweite Band
dieser dritten Auflage des RGG ist 1958 erschienen. In der dritten Auflage ist der hier vorgestellte Artikel nicht mehr enthalten, er trägt auch keine antisemitischen Züge mehr.

Das nun folgende Zitat aus der ersten Auflage ist ein Beispiel
eines extremeren Standpunktes der damals aktuellen altliberalen Theologie innerhalb der Theologiegeschichte.

»3. Das Buch will Geschichte enthalten: daher die genauen
Zahlen und Namen, die Verweisung auf persische Sitten, die
Mitteilung von königlichen Erlassen, die Berufung auf das ›Ta-
gebuch‹, d. h. das offizielle Geschäftsjournal der Könige von
Persien. Andererseits eine Fülle von Zügen, die ihrer Art nach
sagen- und märchenhaft sind: der König wird gedacht, sitzend
auf seinem Thron, das Szepter in der Hand; die persischen Minister fürchten einen allgemeinen Frauenaufstand und lassen
den abenteuerlichen Erlaß ausgehen, daß jeder Mann in seinem Haus Herr sein soll; alle schönsten Jungfrauen werden
zum König gebracht und von ihm durchprobiert; vorher aber
werden sie, um dem erhabenen Gebieter schmackhaft zu sein,
ein Jahr lang mit Gewürzen behandelt; die Königin soll ihre
Schönheit öffentlich zeigen; der 50 Ellen hohe Galgen usw. . .
(Antisemitische Unterstellungen beachten: Wagner) Da nun
das Buch bewußt geschichtlichen Stil nachahmt, so ist es keine
naive Volksdichtung, sondern eine Fälschung. Das Judentum
jener Zeit neigte überhaupt zu Falsifikaten: ein Zeichen der
Verderbtheit seiner Zustände: wer als Schriftsteller fälscht,
lügt im Leben. . .
5. Aus so unreiner Stimmung kann kein wahres Kunstwerk geboren werden. . .
6. Für den Hauptstoff des Buches, d. h. Esters und Mardochais
Intrigen gegen Haman, ist nach Jensen eine alte Vorgeschichte
zu vermuten. (Religionsgeschichtlicher Vergleich! Irrige liberale Methode der Exegese: Wagner). ›Esther‹ ist die späte Aus-
sprache der früher sogenannten ›Ischtar‹, der babylonischen
Liebesgöttin. ›Mardochai‹, griech. Mardochaios, ein nach dem
Babylonischen bezeugter Name, kommt von Marduk, vom
Hauptgott Babels, während Haman nach Jensen kein anderer

als Haman, der Gott der im Osten Babylons wohnenden Elami-
ter, sein soll. Demnach würde der Erzählung ein babylonischer
Mythos zugrundeliegen, der den Sieg der babylonischen über
die elamitischen Götter schildert, und in dem eine uralte, auch
historisch bezeugte (ca. 2300) Befreiung Babels von Elams
Joch nachklingt. Der Stoff müßte dann durch persische Hände
gegangen sein, wo er in eine Hofgeschichte verwandelt worden
und wo die Person des Königs dazugekommen wäre. Schließlich hatten die Juden die Legende und das wohl von Anfang an
dazugehörige Fest übernommen und ihre Verhältnisse und
Stimmungen hineingetragen.«

Ähnliche antisemitische Tendenzen finden sich auch in der z. Z.
sehr stark gewordenen »feministischen Theologie«, die den »AT-
Gott« als männlichen blutrünstigen Rachegott versteht.

7. Hauptverständniswort

Purimfest

8. Hauptverständnisverse

Est 4,13-16: »ließ Mordechai Ester antworten: Denke nicht, daß
Du dein Leben errettest, weil du im Palast des Königs bist, du
allein von allen Juden. Denn wenn du zu dieser Zeit schweigen
wirst, so wird eine Hilfe und Errettung von einem anderen Ort
her den Juden erstehen, du aber und deines Vaters Haus, ihr
werdet umkommen. Und wer weiß, ob du nicht gerade um dieser Zeit willen zur königlichen Würde gekommen bist?
Ester ließ Mordechai antworten: So geh hin und versammle alle Juden, die in Susa sind, und fastet für mich, daß ihr nicht eßt
und trinkt drei Tage lang, weder Tag noch Nacht. Auch ich und
meine Dienerinnen wollen so fasten. Und dann will ich zum
König hineingehen entgegen dem Gesetz. Komme ich um, so
komme ich um.«

9. Abriß

a. Grobe Einteilung nach Festen

1. Fest des Ahasveros Kap. 1,2
2. Das Fest der Ester Kap. 5
3. Das Fest Purim Kap. 9,17 ff

Allerdings ist damit der Inhalt des Buches nicht recht
eingeteilt, deshalb noch folgende Gliederung:

b. Gliederung nach Inhalt der Kapitel

Absetzung der Königin Wasti	Kap.	1
Ester wird Königin	„	2,1-18
Mordechai rettet den König	„	2,19-33
Hamans Hochmut und Judenhaß	„	3
Mordechai bittet Ester um Hilfe	„	4
Esters Gastmahl	„	5
Haman muß Mordechai ehren	„	6
Haman wird bestraft	„	7
Der König ändert das Dekret	„	8
Die Rache der Juden	„	9,1-16
Das neue Fest der Juden: Purim	„	9,17-32
Mordechais Beförderung und seine Unterstützung der Juden	„	10

10. Besonderheiten: Das Purimfest

Ein gewisser Höfling namens Haman wird zum obersten Minister am persischen Hofe. Er verlangt, daß jeder Untertan ihm
huldigen muß. Der gläubige Jude Mordechai tut dies nicht. Er
beugt vor keinem Menschen das Knie. Seiner Überzeugung
nach gebührt diese Ehre nur Gott.
Haman will daraufhin alle Juden ausrotten. Durch Losent-

scheid (Pur) wird der 12. Adar (im März) als Tag des Pogroms festgelegt. Mordechai erfährt diesen Plan und bittet Ester, sich für das Volk der Juden einzusetzen. Obwohl auch sie als Königin nicht ungerufen zum König darf, geht sie trotz Lebensgefahr zu ihm. Sie lädt ihn und Haman zu einem privaten Festmahl ein.

Unabhängig davon stößt der König bei der Lektüre der Chronik auf Mordechais Hinweis auf eine Verschwörung. Er will ihm etwas Gutes tun. Haman muß daraufhin Mordechai öffentlich ehren. Am selben Tag kommen Haman und Ahasverus zum Gastmahl der Ester. Dort erklärt sie dem König, daß sie Jüdin ist und Haman sie und ihr Volk töten will. Der König, der diese Intrige Hamans nicht durchschaut hatte, ändert den Pogromerlaß. Haman wird am Galgen erhängt, den er für Mordechai errichten ließ. Am 13. Tag des Monats Adar rächen sich die Juden an ihren Feinden, nachdem der persische König ein entsprechendes Gesetz erlassen hat, das diesen Rachezug billigt. Am 14. Adar feiern die Juden in Susa dieses Ereignis, am 15. Adar feiern die auf dem Land lebenden Juden. Dies wurde zur festen Sitte, zur Einführung des Purimfestes. Mordechai wurde zum zweiten Mann im persischen Land gemacht. Er rückte damit an die Stelle Hamans.

Fragen zu Lektion 20

1. Welchen Platz hat das Buch Ester im jüdischen Festkalender?

2. Von welchen Personen handelt das Buch Ester?
   Was wird von ihnen berichtet?

3. Welcher griech. Geschichtsschreiber bestätigt einige der Angaben des Buches Ester?

4. Welche Auswirkungen hätte das Gelingen des Mordplanes Hamans auf den Heilsplan gehabt?

5. Nennen Sie einige Thesen zur Frage der Verfasserschaft des Buches Ester:

6. Was spricht für Esra als Verfasser?

Thema einer Arbeit am Ende der Geschichtsbücher:

Stellen Sie einen weitgehend lückenlosen Abriß der Geschichtsentwicklung von der Erschaffung der Menschen über die Patriarchen bis zum Persischen Reich zusammen. Belegstellen jeweils in ( ) dazusetzen.

Lektion 21

Thema: Das Buch Hiob (Ijob)

Kurze Zusammenfassung

Autor: Unklar
Zeit: Unklar, wahrscheinlich zur Zeit der Patriar-
         chen (vor 1500 v. Chr.)
Inhalt: Die Geschichte der Leiden des frommen Hiob,
         ihr geistlicher Hintergrund und die Fehlbeur-
         teilung des Leidens durch Hiobs Freunde.

---

1. Vorbemerkungen

Mit dem Buch Hiob beginnen im AT die Lehrbücher. In manchen neueren Bibelübersetzungen und -erklärungen werden
sie auch die »poetischen Bücher« genannt. Zu ihnen gehören
die Bücher von HIOB bis zum HOHENLIED SALOMOS.

Der Name des Buches

Er ist zugleich der Name der Hauptfigur des Buches: Hiob.
Der Name
    Hiob = zu deutsch: der Angefeindete
Er geht auf die hebräische Wurzel AYAB zurück, was soviel wie
»hassen«, »angreifen« oder »Feindschaft« bedeutet. Hiob wurde von Satan gehaßt und angegriffen.

Zuordnung des Buches Hiob zur Zeit Jesu

Zur Zeit Jesu gehörte das Buch Hiob zu den KETUBIM =
Schriften. Allerdings zählen zu den KETUBIM auch noch die

nachexilischen Geschichtsbücher wie Daniel (dies galt als Geschichtsbuch, nicht wie bei uns als Prophet), Esra, Nehemia und Chronik (ob Chronik wirklich vollständig nachexilisch ist, ist nicht sicher, siehe Lektion 17.4).
Außerdem zählten zu den KETUBIM auch noch die MEGILLOTH = Rollen.
Etliche Alttestamentler halten die alte Einteilung für sinnvoller als unsere derzeit übliche.

EXKURS: Nach Meinung des gegenwärtig bekanntesten deutschen Alttestamentlers Claus Westermann ist die jüdische Einteilung besser und sinnvoller als die bei uns übliche Gliederung des AT.
Westermann vertritt die Meinung, daß die alttestamentlichen Lehrbücher in der Bibel einen Sonderstatus einnehmen. Für sie gebe es, obwohl die Briefe des NT auch Lehrbücher genannt werden, keine inhaltliche Parallele im NT.
Die Thora als grundlegendes Werk hat nach Westermann ihre Entsprechung in den vier Evangelien.
Die Einteilung der Nebiim (altesttamentl. Propheten) in Nebiim Rischonim (atl. Geschichtsbücher) und Nebiim Acharonim (atl. Schriftpropheten) entspricht nach Westermann einer neutestamentl. Einteilung in Aposteltaten (Apostelgeschichte) und Apostelbriefe (ntl. Briefe).

Die **WEISHEITSLITERATUR,** wie man die alttestamentlichen Lehrbücher auch nennt, hat demnach keine neutestamentliche Entsprechung.
Thora im AT (Grundlegende Taten) = Evangelien im NT
Nebiim Rischonim (Geschichte Israels) = Aposteltaten
Nebiim Acharonim (Schriftpropheten) = Apostelbriefe
Weisheitsliteratur ohne Entsprechung im NT

Hohe Wertschätzung des Buches

Das Buch Hiob erfreute sich, seines seelsorgerlichen Tones

und Inhaltes wegen, seit jeher höchster Wertschätzung.
Luther schrieb von ihm:»Die Sprache dieses Buches ist so hin-
reißend und prächtig, wie die keines anderen Buches in der
ganzen Heiligen Schrift«.
Der Dichter Tennyson nannte es»das großartigste Gedicht sowohl der altertümlichen als auch der modernen Literatur«.

2. Das Thema des Buches

Das Hauptthema des Buches ist die Frage nach dem **Warum des
Leids.**
Diese auch in den Psalmen (besonders Ps 73) aufgeworfene
Frage wird oft zur schweren Anfechtung. Wieso muß der
Fromme leiden und der Gottlose wird nicht bestraft, obwohl er
es verdient hätte?

Theologische Antworten

* In dem Buch Hiob wird eindeutig gezeigt, daß Leiden nicht
  immer Strafe sind. (Dies war zur Zeit des AT wie überhaupt im
  altorientalischen Kulturkreis die übliche Meinung.) Sie können auch Läuterungsleiden (Ansicht Elihus) und Bewährungs-
  bzw. Prüfungsleiden sein (Vor- und Nachbericht). Im NT wird
  dieser Gedanke von Petrus wieder aufgegriffen (1. Petr 1,6.7).
* Das Buch zeigt, daß wir im Leiden den Sinn von Läuterung
  und Erziehung finden können. Letztlich bleiben dies jedoch
  vorletzte Antworten. Die letzte Antwort jedoch kann nicht
  vom Verstand oder im Sinne unserer Gerechtigkeit gefunden werden. Sie wird vom Herzen erfahren:»Aber nun hat
  mein Auge dich gesehen« (Kap. 42,5).
* Unsere Leiden finden auf dem Hintergrund von Einflüssen
  aus der unsichtbaren Welt statt.
* Nicht Gott schickt uns das Leid, sondern der Satan, allerdings mit Gottes Zulassung und in den von Gott gesetzten
  Grenzen. War die Frage im AT oft:»Wie kann ein Mensch

fromm sein, wenn er leiden muß?« (Leiden als Strafe Gottes
verstanden ließ ja den Rückschluß auf Sünde zu), so ist sie
im NT eher »wie kann ein Mensch in Jesu Bild verklärt werden ohne Leiden?« (Antwort: das geht nicht! Vgl. Röm 8,17;
Phil 3,10 u. a.). Luther betrachtet das Fehlen von Anfechtung und Leid als ein Indiz für ein falsches Verhältnis zu Jesus. Er meint, daß der gar nicht vom Leiden Heimgesuchte
wohl dem Teufel kein Dorn im Auge wäre und demnach
nicht zum Reiche Gottes gehören könnte.

BEACHTE: Das Leiden, das im NT in oben genannten Zu-
sammenhängen gemeint ist, ist das Leiden als Christ um Jesu willen.

Zur Zeit des AT gilt grundsätzlich: Gott segnet den Frommen, der ihm gehorsam dient, mit irdischen Gütern! (Vgl.
Dtn 28). Das Aufbegehren Hiobs und sein Ringen mit Gott
sind auf diesem Hintergrund zu betrachten.

3. Hiob und seine Zeit

Die Geschichtlichkeit der Gestalt Hiobs

Diese wird in der liberalen Theologie bestritten. Man sieht in
ihm nur eine erdichtete Persönlichkeit. Das Gesamtschrift-
zeugnis aber bezeugt Hiob als historische Person:
* Das Buch geht von einem geschichtlichen Geschehen aus.
  Es werden Orte und Namen genannt.
* Hesekiel erwähnt Hiob neben seinen Zeitgenossen Daniel
  und dem Urvater Noah (Hes 14,14).
* Jakobus nennt ihn als Beispiel einer Person, die Geduld hatte (Jak 5,11).

Zeitliche Einordnung

Wenn wir auch keine direkte zeitliche Zuordnung des Buches
in der Bibel finden, gibt es doch viele Indizien dafür, daß wir im

Buch Hiob das älteste Buch der Bibel, möglicherweise sogar
das älteste erhaltengebliebene Buch der Welt, vor uns haben.
Zumindest geht die Überlieferung von Hiob in die Patriarchenzeit zurück.

Was spricht für diese These:
* Die Landschaften Uz, Bus und Schuach (Hiob 1,1; 8,1; 32,6)
  führen uns in den Siedlungsraum zweier Nachkommen Na-
  hors (Gen 22,21).
* Orts und Eigennamen

Uz	Hiob 1,1	Gen 10,23
Saba	" 1,15	" 10,28
Chaldäa	" 1,17	" 11,31
Elifas	" 2,11	" 36,15
Schuach	" 2,11	" 25,2 u. v. a.

* Der Reichtum Hiobs erinnert an Abraham (Gen 13,2),
  sein hohes Alter (Hiob 42,16) an die Patriarchen allge-
  mein.
* Da das ganze Buch keinen Bezug auf den Exodus und das
  Volk Israel nimmt, müßte es vor Mose entstanden sein.
* Der Name Jahwe wird nur in Kap. 12,9 genannt. Anson-
  sten wird der Name Elohim verwendet. Diese Bezeich-
  nung Gottes war den Patriarchen vertraut (vgl. Gen 17,1;
  Ex 6,3).
* Die Geldmünze KESITA (Hiob 42,11), von Luther als »Gro-
  schen« wiedergegeben, kommt in der Jakobsgeschichte
  (Gen 33,19) vor.
* Hiob tat für seine Familie den hohepriesterlichen Dienst
  (Hiob 1,5), was nach dem Exodus nur noch der Familie Aa-
  rons erlaubt war.
* Robert Lee vertritt die Meinung: »Eliphas war ein Nachkomme des ältesten Sohnes Esaus, der auch Eliphas hieß und ei-
  nen Sohn namens Theman hatte (1. Mose 36,10-11).«
* Das Schreiben auf Stein (Hiob 19,24) deutet an, daß Papyrus
  noch nicht üblich war.

* Der Name Hiob war im 2. vorchristlichen Jahrtausend ein gebräuchlicher westsemitischer Name. Er kommt in ägyptischen Fluchtexten für einen Fürsten in der Gegend von Damaskus vor. In den Armanabriefen (14. Jahrhundert v. Chr.) wird ein Fürst Hiob von Pella erwähnt.

Alles deutet darauf hin, daß Hiob als Zeitgenosse der Patriarchen zu Beginn des 2. Jahrtausends v. Chr. lebte. Er gehörte zu den Gottesfürchtigen der Patriarchenzeit. Einige von ihnen nennt die Bibel mit Namen, u. a. den Priesterkönig von Salem: Melchisedek.

4. Verfasserschaft

Da das Buch keinen Verfasser nennt, ist die Frage auch unter bibeltreuen Auslegern umstritten. Die Vermutungen reichen von der Patriarchenzeit bis zur nachexilischen Zeit. Je nach Einordnung stammt es von einem Zeitgenossen des Hiob oder wurde aus einer mündlichen Überlieferung später in die poetische Form gebracht. Mit Ausnahme der Rahmenhandlung ist das Buch in Gedichtform geschrieben.

* Fundamentalisten wie Robert Lee vermuten, unter anderem aufgrund der Ich-Form in Elihus Rede (Hiob 32,16), Elihu als Autor. Allerdings meint auch Lee, daß die Rahmenhandlung (Kap. 1-2+42,7 ff) von cinem anderen Autor sein könnte.
* Die jüdische Überlieferung wie auch der Talmud hält Mose für den Verfasser.
* Andere meinen, daß das Buch auf eine im Volk mündlich überlieferte wirkliche Geschichte zurückginge, die erst sehr spät niedergeschrieben worden sei. Sie siedeln das Buch in der Blütezeit der israelischen Dichtung unter David und Salomo an (Psalmen, Prediger, Hoheslied).
* Weitere Sprachkundige siedeln es in der Epoche Hiskias (8. Jahrhundert) an. Dies Zeite gilt als Zeit des klassischen Hebräisch (Amos, Hosea, Micha, Jesaja).

* Wegen des Vorkommens des Namens »Satan« wird Hiob oft nachexilisch eingeordnet. Man meint, daß dieser Begriff heidnischen (persischen) Ursprungs ist (vgl. Sach 3,1-3; 1. Chr 21,1).
* Für Hiob als Autor sprechen die Einzelheiten der langen Zwiegespräche, die bezüglich des Verfassers auf einen Augenzeugen schließen lassen können. Nach seiner Wiederherstellung lebte Hiob noch 140 Jahre und hätte also genügend Zeit gehabt, seine Gotteserfahrung in poetischer Form niederzuschreiben.
Vgl. zur möglichen Verfasserschaft Hiobs auch »Das Alte Testament erklärt und ausgelegt« (Hg. J. F. Walvood und R. F. Zuck), Bd. 2, Hänssler-Verlag 1991.

5. Echtheit und wichtigste Punkte der Bibelkritik

Daß Hiob eine geschichtliche Gestalt ist, haben wir schon festgestellt.
Trotzdem wird dies von der liberalen Theologie in Frage gestellt.
Punkte der Bibelkritik sind:
* Das Buch Hiob ist eine Sage. Zu dieser Sage sind später Zusätze wie die Rede des Elihu (Kap. 32-37) dazugekommen.
* Das Buch Hiob ist auf eine ägyptische Quelle zurückzuführen.

Die Kritiker trauen Israel keine dialogische Auseinandersetzung mit der Frage der Gerechtigkeit Gottes zu. Sie übersehen dabei, daß die Frage nach Gottes Allmacht und Gerechtigkeit im Angesicht des Leides auch in Ps 73 und an anderen Orten in der Schrift vorkommt. Unter den Philosophen Ägyptens aber seien diese Problematik und derartige Dialoge (wie in Hiob) üblich gewesen.
Die Kritiker sind sich einig, daß man beim Buch Hiob auf eine heidnische, ägyptisch beeinflußte oder möglicherweise auf eine aus Edom von Aramäern oder Arabern stammende Legende aufgebaut habe.

Auch wird die Einheitlichkeit des Buches in Frage gestellt. Besonders die Reden des Elihus (Kap. 32-37) und Kap. 27 und 28 sind umstritten.
Allerdings ist bei dieser Kritik zu bemerken, daß sie nur auf den Hypothesen einzelner Theologen beruht, da die Kritik keine einheitliche Stellung bezieht.
Für uns wird die Echtheit des Buches durch die Bezeugung in Hes 14,14 und Jak 5,11 unzweideutig geklärt.

6. Hauptverständniswort

Leiden

7. Hauptverständnisvers

Hiob 2,10b: »...Haben wir Gutes empfangen von Gott und sollten das Böse nicht auch annehmen?«

8. Inhalt und Aufbau

In einer himmlischen Ratsversammlung wird der fromme Hiob durch Satan beschuldigt, Gott nur treu zu sein, weil es ihm gut geht. Gott gestattet Satan, die Standhaftigkeit und den Glauben Hiobs durch Leid zu prüfen.
Nachdem Hiob in den ersten vier Prüfungen seine Kinder und seinen Besitz verloren hat, bleibt er Gott dennoch treu.
In einer weiteren himmlischen Ratsversammlung behauptet Satan, daß Hiob Gott nur solange treu ist, wie die Anfechtungen nicht Gesundheit und Leben berühren. Gott gestattet Satan, Hiobs Gesundheit anzugreifen (jedoch nicht sein Leben).
Hiob hat jetzt alles verloren und sitzt, seine Wunde kratzend, in der Asche seines verbrannten Hauses. Seine Frau fordert ihn zum Freitod und zum Abschwören Gottes auf. Er aber bleibt Gott treu.

Seine drei Freunde, Elifas von Teman, Bildad von Schuach und Zofar von Naama erfahren von seiner Not. Sie kommen, um »ihn zu beklagen und zu trösten« (Kap. 2,11). Wahrscheinlich begleitet sie der junge Elihu, Sohn des Barachel von Bus. Als sie Hiob sehen, zerreißen sie vor Schmerz ihre Kleider, weinen und sitzen mit Hiob 7 Tage lang schweigend in der Asche seines Hauses.

Danach beginnt Hiob seine Klage, in der er den Tag seiner Geburt verflucht. Jetzt beginnt ein Dialog, in dem jeder der Freunde den Hintergrund des Leidens Hiobs erklären will. Letztlich meinen die Freunde, Hiob müsse eine Schuld auf sich geladen haben, sonst könne er nicht so geplagt sein. Sie denken und argumentieren dabei konsequent in den Rastern eines **»Tun-Ergehen-Zusammenhangs«**, so wie es im Alten Orient üblich war: Tut ein Mensch Gutes, ergeht es ihm gut, denn Gott segnet ihn. Tut ein Mensch Schlechtes, lädt er also Schuld auf sich, ergeht es ihm schlecht, denn Gott wendet sich von ihm ab und bestraft ihn.

ELIFAS wird in seinem Reden Verfechter einer strengen Orthodoxie.
Als Moralist meint er: Leiden ist Folge von Sünde. Hiob muß Buße tun und zu Gott zurückkehren. Er stützt sich bei seiner Theologie vor allem auf eine Vision (Kap. 4,12-21).

BILDAD vertritt eine religiöse Philosophie. Er argumentiert; Gott ist gerecht und hat Gründe, das Gebet des Sünders Hiob nicht zu erhören. Seine Lehrgrundlage ist die Überlieferung (Kap. 8,8-10).

ZOFAR wird zum härtesten Ankläger. In hochmütiger Weise meint er, Gottes Wege zu kennen. Er behauptet, Hiob würde weniger bestraft, als er es verdient habe.

ELIHU ist der jüngste Kritiker. Er sieht im Leiden den Sinn, daß der Fromme dadurch mehr gereinigt und geläutert wird. Er tadelt Hiob scharf wegen dessen Anklagen gegen Gott.

Nach den schweren Auseinandersetzungen mit den Freunden
offenbart sich Gott dem Hiob, indem er ihm Machterweise seiner Schöpfung vor Augen führt. Zunächst offenbart sich Gott,
indem er vom Wettersturm begleitet (»aus dem Wettersturm«
Kap. 38,1) zu ihm spricht. Danach zeigt er Hiob, wie klein dieser doch ist. Hiob war bei der Schöpfung nicht dabei. Auf die 70
Fragen, die Gott ihm über die belebte und unbelebte Natur
stellt, weiß Hiob nicht eine Antwort. Hiob kann nur staunend
beobachten, Hintergründe erklären kann er nicht. Ebenso
fehlt ihm die Kompetenz, die Hintergründe der Wege Gottes
in seinem Leben zu erkennen. Hiob demütigt sich darauf vor
dem Herrn.
Gott offenbart sich danach den Freunden Hiobs: Elifas, Bildad
und Zofar. (Elihu wird hiervon ausgenommen.) Er erklärt ihnen, daß ihre Anklagen gegen Hiob ungerecht und vermessen
waren. Hiob soll für sie opfern, damit ihre hochmütigen Reden
vergeben werden.
Danach beendet Gott das Leiden des Hiob, indem er ihm das
Verlorene doppelt zurückgibt. Er schenkt ihm noch 7 Söhne
und drei Töchter. Hiob wird 140 Jahre und stirbt »lebenssatt«.

9. Abriß

In die Rahmenhandlung Kap. 1+2 und 42,7-17 sind zwei Klagen
des Hiob und 5 große Dialoge eingefügt.

RAHMENHANDLUNG
Kap. 1,1-2,13 Himmlischer und irdischer Hintergrund von
Hiobs Leiden

Die Frömmigkeit des Hiob	Kap. 1,1-5
Eine himmlische Versammlung als Hinter-grund der Prüfung	” 1,6-12
Die ersten vier Prüfungen	” 1,13-22
Zweite himmlische Ratsversammlung	” 2,1-6
Hiobs Leiden	” 2,7-10
Der Besuch der drei Freunde	” 2,11-13

1. HAUPTTEIL

Kap. 3	1. Klage Hiobs	
Kap. 5,14	Drei Dialoge Hiobs mit je einem seiner Freunde	
	1. Rede des Elifas	Kap. 4+5
	Antwort des Hiob	” 6+7
	1. Rede des Bildad	” 8
	Antwort des Hiob	” 9+10
	1. Rede des Zofar	” 11
	Antwort des Hiob	” 12-14
Kap. 15-21	Drei Dialoge Hiobs mit einem seiner Freunde	
	2. Rede des Elifas	Kap. 15
	Antwort des Hiob	” 16+17
	2. Rede des Bildad	” 18
	Antwort des Hiob	” 19
	2. Rede des Zofar	” 20
	Antwort des Hiob	” 21
Kap. 22+26	Dialog mit Elifas und Bildad	
	3. Rede Elifas	Kap. 22
	Antwort des Hiob	” 23+24
	3. Rede Bildads	” 25
	Antwort des Hiob	” 26
Kap. 27-31	Zwei Reden des Hiob	
	Schlußrede des Hiob	” 27-28
	Selbstgespräch des Hiob	” 29-31

2. HAUPTTEIL

Kap. 32-37	Vier Reden des Elihu	
	1. Rede Elihus	Kap. 32+33
	2. Rede Elihus	” 34
	3. Rede Elihus	” 35
	4. Rede Elihus	” 36+37

3. HAUPTTEIL

Kap. 38-42,9	Der Dialog mit Gott	
	Der HErr redet aus dem	
	Wettersturm	Kap. 38

Der HErr zeigt seine Weisheit an der Tierwelt	Kap. 39
Hiob demütigt sich vor dem HErrn	" 40,3 ff
Der HErr redet weiter	" 40,6-41
Hiob widerruft seine Reden und tut Buße	" 42,1-6

SCHLUß

Der HErr rechtfertigt Hiob vor seinen Freunden	Kap. 42,7-9

Kap. 42,10-17 Rahmenhandlung: Hiobs neues Glück

10. Sinnbilder

* Christologische Sinnbilder

Christus als Mittler	Kap. 9,32-33 + 33,23
Christus der Erlöser	" 19,25

* Weitere Sinnbilder
Freunde Hiobs als Symbol der Gesetzlichkeit und Anfechtung.
Die Leiden Hiobs sind sprichwörtlich geworden.

Fragen zu Lektion 21

1. Was bedeutet der Name Hiob?

2. Zu welcher Gruppe von biblischen Schriften zählten die Juden das Buch Hiob?

   a. Weshalb hält Claus Westermann die jüdische Einteilung der Bibel für sinnvoller als die christliche?

   b. Wie stehen sich die einzelnen Schriftgruppen des AT und des NT gegenüber?

   c. Welche neutestamentliche Literaturform entspricht der alttestamentlichen Weisheitsliteratur?

3. Um welche Fragen drehen sich Handlung und Dialoge des Buches Hiob?

4. In welche Zeit ist die Person Hiob einzuordnen?
   Was spricht für diese Einordnung?

5. Weshalb mußte Hiob die im Buch geschilderten Leiden durchstehen?

6. Wer waren die Freunde Hiobs?

7. Wie argumentieren die Freunde Hiobs?

8. Schildern Sie die Handlung des Buches Hiob.

Lektion 22

Thema: Die Psalmen

Kurze Zusammenfassung

Autor:	8 bekannte und weitere unbekannte Verfasser
Inhalt:	Gebete, Bekenntnisse, Lieder
Besonderheit:	Etliche Psalmen enthalten Prophezeiungen

---

1. Vorbemerkungen

Bedeutung der Psalmen

Nach Robert Lee ist das Buch Psalmen das bedeutendste Denkmal der hebräischen Poesie.
Die Psalmen, auch Psalter genannt, sind eine Sammlung von geistlichen Liedern, Gebeten und Gedichten.
In der hebräischen (jüdischen) Bibel ist es dem KETUBIM zugeordnet.
C. H. Spurgeon hat über 20 Jahre an seinem Psalmenkommentar gearbeitet. Er wurde veröffentlicht unter dem Titel »Die Schatzkammer Davids«. Am Ende der langen Bearbeitungszeit schreibt er: »Während ich ›Die Schatzkammer Davids‹ jetzt hinter mir lasse, liegt ein Anflug von Traurigkeit auf meinem Geist, denn ich werde nie wieder hier auf Erden eine gefülltere Schatzkammer finden, obwohl mir der ganze Palast der Offenbarung zugänglich ist. Gesegnet waren die Tage, die ich damit zubringen durfte, mit David zusammen nachzusinnen, zu trauern, zu hoffen, zu glauben und zu frohlocken. Darf ich hoffen, diesseits des ›Goldenen Tores‹ freudigere Stunden zu erleben? Der Psalter unterweist uns nicht nur im Gebrauch

von Worten, sondern auch im Gebrauch von Flügeln; er läßt
uns nicht nur singen, sondern uns auch in die Höhe empor-
schwingen.«
Bei aller Begeisterung über die Höhen und Tiefen der Aussagen der Psalmen muß man doch bemerken, daß sie auf dem Erkenntnisstand der alttestamentlichen Offenbarung stehen. So
finden sich auch Rachepsalmen, die wir neutestamentlich geprägten Christen nur schwer nachvollziehen können (z. B. Ps
137,7-9 u. a.). Als Christen werden wir sie allenfalls allegorisch
deuten.

Die in den Psalmen verwendeten Gottesnamen:

Buch	1.	2.	3.	4.	5.
ADON (Herr)	2	1	–	1	5
ADONAI (unser Herr)	13	18	15	1	12
JAH	–	–	2	5	32
JAHWE (ich bin)	275	32	44	106	236
EL (Gott)	18	16	20	9	10
ELOHIM (majestätische Mehrzahl von EL)	50	198	60	18	30
ELOAH	1	1	–	–	2
ELYON	3	4	5	4	1
SCHADDAI (der Allmächtige)	–	1	1	1	–

Diese Namen Gottes stellen bestimmte Züge Gottes heraus.

Der Name des Buches

Der hebräische Name für die Psalter heißt
    SEPHER-TEHILLEM zu deutsch: Loblieder oder Buch der
    Lobpreisungen

Das deutsche Wort »Psalmen« ist von der Überschrift der LXX
»Psalmoi« (Codex Vaticanus) oder »Psalterion« (Codex Alexandrinus) abgeleitet. Das griechische Wort psalmos ist die Über-

setzung des hebräischen Wortes mizmor und bedeutet: Musik, die von Streichinstrumenten begleitet wird.

Der Name »Psalter« wird vorwiegend von den Christen benutzt. Er hat die Bedeutung »Loblied« gewonnen. Luther übersetzte den hebräischen Namen »nebal«, der ein Musikinstrument, die Schrägleier, bezeichnet, mit »Psalter«. Dieses Instrument wurde vornehmlich im Gottesdienst verwendet (1. Chr 15,16.28; 2. Chr 5,12; Ps 33,2; 150,3). Nur in sehr vornehmen Kreisen wird der Psalter auch als weltliches Instrument benutzt (Amos 6,5).

In Ps 33,2 wird der »Psalter« als Instrument mit 10 Saiten erwähnt. Ob das immer so war, ist unklar. Auf Elfenbeinschnitzereien von Megiddo (1200 v. Chr), syrischen Reliefs aus Sendscirli (Zeit nicht genau datiert) und bemalten Tonscherben aus Megiddo (900 v. Chr) werden auch Schrägleiern (Psalter) in anderer Form gezeigt.

2. Das Thema des Buches

Obwohl auch Trauer, Buße und Klage im Buch Psalter mitschwingen, ist es doch vornehmlich ein Buch der Lobgesänge und der Anbetung.

Die einzelnen Psalmen sind für den Tempelgottesdienst, für andere gottesdienstliche Zusammenkünfte und zur Erbauung des einzelnen Gläubigen geschrieben.

Das Buch gibt einen tiefen Einblick in Gemüt und Herz des Menschen.

3. Verfasserschaft und Abfassungszeit

Die Verfasser

Die Mehrheit der Psalmen stammt von David. Seine dichterische Tätigkeit ist auch von anderen Schriftstellen bezeugt (z. B. 1. Sam 16,18; 18,10; 2. Chr 7,6; Apg 2,25; Röm 4,6-8 u. a.).

Folgende Verfasser von Psalmen sind uns bekannt:

David	73 Psalmen
Mose	1 Psalm
Salomo	2 Psalmen
Söhne Korach	11 Psalmen
Asaf	12 Psalmen
Heman	1 Psalm
Ethan	1 Psalm
Hiskia	10 Psalmen

Die Verfasser der übrigen 39 Psalmen sind uns nicht bekannt.

Die Abfassungszeit

Sie liegt zwischen dem 15. Jahrhundert v. Chr. (Mose) und dem
2. Jahrhundert v. Chr. (spätest mögliche, schon etwas wahr-
scheinlichere Datierung).
Meist setzt man die zeitlichen Grenzen zwischen Mose und
Nehemia.
Der größte Teil der Psalmen ist aber in der Zeit zwischen David
und Hesekiel entstanden. Dies war ein Zeitraum von ca. 400
Jahren.
Der älteste Psalm ist Psalm 90. Er ist von Mose verfaßt. Die
letzten Psalmen müssen deutlich vor dem 3. vorchristlichen
Jahrhundert entstanden sein, da der Psalter schon in der LXX
Aufnahme fand.

4. Bibelkritische Einwände

Sowohl Autorenschaft, Abfassungszeit wie auch Kanonizität
einzelner Psalmen wurden von der liberalen Kritik stark angegriffen.
Ernst zu nehmen ist meist nur die Kritik an der Verfasserschaft, in der die Theologen allerdings auch nur selten einig

sind. Die kritischen Theologen gehen oft davon aus, daß der Verfassername im Psalm nur eine Widmung und keine Autorenbezeichnung ist. Sie berufen sich dabei auf außerbiblische Gewohnheiten.

5. Empfänger und Zielgruppe

Es war das Volk Israel, dem der Psalter als Lieder- und Gebetsbuch diente.

Auch im christlichen Bereich bildeten Psalmen oft Ausgangspunkte für Kirchenlieder. Besonders im Calvinismus, wo man die weltliche Dichtkunst teilweise ablehnte, wurden Psalmen zu Liedern umgedichtet.

Die Psalmen sind auch für uns heute ein wichtiges Lehrbuch über das Gebet. Hier finden wir Menschen, die ihr Herz vor Gott ausschütten (vgl. Ps 62,9).

In einer für uns heute fast erschreckenden Weise werden Menschen in ihren Gebeten ehrlich vor Gott, ja, sie wagen es, vor Gott zu klagen und zu ihm zu schreien, jedoch nie, ohne auch zum Lobgesang durchzudringen.

Vgl. hierzu: Claus Westermann: »Lob und Klage in den Psalmen«, Göttingen, 1983 (6. Auflage).

Die Psalmen haben einen unschätzbaren Wert für die Seelsorge.

6. Hauptverständniswort

ANBETUNG

7. Hauptverständnisvers

Ps 29,2: »Bringet dar dem HErrn die Ehre seines Namens, betet an den HErrn in heiligem Schmuck.«

8. Aufbau und dichterischer Stil

a. Mehrere Bücher in einem Buch

Der Psalter wird in 5 Bücher unterteilt. Am Ende jedes Buches steht eine Doxologie (Anbetung).
Die Ursache für diese Einteilung ist ein Rätsel. Sie kann nur unbefriedigend interpretiert werden. Eine der häufigsten Interpretationen ist folgende:
1. Das erste Buch ist eine Sammlung von David, die er selbst gedichtet hat (Ps 1-41)
2. Das zweite Buch besteht aus Psalmen, die Hiskia für den Gebrauch im Tempel gedichtet hat (Ps 42-72)
3. Das dritte Buch ist eine Sammlung Josuas (Ps 73-89)
4. Das vierte und fünfte Buch (Ps 90-16 und Ps 107-150) wurde von Nehemia und Esra zusammengestellt.

b. Die dichterischen Formen des Psalters

Die meisten Gedichte unseres Kulturkreises beruhen auf verschiedenen Formen des Reimes. Die hebräische Sprache nutzt andere poetische Formen.
Hier gibt es vor allem den Rhythmus und den Parallelismus. Das bedeutet, daß Vershälften jeweilige Paare bilden:

* Die zweite Zeile wiederholt und verstärkt die Aussage der ersten **(synonymer Parallelismus)**
  »Was ist der Mensch, daß du seiner gedenkst, und das Menschenkind, daß du dich seiner annimmst?« (Ps 8,5).
* Manchmal wird die Verwendung von Gegensätzen als Stilmittel eingesetzt **(antithetischer** [gegensätzlicher] **Parallelismus)**.
* Oft wird ein Gedanke im nächsten Vers weitergeführt. Der zweite Satz (Satzteil) ergänzt also die Aussage des 1. Satzes (Satzteils) **(ergänzender Parallelismus)**.
* Mancher Psalmist begann jeden Vers mit demselben Buchstaben.

* In Psalm 119 fangen jeweils 8 Verse mit einem neuen Buchstaben des hebräischen Alphabets an (alphabetische Psalmen).
* Auf den 1. Satz(teil) folgt ein Bild (Metapher) zur Erläuterung **(symbolischer Parallelismus)**.
  Die Anordnung der Worte muß bei den parallelen Ausdrük-
  ken der jeweiligen Satzteile nicht dieselbe sein. Sie kann sogar absichtlich genau entgegengesetzt sein. Diese Form der
  Poesie nennt man **Chiasmus**. Allerdings wird ein chiasti-
  scher Aufbau in der Übersetzung oft aufgelöst.

c. Psalmen und die Musik

Viele, wenn nicht sogar alle Psalmen wurden vertont und von
Instrumenten begleitet vorgetragen (z. B. Ps 4; 6; 8 usw.).
Das häufig vorkommende Wort SELA ist wahrscheinlich ein
Pausenzeichen, welches mit der Vertonung zusammenhängt.
Die Psalmen wurden häufig vorgesungen (z. B. Ps 8 usw.).

9. Einteilung

a. Bucheinteilung

Die Namen der 5 Psalmenbücher sind nicht kanonisch, sondern werden ihres Inhaltes wegen verwandt.

1. Buch: Ps 1-41 =   Buch Davids
                      Inhalt: Psalmen Davids

2. Buch: Ps 42-72 =   Buch der Kinder Korachs
                      Inhalt: 7 Psalmen Söhne Korachs
                               1 Psalm Asafs
                              18 Psalmen Davids
                               1 Psalm Salomons
                               2 Psalmen unbekannter Dichter

3. Buch: Ps 73-89 =   Buch Asafs
                 Inhalt: 11 Psalmen von Asaf
                          3 Psalmen der Söhne Korachs
                          1 Psalm von Heman
                          1 Psalm von Etan

4. Buch: Ps 90-106 =   Buch der unbekannten Dichter
                 Inhalt: 1 Psalm von Mose
                          2 Psalmen von David
                         14 Psalmen unbekannter
                            Autoren

5. Buch: Ps 107-150 = Buch der Festlieder
                 Inhalt: 15 Psalmen Davids
                          1 Psalm Salomos
                         28 Psalmen unbekannter
                            Autoren.

b. Thematische Einteilung (nach Aebi)

1. Messiaspsalmen: 16, 22, 24, 40, 68, 69, 118
2. Bußpsalmen: 6, 32, 38, 51, 102, 130, 143
3. Halleluja-Psalmen: 106, 111, 112, 113, 117, 135, 146-150
4. Lehrpsalmen: 1, 5, 7, 15, 17, 50, 73, 94, 101
5. Reisepsalmen: 120-134
6. Gebetspsalmen: 17, 86, 90, 102, 142
7. Königspsalmen: 92-100
8. Andachtspsalmen: 3, 16, 28, 41, 54, 56, 59, 60, 61, 67, 70, 86, 122, 144
9. Morgenpsalmen: 3, 5, 19, 57, 63, 108
10. Abendpsalmen: 4, 8, 143
11. Anfechtungspsalmen: 4, 5, 11, 28, 41, 55, 59, 64, 109, 120, 140, 143
12. Prophetische Psalmen: 2, 16, 22, 40, 45, 68, 69, 72, 97, 110, 118
13. Geschichtliche Psalmen: 78, 105, 106

Bei dieser Einteilung von Ernst Aebi ist allerdings zu beachten,
daß verschiedene Psalmen mehrere Male und in verschiedenen thematischen Gruppen auftauchen. Dies ist kein Irrtum,
sondern eine Mehrfachdeutung der einzelnen Psalmen.

10. Christologische Typologie

* König: Ps 2,20,21,72,110
* Opferlamm: Ps 22
* Guter Hirte: Ps 23
* Fels des Heils: Ps 27,5; 40,3 u. a.

11. Besonderheiten

Die Beziehung der Psalmen zum NT:
Die Psalmen bestätigen die im AT erwähnten geschichtlichen
Begebenheiten:
z. B. Schöpfung (Ps 19,104); Erlebnisse beim Auszug aus Ägyp-
ten (Ps 78+106); Erfahrungen aus der Zeit des israelischen Rei-
ches (Königebücher und Chronikbücher) Ps 51+136.
Im NT ist kein alttestamentliches Buch so oft zitiert wie der
Psalter.
Zur poetischen Struktur und Theologie der Psalmen vgl.»Das
Alte Testament erklärt und ausgelegt« (Hg. J. F. Walroord und
R. F. Zuck), Bd. 2, Hänssler-Verlag 1991.

Fragen zur Lektion 22

1. Was verstehen wir unter einem Psalm?

2. Zu welchen Büchern werden die Psalmen im Judentum gerechnet?

3. Wofür waren die Psalmen bestimmt?

4. Wer schrieb den ältesten und bekanntesten Psalm?

5. Welches sind Davids Bußpsalmen?

6. An welchen Stellen findet sich in den Psalmen eine Doxologie?

7. Wer hat die meisten Psalmen geschrieben?

8. Woher kommt der Name Psalter?

Lektion 23

Thema: Die Sprüche Salomos

Kurze Zusammenfassung

Autor: Salomo. Eine spätere Überarbeitung und Ein-
füfung von Zusätzen ist wahrscheinlich.
Inhalt: Anhand verschiedener Lebensbereiche wird
gezeigt, wie nötig die Furcht des Herrn als Le-
benshaltung ist.

---

1. Vorbemerkungen

Im Buch der SPRÜCHE haben wir ein Werk DIDAKTISCHER
POESIE vor uns. Das Werk verpackt also die Lehre, die es über-
mitteln will, in eine poetische Form, die das Lernen erleichtern
soll.
Die SPRÜCHE sind der poetische Niederschlag des Unterrichts
der Weisen. Sie enthalten wichtige Lebensweisheiten.

Die stilistische Methode der Poesie des Buches SPRÜCHE:
Es bedient sich oft eines antithetischen Parallelismus (siehe
Lektion 22, 8b), manchmal wird aber auch eine mehrzeilige
Dichtung verwendet.

Der Inhalt des Buches

Der Name »Sprüche« weist schon darauf hin, daß es sich bei
diesem Buch nicht um ein geschlossenes Ganzes handelt, sondern es umfasst fast alle Gebiete des täglichen Lebens. Die
Themen sind ohne erkennbare Ordnung aneinandergereiht.
Die Jubiläumsbibel vergleicht es mit der Aneinanderreihung

von Perlen auf einer Schnur, die zur Schmuckkette wird. Wo
sich trotzdem Ordnungen finden, haben sie meist lernmetho-
dischen oder poetischen Charakter. Das Buch der Sprüche
kann als Lehrbuch für das Leben der Gläubigen bezeichnet
werden.
Es arbeitet nach einer alten Lehrmethode, dem Einprägen von
Lehrversen. Das Auswendiglernen von Lehrversen war in der
Antike besonders wichtig, da man in jener Zeit keine Bücher
zum Nachschlagen zur Verfügung hatte.
Derartige Spruchliteratur findet sich im ganzen Umfeld Israels
in der alttestamentlichen Zeit. Auch in den deutschen Sprich-
wortschatz sind viele Verse des Buches der Sprüche eingegangen.

Der Name des Buches

Der hebräische Name des Buches lautet
»Mischle Sch lomo« = zu deutsch: Sprüche Salomos.

Das Wort Mischle ist die Mehrzahl von Maschal, was soviel wie
Bilder oder Gleichnisse bedeutet. Diese Name will sagen, daß
geistliche Wahrheiten durch das Heranziehen von Beispielen
lebensnah gemacht werden.

2. Das Thema des Buches

Das Buch der Sprüche will den Gläubigen aufzeigen, daß in je-
der Lebenslage die »Furcht des Herrn« maßgeblich ist.
Was bedeutet »Furcht des Herrn«? Dieser alttestamentliche
Ausdruck ist gleichzusetzen mit der neutestamentlichen Be-
deutung von »Glauben«.
Den Herrn zu fürchten und auf ihn zu vertrauen (also an ihn zu
glauben) heißt, weise und gottwohlgefällig zu leben. Eine gute
Beziehung zu Gott hat auch eine gute Beziehung zum Näch-
sten zur Folge.
Dies genau beschreibt, was ein Leben in „Weisheit" bedeutet

(Thema der **Weisheitsliteratur**): Es ist der praktische Lebenswandel (nicht intellektuelles Wissen!) eines gottesfürchtigen Menschen.

Unter diesem Gesichtspunkt werden im Buch verschiedene Probleme angesprochen:

* Die Bedeutung von Arbeit (Tadel der Faulheit)
* Probleme mit der Zunge (richtige Wahl der Worte)
* Wesen der Freundschaft (wenige Freunde sind besser als viele Bekannte)
* Richtige Bewertung von Armut und Reichtum

3. Der Zeitabschnitt

Die ersten Sprüche des Buches können lange vor der Zeit Salomos entstanden sein. Salomo griff dann einfach die vorhandene Volksweisheit auf. Der größte Teil der Sprüche aber stammt aus der Glanzzeit Israels unter Salomos Regentschaft (971 bis 931 v. Chr.).

4. Verfasserschaft

Wir haben es im Buch der Sprüche mit einem Werk zu tun, das zum größten Teil auf König Salomo zurückgeht. Allerdings sind in dem Buch wohl auch ältere Spruchweisheiten aufgegriffen.
Spätere Ergänzungen und Zusätze vervollständigen das Werk. Unter Hiskia oder Esra wurde es fertiggestellt.

Wer war Salomo?

Salomo ist eine etwas zwielichtige Gestalt.
Sein Name bedeutet »der Friedensfürst«. Es finden sich positive

Segenswirkungen, aber auch fluchwirkende Züge und Taten
an ihm.
Er war der dritte König Israels. Unter seiner Herrschaft erlebte
Israel seinen Aufstieg zur wirtschaftlichen und politischen
Großmacht.
Salomo war der Sohn König Davids und Batsebas (2. Sam
12,24). In seiner Jugend strebte er nach einem gehorsamen
Herzen und nach Weisheit, um Gott zu gefallen (1. Kön 3,9.12).
Mit zunehmendem Alter jedoch wurde Salomo Gott untreu.
Während seiner Regierungszeit gab es kaum Kriege, im Ge-
gensatz zur Regierungszeit seines Vaters David. David hat das
Land durch seine Kriege stark und groß gemacht, Salomo hat
es daraufhin durch seine Regierung stabil und glanzvoll ge-
macht.
Salomo als König des Friedens erbaute den Tempel (1. Kön 6).
Diese Aufgabe war seinem Vater David verwehrt, da Gott den
Tempel nicht von einem König bauen lassen wollte, der so vie-
le Kriege geführt hatte wie David (1. Chr 22,8+9).
Allerdings ließ er sich in seiner despotischen Art auch zu Mor-
den an Gegnern und Rivalen hinreißen (1. Kön 2,25.26.29.46).
Er belegte das Volk mit hohen Steuern, um seinen aufwendi-
gen Hofstaat zu finanzieren (1. Kön 5,2). Dies führte schon zu
seinen Regierungszeiten zu Rebellionen und war die Ursache
der Reichsteilung nach seinem Tod (1. Kön 11,26; 2. Chr 10).
Besonders im Alter wandte er sich dem Götzendienst zu. Der
Götzendienst kam über seine heidnischen Frauen ins Land
(1. Kön 11,1+4).

Salomo war ein großer Dichter. Er hat 3 000 Sprüche und 1 005
Lieder geschrieben (1. Kön 5,12).

Andere Mitverfasser

Bezeichnete man David als den Psalmisten, weil die meisten
Psalmen auf ihn zurückgehen, kann man Salomo als den Dichter der Weisheitsliteratur bezeichnen.

Neben Salomo gab es einige Autoren im Buch der Sprüche, deren Namen uns nicht bekannt sind. Von zweien allerdings, Agur und Lemuel, wissen wir die Namen.

Endfassung

Die letzte Redaktion kann unter Hiskia oder unter Esra erfolgt sein. Dies geht eindeutig aus Sprüche 25,1 hervor.

5. Bibelkritische Einwände

Die hier und da aufgestellte Behauptung, es beinhalte hellenistische Gedanken und sei somit nachexilisch, blieb eine liberale Außenseitermeinung, der nicht näher nachgegangen werden muß.

6. Hauptverständniswort

Weisheit

7. Hauptverständnisvers

Spr 9,10: »Der Weisheit Anfang ist die Furcht des HErrn, und den Heiligen erkennen, das ist Verstand.«

8. Abriß

Eine Ordnung ist, wie schon erwähnt, nur schwer festzustellen, deshalb wird das Buch nach literarischen Gesichtspunkten gegliedert:

1. Erste Sammlung von Sprüchen
   Salomos   Kap. 1-9

Thema: Trachten nach Weisheit
1,1-5 Einleitung: Ziel der Lektüre des Buches
1,6-9,18
14 Abhandlungen, die alle mit der Wendung »mein
Sohn« beginnen

2. Zweite Sammlung von Sprüchen
Salomos   Kap. 10-22,16
Thema: Sittlichkeit im praktischen
Leben
Dieser Teil ist in der 3. Person
geschrieben

3. Sprüche der Weisen   Kap. 22,17-24,34
Kein eigentliches Thema
Es sind sechs Ansprachen mit der
Formel »Mein Sohn«

4. Dritte Sammlung von Sprüchen
Salomos   Kap. 25-29
Thema: Sittlichkeit und Gemeinwohl

5. Sprüche Agurs und Lemuels   Kap. 30+31
Bekenntnisse und Lob der
Hausfrau

Fragen zu Lektion 23

1. Was verstehen wir unter didaktischer Poesie?

2. Welche Stilmittel verwendet das Buch Sprüche?

3. Unter welchen Gesichtspunkten arbeitet das Buch der Sprüche?

4. Warum baute Salomo und nicht David den Tempel?

5. Wer außer Salomo hatte Anteil an der Abfassung des Buches Sprüche?

6. Woher wissen wir, daß noch unter Hiskia am Buch Sprüche gearbeitet wurde?
   Nennen Sie die entsprechende Bibelstelle.

7. In welchem Vers des Buches kommt dessen Hauptbotschaft am besten zum Tragen?

Lektion 24

Thema: Der Prediger Salomo

Kurze Zusammenfassung

Autor: Unsicher, wahrscheinlich Salomo
Inhalt: Die pessimistische Lebensperspektive eines
          Menschen, der nur diesseitig denkt und nicht
          mit Gott rechnet

---

1. Vorbemerkungen

Das Buch Prediger will die Sinnlosigkeit eines Lebens ohne
Gott aufzeigen. Diese Problematik bringt es mit sich, daß es
zum Teil von einem schwermütigen Fatalismus gekennzeich-
net ist. Wenn es auch zwischen einzelnen Fragen und Versen
immer wieder einmal den Blick zu Gott lenkt, ist doch sein
wichtigster geistlicher Ertrag auf die zwei Verse beschränkt,
die das Fazit der Gedanken des Predigers aussagen: Pred
12,13 + 14
Würde dieses Buch ohne Ergänzung der anderen Bücher in der
Bibel stehen, käme man sicher zu falschen Schlußfolgerungen.
Typisch für das Buch Prediger ist die weise Aussage: »Es ist alles ganz eitel (vergänglich)« Pred 1,2. Das hebräische Wort für
eitel heißt HEBEL. Es kommt 22mal im Buch Prediger vor. Man
kann hebel auch mit »Hauch« wiedergeben. Das Wort ist bei
Abel, dem zweiten Sohn Adams, sogar zum Eigennamen ge-
worden.
Das Buch des Predigers ist ein gutes Lehrbuch für alle, die im
Vergänglichen und Innerweltlichen ihren Lebenssinn suchen.
Es gehört wie das Buch Sprüche zur Weisheitsliteratur.

Stellung des Buches in der jüdischen Liturgie

Es gehört neben Hoheslied, Klagelieder, Ruth und Ester zu den fünf Büchern der
　MEGILLOTH = Rollen.
Seinen liturgischen Platz hat es als Lesung beim Laubhüttenfest am 15.-21. Tischri (im Oktober).

Wertschätzung und Skepsis

Es ist auffällig, daß das Buch Prediger bei Atheisten sehr angesehen ist. So soll sich Voltaire bei der Untermauerung seiner skeptischen Philosophie auf das Buch Prediger berufen haben. Im Gegensatz dazu wurde das Buch Prediger von Christen oft stark in Frage gestellt, enthält es doch anscheinend falsche Aussagen und billigt Praktiken, die ein Christ kaum befürworten kann. Hier einige Beispiele:
1,15 »Krumm kann nicht gerade werden, noch, was fehlt, gezählt werden.« 3,8 »Lieben hat seine Zeit, hassen hat seine Zeit; Streit hat seine Zeit, Frieden hat seine Zeit.« 7,16 »Sei nicht allzu gerecht und nicht allzu weise, damit du dich nicht zugrunde richtest.«

Der Name des Buches

Der hebräische und in der Wissenschaft übliche Name heißt
　KOHELET
Das Wort bedeutet soviel wie Prediger, Lehrer, Redner oder Gemeindeleiter und kommt im Buch selbst vor (Pred 1,1+12; 12,8f).
Die LXX (Septuaginta) nennt es
　EKKLESIASTES
Dieses Wort leitet sich vom griechischen Wort EKKLESIA zu deutsch: »Versammlung der herausgerufenen freien Bürger« ab und ist auch im Wort »Kirche« enthalten.

2. Das Thema des Buches

Im Mittelpunkt des Buches steht die Frage nach dem Sinn des Lebens.
Das Buch zeigt die Unzulänglichkeit aller irdischen Dinge, wenn es um die letzte Befriedigung und den letzten Sinn geht. Es geht vom menschlichen Nachdenken über die irdischen Dinge und die menschliche Existenz mit ihrem Dunkel und ihren Rätseln aus.
Zwischen den Zeilen des Buches vernimmt man das sehnsüchtige Rufen eines enttäuschten und hoffnungslosen Menschen. Der Prediger zeigt den aussichtslosen Zustand des natürlichen Menschen ohne Erlöser.
Auf der Suche nach Erfüllung strebt der Mensch nach materiellen oder auch ethischen Werten. Doch so sehr er sich bemüht, selbst wenn er einige seiner Ziele mit viel Mühe erreicht, am Ende zerrinnt ihm doch alles zwischen den Fingern. Das Innerweltliche (»unter der Sonne«) ist eben nicht geeignet, um die Sehnsucht des Menschen zu stillen.
Inmitten dieser pessimistischen Darstellung gibt es immer wieder positive Ausblicke, und zwar dann, wenn der Prediger seinen Blick zu Gott, dem Schöpfer aller Dinge lenkt. Gott ist der, der gerne gibt, der reichlich beschenkt. Die Freuden des Lebens kommen von ihm (Kap. 2,24-26; 3,12.13.22; 5,17-19; 8,15; 9,7-9; 11,7-10). Wer Gott fürchtet, erfährt diese als Geschenk und kann sie unverkrampft genießen.
Der Prediger schreibt diese Erkenntnisse aus eigener Erfahrung nieder.
Wenn dieses Buch auf Salomo (umstritten) oder auf überarbeitete salomonische Quellen zurückgeht, so würde dies bedeuten, daß Salomo nach bitteren Erfahrungen an seinem Lebensende zu Gott umgekehrt ist.

3. Verfasserschaft und Abfassungszeit

Beide Fragen gehören hier eng zusammen. Wenn der Name

des Verfassers nicht ausdrücklich im Text steht, ist dieser auch nicht von kanonischer Bedeutung. Obwohl die Persönlichkeit des Autors manche Schlüsse erleichtert (siehe 24.2).

Ist König Salomo der Autor?

Die jüdische Überlieferung nennt Salomo als Verfasser, beginnt doch das Buch mit den Worten: »Dies sind die Reden des Predigers, des Sohnes Davids, des Königs zu Jerusalem« Pred 1,1.
Auch lassen Angaben über Weisheit, Luxusleben und Vergnügungen des Verfassers auf Salomo schließen.

Was spricht gegen Salomo?

* Der Autor spricht von seinen Vorgängern in Jerusalem (Pred 2,8 + 9). Salomo aber hätte, wenn man die heidnischen Könige (Jebusiter) nicht rechnet, nur David als Vorgänger (2. Sam 5,5). Zählt man also nur jüdische Könige Jerusalems, dann muß der Autor ein späterer Thronfolger Davids gewesen sein.
Rechnet man jedoch die Jebusiterkönige ein, so ist auch eine Verfasserschaft Salomos denkbar.
Die Bezeichnung »Davids Sohn« bedeutet in der Schrift lediglich Nachkomme. Auch Jesus ist Davids Sohn, obwohl er 28 Generationen nach David lebt (Mt 1,17).
* Der Prediger spricht: »Ich, der Prediger, war König über Israel« (Pred 1,12). Dies deutet ebenfalls von Salomo weg, da dieser bis zu seinem Tode König in Israel blieb (1. Kön 11,42f). Der Autor aber scheint seine Krone verloren zu haben.
* Der große Pessimismus scheint manchem Ausleger weniger in die Blütezeit Israels zu passen. Sie datieren dies Buch in die Leidenszeit der babylonischen Gefangenschaft hinein.

* Der Inhalt des Buches (Klage über tyrannische Herrscher, Korruption der Behörden usw.) läßt manchen Ausleger auch an die Zeit des Exils denken.

Wenn der Autor also nicht Salomo war, ist es aber trotzdem möglich, daß er Aufzeichnungen des Salomo als Grundlage seines Buches zur Verfügung hatte.

Abfassungszeit

Da die Verfasserfrage nicht zweifelsfrei geklärt werden kann, steht nur fest, daß das Buch zwischen 940 und 200 v.Chr. geschrieben wurde. Die späteste Datierungsmöglichkeit ergibt sich daraus, daß es in der LXX enthalten ist.

4. Kanonizität

Claus Westermann schreibt: »Das Buch steht am Rande der Bibel; sein Platz im Kanon ist lange umstritten gewesen.« Wenn wir auch dieser Wertung nicht zustimmen müssen, so ist doch festzuhalten, daß es ein angefochtenes Buch ist. Es wird an keiner Stelle im NT zitiert. Allerdings dürfen wir nicht übersehen, daß wir manche Anlehnungen sowie übernommene Symbole im NT von Jesus aufgegriffen finden.
z.B. Pred 11,1-6 Saemann   Paral. Mt 13
      Pred 6,2   in Lk 12,20
      Pred 11,5   in Joh 3,8
      Pred 12,14   in 2. Kor 5,10 usw. an.
Allerdings darf man diese Anklänge nicht überbewerten. Sie zeigen allenfalls an, daß beide (Prediger und NT) aus demselben Kulturkreis stammen und auch theologisch übereinstimmen.

5. Wissenschaftliche Aussagen

Die Bibel ist kein Lehrbuch der Naturwissenschaften. Nach
unserem Verständnis aber ist sie irrtumslos. Diese Tatsache
schließt auch naturwissenschaftliche Aussagen, z.b. über die
Schöpfung (Gen 1) oder Homosexualität (Röm 1,24ff), ein.
Das Buch Prediger enthält interessante Aussagen, die uns die
moderne Wissenschaft bestätigt.
z.b. * in Bezug zur Physik: Pred 1,6 + 7: Kreislauf und Ver-
dampfung des Wassers
* in Bezug auf mediz. Anatomie: Pred 12,6 ist eine lyrische Beschreibung des Todes, in der das Rückenmark als »silberner
Strick«, der Schädel als »goldene Schale«, die Lunge als
»Eimer« und das Herz als »Rad« beschrieben wird.
Robert Lee schreibt: »Ohne behaupten zu wollen, daß Salomo aufgrund der Inspiration den Blutkreislauf voraussagte,
26 Jahrhunderte bevor Harvey ihn entdeckte, muß man doch
darüber staunen, daß die von ihm verwendete Sprache genau zu den Tatsachen paßt: Ein Rad pumpt die Flüssigkeit
durch ein Rohr hoch und wirft es durch ein anderes wieder
aus.«

6. Hauptverständniswort

Eitelkeit (Vergänglichkeit)

7. Hauptverständnisvers

Der wichtigste Vers zum Verständnis des Buches weist weg
von der Eitelkeit der Welt, hin auf das, was Ewigkeit schafft:
»Laßt uns die Hauptsumme aller Lehre hören: Fürchte Gott
und halte seine Gebote; denn das gilt für alle Menschen« Pred
12,13.

8. Abriß

a. Schlüsselwendungen

Das Buch enthält eine Fülle von Schlüsselwendungen
z.B. »unter der Sonne« 29mal
    »eitel« 37mal
    »unter dem Himmel« 3mal
    »auf Erden« 7mal.

b. Gliederung

Vorstellung des Autors 1,1
Seine Lebenserfahrung 1,2 + 3

Die Problematik: Wie kann man ohne Gott glücklich
werden?

Der Mensch auf der Suche	
experimentiert mit dem Leben	1,4-12,12
Suche nach Zufriedenheit in:	
Wissenschaft	1,4-11
(Autor spricht aus Erfahrung	1,12-2,26)
Menschlicher Weisheit	1,12-18
Weltlichen Vergnügungen	2,1-11
Besitz und Wohlstand	2,12-26
(spricht aus Beobachtungen	3,1-9,16)
Fatalismus	3,1-15
Arbeit	3,16-4,16
Religion	5,1-8
Reichtum	5,9-6,12
Menschlicher Ethik	7,1-12,12

Der Autor zieht einen geistlichen Schluß 12,13+14
Fürchte Gott und halte seine Gebote.
Alles wird offenbar werden.

Fragen zu Lektion 24

1. Was sagt das Buch Prediger über ein weltlich geprägtes Leben?

2. Welchen Namen hat das Buch Prediger in der LXX?

3. Stellen Sie die Botschaft des Buches Prediger dar:

4. Welcher Vers zeigt die geistliche Sicht des Autors am deutlichsten?

Lektion 25

Thema: Das Hohelied Salomos

Kurze Zusammenfassung

Autor: Die jüdische Tradition schreibt es Salomo zu
Inhalt: Schwer zu deutendes Liebeslied

---

1. Vorbemerkungen

In vielerlei Hinsicht ist das Hohelied einmalig in der Bibel. Äußerlich handelt es sich um eine Sammlung von Liebesliedern bzw. einen Zyklus von Minnegesängen.
Von diesem Ansatz her fehlen im Buch Hoheslied zentrale biblische Begriffe wie Sünde, Gerechtigkeit, Barmherzigkeit, Gnade, Buße und Erlösung. Der Name Gottes kommt nur einmal vor (Kap. 8,7).
Im NT wird das Hohelied an keiner Stelle zitiert.
Claus Westermann hält es für so bedeutungslos, daß er ihm in der Studienausgabe seines »Abriß der Bibelkunde« Seite 129 nur 13 Zeilen einräumt (Berlin-Altenburg 1981). Obwohl er in ihm 25-30 Lieder zu erkennen meint, gibt er keine Gliederung wieder.
Andererseits wurde dem Buch Hoheslied große Anerkennung sowohl bei jüdischen wie auch bei christlichen Auslegern zuteil.
Der Evangelist Spurgeon hat eine Auslegung des Buches verfaßt.

Der Name des Buches

Das Hohe Lied wird auch Hohelied (in einem Wort) genannt.

Der Name geht auf Luther zurück und ist eine Abwandlung
des hebräischen Namens.
J. Heuschen interpretiert es in H.Haags Bibel-Lexikon mit der
Ehrenbezeichnung
»Lied par excellence« (Leipzig 1969 S. 753).
Im hebräischen Grundtext heißt es
schir haschirim = »Lied der Lieder«.

Die LXX und die Vulgata geben den Namen wörtlich wieder mit
canticum canticorum (lat.).

Stellung in der jüdischen Liturgie

Im jüdischen Kanon rechnet man das Buch Hoheslied zu den
Hagiographen (deutsch: Heiligen Schriften), als eine der Rol-
len Megilloth.
Es wurde jährlich am 8. Tag des Passahfestes gelesen.
Die Rabbiner verglichen die unter dem Namen Salomos er-
schienenen Schriften mit dem Tempel, wobei sie folgende Rei-
hen- und Ehrenfolge kannten:
Sprüche Salomos = Vorhof des Tempels
Prediger Salomo = Heiliges (Vorraum des Allerheiligsten)
Hoheslied Salomo = Allerheiligstes

Im Judentum durfte das Buch erst von Männern ab 30 Jahren
gelesen werden.
Für uns gilt Titus 1,15:
»Den Reinen ist alles rein; den Unreinen aber und Ungläubigen ist
nichts rein, sondern unrein ist beides, ihr Sinn und ihr Gewissen.«

2. Inhalt und Thema des Buches

a. Thematischer Gegenstand des Buches

Das Buch besingt die bräutliche und eheliche Liebe. Wer dieses als Schwerpunkt aus dem Auge verliert, verläuft sich in allegorischen Spekulationen. C. Westermann sagt zu den extremen Um- und Ausdeutungen des Hohenliedes im Laufe der Geschichte: »Die Auslegungsgeschichte des Hohen Liedes gleicht weithin eher einem theologischen Raritätenkabinett als sinnvoller Geschichte.« (Westermann S. 129). Wir haben im Hohenlied ein Gegenstück zu Gen 2,21-25, dem Jubel Adams über seine Frau.

»Die bräutliche und eheliche Liebe ist eine der edelsten Gaben des gütigen Schöpfers« schreibt die Jubiläumsbibel. Jes 62,5; Jer 33,11 machen diese Aussage deutlich.

Die Liebe von Mann und Frau ist eines der Geschenke, die der Menschheit aus dem Paradies mitgegeben sind. Sie zeigt, wie gut es Gott mit uns meint: »Es ist nicht gut, daß der Mensch allein sei; ich will ihm eine Gehilfin machen, die um ihn sei.« (Gen 2,18) Allerdings kann eine allegorische Auslegung nicht ganz verworfen werden, besonders dann nicht, wenn sie von neutestamentlichen Bezügen ausgeht.

Nur zwei Ordnungen haben die Menschen aus dem Paradies mitbekommen: Den Ruhetag (Sabbat / Sonntag) und die Ehe. Auf beide Ordnungen unternehmen Satan und die Welt Sturmangriffe. Gott aber wertet die Ehe so hoch, daß er im NT sein Verhältnis zur Gemeinde mit dem von Braut und Bräutigam vergleicht. Dabei muß man wissen, daß in Israel die Verlobung (Braut und Bräutigam) rechtlich fast so fest war wie eine Ehe.

b. Mögliche Auslegungen

Die lebhafte Sprache, die kühnen Bilder, jähe Übergänge von Personen und Orten erschweren die Erkenntnis eines klaren Zusammenhanges und Inhaltes.

* Eine Sammlung von Liebesliedern
  Sie sind in sich nicht zusammenhängend und schildern in alt-orientalischer lyrischer Sprache Begehren und Besitzen, Angst und die Sehnsucht von Liebenden.

* Die Schilderung einer Liebesgeschichte
  Auch hier gibt es zwei Deutungen:

1. Salomo schildert in begeisterten Liedern die Schönheit,
   Einfalt und Unschuld eines jungen Mädchens. Sie heißt im
   Hohenlied Sulamith. Sie soll jenes Mädchen Abischag aus
   1. Kön 1,3 und 1. Kön 2,21f sein, die Nebenfrau des alten
   Davids (allerdings wurde die Ehe mit David nicht vollzo-
   gen) und später Frau des Salomo war.
   Es fällt schwer, das Hohelied, dessen tiefes Liebesgefühl
   nur auf dem Hintergrund der Einehe zu verstehen ist, als
   Ausdruck der tiefsten Empfindungen eines Salomo, der
   1000 Frauen hatte (1. Kön 11,1+3), zu sehen.

2. Salomo schildert sein vergebliches Bemühen um ein junges
   Mädchen vom Lande.
   Am sinnvollsten erscheint folgende inhaltliche Erklärung:
   Salomo läßt sich Sulamith holen. Er bringt sie in seinen Ha-
   rem und umwirbt sie mit vielfältigen Schmeicheleien und
   Versprechungen. Er versucht, sie durch den Luxus und die
   königliche Pracht, die er ihr bieten kann, zu sich zu ziehen.
   Auch mit Härte und durch Mißhandlungen seiner Diener,
   versucht Salomo, sein Ziel zu erreichen (vgl. Robert Lee:
   Die Bibel im Grundriß, S. 50). Sie aber liebt einen einfachen
   Hirten aus ihrer Heimat. Ihm will sie die Treue bewahren.
   Nach ihm sehnt sie sich in der Fremde der Hauptstadt. Von
   ihm träumt sie. Sie bezeugt ihre Liebe zu dem Hirten, diese
   ist stärker als der Tod (Kap. 8,6).

3. Verfasserschaft

Die jüdische Tradition und Kap. 1,1 nennen Salomo als Verfasser. Er hat über 1000 Lieder geschrieben (1. Kön 5,12) und war
ein begabter Poet. Vieles spricht für seine Verfasserschaft.

4. Kanonizität und bibelkritische Einwände

Gegen die Verfasserschaft des Salomo werden oft philosophische Argumente angeführt, so, daß sich im Buch Hohelied persische Worte (u. a. pardes = Lustgarten 4,13) und ein griechisches Lehnwort (appirjon = Sänfte 3,9) finden. Der Schluß, daß
das Hohelied demnach erst aus dem 3. Jahrhundert v. Chr. sein
kann, ist nicht zwingend. (Im 3. vorchristl. Jahrhundert war Israel unter griechischer Herrschaft.) Zur Zeit Salomos war Israel ein Mittelpunkt der kulturellen Welt. Salomo, der ver-
schiedenste Kontakte ins Ausland hatte und zudem äußerst
sprachbegabt war, hätte ohne Schwierigkeiten fremdsprachli-
che Lehnworte benutzen können.
Einige liberale Ausleger versuchen zu harmonisieren, indem
sie im Hohenlied eine Zusammenstellung von Liedern aus
verschiedenen Zeiten sehen.
Gewichtiger aber ist das Selbstzeugnis des Buches (Kap. 1,1),
die jüdische Tradition und der Hinweis aus 1. Kön 5,12 (vgl.
auch Pred 12,9), die die Verfasserschaft Salomos deutlich stützen.

Das Hohelied wird von liberalen Auslegern unserer Zeit ledig-
lich als profanes Liebeslied des Orients betrachtet.
Auch Außenseiter unter den jüdischen Gelehrten haben bis
ins 2. Jahrhundert hinein die Kononizität des Buches in Frage
gestellt. Demgegenüber sagt Rabbi Akiba (gest. 133 n. Chr.):
Die ganze Welt sei nicht soviel wert, wie der Tag, an dem das
Hohelied kanonisiert wurde. Der jüdische Exeget Orelli (19.
Jahrhundert) hält es für so heilig, daß er meint, es gehört »nicht
in den Vorhof (des Tempels), sondern ins Allerheiligste«.
Wenn auch liberale Ausleger den Wert des Buches bestritten,
fand es unter den Bibeltreuen immer 100%ige Anerkennung.
Wer die menschliche und geschlechtliche Liebe für zu profan
und als Thema für die Kanonisierung unwürdig erachtet,
drückt damit eine Geringachtung des Schöpfers aus.
Robert Lee meint, daß das Buch nur von dem recht verstanden
werden kann, der Jesus als das wahre Passahlamm begriffen

hat. Bekanntlich wurde das Buch zum Passah gelesen. Möglicherweise erklärt Lee damit, warum das Buch von rationalistischen Theologen geistlich so gering gewertet wurde.

5. Hauptverständnisworte

Liebe, Treue, Sehnsucht

6. Hauptverständnisvers

Hoheslied 8,6: »Lege mich wie ein Siegel auf dein Herz, wie ein Siegel auf deinen Arm. Denn Liebe ist stark wie der Tod und Leidenschaft unwiderstehlich wie das Totenreich. Ihre Glut ist feurig und eine Flamme des HErrn.«

7. Aufbau

Da schon der Inhalt des Buches schwer zu klären ist, wirft die Einteilung des Buches viele Probleme auf.

Überschrift	Kap. 1,1

1. Lied:

Sehnsucht nach dem abwesenden Bräutigam	Kap. 1,2-7
Hinweis, wo Sulamith den Bräutigam findet	” 1,8
Zwiegespräch zwischen den Liebenden (Vision)	” 1,9-2,7

2. Lied:

Wieder ist die Braut allein Sie hofft auf ihren Bräutigam. Ihre Sehnsucht begleitet sie bis in ihre Träume	Kap. 2,8-3,5

3. Lied:
Vision oder Traum
Sie hört und sieht den Bräutigam
Er nennt sie Taube – Seele und Leib werden
beschrieben   Kap. 3,6-5,1

4. Lied:
Verzweiflung, weil Sulamith den Geliebten
nicht findet. Sie hat Verfolgung durch die
Wächter der Stadt (möglicherweise Harems-
wächter des Salomos) zu ertragen. Sie hält
dem Geliebten die Treue   Kap. 5,2-6,3

5. Lied:
Sulamith fühlt sich allein und hat kaum
Kraft aufzustehen. Der Gedanke an den
Bräutigam gibt ihr wieder Kraft. Sie sieht
und hört ihn (Vision oder Traum)   Kap. 6,4-8,4

Ausklang: Endlich sind Braut und
Bräutigam in Liebe vereint   Kap. 8,5-7

Anhänge:
Zwei Spottlieder   Kap. 8,8-12
Letzte Bitte der Liebenden   ”   8,13+14

8. Allegorien

* Sulamith ist ein Sinnbild für Israel (AT) und für die Gemeinde (NT). Sowohl das alttestamentliche als auch das neutestamentliche Gottesvolk wird als Braut Jahwes bzw. als Braut
  Christi bezeichnet.
* Das Liebeswerben des Bräutigams, die Sehnsucht und die
  bräutliche Liebe sind eine Allegorie für Gottes Liebeswerben um seine Braut, das Gottesvolk.

* Salomo ist Typos eines irdischen Herrschers in all seiner
Schönheit. Doch ragt sein Reichtum und seine Pracht nicht
an das heran, was Gott schenkt (Mt 6,28-29).

Fragen zu Lektion 25

1. Woher stammt der Name »Hoheslied«?

2. Zu welchem Anlaß wurde das Hohelied im Judentum vorgelesen?

3. Welchen Inhalt hat das Hohelied?

4. Welche Schlußfolgerung läßt das Hohelied über die ge-
schöpfliche Liebe zu?

5. Wo finden sich in der Bibel ähnliche Wertschätzungen der
geschöpflichen Liebe?

6. Welche Parallele ziehen rabbinische Ausleger in den Salomonischen Schriften zum Tempel?

Lektion 26

Thema: Der Prophet Jesaja

Kurze Zusammenfassung

Autor:	Jesaja
Wirkungszeit des Propheten:	Etwa 739-685 v.Chr.
Inhalt:	Geschichtsreformationen, Prophezeiungen
Schwerpunkte der Prophetie:	Ankündigung der babylonischen Gefangenschaft Ankündigung der Wiederherstellung Israels und des messianischen Reiches

---

1. Vorbemerkungen

Allgemeines zu den Prophetenbüchern

Die 16 alttestamentlichen Propheten sind nicht nach ihrer zeitlichen Reihenfolge geordnet. Vielmehr folgen den vier großen Propheten (Jesaja, Jeremia, Hesekiel und Daniel) die 12 kleinen Propheten. Die Botschaften der letzten waren im Judentum gemeinsam in einer Rolle festgehalten.

Allgemeines zu Jesaja

Mit gutem Grund ist Jesaja der erste der alttestamentlichen Propheten. Neben den Weissagungen, die er in Gottes Auftrag seiner Zeit zu bringen hatte, bekam er einen sehr deutlichen Blick für den kommenden Messias geschenkt. Man hat Jesaja den Ehrennamen »König unter den Propheten« oder auch »Das Evangelium des Alten Bundes« gegeben.

Es wird berichtet, daß Augustin den Mailänder Bischof Ambrosius gefragt hat, welches biblische Buch ein Neubekehrter lesen sollte. Ambrosius antwortete: Jesaja.

2. Das Thema des Buches

Das Buch Jesaja zeigt das Heil Gottes. Schon der Name des Propheten ist dafür typisch.

»Jesaja« heißt übersetzt: »Der Herr ist (bzw. schafft) Heil«.

Dieses Heil wird durch Jesaja in vielfältiger Weise gezeigt. Während seines langen Dienstes (50 bis 60 Jahre) hatte der Prophet Visionen, Offenbarungen, und er weissagte in der Kraft des Geistes Gottes. Sein Wort gab nicht einfach seine eigene Ansicht, sondern Gottes unmißverständlichen Willen wieder.

3. Der Zeitabschnitt und historischer Hintergrund

Jesaja wirkte ungefähr von 739-685 v. Chr. Er erlebte die judäischen Könige Usija (790-740 v. Chr.), Jotam (750-731 v. Chr.), Ahas (735-715 v. Chr.), Hiskia (715-686 v. Chr.) und Manasse (695-642 v. Chr.): Jes 1,1.
Das bedeutet, daß sich seine Visionen über ein halbes Jahrhundert hinstreckten.
Diese Tatsache erklärt die unterschiedlichen Stile der einzelnen Teile des Buches. Es ist demnach nicht nötig, die historisch-kritische Theorie von einem zweiten oder gar einem dritten Jesaja als Erklärung dieser Stilabweichungen heranzuziehen.

Die politische Lage Israels zur Zeit Jesajas

Israel war seit 931 v. Chr. in zwei Königreiche geteilt. Das Nordreich umfaßte 10 Stämme und wurde von seiner Hauptstadt

Samaria aus regiert. In der Bibel wird es Samarien bzw. Reich Israel genannt.
Sein erster König war Jerobeam I. (931-910 v. Chr.).
Das Südreich mit Jerusalem als Hauptstadt war der alten davidischen Königsdynastie treu geblieben. Es bestand aus den Stämmen Juda und Benjamin und wurde Reich Juda genannt.
Jesaja lebte und wirkte in Juda.

Die Weltmächte zur Zeit Jesajas

Israel lag geographisch zwischen drei Großmächten in einer Knautschzone. Diese Lage war für das kleine Land gefährlich. Jesaja forderte deshalb besonders dazu auf, Gott zu vertrauen. Um sich politisch abzusichern, gingen die Könige Judas immer wieder kleinere Bündnisse ein, die Juda jedoch in größte Gefahr brachten.

* Im Norden Israels lag das **Assyrische Reich** mit seiner Hauptstadt Ninive. Assyriens politisches Ziel war die Unterjochung aller kleineren Staaten der Region. Es machte sogar Anstalten, Ägypten zu unterwerfen. König Hoschea von Israel versuchte in der Zeit nach dem Tode des Assyrerkönigs Tiglatpileser III, durch ein Bündnis mit Ägypten aus der assyrischen Fronpflicht auszubrechen. Nachdem in Assyrien der neue König Salmanasser V seine Macht gefestigt hatte, eroberte er 722 v. Chr. Israel und führte die Bevölkerung in die assyrische Gefangenschaft (2. Kön 17,4-6). Die Spuren des Nordreiches verlieren sich danach in der Geschichte.

* Im Süden kam das alte **Ägyptische Reich** zu einer neuen Blüte.

* Mit **Babylon** trat eine neue Großmacht auf den Plan. Um die uralte Stadt Babel entstand das Reich der Chaldäer. Jesaja weissagte, daß dieses Land Juda in die Gefangenschaft führen werde. Er weissagte aber auch die Befreiung durch den Perserkönig Kyros, den er Gottes Diener nannte (Jes 44,24-45,7).

Israel war als kleine Nation in einer schlechten strategischen Lage. Seine einzige Chance gegen die übermächtigen Feinde wäre Jahwe, sein Gott gewesen. Aber aus Kleinglauben suchte es weltliche Bündnisse, die letztlich zu schwach und oft sehr gefährlich waren. Jesaja klagt diese Politik immer wieder an.

4. Verfasserschaft, bibelkritische Einwände und Gegenargumente

Das Buch selbst nennt Jesaja als Verfasser.

Wer war Jesaja?

Nach talmudischer Tradition gehörte Jesaja zur königlichen Familie des davidischen Hauses. Sein Vater Amoz ist nach talmudischer Auffassung ein Bruder des Königs Amazja gewesen (796-767 v. Chr.). Jesaja stammte aus Juda, wahrscheinlich aus Jerusalem gebürtig. Er war verheiratet. Auch seine Frau wird Prophetin genannt (Jes 8,3). Er hatte mindestens zwei Söhne (Jes 7,3; 8,3.18).
Seine Berufungszeit fällt in das Todesjahr des Königs Usijas (740/39 v. Chr.).

Jesaja wirkte als königlicher Archivar, Sekretär und Erzieher des Prinzen Hiskia. Wahrscheinlich war er auch Arzt am Hofe (2. Kön 20,7).
Den letzten geschichtlichen Bericht über sein öffentliches Auftreten haben wir aus dem Jahr 701 v. Chr., als König Sanherib Juda erobern wollte (Jes 36-39 vgl., 2. Chr 32).
Nach jüdischer Tradition soll Jesaja in der Verfolgung unter Manasse (2.Kön 21,16) den Märtyrertod gestorben sein: Jesaja war diesem gottlosen König ein Dorn im Auge. Als von Gott Berufener und Bevollmächtigter (Jes 6,1-9) verfügte Jesaja über höchste Autorität im Volk. Er schreckte auch nicht davor zurück, das sündige Jerusalem mit Sodom und Gomorra zu

vergleichen (Jes 1,9+10; 3,9). Es wird berichtet, daß der greise
Jesaja vor Manasse fliehen mußte. Als er von seinen Feinden
fast eingeholt war, versteckte er sich in einer hohlen Zeder.
Auf Befehl Manasses wurde der Baum umgesägt. Hebr 11,37
bezieht sich wahrscheinlich auf diese jüdische Überlieferung.

Der angebliche Deuterojesaja

Das Jesajabuch läßt sich sachlich und stilistisch in zwei Teile
untergliedern. Einige Theologen meinen nun, daß Jesaja nur
die Kapitel 1-39 geschrieben hätte. Den zweiten Teil des Buches, Kap. 40-66, hätte ein anderer unter dem Namen Jesaja geschrieben.
Dieser zweite Verfasser wird »Deuterojesaja« genannt.
Zwischenzeitlich rechnet die moderne Theologie mit mindestens drei Verfassern des Jesajabuches:

Jesaja: Kap. 1-39
Dieser Teil wird dem alttestamentlichen Jesaja zugeschrieben.
Allerdings gibt es darin noch einige Stellen, die man für spätere
Zusätze hält.

Deuterojesaja: Kap. 40-55
Dieser Teil geht angeblich, so vorherrschende Meinung der
modernen Theologie, auf einen unbekannten Verfasser zurück, der es am Ende der babylonischen Gefangenschaft geschrieben hat. Nach historisch-kritischer Meinung beschreibt
er eine Situation, die sich von der im »1. Jesaja« geschilderten
völlig unterscheidet, nämlich die Lage Israels bei der Rückkehr
aus dem babylonischen Exil. Folgerichtig müsse der Verfasser
diese Zeit selbst erlebt haben.

Tritojesaja: Kap. 56-66
Bei dieser Untergliederung spielen vor allem Stilfragen eine
Rolle. Die starke Heilszeiterwartung würde nicht, so die Kri-

tiker, mit dem Rest des Jesajabuches übereinstimmen. Zeitlich ordnet man den Verfasser unterschiedlich in das 3. oder 4. vorchristliche Jahrhundert ein.

Obwohl diese Ansicht in der heutigen Theologie vorherrscht, ist sie nicht zwingend. Sie beruft sich fast ausschließlich auf Stilunterschiede und das Vorkommen von Namen und Begriffen aus der babylonischen und persischen Zeit wie: Bel, Nebo und den Namen des Königs Kyrus.

Wir halten dagegen:
1. Es gibt keinerlei Manuskriptbeweise für diese These.
2. Das NT zitiert aus beiden Teilen unter dem Namen »Jesaja« (Mt 12,17-18; Apg 8,28-35; Röm 10,16-21).
3. In der LXX (280 v. Chr.) erscheint das gesamte Buch unter dem Namen »Jesaja«.
4. Das Buch Jesaja selbst räumt mit den meisten Argumenten gegen seine Einheitlichkeit auf, da es feststellt, daß Gott in der Lage ist, das Zukünftige zu offenbaren (Jes 41,22; Jes 42,8+9 u. a.)!
   Wer die Möglichkeit einer konkreten Prophetie über Zukünftiges ausschließt, wie es die historisch-kritische Methode tut, indem sie einen Deutero- und einen Tritojesaja einführt, der führt die Argumentation des Jesajabuches (Jes 41,22; 42,8+9 u. a.) ad absurdum.
   Gehen wir jedoch von der Annahme aus, daß das Jesajabuch von einem Verfasser geschrieben wurde, dann erkennen wir etwas von der Größe und Weisheit Gottes, der Gegenwart, Vergangenheit und Zukunft in Händen hält.

Zur Geschichte der Jesajakritik

Diese These über Deuterojesaja taucht das erste Mal im Mittelalter bei dem jüdischen Rabbiner Ibn-Esra auf. Bis ins 18. Jahrhundert bleibt sie eine jüdische Außenseitermeinung (auch Spinoza hat sie vertreten).

Später wird sie von dem Rationalisten Eichhorn (1782) übernommen und durch ihn in die christlich liberale Theologie des
18. und 19. Jahrhunderts eingeführt. Der rationalistische Theologe Bernhard Duhm (Prof. in Basel, Freund Wellhausens)
schrieb 1892 einen Aufsatz »Kommentare über Jesaja«, in dem
er den Tritojesaja einführte.
Viele spätere Theologen sehen nicht einmal mehr in den Kapiteln 56-66 ein einheitliches Werk, sondern eine Sammlung
verschiedener Lieder. So die Theologen Sellin, Ellinger und
Odenberg.

5. Die wichtigsten Aussagen des Propheten Jesaja

Geistliche Hauptaussage:
Gott ist der »Heilige in Israel«. Er kann von seinem Volk erwarten, daß es ebenfalls heilig lebt.
Jesaja leidet unter der Sünde und dem Unrecht seines Volkes.
Diese Sünde macht sich in Kleinglaube, politischer Bündnispolitik, Götzendienst aber auch in sozialen Ungerechtigkeiten
bemerkbar. Deshalb ruft er zur Buße und wirkt in Gottes Auftrag als Gerichtsbote.
Mit einem durch Gerichte geläuterten Rest seines Volkes Israel kommt Gott zum Ziel. Gott ist bereit, zu vergeben. Er
selbst will die Sünde wegnehmen.
In den Weissagungen Jesajas wird ein irdisches Friedensreich
für alle Völker prophezeit. Israel wird darin der Mittelpunkt
sein. In der biblischen Theologie wird dieses Reich als das
1000jährige Reich bezeichnet (Offb 20,1-6).

Jesaja wendet sich gegen falsche Politik

Jesaja verkündigt im Auftrag Gottes, daß auch in politischen
und militärischen Fragen Gottes Weisungen entscheidungskräftig und maßgeblich sein sollen. Deswegen warnt er immer
wieder vor weltlich orientierter Bündnispolitik. Er sieht Israels
Schutz nur in Jahwe, seinem Gott gesichert.

Unter Ahas

Jesaja wendet sich gegen Ahas, der den Assyrerköng Triglatpi-
leser III um Hilfe gegen die Syrer (Aramäer) und gegen das
Nordreich rufen will. Ahas vertraut sich Jahwes Schutz nicht
an, er gehorcht Gottes Weisung nicht (2. Kön 16,7 ff; 2. Chr
28,20-21; Jes 7,4 f).

Unter Hiskia

Jesaja warnt Hiskia vor dessen Bündnispolitik. Er soll auf Gott
hoffen und warten, bis Gott ihm hilft. Hiskia aber läßt sich
nach dem Tod Sargons (705 v. Chr.) in ein Bündnis mit verschiedenen vorderasiatischen Völkerschaften ein, hinter denen Ägypten steht. Jesaja sieht die schlimmen Folgen dieser
Diplomatie und leidet schrecklich darunter.

Als Jerusalem von Sanherib, dem König von Assyrien belagert
wird, tut Hiskia Buße und ruft Gott um Hilfe an. Jesaja prophezeit die Hilfe und den Schutz Gottes, er selbst will Sanherib
zum Abzug bewegen (2. Kön 19,6-7.20.32-34). Hiskia vertraut
dieser Zusage und erfährt Gottes Rettung (2. Kön 19,35-36).
Vgl. auch Jes 30,1; 37,33.36-37.

Jesaja sieht den Messias

Er heißt Immanuel = Gott mit uns (Kap. 7,14).
Er wird zum Licht der Völker (Kap. 9,1; 49,6).
Er heißt Wunder-Rat, Gott-Held, Ewig-Vater, Friede-Fürst
(Kap. 9,5).
Er wird kostbarer Eckstein genannt, Knecht des Herrn (28,16;
42,1).
Er kommt als Kind (Kap. 9,5), als Sohn einer Jungfrau (Kap.
7,14), aus dem Stamm Isais, der Sippe Davids (Kap. 11,1).

Jesaja sieht den leidenden Gottesknecht

Vier Abschnitte aus Jesaja werden Gottesknechtslieder ge-
nannt: Jes 42,1-4; Jes 49,1-6; Jes 50,4-9; Jes 52,13-53,12.
Wer ist dieser Knecht Gottes?
Es gibt drei Deutungen:

1. Das Volk Israel. Dies ist die im Judentum übliche Auslegung.

2. Nur der treue Rest der Juden.

3. Eine bestimmte Person. Das NT deutet es auf Jesus (Apg 8,34-35).

Gerade Jes 49,1-6 und Jes 52,13-53,12 reden klar von einer Person und nicht von einem ganzen Volk bzw. einer Gruppe.

6. Hauptverständniswort

Heiligkeit

7. Hauptverständisvers

Jes 43,3: »Denn ich bin der HErr, dein Gott, der Heilige Israels,
dein Heiland. Ich habe Ägypten für dich als Lösegeld gegeben,
Kusch und Seba an deiner Statt.«

8. Abriß

a. Grobe Einteilung

1. Gottes Wort, hineingesprochen in eine konkrete geschichtliche Situation — Gerichtsbotschaft
   Jes 1-35 (einzelne Passagen passen inhaltlich zu 2.
   und 3.) — konkreter geschichtlicher Einschub Jes 36-39

2. Gottes Wort über die konkrete Zeit hinaus – Messias-
botschaft Jes 40-55; aber auch 4,2-6; 7,14-16; 11,1-3
3. Gottes Wort über die Zukunft – eschatologische Schau
Jes 56-66; aber auch 2,1-5; 8,23; 9,1-6; 11,3-16; 24-27

b. Genaue Gliederung

1. Jesaja, Prophet des Gerichtes über Juda und Jerusalem	Kap. 1-6
Vorstellung des Propheten	″ 1,1
Israel: Abfall und Strafe	″ 1,2-17
Israel: Verheißung und Drohung	″ 1,18-31
Nach dem Läuterungsgericht kommt das Heil aus Zion	″ 2
Gericht über den moralischen Verfall in Israel	″ 3
Nach dem Gericht hat der Herr Gnade	″ 4
Gleichnis vom unfruchtbaren Weinberg	″ 5,1-7
Sechsfaches »Wehe« über die Sünde des Volkes	″ 5,8-30
Jesajas Berufung	″ 6
2. Jesaja, der Prophet des kommenden Messias	Kap. 7-12
Seine Geburt	″ 7
Seine Bedeutung für Damaskus und Samarien	″ 8,1-9,6
Ankündigung der Assyrischen Gefangenschaft für das Nordreich	″ 9,7-10,4
Assyriens Hochmut und Demütigung	″ 10,5-34
Das messianische Reich	″ 11
Das Danklied der Erlösten	″ 12

3. Jesaja, der Prophet der kommenden
   Gerichte   Kap. 13-34
   Gericht über Babel   „   13-14,23
   Gericht über Assur und die
   Philister   „   14,24-32
   Gericht über die Moabiter   „   15+16
   Gericht über Assyrien bringt
   Äthiopien dazu, Gott zu ehren   „   17
   Gericht über Ägypten   „   19
   Gericht über Ägypten und Äthiopien   „   20
   Gericht über Babel   „   21,1-10
   Gericht über Edom   „   21,11.12
   Gericht über die Araber   „   21,13-17
   Gerichtzeit für Jerusalem   „   22,1-14
   Gericht über den Schatzmeister
   Schebna   „   22,15-19
   Eljakim wird geehrt   „   22,20-25
   Gericht und Gnade über Tyros   „   23
   Gericht über die Erde   „   24
   Anbetung und Freudenmahlzeit
   auf Zion   „   25
   Hoffnung des Volkes Gottes   „   26
   Endzeitliche Demütigung der
   Weltmächte und Israels Sammlung   „   27
   Wehe über Ephraim und Juda   „   28
   Wehe über Jerusalem   „   29,1-8
   1. Wehe über die, die nach
   Ägypten fliehen   „   30
   Wehe über Assyrien   „   30,27-33
   2. Wehe über die, die nach
   Ägypten fliehen   „   31
   Wehe über den König der Assyrer   „   33
   Gottes Gericht über alle Feinde
   seines Volkes   „   34

4. Jesaja, der Prophet des kommenden Heils
   Das messianische Heil für Israel   Kap. 35

Fragen zu Lektion 26

1. Welche Bedeutung hat der Name Jesaja?

2. In welcher Zeit trat Jesaja auf?

3. In welche zwei großen Abschnitte kann man das Buch Jesaja gliedern?
   Was sind die Schwerpunkte?

4. Welche politische Botschaft hatte Jesaja für Israel?

5. Was weissagt Jesaja über den Messias?

6. Was weissagt Jesaja über Assyriens Zukunft?

7. Welches sind die Gottesknechtslieder?

8. Welche Zukunft weissagt Jesaja einem geläuterten Rest Israels?

9. Entwerfen Sie eine kurze Biographie des Jesaja!

Lektion 27

Thema: Der Prophet Jeremia

Kurze Zusammenfassung

Autor:	Jeremia unter Mitwirkung von Baruch
Die Zeit des Propheten:	Etwa die letzten 40 Jahre vor der Zerstörung Jerusalems durch die Babylonier
Inhalt:	Biographische Berichte über und Weissagungen von Jeremia
Schwerpunkt der Prophetie:	Ankündigung der babylonischen Gefangenschaft

---

1. Vorbemerkungen

Allgemeine Einleitung

In Jeremia haben wir einen Propheten vor uns, der in ganz besonderer Weise die bedrückende Last seines Dienstes tragen, ja durchleben mußte. Jeremia wird auch der »**weinende Prophet**« genannt. Er lebte in der Zeit der letzten 7 Könige. Von seinen eigenen Volksgenossen wurde er verachtet und gehaßt. Nach seinem Tode aber wuchs Jeremia im Ansehen der Juden zu einer Gestalt von außerordentlicher Größe.

Die Aufgabe der Propheten

Das alttestamentliche Prophetenamt hatte eine vielfältige Funktion. Propheten waren Lehrer und Seelsorger des Volkes. Ihr Dienst galt sowohl dem einzelnen als auch der Gesamtheit

(Kollektiv) des Volkes. Das Prophetentum ist eine Besonderheit Israels. Während die anderen Völker durch Könige regiert wurden und in ihren Reichen bestenfalls noch eine Priesterkaste über Einfluß verfügte, erweckte Gott in Israel **Persönlichkeiten**, durch die er seinen Willen offenbarte. Diese Propheten waren von keiner menschlichen Institution ernannt, sondern übten ihren Auftrag einzig aufgrund von Gottes Berufung aus und in der Vollmacht, die Gott ihnen gab.

Sie entstammten unterschiedlichen sozialen Schichten. Darunter waren Bauern wie Amos, Intellektuelle und Angehörige des Königshauses wie Jesaja.

Als Propheten hatten sie den Auftrag, den Willen und Anspruch Gottes für ihre Zeit in die jeweilige Situation hineinzutragen.

Gott wollte ja selbst Herr (eigentlicher König) in Israel sein. Die Forderung und Einführung der Monarchie war in gewisser Weise schon Auflehnung gegen diesen Anspruch gewesen (1. Sam 8,7). Gott aber machte in der Zeit der Monarchie seinen Anspruch und Willen durch **bevollmächtigte Botschafter** deutlich.

Jeremia hatte die undankbare Aufgabe, als Bußprediger die Unausweichlichkeit des Gerichtes Gottes durch die babylonische Gefangenschaft zu verkünden. In dieser Funktion mußte er vor dem Volk, vor seinen Obersten und auch vor der babylonischen Obrigkeit auftreten.

2. Historischer Hintergrund

Da Jeremia einen Auftrag hatte, der auch nationale und politische Folgen für Israel hatte, müssen wir die äußeren Umstände der Zeit kennen.

Assyrien steigt ab

Unter den Königen Sanherib (704-681 v. Chr.), Asarhaddon (681-669 v. Chr.) und Assurbanipal (669-633 v. Chr.) hatte das

Assyrische Weltreich seine letzte Blütezeit erreicht. Unter ihren Nachfolgern Assuretililani (633-622 v. Chr.), Sinschurisch-
kun (621-612 v. Chr.) und Assuruballit (612-608 v. Chr.) setzte
ein vehementer Abstieg der Macht und Bedeutung des Reiches ein.
Hatte sich Ägypten unter Psammetich I schon 660 v. Chr.
unabhängig gemacht, so setzten der Einfall der Skythen 635
v. Chr. und die Unabhängigkeitskämpfe Babylons ab 625
v. Chr. markante Zeichen für den Verfall der Macht Assurs.
Dehnte sich das Assyrische Reich vor 660 v. Chr. noch vom Ar-
chipel bis zum Persischen Golf und vom Kaukasus bis nach
Ägypten aus, so zerfiel das Reich in den nachfolgenden Jahren
und Jahrzehnten. Den letzten Todesstoß erhielt das Reich
durch einen gemeinsamen Aufstand der Meder und Chaldäer.
612 v. Chr. fiel die Hauptstadt Ninive. Reste Assyriens hielten
sich bis 610 v. Chr., als die Assyrer auch Haran verloren. Die
Perser, vertreten durch Cyaxares, und die Babylonier durch
Nabopolassar (625-605 v. Chr.), den Vater Nebukadnezars,
teilten die Reste des Assyrischen Reiches unter sich auf.

Ägypten hat nur kurzfristige Bedeutung

Die 660 v. Chr. gewonnene Machtstellung Ägyptens währte
nicht lange. Pharao Necho versuchte, den Untergang Assyriens auszunutzen, um Ägypten zur Hegemonialmacht des
vorderen Orients zu erheben.
Er meinte, sein stabiles Reich könne das emporstrebende neu-
babylonische Reich unter Nabopolassar ausschalten und
Ägypten wieder zur einstigen Größe führen. Necho zog gegen
Nebukadnezar (605-562 v. Chr.), den Nachfolger seines Vaters
Nabopolassar, in den Krieg.
Es gelang ihm, die alten assyrischen Gebiete bis zum Euphrat
einzunehmen.
* 605 v. Chr. kam es zur Entscheidungsschlacht bei Karkemisch, wo die Ägypter vernichtend geschlagen wurden. Nebukadnezar gewann alle assyrischen Gebiete zurück.

Israels verfehlte Bündnispolitik

Die Klein- und Mittelmächte hofften, durch den Untergang
Assyriens aus ihrer Abhängigkeit von den Großmächten freizukommen. Auch Juda versuchte dies.
Jeremia, dem als Prophet bewußt war, daß Babylon die Oberhoheit behalten würde, versuchte wie schon vor ihm Jesaja, Israel aus dieser Bündnispolitik herauszuhalten. Allerdings ohne Erfolg.
Durch seine geographische Lage befand sich Juda in einer **Puf-
ferzone** zwischen den verfeindeten Staaten Ägypten und Assyrien. Um nicht verwüstet zu werden und an den Siegen der
jeweils stärkeren Staatsmacht teilzuhaben, betrieben die Könige Judas eine opportunistische Bündnispolitik. Diese führte
jedoch auch zu Unterjochung und Ausbeutung durch hohe
Steuerlasten, die Juda auferlegt wurden.
Als Ägypten gegen Assyrien in den Krieg zieht, stellt sich Josia
gegen Ägypten und fällt im Kampf gegen König Necho. Necho
setzt den Nachfolger Josias, Joahas, nach 3 Monaten ab und
bestimmt Jojakim zum König Judas.
Doch dann tritt eine neue Großmacht auf den Plan: Babylon
(wegen seines Staatsvolkes der Chaldäer auch Chaldäa genannt). König Nebukadnezar übt einen Vergeltungsschlag ge-
gen die Bündnispolitik Judas. Er besiegt Ägypten und besetzt
Jerusalem (609-597 v. Chr.).
Es kommt zur **1. Deportation** 605 v. Chr. Dabei wurde nur ein
Teil der Oberschicht, darunter auch Daniel und seine Freunde,
in Gefangenschaft geführt.
Einige Jahre später schließt sich Jojakim einem Aufruhr der
Nachbarstaaten gegen Babylon an. Daraufhin zieht Nebukadnezar ein zweites Mal gegen Jerusalem (597 v. Chr.) und läßt
Jojakim töten (2. Kön 24,6 und Jer 22,18-19; 36,30).
Sein Sohn Jojachin regiert 3 Monate und 10 Tage. Länger
konnte er die Stadt nicht gegen die Übermacht der Babylonier
halten. Jojachin wird mit 10 000 Personen, der Elite Judas, nach
Babylon deportiert. Unter den Gefangenen war auch der Prophet Hesekiel. Dies war die **2. Deportation** 597 v. Chr. Nebukad-

nezar setzt den Neffen Jojachins, Matthanja (597-586 v. Chr.),
als neuen König Judas ein. Als Zeichen seiner Abhängigkeit
von Babel gibt Nebukadnezar ihm den neuen Namen Zedekia.
Nach einiger Zeit läßt auch er sich durch falsche Propheten be-
tören und verbündet sich mit Ägypten gegen Babylon. Diese
verhängnisvolle Fehlentscheidung führt zum Untergang des
Staates Juda. Es kommt zu einer furchtbaren 1 $\frac{1}{2}$jährigen **Belagerung Jerusalems**. Tempel und Stadt werden zerstört; vor den
Augen Zedekias werden seine Söhne getötet, danach wird er
geblendet und in den Kerker nach Babel gebracht (2. Kön
25,7). Bis auf einen kleinen Rest, vor allem aus der Unterschicht, wird die gesamte Bevölkerung nach Babel verschleppt.
Das war die 3. Deportation 586 v. Chr.

* Die Jahreszählung weicht bei den einzelnen Historikern um ein Jahr ab.

3. Verfasserschaft

Nach christlicher und jüdischer Überlieferung ist Jeremia der
Verfasser; wenn auch liberale Ausleger gewisse spätere Einschübe zu finden meinen, wird in der Theologie der Verfasserschaft Jeremias doch allgemein zugestimmt.
Jeremia ließ seine Reden durch Baruch aufschreiben und König Jojakim vorlesen. Nachdem der König die Schriftrollen
verbrannt hatte, ließ sie Jeremia nach der Eroberung Jerusalems ein zweites Mal aufschreiben (Jer 1,2.3).
Er floh mit der im Land zurückgebliebenen Unterschicht nach
Ägypten und fügte dort noch seine aktuellen Reden hinzu. Der
Tradition nach stammen auch die fünf Gesänge der Klagelieder von ihm. Er soll sie nach der Zerstörung von Jerusalem verfaßt haben.

4. Die Person Jeremias

Ernst Aebi schreibt über Jeremia: »Seine Mission gleicht

derjenigen eines Seelsorgers, der einen Verbrecher zur Richt-
stätte führen soll.« (S. 88)
Jeremias Botschaft war von daher hart. Volk, Geistlichkeit und
Obrigkeit Judas konnten sie nicht ertragen.

Jeremias Biographie:

Jeremia wurde um das Jahr 650 v. Chr. im Dorf Anatot bei Jerusalem als Sohn des Priesters Hilkia geboren (Jer 1,1).
Um seinen Dienst voll und ohne Rücksicht auf familiäre
Pflichten erfüllen zu können, durfte er nach Gottes Weisung
nicht heiraten (Jer 16,2). Er sollte mit dieser Lebensweise auch
einen Teil seiner Botschaft verkörpern: Hoffnungslosigkeit
und die Unabwendbarkeit des Gerichtes.
Im 13. Jahr des Königs Josia, dem Jahr *627 v. Chr. wurde er
zum Propheten berufen. Er selbst hielt sich für zu jung, Gott
aber hielt ihn für geeignet (Jer 1,1-10). Obwohl er die sieben
letzten Könige Judas erlebte, wirkte er vor allem unter Joahas
(609 v. Chr.), Jojakim (609-597 v. Chr.), Jojachin (597 v. Chr.)
und Zedekia (597-586 v. Chr.) als Bußprediger.
Gott wies ihm seinen Platz in Jerusalem als Wirkungsfeld zu
(Jer 2,2).
Dort predigte er überall, wo sich die Gelegenheit bot: Im Tempel (Jer 7,2), am Stadttor (Jer 17,19), im Tal Hinnom (Jer 19,2)
und selbst noch im Gefängnis (Jer 32,2 ff). Um seine Botschaft
zu veranschaulichen, setzte er auch sinnbildliche Handlungen
(Jer 7,29; 24,1-10) ein. Durch seinen Sekretär Baruch ließ er seine Botschaften aufschreiben, um sie an die Ältesten Judas zu
senden (Jer 29,1).

Seine Botschaft hatte keinen Erfolg. Obwohl sich jede seiner
Weissagungen erfüllte, glaubte man lieber den falschen Pro-
pheten. Der Hohepriester Paschhur wurde sogar handgreiflich:
Er schlug Jeremia und ließ ihn in den Stock legen (Jer 20,1-3).
Nach seiner Befreiung hätte Jeremia beinahe das Leben einge-
büßt (Jer 26).

Die durch seinen Sekretär aufgeschriebenen Reden wurden
von König Jojakim verbrannt (Jer 36,23).
Auch seine eigene Familie lehnte sich gegen Jeremia auf. Die
Einwohner seines Heimatortes planten, ihn umzubringen (Jer
11,18-23).
Die Bevölkerung hielt ihn für einen Volksverräter. Je mehr sei-
ne Prophezeiungen in Erfüllung gingen, desto mehr haßte
man ihn.
Mehrere Male wurde er inhaftiert (Jer 37,11-15; Jer 38).
Zweimal verlangte das Volk seinen Tod (Jer 26,11; 38,4).

Nach der Eroberung Jerusalems durch Nebukadnezar wurde
Jeremia aus dem Gefängnis befreit. Sein Freund Gedalja wurde von den Babyloniern als Stadthalter eingesetzt.
Durch einen Mordanschlag unter Führung eines gewissen Ji-
schmael, Sohn des Netanja aus der königlichen Familie, wurde
Gedalja nach 7monatiger Amtsführung beseitigt (Jer 40,7-
41,10). Da die Juden die Rache der Babylonier fürchteten, flo-
hen sie nach Ägypten (2. Kön 25,25.26; Jer 42-43). Sie zwangen
Jeremia mitzuziehen. Auch in Ägypten ließ Jeremia nicht
nach, das Volk zur Buße zu rufen (Jer 43,8-44,30).

Zwar wird uns von dem Tod Jeremias nichts berichtet, aber
nach glaubhafter jüdischer Tradition wurde er um 580 v. Chr.
durch die über seine Bußpredigten verbitterten Juden gestei-
nigt.
Fast 50 Jahre lang, von * 627 v. Chr. bis ca. 580 v. Chr., mußte
Jeremia einen scheinbar fruchtlosen Dienst tun. Als Einzel-
person weissagte er gegen ein ganzes Volk.

* Jahreszahlen differieren bei den Historikern um ein Jahr.

5. Zentrale heilsgeschichtliche und theologische Aussagen

* Gerichtsbotschaft: Israel geht seiner Verstocktheit wegen

einem schweren Gericht entgegen. Alle Machenschaften der Volksführer ändern daran nichts (Jer 25,7-9 u. a.).

* Trostbotschaft: Nach der Buße und einer Demütigung des Volkes wird Gott das Volk in seine Heimat zurückführen (Jer 31,1-14).

* Das Exil wird 70 Jahre lang dauern (Jer 25,11.12).

* Der neue Bund wird verheißen! Der Messias, ein Sproß des davidischen Königshauses, wird diesen neuen Bund aufrichten. Er gründet auf Gnade und Gerechtigkeit, auf einer Änderung des Herzens. Als König wird der Messias auch ein neues Reich aufrichten (Jer 31,31-34; 32,14-16; vgl. auch Hebr 8,8-12).

6. Die Weissagungen Jeremias

Es gibt erfüllte und bis heute noch nicht erfüllte Weissagungen:

Die erfüllten Prophezeiungen:

* Der Neue Bund
  Jer 31,31-34 vgl. 1.Kor 11,25; Hebr 8,10

* 70jährige Gefangenschaft
  Jer 25,11 vgl. Dan 9,2

* Rückkehr der Verbannten
  Jer 30,18 vgl. Esra 1+2

* Wiederaufbau Jerusalems
  Jer 30,18 vgl. Esra + Nehemia

* Gericht über Babylon
  Jer 25,12-14 vgl. Dan 5

Die unerfüllten Verheißungen:

* Sammlung aller verstreuten Juden
  Jer 16,14-21 vgl. Röm 11,25-32

* Friedensreich
  Jer 30,21-22; 33,15 vgl. Offb 21,4-6

* Bekehrung Israels
  Jer 33,6-8.16 vgl. Sach 12,10

7. Hauptverständniswort

Abtrünnigkeit

8. Abriß

Ein Abriß des Buches ist nur schwer zu erstellen, weil ihm ein chronologisch geordneter Aufbau zu fehlen scheint. Vielmehr liegen der Gliederung des Buches thematische Gesichtspunkte zugrunde.

Möglicherweise ist ein Aufbau auch deshalb schwer zu erkennen, weil Jojakim die erste Fassung der Reden Jeremias vernichten ließ.

Unsere Fassung ist nun eine Zusammenstellung der durch Baruch rekonstruierten Urschrift und der späteren Beifügungen Jeremias.

1. Reden und Ereignisse vor der Zerstörung Jerusalems	Kap.	1-39
Vorstellung, Berufung	"	1
Bußpredigten	"	2-29
Der neue Bund	"	30-33
Die Ereignisse im Zusammenhang mit den beiden letzten Belagerungen Jerusalems	"	34-39

Fragen zu Lektion 27

1. Welche Aufgaben hatten die Propheten in Israel?

2. Zeichnen Sie den Verfall des Assyrischen Großreiches mit seinen wichtigsten Daten nach.

3. Wann fanden die Deportationen Judas nach Babel statt?

4. Welche politischen Machenschaften der Könige von Juda führten zur Vernichtung Judas als Staat?

5. Wann wirkte Jeremia?

6. Wie reagierte das Volk Judas auf die Erfüllungen der Weissagungen Jeremias?

7. Welche Botschaft hatte Jeremia für die bußfertigen Juden nach dem Exil?

8. Wer schrieb das Buch Jeremia nieder?

9. Schildern Sie Jeremias Biographie:

Lektion 28

Thema: Klagelieder

Kurze Zusammenfassung

Autor: Jeremia
Zeit: Nach der Zerstörung Jerusalems (587/86 v. Chr.)
Inhalt: Klagegesang über die Zerstörung Jerusalems und das Elend Judas

---

1. Vorbemerkungen

Mit der Einnahme Jerusalems durch die Babylonier begann für das Judentum eine der schlimmsten Epochen seiner Geschichte.
Die Zeichen der Erwählung des Volkes Israels, nämlich der Tempel, das Opfer, der Gottesdienst, das mit vielen Verheißungen ausgerüstete Königtum des Hauses Davids und die heilige Stadt waren verlorengegangen.
Die Juden selbst wurden nach Babylon deportiert.
Jeder hatte individuellen Schmerz erfahren. Es gab hunderttausendfaches Elend, Verzweiflung, Not und Tod.
Wie konnte Gott das alles zulassen? Wie konnte das alles geschehen? Wo war da Gottes Liebe? Wo seine Treue zu den gegebenen Verheißungen? Die gottesfürchtigen Juden verlangten nach einer Antwort. In zweifacher Weise wird sie in den Klageliedern gegeben:

1. Die Sünde des auserwählten Volkes, sein Götzendienst und seine Untreue gegen den Bund, den Gott mit ihnen geschlossen hatte, das Nichteinhalten der Gebote sind der Grund für dieses schreckliche Gericht.

2. Gott hat die Absicht, sein Volk wieder zurechtzubringen.
Dazu bedient er sich auch solch harter Wege. Die Not, in die
Gott sein Volk hat kommen lassen, ist kein Vernichtungsge-
richt. Es soll Israel zurückführen, es ist ein Läuterungsgericht.

Trotz allem ist Gott barmherzig. Er straft trotz aller Härte mit
Maß. Gott hätte das Volk Israel vernichten können. Aber seine
Barmherzigkeit und Treue hat noch kein Ende (Klgl 3,22).

Der Name des Buches

Nach den Anfangsworten der Kap. 1, 2 und 4 lautet der hebräi-
sche Name
    ekah = deutsch: Wie?
Dieses Wort »wie« ist der feststehende Anfang aller jüdischen
Totenklagen.
Schon die frühen jüdischen Schriftgelehrten (Rabbiner) nann-
ten das Buch
    kihnot = deutsch: Klagelieder
Der Name Jeremia erscheint nicht im hebräischen Text.

Platz des Buches im Judentum

Im Judentum gehören die Klagelieder nicht zu den Propheten. Sie
gehören zu den Megilloth. Sie sind die vierte der fünf Rollen.
Die Juden lesen sie am 9. Ab (Juli / August) in den Synagogen. Anlaß ist der Gedenk- und Fastentag der Zerstörung Jerusalems.
Zionistische Israelis intonieren die Klagelieder jeden Freitag
an der Klagestätte in Jerusalem.

2. Verfasserschaft und Abfassungszeit

Nach jüdischer und christlicher Tradition ist der Verfasser der
Prophet Jeremia.

Am Kalvarienberg in Jerusalem befindet sich die sogenannte
»Höhle Jeremias«. Hier soll er 587 v. Chr. auf die verwüstete
Stadt gesehen und über sie geweint haben. In dieser Zeit hat er
dann die Klagelieder verfaßt. Jeremia freute sich nicht, daß sei-
ne Weissagungen in Erfüllung gegangen waren, sondern als
Angehöriger des Gottesvolkes litt er mit den so Gestraften mit.
Im Buch Klagelieder selbst wird kein Verfasser erwähnt. Der
Name Jeremia findet sich zum ersten Mal in der LXX. Als Ein-
leitung zum Buch der Klagelieder heißt es in der griechischen
Übersetzung aus dem 3. vorchristlichen Jahrhundert:»Und es
geschah, nachdem Israel in die Gefangenschaft geführt war,
daß der Prophet Jeremia saß und weinte und klagte mit diesem
Klagelied über Jerusalem und sagte...«

Die späte Bezeugung des Autors und gewisse Stilunterschiede
haben Zweifel an der Verfasserschaft des Jeremia aufkommen
lassen.
So meinen einige Ausleger, daß die ersten vier Kapitel von einem Zeitgenossen des Jeremia, das fünfte aber von einem Autor um das Jahr 550 v. Chr. verfaßt worden wäre. Fritz Rienek-
ker hält dem entgegen:»Auf Jeremia kann auch am ehesten
gedeutet werden, was der Verfasser von persönlichen Leiden
und Gebetserhörungen sagt (Klgl 3,14.52-57).«
Da der Text aber keinen Verfasser nennt, wird diese Frage offen bleiben.

Abfassungszeit

Sie hängt eng mit der Verfasserfrage zusammen.
Sieht man in Jeremia den Verfasser, so wäre das Buch 587
v. Chr. geschrieben worden.
Auch kritische Theologen gehen davon aus, daß das Buch vor
516 v. Chr. entstanden sein muß, da an jenem Datum der wie-
deraufgebaute Tempel wieder eingeweiht wurde.

3. Zum Stil der Klagelieder

In unseren deutschen Übersetzungen können einige Besonderheiten im Stil des hebräischen Textes nicht mehr erkannt
werden. So umfaßt im Hebräischen jedes Kapitel ein Lied. Die
Lieder haben je 22 Verse, und jeder Vers beginnt mit einem der
Buchstaben des hebräischen Alphabetes, und zwar in der rich-
tigen Reihenfolge. Eine Ausnahme bildet das dritte Kapitel. Es
hat 66 Verse, und hier beginnen jeweils drei Verse mit demselben Buchstaben. Nach je drei Versen folgen die nächsten drei
mit dem nächsten Buchstaben des Alphabetes.
Zu Stil und Struktur der Klagelieder vgl.»Das Alte Testament
erklärt und ausgelegt« (Hg. J. F. Walvoord und R. B. Zuck),
Bd. 3, Hänssler-Verlag 1991.

4. Hauptverständniswort

Verwüstung

5. Hauptverständnisvers

Klgl 3,22:»Die Güte des Herrn ist's, daß wir nicht gar aus sind,
seine Barmherzigkeit hat noch kein Ende.«

6. Abriß

a. Aufbau der Lieder

In den ersten vier Liedern wird je am Anfang auf den trauri-
gen Zustand der Stadt Bezug genommen (Totenklage). Danach wird Gott gerechtfertigt, der so hart strafte. Jedes Lied,
mit Ausnahme des vierten, schließt mit einem Gebet.
Das vierte Kapitel enthält zwar kein solches Gebet, dafür
ist das gesamte fünfte Kapitel ein Gebet.

b. Thematischer Aufbau

Zion, die einsame trauernde Witwe   Kap. 1
Sie klagt über ihre Schmach, die Verödung des
Landes und fleht um Hilfe.

Zion, die hart bestrafte Tochter   Kap. 2
Sie klagt über den Verlust des Tempels und der
Menschen. Sie wird von den Heiden verhöhnt
und leidet schreckliche Qual.

Zion, die bußfertige Sünderin   Kap. 3
Sie beugt sich unter das Gericht und erkennt ihre
Schuld als Ursache des Leides. Sie flüchtet sich in
die Barmherzigkeit Gottes, die trotz des Gerichtes noch kein Ende hat.

Zion, ein verdunkeltes Gold   Kap. 3
Die Sünde und das Elend Zions lassen das Gold
und den Wert Israels nicht mehr erkennen. Die
Schmach des Volkes Gottes verdunkelt seinen
Glanz, so daß seine edlen Züge nicht mehr zu se-
hen sind.

Zion, die in tiefstes Elend geratene Bittstellerin Kap. 5
Die äußere Not läßt nur eine Hoffnung: daß Gott
das Schicksal wendet. Deshalb bittet Zion um Errettung.

Fragen zur Lektion 28

1. Auf welche Fragen gibt Gott im Buch der Klagelieder Antwort?

2. Wie lautet der hebräische Name des Buches, und wo wird er gemeinhin verwendet?

3. Wo ordnet man die Klagelieder im Judentum ein?

4. Wann werden die Klagelieder von den Juden gelesen?

5. Was wissen wir über den Verfasser des Buches Klagelieder?

6. Was ist der besondere Stil und Aufbau der Klagelieder?

Lektion 29

Thema: Der Prophet Hesekiel

Kurze Zusammenfassung

Autor:	Hesekiel
Zeit:	Erste Zeit der babylonischen Gefangenschaft
Inhalt der Prophetie:	Ankündigung des Gerichtes Gottes Ankündigung der Wiederherstellung Israels

---

1. Vorbemerkungen

Hesekiels Wirkungszeit als Prophet ist zwischen Jeremia und Daniel einzuordnen. Begann sein Wirken in den letzten Jahren des Dienstes Jeremias, so fällt das Ende seines Prophetendienstes in die Anfangszeit Daniels.

Die drei Propheten Jesaja, Jeremia und Hesekiel, welche auf die babylonische Gefangenschaft vorzubereiten hatten, sind in ihrem Dienst von je einer Person der Dreieinigkeit besonders geprägt.

1. Jesaja — Der Prophet des Sohnes, auf dem unsere Strafe liegt

2. Jeremia — Der Prophet des Vaters, der den Ungehorsam des Volkes heimsuchen muß

3. Hesekiel — Der Prophet des Heiligen Geistes, dieser wird mindestens 25mal erwähnt

Der Name des Propheten

Der Name des Propheten lautet im Hebräischen
  Jəchäzkhel
  deutsch: »Der Herr stärkt« oder »Der Herr ist stark«
Luther nimmt in seiner Übersetzung die Namensform
  Hesekiel von der LXX.
Die Form
  Ezechiel geht auf die Vulgata zurück.

2. Das Thema des Buches

Das Buch Hesekiel ist kaum zu verstehen, wenn wir nicht sein
Thema im Auge behalten: die Heiligkeit Gottes. Robert Lee
gibt es richtig wieder mit dem Satz: »Die Herrlichkeit des
Herrn« (Hes 1,28; 8,4; 10,4; 44,4).
Dieses Thema wird aus zwei Perspektiven beleuchtet:
1. Gerichtsankündigung vor der Zerstörung Jerusalems
2. Trostworte nach der Zerstörung Jerusalems

3. Zur Person Hesekiels

Geschichtlicher Zusammenhang

Hesekiel war der Prophet, der während der ersten Zeit der babylonischen Gefangenschaft auftrat.
König Jojakim von Juda schloß sich einem Aufstand der Nachbarvölker gegen Nebukadnezar an. Diese Rebellion mißlang, und Nebukadnezar belagerte * 597 v. Chr. Jerusalem, wobei Jojakim umkam. Sein Nachfolger Jojachin konnte sich nur drei Monate und 10
Tage halten und übergab dann die Stadt den Babyloniern. Wenn
dadurch auch Jerusalem vor der Zerstörung bewahrt blieb, so wurde doch Jojachin mit 10 000 Gefangenen der oberen Schicht Judas
in die babylonische Gefangenschaft deportiert (2. Kön 24,14 ff).
Nebukadnezar setzte Zedekia als Marionettenkönig ein.

Die Biographie des Hesekiel

Unter den 10 000 Gefangenen war auch Hesekiel.
Er war damals 25 Jahre alt.
Hesekiel war der Sohn des Priesters Busi (Hes 1,3). Friedrich
Haus führt ihn auf die Sippe Zadoks zurück (1. Kön 2,35), wel-
che noch bis lange nach der babylonischen Gefangenschaft die
Hohepriesterwürde innehatte (Jubiläumsbibel, Anmerkung
zu 1. Kön 2,35). Diese Familie hatte eine besondere Verhei-
ßung, da sie im Unterschied zu anderen Priestersippen Gottes
Ordnungen sehr treu beachtet hatte (Hes 44,15; 48,11).

Hesekiel war verheiratet. Seine Frau starb im Jahr der Zerstö-
rung Jerusalems 586 v. Chr. (Hes 24,18).
Er besaß ein eigenes Haus (Hes 8,1) und wohnte in der Stadt
Tel-Abib (Hes 3,15). Diese Stadt lag am Fluß Kebar in der Nähe
Babels (Hes 1,1). Der Kebar ist der in den Euphrat mündende
schiffbare Kanal Schatt en-Nil.

Hesekiel verfügte über großes Ansehen unter den Juden. Ihre
Ältesten suchten des öfteren seinen Rat (Hes 8,1; 14,1; 33,31).
5 Jahre nach seiner Deportation wurde er von Gott zum Propheten berufen (Hes 1,1-3). Die letzte zeitliche Aussage über
den Dienst Hesekiels finden wir im Kapitel 40,1 (571 v. Chr.).
Somit umfaßt die Zeit des im Buch Hesekiel wiedergegebenen
Dienstes des Propheten ca. 20 Jahre.
Gemäß außerbiblischer Überlieferung bei Pseudo-Epiphanias
soll Hesekiel durch einen Prinzen aus Juda, dem er seinen Götzendienst vorgehalten hat, ermordet worden sein. Dieser Prinz
war gleich wie Hesekiel Gefangener in Babel gewesen.

4. Abfassungszeit

Das Buch selbst erhebt den Anspruch, von Hesekiel verfaßt zu
sein. Fast überall ist es in der Ich-Form geschrieben. In der
neueren Zeit erheben liberale Kritiker gegen diese Selbst-

bezeugung Widerspruch. Die Gemäßigten unter ihnen sehen in dem uns vorliegenden Buch eine spätere Überarbeitung des ursprünglichen Werkes Hesekiels. Sie vertreten die Meinung, daß das Buch von der Gruppe der Priester stammt, die im Buch Gen die sogenannte P (= Priesterschrift) verfaßt haben. Extreme Anhänger der Literaturkritik erkennen nur wenige Teile als auf Hesekiel zurückgehend an. So stammen nach Hölscher nur 170 der 1273 Verse und nach Irwin 251 Verse von Hesekiel.

Die Unklarheit innerhalb der Literaturkritik zeigt sich schon daran, daß die Wissenschaftler nur im Bestreiten der Autorität der Bibel übereinstimmen. Ihre Arbeitsergebnisse aber sind ganz unterschiedlich. Das sieht man unter anderem daran, daß Hölscher 36 der 51 von Irwin für echt befundenen Perikopen (zu deutsch: Bibelabschnitte) für unecht hält. Selbst das der kritischen Wissenschaft aufgeschlossene »Bibel Lexikon« von Herbert Haag (St. Benno-Verlag GmbH) stellt dazu fest: »Eine bemerkenswerte und die Methode der beiden Kritiker wenig empfehlende Tatsache« (Bibel Lexikon / Kolumne 465).

Auch innerhalb des Judentums hatte es in den Anfangszeiten Zweifel an der Kanonizität des Buches Hesekiel gegeben, da Hesekiel nicht im Heiligen Land, sondern in Babel auftrat. Aber im Laufe der Kanonbildung wurde der Prophet Hesekiel allgemein anerkannt. Er ist schon in der LXX enthalten. Auch in Qumran (1947) wurden hebräische Hesekiel-Fragmente (große Teile einer Rolle) gefunden.

5. Die heilsgeschichtlichen und theologischen Hauptaussagen des Buches

1. Ebenso wie Jeremia verkündigt Hesekiel die **kommende Zerstörung Jerusalems** (Weissagungen von vor 587 v. Chr. vgl. Hes 8-11). Der Unterschied zwischen beiden Propheten besteht darin, daß Jeremia in Jerusalem und Hesekiel in Babel wirkt.

2. Hesekiel spricht davon, daß Israel geläutert wird und einen **neuen Geist** und ein **neues Herz** bekommt (Hes 11,19; 36,26-27). Wie Jeremia verheißt er den neuen Bund. Vgl. Jer 24,7; 31,33.

3. In Hes 25-40 wird die **Rückführung Israels** in sein Vaterland und die Strafe seiner Feinde angekündigt.

4. Nur bei Hesekiel erfahren wir Einzelheiten über den **neuen Tempel** im 1000jährigen Reich (Hes 40-46).

5. Hes 28,11-19 ist neben Jes 14,12-14 unsere Hauptinformationsquelle über den **Fall Satans**. Schon die alten Kirchenväter sahen hinter der Weissagung über den König von Tyrus (Hes 28,11-19) eine Information über den Ursprung des Bösen.

6. Nur durch Hesekiel erfahren wir, daß die Kinder Israels in Ägypten Götzendienst getrieben haben. Gott hätte sie deshalb beinahe vernichtet (Hes 20,1-9).

7. Viele Weissagungen des Hesekiel deuten in ihrer letzten Konsequenz in die **Endzeit der Welt**. Die Sammlung Israels, wie sie in Hes 39,28 beschrieben ist, hat sich bis heute noch nicht voll erfüllt. Ebenso scheint der Fürst Gog (Hes 38+39) ein Feind Israels zu sein, der nach dem 1000jährigen Reich (Offb 20,7-9) in Erscheinung tritt. Der neue Tempel (Hes 40-44) ist nicht mit dem Tempel zur Zeit Jesu identisch. Auch er muß erst noch entstehen. Ebenso steht die Gesundung des Toten Meeres noch aus (Hes 47,8-12).

Die zionistisch-religiöse Gruppe der »Getreuen vom Tempelberg« um den Oberst Salomon Gerschon hat sich an den Weissagungen Hesekiels orientiert. Schon heute sind Tempelgeräte und das Modell des neuen Tempels in einer Ausstellung 400 m Luftlinie vom Tempelplatz zu sehen.

Visionen des Hesekiel

Mehr als bei anderen Propheten steht das Geschaute im Mittelpunkt seiner Botschaft:

Hes 1:   4 Wesen / Flammenräder / Herrlichkeit des Herrn

Hes 8-9:   Die Schuldigen werden erschlagen
Hes 10-11:   Wirbelnde Räder / Cherubim
Hes 37:   Tal der Totengebeine
Hes 40-46:   Das neue Jerusalem / neuer Tempel
Hes 47:   Die Quelle aus dem Heiligtum

Hesekiel sollte die Gerichtsbotschaft durch bestimmte Ausdrucksformen anschaulich machen.
Er mußte unter körperlichen und seelischen Leiden seine Botschaft bezeugen:
— Hesekiel muß eine Zeitlang verstummen (Hes 3,26).
— Hesekiel muß 390 Tage auf der linken Seite liegen (Hes 4,4+ 5).
— Hesekiel muß nach den 390 Tagen auf der linken noch 40 Tage auf der rechten Seite liegen (Hes 4,6+7).
— Hesekiel muß in Mist gebackenes unreines Brot essen (Hes 4,9-17).
— Hesekiel darf keine Trauer um seine verstorbene geliebte Frau zeigen (Hes 24,16).

6. Abriß

a. Grobe Einteilung

Gerichtsbotschaft über Israel   Kap. 1-24
Gerichtsbotschaft über die Heiden   Kap. 25-32
Trostbuch für die Gestraften Juden   Kap. 33-48

b. Gliederung

Fragen zu Lektion 29

1. Wie kam Hesekiel nach Tel-Abib?

2. In welchem Zeitraum fallen die Weissagungen Hesekiels?

3. Wer ist laut dem Selbstzeugnis des Buches Hesekiel der Verfasser?

4. Welche Information gibt Hesekiel über Israel in der ägyptischen Zeit?
   Was erfahren wir in Hesekiel über den Bevölkerungsteil Judas, der nach Ägypten geflohen war und sich dort aufhielt?

5. Welche Weissagungen Hesekiels stehen noch aus?

6. Wo berichtet Hesekiel über den neuen Tempel?

7. Wie verändert sich die Botschaft Hesekiels mit dem Untergang Jerusalems?

8. Wie machte Hesekiel seine Botschaft anschaulich?

9. Schildern Sie kurz das Leben Hesekiels:

Lektion 30

Thema: Der Prophet Daniel

Kurze Zusammenfassung

Autor: Wahrscheinlich Daniel
Zeit: Babylonische Gefangenschaft bis zum Dekret
            des Cyrus über die Rückkehr der Juden in ihre
            Heimat (etwa 597-538 v.Chr.)
Inhalt: Leben des Daniel
            Weissagungen über Gottes Reich und die Welt-
            reiche

---

1. Vorbemerkungen

Martin Luther hat das Buch Daniel übersetzt und seinem Kur-
fürsten Friedrich dem Weisen gewidmet. Luther sagt dazu:
»Es ist wahrhaft ein königliches Buch.«
Das Buch Daniel dürfte in vielfältiger Hinsicht die Krone der
alttestamentlichen Prophetie sein.
Das Buch der Offenbarung des Johannes knüpft in Stil und Inhalt an Daniel an. Jesus redet von dem endzeitlichem, bei Daniel angekündigten Greuel der Verwüstung im Tempel (Mt
24,15). Die für Jesus im Matthäusevangelium immer wieder gebrauchte Bezeichnung »Menschensohn« ist aus Daniel entnommen (Dan 7,13).
Daniel selbst war im babylonischen wie später auch im persischen Reich ein einflußreicher Mann. Trotzdem blieb er seinem Gott treu (Dan 1+6). Sein Lebenswandel und seine Treue
gegen Gottes Gebote muß seine Zeitgenossen sehr beeindruckt haben, denn Hesekiel nennt ihn unter den Vorbildern
der Gerechtigkeit (Hes 14,14).
In verschiedener Weise wurde es Daniel geschenkt, die ge-

samte zukünftige Weltgeschichte bis zum Jüngsten Gericht in ihren Grundzügen vorherzusehen. Und mit großem Erstaunen müssen wir heute eingestehen, daß sich alles so entwickelt hat, wie bei Daniel prophezeit.

2. Historischer Hintergrund

Daniel wirkte während der babylonischen Gefangenschaft. Während der Herrschaft Nebukadnezars (605-562 v. Chr.) gehörte er zu den einflußreichsten Politikern im Lande. Unter dessen Nachfolgern scheint er in Vergessenheit geraten zu sein. Dies läßt sich durch die politischen Wirren erklären, die unter den Nachfolgern Nebukadnezars aufgetreten sind.

Nachfolger Nebukadnezars war Amel-Marduk 562-560 v.Chr. (auch Ewil-Merodach genannt). Er wird in 2.Kön 25,27-30 erwähnt. Nach zweijähriger Regentschaft wurde er von seinem Schwager Neriglissar (Nergal-Sarezer) ermordet (Jer 39, 3.13 nennt diesen späteren König Babels). Dieser regierte von 560-556 v. Chr. Sein ihm auf dem Thron folgender Sohn Labaschi-Marduk (556 v. Chr.) wurde bereits nach vier Monaten umgebracht. Die Mörder machten daraufhin Nabonid 556-539 v.Chr., einen Enkel Nebukadnezars, zum König. Die Existenz des im Propheten Daniel erwähnten Königs Belsazar (Dan 5) wurde lange bestritten. Durch verschiedene archäologische Funde ist heute klar, daß Belsazar der Sohn Nabonids ist und seinen Vater von Zeit zu Zeit in der Regentschaft vertreten hat. Das erklärt auch, warum er Daniel den dritten und nicht den zweiten Platz im Reich anbot. Den zweiten Platz hatte er selbst inne (Dan 5,29).
Daniel erlebt die Niederlage der Babylonier gegen die Medo-Perser * 539 v. Chr. unter König Cyros. Die Person des im Buch Daniel erwähnten Mederkönigs Darius hat bei Historikern viele Fragen aufgeworfen. Ein König dieses Namens ist um jene Zeit in Persien unbekannt. Doch auch diese Frage hat sich in den letzten Jahrzehnten geklärt. In der damaligen Zeit hatten

hochrangige Persönlichkeiten oft verschiedene Namen (auch
Daniel: Beltschazer). Die Angaben über den biblischen Mederkönig Darius (Dan 6) stimmen mit dem Mederkönig Kyaxares II überein. Der altgriechische Schriftsteller Xenophon berichtet von Kyaxares II, daß er der Onkel und Schwiegervater
des Cyros (auch Kores genannt) 539-530 v. Chr. war. Nach der
Eroberung Babels hat dieser seine Tochter dem Perserkönig
Cyros zur Frau und ganz Medien als Mitgift gegeben. Kyaxares
II sei schon recht alt gewesen und 537 v. Chr. gestorben, wo-
raufhin Cyros Herrscher ganz Medo-Persiens war. Dies erklärt,
warum er Meder und König genannt wird und mit Daniel in
Verbindung stand.

* Wie schon bei den anderen z. Z. der babylonischen Gefangenschaft wirkenden Propheten weichen die Jahresberechnungen um ca. ein Jahr
  voneinander ab. Wir halten uns an die Berechnung von John H. Walton.

3. Das Thema des Buches

Daniel zeigt auf, daß alle weltlichen Herrscher und Reiche
kommen und gehen, das Reich Gottes aber bleibt in Ewigkeit.
Auch wenn wir in der Welt wichtige Aufgaben bis hinein in die
Politik der Völker zu erfüllen haben, so sind wir doch in erster
Linie unserem himmlischen Herrn verantwortlich.

4. Verfasserschaft

Das Buch selbst nennt den Verfasser nicht. Die jüdische wie
auch die christliche Tradition schreibt das Buch Daniel zu.

Einige Probleme

Sowohl inhaltliche, als auch Stilfragen hatten Zweifel an der
Verfasserschaft Daniels aufkommen lassen.

1. Die ersten 6 Kapitel des Buches sind in der dritten Person geschrieben. Der zweite Teil, von Kap. 7 an, gibt Weissagungen Daniels wieder. Er ist in der ersten Person geschrieben.
2. Es werden zwei Sprachen, hebräisch und aramäisch verwendet. Kap. 2,4-7,28 ist aramäisch (Aramäisch war die »Weltsprache« der damaligen Zeit).
3. Jesus Sirach Kap. 49 enthält eine Aufzählung der Propheten, unter denen Daniel fehlt.

Dies alles schließt aber die Verfasserschaft Daniels nicht aus. Bei den Juden galt er ohnehin nicht als Prophet, sondern als Apokalyptiker und findet sich nicht unter den Propheten eingeordnet, sondern in den Rollen Megilloth.

Da das Buch selbst keinen Verfasser nennt, ist die Verfasserfrage auch nicht von kanonischer Bedeutung. Möglicherweise hat ein Zeitgenosse Daniels das Buch niedergeschrieben. Er hätte dann eine Biographie Daniels in der 3. Person erstellt (Kap. 1-6) und später die in der 1. Person gehaltenen Gebete, Visionen und Weissagungen Daniels dazugefügt. Allerdings ist es ebenso denkbar, daß Daniel selbst in der 3. Person geschrieben hat. Dies wäre kein ungewöhnliches Stilmittel.

Daniel und Antiochus Epiphanes

Der schwerste Angriff gegen das Buch Daniel ist die Behauptung, es sei erst in der Mitte des 2. vorchristlichen Jahrhunderts geschrieben worden.

In Kap. 11 schildert der Prophet einen Tyrannen. Diese Vision hat sich bis in Einzelheiten in dem judenfeindlichen Herrscher Antiochus Ephiphanes 175-165 v. Chr. erfüllt. Viele Theologen halten eine solche Erfüllung für unmöglich und meinen nun, daß das ganze Buch erst 165 v. Chr., das heißt in der sogenannten Makkabäerzeit, geschrieben worden sei. Man hätte bereits erfüllte Ereignisse Daniel als Prophezeiungen in den Mund gelegt. Diese Interpretation stellt Gottes Wort allerdings absolut in Frage.

Sie geht auf einen alten Feind des Christentums, den Neuplatoniker Porphyrius (233-304 n.Chr.) zurück. Im 12.Buch seiner
Schriften gegen das Christentum stellt er die Behauptung auf,
das Buch sei nicht von Daniel, sondern von einem Juden der
Makkabäerzeit verfaßt. Gegen diese Behauptung können wir
einwenden, daß das Buch schon in der LXX (280 v.Chr.) enthalten ist. Ja, das Buch war so populär, daß man sogar Zusätze
verfaßt hat, die wir heute zu den Apokryphen rechnen.

5. Das Leben Daniels

Daniel scheint noch unter dem gottesfürchtigen König Josia
(640-609 v.Chr.) geboren worden zu sein (2.Kön 22,1-23;
2.Chr 34). Josia führte eine gründliche Reform in Juda durch.
So wurden die Götzenaltäre auf den Höhen beseitigt, der Tempel wurde gründlich renoviert, das Gesetz Gottes kam wieder
zur Geltung und wurde öffentlich verlesen. Leider hielt diese
Erweckung nicht an. Auf Daniel und etliche andere scheint sie
aber Auswirkungen gehabt zu haben.
Daniel war aus königlicher Familie (Dan 1,3.6) und wurde mit
der 1.Deportation 605 v.Chr. nach Babylon verschleppt. Er
durchlief eine besondere Ausbildung am Hofe von Babel (Dan
1,4). Im Laufe von drei Jahren wurde er in die Kultur der Chaldäer eingeführt. In dieser Zeit bekam er den chaldäischen Namen Beltschazar.
Gemeinsam mit seinen drei Freunden weigerte er sich, vom
jüdischen Gesetz verbotene unreine Speisen zu essen. Da Daniel einen Traum des Königs Nebukadnezar richtig wiedergeben und auch deuten konnte, stieg er zu höchstem Einfluß bei
Hofe auf. Seine Freunde wurden Fürsten in Babylon. Auch in
dieser Position blieb Daniel Gott treu.
Nach dem Tode Nebukadnezars geriet er in politische Vergessenheit. Als Belsazar, der Regent, ein gotteslästerliches Gelage
feiern ließ, erschien eine unheildeutende Schrift an der Wand
des Festsaales. Nachdem die Weisen Babels die Zeichen nicht
deuten konnten, erinnerte man sich an Daniel. Dieser legte die

Schrift aus und erklärte den baldigen Untergang Babels. Daniel sollte wieder zu höchsten Ehren kommen, lehnte dies aber ab (Dan 5).
Auch unter den Persern blieb er ein einflußreicher Mann. Als aber ein Gesetz erlassen wurde, demzufolge 40 Tage lang niemand beten durfte, hielt er sich nicht an das erlassene Gebot. Zur Strafe wurde der schon alte Daniel (ca. 90 Jahre) in die Löwengrube geworfen. Durch ein Wunder berührten ihn die Löwen jedoch nicht, und Daniel wurde nach einer Nacht in der Löwengrube wieder entlassen. Er bekam viel Einfluß sowohl unter Darius, als auch unter Cyros (Dan, 6,29).

6. Hauptverständniswort

Gottes Endsieg

7. Hauptverständnisvers

Dan 7,27: »Aber das Reich und die Macht und die Gewalt über die Königreiche unter dem ganzen Himmel wird dem Volk der Heiligen des Höchsten gegeben werden, dessen Reich ewig ist, und alle Mächte werden ihm dienen und gehorchen.«

8. Die Visionen von Weltreichen und ihre Bedeutungen

Kap. 3: Die Statue
Diese Vision zeigt anhand einer riesigen Statue, von der Nebukadnezar träumt, die aufeinanderfolgenden Weltreiche und deren Ende:

Goldener Kopf	=	Babylon
Silberne Brust	=	Persien
Eiserner Leib	=	Griechenland
Eiserne Beine	=	Rom, das sich in Ost- und Weströmisches Reich teilen wird. Weitere Spal-

tungen werden deutlich, trotz vieler menschlicher Bemühungen können sie nicht beseitigt werden.

Stein   = Reich Gottes

Kap. 7 Vier Tiere und das jüngste Gericht
Hier werden in einer Vision Daniels die aufeinanderfolgenden Weltreiche als Tiere gezeigt:

Löwe   = Babylon
Hinkender Bär   = Medo-Persien
Vierköpfiger Panther = Griechisches Reich, welches sich in vier Königreiche spaltet
Untier   = Römisches Reich
Kleines Horn   = Antichrist (Antiochus Epiphanes)

Die Offenbarung des Johannes greift diese Vision in Offb 13 und 17 wieder auf.

Weitere Visionen:

1. Kap. 4, Vom Baum:
   Eine Vision Nebukadnezars, die ihn vor Hochmut bewahren soll
2. Kap. 8, Vision vom Widder und vom Ziegenbock:
   Kampf der Perser gegen die Griechen
3. Kap. 9, Vision der 70 Jahrwochen:
   Eine heilsgeschichtliche Zeiteinteilung bis zum Kommen des Messias und dem Jüngsten Tag
4. Kap. 11, Vision über Antiochus Epiphanes:
   Er ist ein Typus auf den letzten Welttyrannen, den Antichristen

9. Neutestamentliche Bezüge

Menschensohn — Bezeichnung für Jesus
  Lk 19,10; 21,27; Offb 1,13; 14,14 vgl. Dan 7,13
Greuel der Verwüstung —
Jesus prophezeit den Untergang des Tempels
  Mt 24,15 vgl. Dan 9,26.27; 11,31; 12,11
Einzige Hoffnung ist Gottes Gnade
  Röm 3 vgl. Dan 9,18

10. Abriß

1. Der geschichtliche Teil   Kap. 1-6
   Der junge Daniel in der Ausbildung   „ 1
   Vision Nebukadnezars von der Statue   „ 2
   Daniels Freunde im Feuerofen   „ 3
   Nebukadnezars Traum vom Baum   „ 4
   Belsazars gotteslästerliches Gelage   „ 5
   Daniel in der Löwengrube   „ 6

2. Der prophetische Teil   Kap. 7-12
   Vision von den vier Tieren   „ 7
   Vision vom Widder und vom
   Ziegenbock   „ 8
   Daniels Bußgebet   „ 9,1-19
   Weissagung von den 70 Jahrwochen „ 9,20-27
   Engelserscheinungen   „ 10
   Der gottfeindliche Tyrann   „ 11

3. Schluß:
   Die Weissagung wird versiegelt   „ 12

Fragen zu Lektion 30

1. Wie stuft Hesekiel den Propheten Daniel ein?

2. Wie konnte es geschehen, daß Daniel, unter Nebukadnezar einer der wichtigsten Politiker Babylons unter Belsazar fast vergessen war?

3. Was wissen wir über König Darius?

4. Zeigen Sie die Verbindungslinie zwischen dem Buch Daniel und dem Tyrannen Antiochus Epiphanes:

5. Wer empfängt und wer deutet die Vision aus Dan 2?

6. Was sagen die Visionen Dan 2 und 7 über die zukünftigen Weltreiche?

7. Welche neutestamentlichen Bezüge finden wir im Buch Daniel?

8. Schildern Sie den Lebensweg Daniels:

Lektion 31

Thema: Der Prophet Hosea

Kurze Zusammenfassung

Autor:	Hosea
Zeit:	760-720 v. Chr., Nordreich
Inhalt:	Gerichtsankündigung wegen Israels Ab-götterei
Besonderheit:	Hosea mußte eine Prostituierte heiraten, um zu veranschaulichen, wie es Gott mit seinem auserwählten Volk erging

---

1. Vorbemerkungen zu den Kleinen Propheten

Der Prophet Hosea ist der erste in der Reihe der 12 sogenann-ten Kleinen Propheten.
Die Wirkungszeit dieser Propheten erstreckt sich über ca. vier Jahrhunderte. Obadja, der erste von ihnen, trat um das Jahr 845 v. Chr. auf, und Maleachi, der späteste der Kleinen Propheten, wirkte etwa 433 v. Chr.
Die Kleinen Propheten wirkten sowohl in Israel als auch in Ju-da. Oft hatten sie eine Botschaft, die auch die Nachbarvölker berührte. Einer von ihnen, Jona, hatte seinen Auftrag sogar in einem heidnischen Volk, den Assyrern. Ihr Name, »Kleine Propheten«, leitet sich vom Umfang ihrer Bücher ab. Inhalt-lich sind sie ebenso wichtig wie die Großen Propheten. Einige von ihnen haben in ihrer Zeit große Bedeutung erlangt. Oft ga-ben sie neue Einsichten über Gott weiter.

In der jüdischen Einteilung gehören die Kleinen Propheten zu den
Nebiim acharonim = den späten Propheten.

Lektion 31

Alle 12 Propheten gehören dort in eine Rolle, »Die Zwölf« genannt.
Obwohl Hosea chronologisch nicht der erste dieser 12 ist, steht er an erster Stelle, wahrscheinlich, weil er mit 14 Kapiteln neben Sacharja der längste der Kleinen Propheten ist.

2. Historischer Hintergrund

Hosea lebte im Nordreich, dem sogenannten Staat Israel (im Gegensatz zum Südreich Juda). Das Nordreich wird nach dem größten seiner Stämme auch Ephraim genannt. Dieser Name wird im Buch Hosea 35mal benutzt.
Hosea begann seinen Dienst unter König Jerobeam II. In dieser Zeit gelangte Israel noch einmal zu größter Blüte. Unter Jerobeam hatte nämlich Israel seine Grenzen wie z. Z. Salomos ausweiten können (2. Kön 14,25). Die Macht der Assyrer scheint in dieser Zeit etwas ins Wanken gekommen zu sein. Allerdings brachte diese Zeit auch viele dekadente Zivilisationserscheinungen mit sich. Ausschweifungen, Vergnügungssucht und Götzendienst prägten das Leben in Israel. Sowohl das Volk wie auch die Priesterschaft waren in diesen Trend der Zeit mit hineingezogen.
Nach dem Tode Jerobeams II begann die Auflösung des Reiches.

Innerhalb von ca. 20 Jahren, von 744-722 v. Chr., hatte das Land 6 verschiedene Könige, von denen vier durch Mord beseitigt wurden.
Secharja (743-742 v. Chr.), der Sohn Jerobeams II, folgte seinem Vater auf dem Thron. Schon lange schwelte eine Rivalität zwischen dem regierenden Stamm Ephraim und den anderen Stämmen. So kam es zum Mord an Secharja, nachdem dieser gerade erst 6 Monate lang König war (2. Kön 15,10). Der Mörder, Schallum, ein Angehöriger des Stammes Manasse, rief sich selbst zum König aus (742 v. Chr.). Bereits nach einem Monat fiel auch er einem Mordanschlag zum Opfer (2. Kön 15,14). Das war die Rache der Ephraimiter.

Der Mörder Menahem mußte sich den Assyrern unterwerfen, um seine Königswürde bestätigen zu lassen. Der Assyrerkönig Tiglatpilesar III (biblischer Name Pul) (745-727 v. Chr.) nahm dafür einen hohen Tribut (2. Kön 15,19.20). Nach Menahems Tod (542-536 v. Chr.) folgte dessen Sohn Pekachja auf dem Thron. Er wurde nach zwei Jahren Herrschaft durch einen Militärputsch gestürzt und ermordet (2. Kön 15,25). Der Führer der manassischen Partei, Pekach (736-733 v. Chr.), bestieg den Thron und regierte drei Jahre lang. Hoschea, der letzte König Israels (733-725 v. Chr.), soll nach assyrischen Aufzeichnungen in Absprache mit Tiglatpilesar III Pekach ermordet und dann sich selbst zum König ernannt haben (2. Kön 15,30). Nach dem Tode Tiglatpilesars III versuchte Hoschea, von der Oberherrschaft der Großmacht Assyrien freizukommen. Er verweigerte den Tribut und verbündete sich mit Ägypten. Aber die Macht des neuen Assyrerkönigs Salmanassar V war schon so gefestigt, daß er den Aufstand niederwerfen konnte. Die Assyrer nahmen König Hoschea gefangen und belagerten Samaria drei Jahre lang. Nach dem Endsieg über das Nordreich und dem Fall Samariens verschleppten die Assyrer die Bevölkerung Israels in die assyrische Gefangenschaft (2. Kön 17,4-6). Aus dieser Gefangenschaft ist das Volk nie mehr zurückgekehrt.

3. Leben und Auftrag Hoseas

Leben und Auftrag gehören bei Hosea eng zusammen. Wahrscheinlich war Hosea Berufsprophet. Sein wichtigster Auftrag war, dem Volk durch sein persönliches Schicksal zu zeigen, wie sehr Gott unter der Untreue Israels leidet.

Der Name des Propheten

Der Name Hosea heißt zu Deutsch »Gott hilft«.

Die Biographie des Propheten

Hosea war der Sohn Beeris (Hos 1,1). Aus Hos 1,1 kann man schließen, daß er ca. 70 Jahre lang als Prophet wirkte. Robert Lee ent-
nimmt daraus, daß er 92-98 Jahre alt geworden ist. Nach dem Fall
des Nordreiches hat Hosea wahrscheinlich noch in Juda gewirkt.
Einen Hinweis auf Juda findet sich u. a. in Hos 6,11. Die Familie
des Hosea muß zu den Vornehmen im Nordreich gehört haben.
Hosea hatte von Gott den Auftrag, die »Hure« Gomer, Tochter
Diblajims, zu heiraten (Hos 1,2). Ob mit dieser Bezeichnung eine
besonders unzüchtige Frau oder gar eine Prostituierte gemeint ist,
wird nicht ganz klar. Es kann auch sein, daß es eine Israelitin war,
die sich aufgrund des in Israel eingerissenen Baalkultes einem
Baalspriester hingegeben hatte, um durch das Opfer ihrer Jungfräulichkeit besondere Fruchtbarkeit zu erlangen (Hos 4,14.15).
Solche Frauen waren an besonderem Schmuck oder Zeichen zu
erkennen, die sie auch wieder ablegen konnten (Hos 2,4).
Hosea liebte Gomer. Aber nach einiger Zeit verließ sie ihn. Aus
der Ehe gingen drei Kinder hervor, die vielleicht von anderen
Männern gezeugt waren. Hosea gibt ihnen symbolische Namen:

> Sohn: Jesreel = deutsch: Der Herr zerstreut
> Tochter: Lo Ruhama = deutsch: Nicht in Gnaden
> Sohn: Lo Ammi = deutsch: Nicht mein Volk

Gomer kommt durch ihren Lebenswandel in große Not. Sie
wird zu einer Art Sklavin. Hosea, der sie immer noch liebt,
kauft sie wieder frei (Hos 3,1-5). Nach einiger Zeit der Zurück-
gezogenheit als Strafe und Bußzeit für die ehebrecherische
Frau nimmt er sie wieder als seine Frau auf.

4. Das Thema des Buches

Gott ergeht es mit Israel ebenso wie Hosea mit seiner Frau.
Offiziell dient das Volk Gott, aber in Wirklichkeit liebt es ihn
nicht (Hos 6,6). Überall herrscht Baalskult. Gott liebt Israel

trotzdem und will es als Volk zurückgewinnen. Wie Gomer vor
ihrer Wiederannahme eine Zeit der Strafe erfahren muß, muß
Israel eine Zeit der Armut und des Elends durchmachen: ohne
König, ohne Möglichkeit zu opfern, ohne Götzen und in
schrecklicher Not (Hos 3,4; 5,14; 13,9.11). Dies ereignete sich in
der assyrischen Gefangenschaft (722 v. Chr.). Aber in ferner
Zukunft wird es dann doch noch Heil für das von seinem Götzendienst geläuterte Volk Israel geben (Hos 11,11; 13,14; 14,5).

5. Verfasserschaft

Das Buch selbst nennt Hosea als Verfasser (Hos 1,1).
Die meisten seiner Worte sind ebenso wie bei seinem Zeitgenossen Amos direkte Reden Gottes.
Die Verfasserschaft Hoseas wurde zwar zeitweise von der Bibelkritik in Frage gestellt, doch selbst liberale Theologen gehen immer mehr von Hosea als Autor des Buches aus.

6. Hauptverständniswort

Strafende Liebe

7. Hauptverständnisvers

Hos 13,9: »Israel, du bringst dich ins Unglück; denn dein Heil
steht allein bei mir.«

8. Abriß

a. Grobe Einteilung

Hoseas Ergehen	Kap. 1-3
Verschiedene Prophetensprüche	Kap. 4-14

b. Gliederung

1. Die Ehe Hoseas als Symbol für
   Gottes Erfahrung mit Israel   Kap. 1-4
   Die Ehe Hoseas   ”   1
   Der Ehebruch Gomers   ”   2
   Hosea kauft Gomer frei   ”   3

2. Gottes Gericht über Ephraim   Kap. 4-14
   Der sittliche Verfall Israels   ”   4+5
   Israel verschmäht Gottes Liebe   ”   6,1-8,6
   Israel wird Gottes hartes Gericht
   erfahren   ”   8,5-10,15
   Gott liebt Israel trotz seiner
   Sünde   ”   11
   Der Rückweg zu Gott bleibt offen   ”   12,1-7
   Sünde muß bestraft werden   ”   12,8,15
   Gott wird alle, die umkehren,
   erretten   ”   13+14

9. Anhang:

Die AT-Propheten in ihrer chronologischen Reihenfolge

Name	Staat und Zeit (v. Chr.)	Auftrag und politische Konstellation
Obdja	Nordreich 845	Gerichtspredigt gegen Edom König Judas: Joram Sohn Josaphats (853-841) König Israels: Joram Sohn Ahabs (852-841) König Assyriens: Salmanassar III (858-824) Zeitgenossen: Elia / Elisa Ben-Hadad II v. Syrien

Name	Staat und Zeit (v. Chr.)	Auftrag und politische Konstellation
Joel	Juda 835	Eine Heuschreckenplage als Gerichtshandeln Gottes war der Anlaß, Israel zur Buße zu rufen. Joel weissagt für die Endzeit die Geistausgießung (Kap. 3 vgl. Apg 2,16-21) und ein großes Völkergericht. König Judas: Joas (835-796) König Israels: Jehu (841-814) König Assyriens: Salmanassar III (858-824) Zeitgenossen: Elisa, Hasael v. Syrien
Jona	Nordreich *760	Gerichtsbotschaft an Ninive, die Hauptstadt Assyriens König Judas: Usia (*779-739) König Israels: Jerobeam II (*784-744) König Assyriens: Assurdan III (773-754) Zeitgenossen: Amos, Rezin v. Syrien
Hosea	Nordreich 760-720	Gerichtsbotschaft an Israel Könige Judas: Usia, Jotam, Ahas, Hesekia Könige Israels: Jerobeam II, Sacharja, Schallum, Menachem, Pekachja, Pekach, Hosea Könige Assyriens: Assurdan III, Assurnirari V, Tiglat-Pileser III, Salmanassar V Zeitgenossen: Amos, Jesaja, Micha, Rezin v. Syrien
Amos	wirkt im Nordreich 760, stammt aus Juda	Gerichtspredigt gegen Israel König Judas: Usia König Israels: Jerobeam II

Name	Staat und Zeit (v. Chr.)	Auftrag und politische Konstellation
		König Assyriens: Assurdan III Zeitgenossen: Amazja, Hoherpriester in Beth-El, Rezin v. Syrien
Jesaja	Juda 739-685	Gerichtspredigt gegen Juda, Ankündigung des Gottesreiches König Israels: Menachem, Pekach, Hosea Könige Judas: Usia (*779-739), Jotam (* 740-734), Ahas (* 734-719), Hiskia (* 719-691), Manasse(* 691-638) Könige Assyriens: Tiglatpilesar III, Salmanassar V (727-722), Sargon III (721-705), Sanherib (704-682) Zeitgenosse: Micha
Micha	Juda 737-690	Gericht über Samarien und Jerusalem; Heil durch den Messias Könige Israels: Menachem, Pekachja, Pekach, Hosea Untergang des Nordreiches 722 Könige Judas: Jotan, Ahas, Hiskia Könige Assyriens: wie bei Jesaja Zeitgenosse: Jesaja
Nahum	Juda 650	Gericht über Ninive König Judas: Manasse König Assyriens: Assurbanipal (669-633) Zeitgenosse: Habakuk
Zephanja	Juda * um 635	Gericht über Juda und die Völker König Judas: Josia (* 638-608) König Assyriens: Assurbanipal Erste Skythen Einfälle in Vorderasien Zeitgenossen: Habakuk, Nahum

Name	Staat und Zeit (v. Chr.)	Auftrag und politische Konstellation
Jeremia	Juda 627-580	Gericht über Juda und Jerusalem Könige Juda: Josia, Joahas (*608), Jojakim (*608-597), Jojachin (597), Zedekia (597-*558) Untergang Jerusalems 587 König Assyriens: Assurballit (612-*609) König Ägyptens: Pharao Necho (610-594) Zeitgenossen: Baruch, Hesekiel
Habakuk	Juda 609	Läuterungsgericht für Juda durch die Babylonier König Judas: Josia König Babylons: Nabopolasser Zeitgenosse: Jeremia
Daniel	Babylon 600-530	Vergänglichkeit der Weltreiche; am Ende siegt Gottes Reich Könige Judas: Jojakim, Jojachim, Zedekia * Nach Fall Jerusalems: Gedalja (*587) * Nach dem Exil Gouverneur: Serubbabel (ab 538) Könige Babylons: Nebukadnezar, Ewil-Merodach (562-560), Neriglissar (560-556), Labaschi-Marduk (556), Nabonid (556-539) (Vizekönig Belsazar) König Persiens: Cyrus (539-530) König Mediens: Darius (bis 536 als Teilkönig) Zeitgenossen: Jeremia, Hesekiel, Serubbabel

Name	Staat und Zeit (v. Chr.)	Auftrag und politische Konstellation
Hesekiel	Babylon * 592-570	Gericht über Juda, Trost für die Gefangenen in Babel König Judas: Zedekia König Babels: Nebukadnezar Zeitgenossen: Jeremia, Daniel
Haggai	Juda 520	Anklage wegen noch nicht wieder aufgebautem Tempel Stadthalter Judas: Serubbabel Hohepriester: Josua König Persiens: Darius I (522-486) Zeitgenosse: Sacharia
Sacharia	Juda 520-485	Die herrliche Zukunft des messianischen Reiches nach Läuterung des Volkes Statthalter Judas: Serubbabel Hohepriester: Josua Könige Persiens: Darius I, Xerxes (486-464) Zeitgenosse: Haggai
Maleachi	Juda 433	Trotz Verfall in Juda steht Gott zu seiner Verheißung. Ankündigung Johannes des Täufers. Statthalter Judas: Nehemia König Persiens: Artaxerxes I (464-423) Zeitgenosse: Esra

* gekennzeichnete Jahreszahlen differieren bei den Berechnungen um ca. 1 bis 2 Jahre. Historiker sind sich nicht einig.

Fragen zu Lektion 31

1. Welchen Teil des AT leitet das Buch Hosea ein?

2. Wozu gehören die Kleinen Propheten in der rabbinischen Einteilung der Bibel?

3. Unter welchem König begann Hosea sein Wirken? Beschreiben Sie die wirtschaftliche, militärische und geistliche Situation zu jener Zeit:

4. Wie entwickelte sich die Geschichte Israels nach Jerobeam?

5. Welchen Teil Israels nennt das Buch Hosea »Ephraim« und warum?

6. Wann und wie ging das Nordreich unter?

7. Welches familiäre Schicksal mußte Hosea erleben, und welche prophetische Botschaft sollte sein eigener Lebenswandel anschaulich machen?

Lektion 32

Thema: Der Prophet Joel

Kurze Zusammenfassung

Autor: Joel
Zeit und Ort: 842 v. Chr. im Südreich (Juda)
Inhalt: Bußruf an Juda und Ankündigung des
                   Gerichtes über die Heiden

---

1. Vorbemerkungen

Über das persönliche Schicksal des Propheten Joel ist uns nichts bekannt. Einzige persönliche Mitteilung ist der Name seines Vaters: Petuël (Joel 1,1).
Der Name Joel kommt des öfteren in der Bibel vor. Das erste Mal wird er als Name des ältesten Sohnes Samuels erwähnt (1. Sam 8,2).
Joel heißt zu deutsch: »Der HErr (Jahwe) ist Gott«.

2. Historischer Hintergrund

Man nimmt an, daß sich der Hinweis »das Geschicke Judas und Jerusalems« (Kap. 4,1 ff.) (Jubiläumsbibel: »Gefängnis Judas und Jerusalems«) auf die Not Jerusalems unter Joram bezieht. Damals plünderten Philister Jerusalem und verschleppten viele Einwohner in die Sklaverei (2. Chr 21,16.17).

3. Das Thema des Buches

Zwei Naturkastastrophen, eine Heuschreckenplage und die

nachfolgende Teuerung, sind Anlaß für den Bußruf Joels an das Volk Israel. Joel sieht in den Plagen eine Heimsuchung Gottes.

Zweite Botschaft ist der Blick in die Endzeit. Joel sieht sowohl die Geistausgießung zu Pfingsten (Joel 3,1 vgl. Apg 2,16-21) wie auch den Tag des Herrn als Gerichtstag voraus. Dieser Gerichtstag wird der Tag der Vergeltung an den Völkern sein. Diese werden für das, was sie Israel angetan haben, zur Rechenschaft gezogen.

4. Verfasserschaft

Auch die Bibelkritik erkennt an, daß das Buch aus einem Guß ist. Die jüdische wie auch die christliche Tradition weist es dem Propheten Joel selbst zu. Das NT bestätigt die Verfasserschaft Joels (Apg 2,16).

5. Bibelkritische Einwände

Etliche Ausleger datieren das Buch in das 4. vorchristliche Jahrhundert. Sie begründen es damit, daß weder die eigene Staatlichkeit noch das Königtum Israels erwähnt wird. Auch meinen sie, etliche Zitate aus anderen Propheten wie Amos, Micha, Zefanja, Jesaja, Obadja u. a. zu entdecken.

Das Buch selbst läßt aber eher auf die Zeit um 835 v. Chr. schließen.
* Es werden nur die alten Feinde Israels erwähnt: Philister, Phönizier, Edomiter und Ägypter (Joel 4,4.19).
* Zwar führt Joel die Könige nicht auf, wohl aber die Priester. Das spricht für die Zeit, in der der gottesfürchtige Hohepriester Jojada die Regentschaft verwaltete.
* Die genannten Zitate müssen nicht aus den anderen Propheten sein. Vielmehr kann es sich bei Joel um das Original handeln, nach dem die anderen zitieren.

6. Hauptverständniswort

Tag des Herrn

7. Hauptverständnisvers

Joel 4,21: »Und ich will ihr Blut nicht ungesühnt lassen. Und der Herr wird wohnen zu Zion.«

8. Abriß

Fragen zu Lektion 32

1. Was wissen wir vom Propheten Joel?

2. Weshalb nehmen wir an, daß Joel um 835 v. Chr. wirkte?

3. Wer regierte Juda z. Z. Joels?

4. Wie deutet Petrus Joel 3 in seiner Pfingstpredigt?

5. Was bedeuten die übereinstimmenden Zitate bei Joel und den späteren Propheten?

6. Wie deutet Joel die Heuschreckenplage?

7. Wo findet nach Joel das Völkergericht statt?

8. Was hat Gott an den Heiden so erzürnt (Joel 4)?

Lektion

Thema: Der Prophet Amos

Kurze Zusammenfassung

Autor: Amos (er stammt aus Juda)
Zeit und Ort: Um 760 v. Chr. im Nordreich (Israel)
Inhalt: Ankündigung des Gerichtes über das
                    götzendienerischer und verdorbene
                    Nordreich

---

1. Vorbemerkungen

Das Prophetentum im AT hat verschiedene Ausprägungen. Dies ist bis in die Sprache hinein nachvollziehbar. Es gab die
»nabi« zu deutsch: Sprecher oder Verkündiger;
einige Propheten werden mit
»roäh« zu deutsch: Seher oder Schauer,
bezeichnet (1.Sam 9,9; 29,29).
Auch die
»choseh« werden im Deutschen mit »Seher« übersetzt (2. Sam 24,11; 1. Chr 21,9; Am 7,12).

Die Bezeichnungen roäh und choseh betonen die Art und Weise der Offenbarung.

Gleichzeitig gab es auch Prophetenschulen, in denen einzelne zum Propheten ausgebildet wurden. Solche Schulen werden u. a. im Umkreis von Samuel (1. Sam 10,5.10; 19,20), Elia (2. Kön 2,3.5.15) und Elisa (2. Kön 4,38-41; 6,1) genannt.
Diese Art der Ausbildung war durchaus legitim und wurde von Gott bestätigt (1. Kön 20,35 ff). Sie ist wohl am ehesten mit dem heutigen Predigerseminar zu vergleichen. Allerdings gab

es bald auch Fehlentwicklungen, die das Berufsprophetentum
teilweise entarten ließen. Die Ursache dafür war, daß sich das
Berufsprophetentum als gute Erwerbsquelle erwies (Micha 3,5)
und sicher auch viel öffentliches Ansehen einbrachte. So rede-
ten derartige Propheten oft den Königen und dem Volk nach
dem Mund (1. Kön 22,6).

Berufspropheten scheinen eine feste Stellung im Tempel gehabt zu haben (Jes 28,7; Jer 6,13; 8,1 u. a.). Leider manipulierte
der Blick auf das Geld oft ihre Prophezeiungen (Micha 3,5.11).
Manchmal waren sie erbitterte Gegner der echten Propheten
(Jer 6,14).

Amos legte viel Wert darauf, kein Berufsprophet, sondern ein
berufener Prophet zu sein (Am 7,14).

2. Historischer Hintergrund

Amos trat zur Blütezeit des Nordreiches um 760 v. Chr. unter
Jerobeam II auf. Durch eine Schwäche der Weltmacht Assyrien war es Jerobeam gelungen, sein Reich zu einer Hegemonialmacht aufzubauen. Er stellte Israels alte Grenzen wieder
her (2. Kön 14,23-25). Dies erfüllte das Volk mit Stolz (Am
6,13).
Die Oberschicht in Israel lebte in großem Wohlstand. Amos
spricht von getäfelten Sommer- und Winterhäusern (Am 3,15)
und dem Wohlleben der reichen Frauen, die er als »fette Kü-
he« (Am 4,1) bezeichnet. Zechgelage gehörten zum Alltäglichen (Am 4,1; 6,4-6). Im Übermut verführte man die Gottge-
weihten (Nasiräer), ihre Gelübde zu brechen und machte sich
über alles Heilige lustig (Am 2,12).
Gleichzeitig wurden die Armen gegen das göttliche Gesetz
aufs schamloseste ausgebeutet (Am 8,4.6). Das Recht der Stärkeren hatte den Vorrang (Am 3,10; 5,7.12). Gottes Gebote wurden mißachtet und übergangen (Am 8,5).
Man hielt an prunkvollen äußerlichen Gottesdiensten mit

Priestern, Opferfeiern und festlichen Gesängen fest. Gab man
Spenden und Almosen, so ließ man seine Opfer öffentlich be-
kanntgeben (Am 5,21-27). In den Heiligtümern in Gilgal, Beer-
seba, Samaria, Dan, und Bet-El galt der Wille des Königs mehr
als Gottes Wille (Am 7,12+13).

3. Das Thema des Buches

Amos ist beauftragt, Israel zur Umkehr zu rufen. Gott wird alle
Sünde rächen. Es tut dies an den benachbarten Heidenvölkern
(Am 1,3-10), an Juda (Am 2,4.5), aber auch am Nordreich Israels (Am 2,6-16). Dem Gericht kann man nicht entgehen. Es
trifft sowohl das Volk als Ganzes als auch den Einzelnen. Gott
greift durch Naturereignisse, durch die Zerstörung des Heiligtums und durch die Zerstreuung des Volkes mit seinem Gericht ein.
Nicht äußerliche Gottesdienste, sondern innere Umkehr tut
Not (Am 4,4).

Doch die Zerstörung soll nicht das letzte sein. Ein kleiner, ge-
läuterter Rest wird die Wiederherstellung Israels erleben (Am
9,11-15).

4. Verfasserschaft

Christliche und jüdische Tradition bezeugen die Verfasserschaft des Amos. Ernst Aebi meint, daß Amos das Buch als Flug-
schrift verfaßt haben könnte. Nach seiner Anweisung könnte
er es niedergeschrieben und nach Israel geschickt haben.

5. Zur Person Amos

Der Name Amos bedeutet »Lastenträger«.
Amos stammt aus dem Südreich Juda, tat aber seinen Dienst

im Nordreich Israel. Sein Heimatort war Tekoa, 19 km südlich von Jerusalem am Rande der Wüste Juda (Am 1,1). Diese Herkunft machten ihm seine Gegner zum Vorwurf (Am 7,12). Amos wußte sich von Gott zu diesem Dienst berufen (Am 1,1.2; 7,15). Deshalb unterbrach er seine Tätigkeit als Schäfer und Maulbeerzüchter (Am 7,14).

Seinen wichtigsten Dienst tat er in Bet-El. Sein Auftreten, wahrscheinlich während eines Festes, empfand man als störend. Amazja, der Hohepriester, verbot ihm das Predigen (Am 7,16) und ließ ihn als aufrührerischen Ausländer ausweisen. Amos verkündigte ihm daraufhin sein persönliches Gericht (Am 7,17).

Ob Amos sich der Ausweisung fügte und wieder nach Tekoa zog, ist uns nicht überliefert.

6. Hauptverständniswort

Schicke Dich Israel, Deinem Gott zu begegnen.

7. Hauptverständnisverse

Amos 9,10-11: »Alle Sünder in meinem Volk sollen durchs Schwert sterben, die da sagen: Es wird das Unglück nicht so nahe sein noch uns begegnen. Zur selben Zeit will ich die zerfallene Hütte Davids wieder aufrichten und ihre Risse vermauern und, was abgebrochen ist, wieder aufrichten und will sie bauen, wie sie vorzeiten gewesen ist.«

8. Die Visionen des Amos

a. Gerichtsvisionen über den Untergang des Nordreiches:

Amos 7,1-3   Heuschreckenschwarm –
                    Feindliche Heere

Amos 7,4-6	Feuer — Plünderungen
Amos 7,7+8	Bleilot — Gericht ist gerecht
Amos 8,1-14	Korb mit reifem Ost —
	Gerichtsreife Israels
Amos 9,1-6	Der Herr steht auf dem Altar —
	Ende des Tempeldienstes

b. Strafen für die umliegenden Völker:

Zunächst wird die Ursache, dann die Strafe genannt:

* Syrer: Amos 1,3-5
                Ursache der Strafe:
                Grausamkeit gegen gefangene Israeliten
                Strafe:
                Untergang von Damaskus und Ver-
                nichtung des Königshauses

* Philister: Amos 1,6-8
                Ursache der Strafe:
                Sie haben die gefangenen Israeliten an
                deren schlimmste Feinde ausgeliefert
                Strafe:
                Untergang der Philisterstädte: Gaza,
                Asdod, Askalon, Ekron und der
                Philister

* Tyrus: Amos 1,9-10
                Ursache der Strafe:
                Vertragsbruch
                Strafe:
                Feuer in den Palästen

* Edomiter: Amos 1,11-12
                Ursache der Strafe:
                Bruderkrieg

Strafe:
Feuer in Teman und den Palästen von
Bozra

* Ammoniter: Amos 1,13-15
Ursache der Strafe:
Wegen grausamem Mord an
Schwangeren
Strafe:
Feuer in Rabas und Gefangenschaft des
Königs

* Moabiter: Amos 2,1-3
Ursache der Strafe:
Leichenschändung am Edomiterkönig
Strafe:
Feuer in Kerijot,
Ausrottung der Moabiter

* Juda: Amos 2,4-5
Ursache der Strafe:
Gesetzesbruch
Strafe:
Untergang Jerusalems

* Israel: Amos 2,6-16
Ursache der Strafe:
Die Armen unterdrückt, die Nasiräer
verführt
Strafe:
Untergang im Krieg

9. Abriß

1. Gerichtsreden gegen die Völker   Kap. 1+2
   Völkersprüche siehe 8 b. Strafen für
   die umliegenden Völker

2. Strafreden gegen die Volksführer
   und einzelne   Kap. 3-6
   Strafe Israels, Untergang der
   Hauptstadt   „ 3
   Anklage gegen die Oberschicht   „ 4
   Unumgänglichkeit des Gerichts   „ 5+6

3. Gesichte über den Untergang   Kap. 7,1-9,10
   Visionen siehe 8 a. Gerichtsvisionen
   über den Untergang des Nordreiches
   Einschub: Amos und Amazia   Kap. 7,10-17
   Anhang: Verheißung für den Rest   Kap. 9,11-15

Fragen zur Lektion 33

1. Was verstehen wir unter Berufspropheten?

2. Welche Verhaltensweisen der Oberschicht greift Amos an?

3. Was erlebt Amos in Bet-El?

4. Wo kam Amos her, und was war er von Beruf?

5. Unter welchem König trat er auf?

6. Welchen Völkern droht er welche Strafe an?

7. Welche Strafe droht er dem Hohenpriester von Bet-El an?

8. Als wessen Heiligtum verstand Amazia Bet-El?

9. Welche Hoffnung hat Amos für Israel?

Lektion 34

Thema: Der Prophet Obadja

Kurze Zusammenfassung

Autor:	Obadja
Zeit und Ort:	850-840 v. Chr. im Südreich (Juda)
Inhalt:	Weissagung gegen die Edomiter

---

1. Vorbemerkungen

Der Name des Propheten
Der Name Obadja kann mit »Knecht des HErrn« oder »Anbeter des HErrn« übersetzt werden.

Wann trat Obadja auf?

Um den Propheten ranken sich viele Fragen, die kaum 100prozentig geklärt werden können.
Wenn wir auch annehmen, daß Obadja der älteste Prophet ist, so ist dies doch nicht mit Sicherheit festzustellen. Wir gehen von seinem Wirken um 841 v. Chr. aus. Im Gegensatz zu fast allen anderen Gestalten der Bibel ist uns beim Propheten Obadja nicht einmal der Name seines Vaters bekannt.

In der Bibel finden sich 12 Personen mit dem Namen Obadja. (1. Kön 18,3-16; 1. Chr 3,21; 1. Chr 7,3; 1. Chr 8,38; 1. Chr 12,9; 1. Chr 27,19; 2. Chr 17,7; 2. Chr 34,12; Esra 8,9; Neh 10,6; Neh 12,25). Zwar scheiden einige von vornherein als Verfasser aus, trotzdem können wir aus den anderen Namen nicht schließen, wer Obadja war. Möglicherweise ist er an einer anderen Stelle des AT gar nicht erwähnt, obwohl er ein Prophet war. Das Buch selbst ist das kürzeste Buch des AT und wohl auch eines der unbekanntesten Teile der ganzen Bibel.

2. Der Zeitabschnitt

Da das Buch selbst keine genauen Angaben macht, fragen wir die jüdische Überlieferung. Aber auch hier muß festgestellt werden, daß kein klares Ergebnis erzielt werden kann. Die jüdische Überlieferung widerspricht sich bei der Person Obadjas. Einige der alten Rabbiner meinten, der Prophet sei ein Hofmeister Ahabs gewesen (1. Kön 18,3). Andere identifizierten ihn mit dem Fürsten (2. Chr 17,7), der die Gesetzeslehre in den jüdischen Städten weiterzugeben hatte.

Den einzigen Anhaltspunkt über die Zeit Obadjas können wir aus dem Inhalt seiner Weissagungen schließen.
Inhalt des Buches ist eine harte Gerichtsandrohung gegen Edom. Unter Edom verstehen wir das Volk der Edomiter, auch Idumäer genannt, die Nachkommen Esaus (Vgl. Gen 25,30; 32,4; 36,8).

3. Historischer Hintergrund

Israel und die Edomiter — eine Feindschaft unter Brüdern.
Israel mit dem Stammvater Jakob und Edom mit dem Stammvater Esau sind Brudervölker (Gen 36).

Israel durfte während der Wüstenwanderung keinen Krieg gegen das Brudervolk führen, obwohl dieses Israel am Durchzug durch dessen Land gehindert hatte (Num 20,14-21; Deut 2,4-6.12). Im Gegensatz zu den anderen Nachbarvölkern, die nicht zum Volk Israel dazukommen konnten, durften Angehörige des Idumäervolkes in der 3. Generation Glieder Israels werden (Deut 23,8.9). Trotz dieser wohlwollenden Haltung Israels ge-

genüber den Idumäern standen die Edomiter Israel von Anfang an feindlich gegenüber.
David brachte sie nach kriegerischen Auseinandersetzungen
dann unter Israels Oberhoheit (1. Kön 11,15). Unter Joram gab
es einen Edomiteraufstand (845 v. Chr.). Wenn auch Joram
siegte, so blieben die Edomiter danach doch weitgehend unabhängig (2. Chr 21,8-10). In dieser Zeit kam es zur Herausbildung eines Edomitischen Königshauses (2. Chr 21,8).
Drei Jahre nach dem Edomiteraufstand 842 v. Chr. gelang es
den Arabern und Philistern, Jerusalem zu erobern (2. Chr 21,8-
10.16.17). Die Sieger lieferten die gefangenen Israelis an die
Edomiter aus (Am 1,6-12). Diese rächten sich furchtbar an den
Juden.
Wahrscheinlich hat Obadja nach diesen Ereignissen prophetisch gewirkt.
Die Edomiter blieben auch später Israels verbissene Feinde.
Gemeinsam mit Nebukadnezar plünderten sie 587 v. Chr. Jerusalem und veranstalteten ein grausames Massaker (Ps 137,7;
Klgl 4,21.22; Hes 35,25.15).
Der Perserkönig Cyros hat ihnen später eine schwere Niederlage zugefügt, bei der Tausende von Idumäern ums Leben kamen.
In der Makkabäerzeit wurden sie von den Juden politisch vernichtend geschlagen und sind nach der Zerstörung des Tempels in Jerusalem 70 n. Chr. langsam in der Völkerwelt verschwunden.
Mit Antipater (gest. 43 v. Chr.), dem Vater König Herodes
d. Großen (37-4 v. Chr.), übernahm eine idumäische Dynastie
die letzte Königsherrschaft in Israel.

4. Der Inhalt des Buches

Richtig bezeichnet es Robert Lee als ein »bissiges Manifest gegen die grimmigen Idumäer, die stets Feinde Israels waren«.
Obadja sagt Edoms endgültige Vernichtung voraus. Israel aber
wird als auserwähltes Volk wieder auferstehen und eine herrli-
che Zukunft haben.

5. Hauptverständniswort

Göttliche Vergeltung

6. Hauptverständnisverse

Ob 15.17: »Denn der Tag des Herrn ist nahe über alle Heiden. Wie du getan hast, soll dir wieder geschehen, und wie du verdient hast, so soll es auf deinen Kopf kommen. Aber auf dem Berge Zion werden Gerettete sein, und er soll heilig sein und das Haus Jakob soll seine Besitzer besitzen.«

7. Weissagungen des Propheten

* Der Untergang Edoms hat sich nach dem großen jüdischen Krieg vollzogen. Die Philister besitzen heute das Gebiet Edoms (V. 19). Der Name Philister veränderte sich im Laufe der Jahrhunderte in Palästinenser.
* V. 17 ist eine Weissagung auf das Friedensreich am Ende der Tage. Besonders Jesaja greift das Bild später wieder auf (Jes 2,2).

8. Abriß

Die Ankündigung und Unausweichlichkeit
des Gerichtes über Edom   V.1-9
Die Schuld Edoms bei der Plünderung Jerusalems V.10-14
Der Tag des Herrn als Gerichtstag für die Völker V.15.16
Die zukünftige Rettung und Größe Israels   V.17-21

Fragen zu Lektion 34

1. Was bedeutet der Name Obadja?

2. Gegen wen richten sich seine Weissagungen?

3. Was ist der wahrscheinlichste Hintergrund des Buches?

4. Welche Weissagungen macht Obadja im Blick auf Israels Zukunft? Edoms Zukunft? Die Völkerwelt?

Lektion 35

Thema: Der Prophet Jona

Kurze Zusammenfassung

Autor: Unbekannt
Zeit und Ort: Um 782 v. Chr. in Ninive, der Hauptstadt
Assyriens
Inhalt: Bericht über das Ergehen des Propheten
Jona während der Zeit seines propheti-
schen Dienstes an Ninive
Weissagung: Untergang Ninives
Besonderheit: Im Schicksal Jonas liegt eine versteckte
Weissagung auf Jesu Aufenthalt im Toten-
reich

1. Vorbemerkungen

Das Buch Jona unterscheidet sich von allen anderen Prophetenbüchern. Bildet bei den Schriftpropheten sonst das gespro-
chene Wort den Mittelpunkt des Buches, so läßt sich dieses im
Buch Jona auf einen Vers reduzieren (Jona 3,4). Inhalt des Buches ist das Schicksal Jonas, das mit seiner Botschaft aufs engste verbunden war.

2. Historischer Hintergrund

In Israel regierte Jerobeam II, jedoch war das Land offiziell unter assyrischer Oberhoheit. Da die assyrische Zentralmacht
recht schwach geworden war, konnte Israel eine seit Salomo
nicht mehr bekannte Größe erreichen. Der Herrscher des assyrischen Großreiches war Salmanassar IV. Er residierte in Ninive, der Stadt, in der Jona zu predigen hatte.

Ninive als Hauptstadt Assyriens war eine Großstadt am Ost-
ufer des Tigris. Zwei Ruinenhügel, Kujundschik und Nebi Ju-
nus, kennzeichnen heute die Lage der ehemaligen Stadt. Die
Bibel redet davon, daß Ninive »drei Tagereisen groß« war (Jo-
na 3,3).
Neueste Ausgrabungen bestätigen diese oft bestrittene Größe.
Man fand Reste von Palästen, riesigen Vorratslagern, Verwal-
tungsgebäuden, ehemaligen Parkanlagen und dem gewaltigen
Tempel der Stadtgöttin Istar (auch Asthoreth genannt). Eine
Wasserleitung führte von den Hügeln im Osten zur Stadt.
Gottes Wort redet von Ninives besonderer Bosheit (Jona 1,2).
Übereinstimmend damit berichten alle alten Geschichts-
schreiber von der Grausamkeit Assyriens. Im Jahre 722 v. Chr.
zerschlug es das Nordreich (2. Kön 17,4-6) und belagerte das
Südreich (2. Chr 32).

3. Verfasserschaft

Da das Buch durchgängig in der dritten Person geschrieben ist,
stammt es möglicherweise nicht von Jona selbst. Sprachliche
Ausdrücke lassen auch fundamentalistische Ausleger annehmen, daß das Buch erst nach der endgültigen Zerstörung Ninives (612 v. Chr.) durch Nabopolassar niedergeschrieben wurde.
Der Verfasser hat sich dabei auf eine alte Überlieferung gestützt.

4. Die Person Jona

Der Name Jona heißt zu deutsch Taube.
Der Prophet stammt aus Gat-hefer (2. Kön 14,25c), dem Stamme Sebulon (Jos 19,10-13), dem späteren Galiläa. Sein Vater
hieß Amittai (Jona 1,1).
Einige talmudische Schreiber meinen, Jona sei der Sohn der
Witwe aus Sarepta, den Elia erweckt hat, gewesen. In der Bibel
gibt es dafür keinen Beleg.

Gottes Wort läßt keinen Zweifel daran, daß Jona eine geschichtliche Gestalt war.

Das Buch schildert den Teil seines Lebens, der mit seinem Auftrag in der Stadt Ninive zu tun hat.
In 2. Kön 14,25 wird er als Prophet des Nordreiches geschildert, der unter Jerobeam II wirkte.
Da nach alttestamentlichem Verständnis Sieg über die Feinde als Belohnung für Treue gegen Gott gesehen wurde, ziehen einige Bibelausleger den Schluß, daß Jerobeam II eine ähnliche Lebensänderung erfahren hat wie später König Manasse in Juda (2. Chr 33,1-20). Wie sonst hätte er solch große politische Erfolge erzielen können (vgl. 2. Historischer Hintergrund).
Die uns vorliegenden Quellen (Prophet Amos, 2. Kön 14) jedoch zeigen auf, daß die Zeit Jerobeams II eine Zeit des geistlichen und sittlichen Verfalls war. Möglicherweise hat Jerobeam durch den Einfluß des Propheten zu Gott zurückgefunden, was sich aber auf die geistliche Gesamtsituation im Nordreich nicht auswirkte. Jesus redet von Jona als einer geschichtlichen Gestalt (Mt 12,39.40).

5. Bibelkritische Einwände

In der alten Kirche wie auch im Judentum wurde die Echtheit des Buches nie in Frage gestellt. Die Geschichtlichkeit der Person Jonas wird im AT und vor allem durch Jesus bestätigt (Mt 12,38-41; 16,4; Lk 11,29-32).
Heute wird das Buch von der modernen Theologie als ein orientalisches Märchen, das bestenfalls gleichnishafte Bedeutung hat, dargestellt. Besonders das Ereignis mit dem Fisch wird angezweifelt.
In der Fundamentalkritik am Buch Jona verlassen die modernen Theologen den Boden der Bibel. Sie widersprechen nicht nur dem Prophetenbuch, sondern ausdrücklich Jesus. Jesus geht von der Tatsache des dreitägigen Aufenthaltes Jonas im Fischbauch aus und bezieht ihn auf seinen dreitägigen Aufent-

halt im Tod, zwischen Kreuz und Auferstehung (Mt 12,40). Allerdings stellt die moderne Theologie ja auch Jesu leibliche Auferstehung, und damit die Grundlage des christlichen Heilsverständnisses, in Frage.

Auch wir wissen nicht, um was für einen Fisch es sich handelte. Immer wieder tauchen Berichte auf, wonach Menschen im Leib eines Fisches überlebt haben (z. B. beim Mörderwal). Interessant ist hierzu folgender Beitrag Viktor E. Dörschers in seinem Buch »Und der Wal schleuderte Jona an Land« (Goldmann-Verlag, 1990), worin er schreibt, daß der »römische Naturkundler Plinius von Pottwalen im Mittelmeer« berichtet. Dörscher schreibt (S. 120-121): » ›Und Jona war im Leib des Fisches‹. Vom Bauch ist hier nicht die Rede. Das ist erst später in Sekundärberichten der Fall. Und die Maulhöhle des Pottwales ist mit drei Meter Länge und zwei Meter Höhe wirklich ein beachtlicher ›Innenraum‹, in dem es Jona schon einige Zeit aushalten konnte, sofern das Tier in dieser Zeit nicht tiefer getaucht ist und drei Tage und drei Nächte lang gefastet hat. Das An-Land-Speien zum guten Ende der Geschichte wird mehr ein Pusten gewesen sein. Der hilfreiche Riese faßt immerhin zweitausend Liter Luft in seinen Lungen. Seine normale Blasfontaine steigt acht Meter hoch. Der Mensch ist dann nicht mehr als ein Kaugummi.«

6. Hauptverständniswort

Dienst an den Heiden

7. Hauptverständnisverse

Jona 3,9: »Wer weiß? Vielleicht läßt Gott es sich gereuen und wendet sich ab von seinem grimmigen Zorn, daß wir nicht verderben.«

Jona 4,2 b: » . . . denn ich wußte, daß du gnädig, barmherzig, langmütig und von großer Güte bist und läßt dich des Übels gereuen.«

8. Die prophetische Bedeutung des Jona

* Die Weissagung des Jona über den Untergang von Ninive erfüllt sich zwar nicht nach 40 Tagen, dann aber im Jahre 612
  v. Chr.
* Durch seinen Aufenthalt im Fischbauch gab Jona unbewußt
  und zeichenhaft eine Prophezeiung auf Jesu Tod und Auferstehung.
* Durch seinen Dienst unter den Heiden mußte Jona demon-
  strieren, daß Gott kein Volksgott Israels ist, sondern das Heil
  aller Menschen will.
* Durch die Rücknahme des sofortigen Gerichts über Ninive
  zeigt das Buch, daß Gott Sünde vergibt.

9. Abriß

Jonas Auftrag	Kap. 1,1+2
Jonas Flucht	″ 1,3-16
Jona in Gottes Zucht	″ 2
Jona im Dienst	″ 3
Jona in Gottes Schule	″ 4

Fragen zu Lektion 35

1. Worin unterscheidet sich das Buch Jona von den anderen Propheten?

2. Von welchem Land war Ninive die Hauptstadt?

3. Wer herrschte zur Zeit Jonas in Ninive?

4. Weshalb zürnte Gott über Ninive?

5. Im Blick auf welches Ereignis nimmt Jesus Bezug auf den Propheten Jona?

6. Welche prophetischen Aussagen lebt Jona zeichenhaft?

Lektion 36

Thema: Der Prophet Micha

Kurze Zusammenfassung

Autor:	Micha
Zeit und Ort:	737-690 v.Chr. im Südreich
Inhalt:	Gerichtspredigt und Ankündigung des Messias

---

1. Vorbemerkungen

Micha war ein Zeitgenosse des Jesaja. Viele seiner Weissagungen ähneln denen dieses großen Propheten. Michas Prophetie galt zwar auch im Nordreich, dem er den baldigen Untergang ankündigt (Mi 1,6.7), aber vor allem im Südreich mit Jerusalem als Hauptstadt.

2. Verfasserschaft

Biblisch gesehen gibt es keine Gründe, an der Verfasserschaft Michas zu zweifeln. Vom Stil her ist das Buch einheitlich und scheint in einem Zug niedergeschrieben zu sein.
Es finden sich wörtliche Übereinstimmungen zwischen Mi 4,1-3+5 und Jes 2,2-4. Einige ziehen daraus den Schluß, daß Micha diese Zitate von Jesaja übernommen habe. Diese Schlußfolgerung ist aber nicht zwingend, da Gott beiden Propheten die gleiche Offenbarung gegeben haben kann.

3. Zur Person des Propheten Micha

Micha stammt aus Moreschet in der jüdischen Sephela. Er trat
unter den jüdischen Königen Ahas und Hiskia auf (Mi 1,1), also
etwa von 737-690 v. Chr. Die Zeit seines hauptsächlichen Wirkens scheint unter Hiskia gewesen zu sein (Jer 26,18). Die Heimat Michas ist die Gegend, durch die die assyrischen Heere 701
v.Chr. unter Sanherib nach Jerusalem zogen (2. Kön 18,13-19.37).
Möglicherweise hat Micha erst zu dieser Zeit seinen Wohnsitz
nach Jerusalem verlegt, um vor den plündernden Truppen zu
fliehen.
Der Name Micha bedeutet »Wer ist wie Gott?«.

Micha gehörte zu den Gottesmännern, die das Volk z. Z. des
frommen Königs Hiskia zum Herrn zurückriefen. Unter dem
Volk haben diese Männer keinen dauerhaften Erfolg gehabt.
Das Volk fiel schon unter dem Nachfolger Hiskias wieder in
den Götzendienst zurück (2. Chr 33,1-10). Hiskia aber nahm
sich Gottes Wort zu Herzen (2. Chr 24-26).
Auch später sind die Worte Michas beachtet worden. Zum Beispiel, als sich Älteste aus Jerusalem für den mit der Todesstrafe
bedrohten Jeremia verwendeten, beriefen sie sich ausdrücklich auf Micha (Jer 26,16-19).

4. Die Botschaft des Propheten

Micha redet in ein Volk hinein, in dem sich »soziale, politische,
menschliche und gottesdienstliche Ordnung auf dem Weg der
Auflösung befinden« (F. Rienecker). Er wendet sich deutlich gegen alle scheinheilige Frömmelei und Lüge. So zeigt Micha, daß
äußere Gottesdienstformen und leerer Traditionalismus vor Gott
nicht bestehen können. Gott wird alle falschen Propheten be-
strafen. Er wird sogar Jerusalem dem Erdboden gleichmachen.
Trotz seiner harten Strafe bleibt Gott barmherzig. Micha redet
prophetisch vom Reich des Messias: Er wird wie einst David
aus Betlehem kommen (1. Sam 16,18-1 a). Er wird sein Frie-

densreich gründen, das auf dem Berg Zion seinen Mittelpunkt hat. Er wird über den letzten Ansturm der Feinde siegen.

5. Bibelkritische Einwände

Moderne Theologen bestreiten sowohl die Autorenschaft Michas, wie auch die Einheitlichkeit des Buches. Allerdings finden sich hier auch innerhalb der modernen Theologie unauflösliche Widersprüche. Das den bibelkritischen Gedanken sehr aufgeschlossene »Bibel-Lexikon« von H. Haag schreibt dazu: »Als solche (nachexilische Ergänzungen) werden vor allem 2,12 ff die Hauptsache von Kap. 4 f und Kap. 6 f angesehen und in die nachexilische Zeit angesetzt, weil an diesen Stellen das Vorhandensein einer Diaspora, die Zerstörung Jerusalems und das Ende des Königtums vorausgesetzt wird. Die Echtheit dieser Stücke wird aber wohl mit Recht verteidigt, indem auf die Übereinstimmung zwischen den eschatologischen Gedanken des Is (Jes) mit dem des Micha und auf die Diaspora von 731 verwiesen werden kann« (Kolumne 1151).
Der Hauptkritikpunkt der liberalen Exegeten ist, daß ein Unheilprediger kein Heil prophezeien könne. Im Buch Micha aber findet sich beides.
Dieses Argument können wir nicht akzeptieren, da bei Gott Gericht und Heil zusammengehören.

6. Hauptverständnisgedanke

Heil nach dem verdienten Gericht

7. Hauptverständnisvers

Mi 6,8: »Es ist dir gesagt, Mensch, was gut ist und was der Herr von dir fordert, nämlich Gottes Wort halten und Liebe üben und demütig sein vor deinem Gott.«

8. Die Prophezeiungen des Micha

a. Gerichtsprophezeiungen

1. Gericht über Samarien Mi 1,6+7
2. Gericht über Jerusalem Mi 1,8-19; 3,9-12

Ursachen des Gerichtes im sozialen Bereich

* Ungerechtigkeit, Gewalttaten, Unterdrückung der
  Schwachen Mi 2,2.8.9; 7,2
* Böse Führer und ungerechte Richter
  Mi 3,1-3.9.10; 7,3
* Lüge und falsche Gewichte Mi 6,10-12
* Man kann seinen Freunden nicht mehr trauen
  Mi 7,5
* Unfrieden und Respektlosigkeit in den Familien
  Mi 7,6

Ursachen des Gerichts im religiösen Bereich

* Götzendienst Mi 1,7
* Bestechlichkeit der Propheten Mi 3,5-8
* Bestechlichkeit der Priester Mi 3,11

Erfüllung der Prophezeiungen

* Zerstörung Samariens 722 v. Chr. Mi 1,6
* Zerstörung Jerusalems 587 v. Chr. Mi 3,12
* Babylonische Gefangenschaft 605-536 v. Chr.
  Mi 4,9-10

b. **Heilsprophezeiungen**

1. Das Friedensreich des Messias Mi 4,1-5

2. Rückkehr und Sieg der Erlösten Mi 4,6

3. Die Geburt des Messias in Betlehem Mi 5,1

4. Erfüllte Verheißungen:
   * Geburt des Messias Mi 5,1 Mt 2,1-12

c. **Situationen, in denen die Prophezeiungen Michas zu Bedeutung kamen**

1. Durch die Ältesten bei der Verteidigung Jeremias (Jer 26,18; Mi 3,12)

2. Durch die Priester bei der Auskunft über den Geburtsort Jesu (Mi 5,1; Mt 2,5.6)

3. Durch Jesus bei der Aussendung seiner Jünger

9. Abriß

1. Gottes Gericht   Kap. 1-3
   Gegen Juda und Samarien   „ 1
   Gegen die Reichen und die Großen   „ 2
   Gegen die gewalttätigen Führer und
   falschen Propheten   „ 3

2. Gottes Heil durch den Messias   Kap. 4-5
   Die Erhöhung des Tempelberges und
   das Friedensreich   „ 4,1-8
   Jerusalems gegenwärtige Not   „ 9-14
   Der Messias aus Davids Ort   „ 5

Fragen zu Lektion 36

1. Neben welchem großen Propheten wirkte Micha?

2. Welche zwei großen Kriege erlebte Micha?

3. Welches sind die zwei Schwerpunkte der Botschaft Michas?

4. Was ist das Hauptargument der liberalen Bibelausleger gegen die Einheitlichkeit des Buches Micha, und warum akzeptieren wir diese Argumente nicht?

5. Welche sozialen Ursachen nennt Micha für die Strafe über Jerusalem?

6. Welche religiösen Ursachen nennt Micha für das Gericht über Jerusalem?

7. Welche Weissagungen Michas erfüllten sich schon z. Z. des AT?

8. Welche wichtige Weissagung im Blick auf Jesu Geburt erfüllte sich?

9. Welche Prophetie Michas steht noch aus (ist noch nicht erfüllt)?

Lektion 37

Thema: Der Prophet Nahum

Kurze Zusammenfassung

Autor: Nahum
Zeit und Ort: Um 650 v. Chr. im Südreich
Inhalt: Untergang Ninives

---

1. Vorbemerkungen

Friedrich Schiller sagte in seiner berühmten Eingangsvorlesung als Professor für Geschichte an der Universität Jena den oft zitierten Satz:»Die Weltgeschichte ist das Weltgericht.« Wenn wir dieser Aussage auch nicht voll zustimmen können, so können wir doch feststellen: In der Weltgeschichte vollzieht sich Weltgericht.
Von diesem Weltgericht weissagt Nahum. Er gehört in die Reihe der Propheten, die den Untergang Assyriens anzukündigen hatten.

2. Historischer Hintergrund

Mit Sicherheit können wir annehmen, daß Nahum zur Zeit von König Manasse um 650 v. Chr. lebte und diente.
In seiner Vorhersage vom Untergang Ninives erwähnt Nahum die Eroberung des ägyptischen Theben, in der Bibel No-Amon genannt, im Jahre 663 v. Chr. durch die Assyrer (Nah 3,8).
Zur Zeit Nahums muß Ninive noch in Blüte gestanden haben:
* Ninive ist voll geraubter Dinge (Nah 2,13; 3,1)
* In Judäa gibt es viele assyrische Händler und Beamte (Nah 3,16.17).

Diese Macht dürften die Assyrer nur noch unter Manasse gehabt haben. Manasse war sogar 8 Jahre in assyrischer Haft
(2. Chr 33,11-13). Vermutlich hatte er sich der Rebellion des Samassumkin von Babel angeschlossen. Samassumkin war der
Bruder des Assyrerkönigs Assurbanipal und wollte diesen
stürzen. Der Putsch schlug fehl, und Manasse mußte im Gefolge dieser Affäre in den Kerker. Der Druck Assyriens auf Judäa
wurde in dieser Zeit natürlich immer stärker.

3. Verfasserschaft

Es gibt keinen Grund, die Verfasserschaft Nahums in Frage zu
stellen.
Das Buch ist in poetischem Stil gehalten. Es war kanonisch nie
umstritten. Schon früh genoß es großes Ansehen. Davon zeugen die Funde von Qumran 1947. Zu Nahum 1,3 b-6; 2,12 b-3,13
wurde in Qumran ein Kommentar gefunden, der historisch besonders bedeutungsvoll ist. Er enthält als erster Text von
Qumran konkrete historische Namen. Dieser Text wurde wissenschaftlich bearbeitet und veröffentlicht (JBL 75, 1956. S. 86-
95; J. Maier, Judaika 18, 1962. S. 215-250).

4. Zur Person des Propheten Nahum

Über die Person Nahums wissen wir nur wenig.
Sein Name bedeutet »Tröster«. Er stammt aus Elkosch (Nah
1,1). Wo dieser Ort lag, ist nicht mehr klar zu ermitteln. Nach einer späten Überlieferung wäre er mit Alkus, zwei Tagesreisen
nördlich von Ninive, identisch. Hieronymus meinte, daß Elkos
mit dem zu seiner Zeit in Galiläa befindlichen Elcesaeu identisch sei. Ein gewisser Epiphanius (Ende des 4. Jahrh. n. Chr.)
vertrat die Meinung, daß es sich um den damaligen Ort Beth
Dschidrin im südlichen Judäa handle.
Vom Inhalt des Buches her fällt der Wohnort in Assyrien wohl
weg.

Es wird sogar die Meinung vertreten, daß Nahum in Kapernaum gelebt hätte. Man verweist dabei darauf, daß der Name
Kapernaum auf Hebräisch
    Kapur Nahum heißt, was mit »Dorf des Nahum« übersetzt
werden kann.
Letzte Klarheit werden wir kaum bekommen.

5. Der Inhalt des Buches

Im Buch Nahum wird Assyrien mit seiner Hauptstadt gleichgesetzt.
Nahums Botschaft sollte dem unterjochten Volk Judas Trost
bringen: Gott übersieht euch in eurer Not nicht. Gott ist euer
Rächer und der Richter Ninives (Nah 1,2).
Nahum sagt Ninive den Untergang voraus (Nah 3,1-13).
Dies ist eine Glaubensaussage, denn noch war Ninive im Zenit
seiner Macht (Nah 3,16).
Gottes Gericht wird Ninive unaufhaltsam treffen, auch wenn
es z. Z. noch voller geraubter Güter ist (Nah 2,13). Israel soll
sich darauf einstellen und einen Festtag einsetzen (Nah 2,1). Es
soll seine Gelübde erfüllen und Gott danken.

Jona und Nahum

Ninive hatte seit Jonas Auftreten 150 Jahre Gnadenzeit gehabt.
Schon damals war es gerichtsreif gewesen (Jona 1,2; 3,1-10). Buße hatte es gerettet.
Dann war Ninive wieder in seine alten Wege zurückgefallen.
Die Angst vor dem Gericht Gottes war vergessen. Raub, Mord,
Götzendienst, Grausamkeiten, nicht zuletzt die Unterdrückung des Gottesvolkes Juda hatten wieder Einzug gehalten.
Nahums Auftrag war, Ninive den endgültigen Untergang zu
verkündigen. Ob man in Ninive diesen Propheten je gehört
hat, wissen wir nicht. Aber für das Volk von Juda, das unter

dem grausamen Joch Assyriens litt, gab diese Gerichtsbotschaft Trost. Der Untergang Ninives ereignete sich dann 612
v. Chr. durch die Babylonier. 609 v. Chr. wurden auch die letzten Reste der assyrischen Macht nach dem Fall von Haran zer-
schlagen.
Seit 1842 n. Chr. wird Ninive ausgegraben. Wissenschaftler
sind erstaunt, welche gewaltige Stadt Ninive einst war.

6. Hauptverständnisgedanke

Die Weltmacht vergeht, Gottes Volk bleibt.

7. Hauptverständnisvers

Nah 1,7: »Der HErr ist gütig und eine Feste zur Zeit der Not
und kennt die, die auf ihn trauen.«

8. Abriß

Urteil über Ninive	
Gott übt Rache	Kap. 1,1-11
Heil für Juda, Unheil für Assur	″ 1,12-2,1
Das Gericht über Ninive	
Belagerung und Zerstörung	″ 2,2-14
Die Ursachen des Gerichts über Ninive	
Die Sünden Ninives	″ 3,1-17
Totenklage über Ninive	″ 3,18-19

Fragen zu Lektion 37

1. Was hat der Prophet Nahum mit Jona gemeinsam?

2. Stellen Sie den historischen Hintergrund des Buches dar.

3. Welche Hauptweissagung gibt Nahum weiter?

4. Welche ägyptische Stadt wird im Buch Nahum erwähnt?

5. Wie soll sich Juda im Blick auf das Gericht über Ninive verhalten?

6. Woran zeigt sich, daß Nahum als Tröster (deutsche Bedeutung seines Namens) auftrat?

Lektion 38

Thema: Der Prophet Habakuk

Kurze Zusammenfassung

Autor:	Habakuk
Zeit und Ort:	Zwischen 638 und 612 v. Chr. in Juda
Inhalt:	Ankündigung des Aufkommens Babylons
	Gericht und Trost für Juda

---

1. Vorbemerkungen

In Habakuk haben wir einen Heilspropheten vor uns. Er kennt zwar die Sünde Judas, aber sie anzuklagen ist nicht Schwerpunkt seines Auftrages. Habakuk bringt keine Drohungen oder Gerichtsankündigungen gegen Juda oder Jerusalem vor, sondern wendet sich gegen die Feinde des Gottesvolkes.
Habakuk wird von R. Lee als »Großvater der Reformation« bezeichnet. Martin Luther kam durch seine exegetischen Arbeiten u. a. an dem Bibelwort Röm 1,17 zum heilsgewissen Glauben. Dieses Pauluswort aber ist ein Zitat aus Habakuk 2,4.
Der Apostel Paulus muß den Propheten Habakuk sehr geschätzt haben. Uns sind 3 bis 4 Zitate Paulus' aus dem kurzen Buch Habakuk bekannt: Apg 13,40; Röm 1,17; Gal 3,11; Hebr 10,38 (wobei nicht klar ist, ob Hebr von Paulus verfaßt worden ist).

Der Name Habakuk

Der Name Habakuk ist im Hebräischen die Bezeichnung für ein Gartenkraut.
Man nennt es auch Badilienkraut oder Wasserminze.

Das Wort Habakuk kann aber auch mit »Anklammerer« oder »Umarmer« (so auch Hieronymus) übersetzt werden. Martin Luther übersetzt es mit »Herzer«. Da die Namen meist etwas mit der Botschaft und dem Dienst des Propheten zu tun haben, scheint die Übersetzung »Anklammerer« die angemessenste.
Habakuk steht unter der großen Frage »Warum?«. Warum läßt Gott das alles zu? Er versteht nicht, wie Gott sich für seine gerechten Gerichte ungerechter Werkzeuge wie der heidnischen Babylonier bedienen kann. In dieser Anfechtung wendet er sich nicht von Gott ab, sondern »klammert« sich an ihn.

2. Historischer Hintergrund

Der Inhalt des Buches Habakuk läßt uns präzise ermitteln, wann Habakuk aufgetreten ist. Nach Hab 1,6 sind die Chaldäer noch nicht ins Land gefallen, aber ihr Aufkommen steht bevor. Dies deutet auf das letzte Jahrzehnt des 7. vorchristlichen Jahrhunderts. Viele Ausleger datieren das Buch zwischen den Fall von Ninive 612 v. Chr. und den Sieg Nebukadnezars über Pharao Necho bei Karkemisch 605 v. Chr. Die Niederlage Nechos führte dann zur Unterwerfung Judas unter Babylon 605 v. Chr. und zu den drei Deportationen, die in die babylonische Gefangenschaft münden.
Da Habakuk ein Zeitgenosse Jeremias war und gleichzeitig im Tempel Dienst tat, erkennen wir, daß es zu dieser Zeit nicht nur schlechte Priester und Leviten in Jerusalem gab. Mit Sicherheit aber waren die treuen Priester in der Minderheit.

Aufgrund des apokryphischen Buches »Vom Drachen zu Babel« wird Habakuk außerdem als Zeitgenosse Daniels gesehen. Da die jüdische Tradition in diesen Fragen recht zuverlässig ist, können wir davon ausgehen, daß Habakuk mehrere Jahrzehnte lang als Prophet wirkte.

Archäologische Funde

In der 1. Höhle von Qumran fand man eine Rolle mit Hab 1+2,
sowie eine allegorische Auslegung des Buches. Der wissenschaftliche Name dafür ist: IQuHab

3. Zur Person des Habakuk

Wie bei den meisten Kleinen Propheten wissen wir nicht viel über
Habakuk. Nicht einmal der Name seines Vaters ist überliefert.

Allerdings ist Hab 3 in poetischer Form als Psalm geschrieben.
Aufgrund von Hab 3,19 b »Vorzusingen auf meinem Saiten-
spiel« schließt man, daß er Sänger im Tempel, das heißt Levit
war. Er hätte dann neben seinem priesterlichen Dienst als Prophet gewirkt.

4. Die Botschaft des Propheten

Man hat Habakuk auch als Freidenker unter den Propheten bezeichnet. Er kann nicht verstehen, warum Gott die Chaldäer
über Israel kommen läßt und spricht diese Frage aus. Habakuk
leidet an der Schmach, daß Heiden über das Heilige Volk
triumphieren. Er stellt Gott die Frage: »Warum siehst du dann
aber den Räubern zu und schweigst, wenn der Gottlose den
verschlingt, der gerechter ist als er?« (Hab 1,13)
Habakuk wagt, von Gott Rechenschaft für dessen Art, die Welt
zu regieren, zu fordern. Warum wählt Gott, der heilig ist (Hab
1,12), der zu rein ist, sich das Böse (Hab 1,13) und die Sünde in
Juda anzusehen, die noch gottloseren Babylonier, um sein Gericht auszuführen?
Diese Frage ist auch eine Frage des modernen Menschen. Gott
antwortet: »Durch widersprüchliche Wege bereitet Gott den
endgültigen Sieg des Rechtes, und der Gerechte wird durch
seine Treue leben 2,4.« (Jerusalemer Bibel, S. 1029).

5. Hauptverständniswort

Warum?

6. Hauptverständnisverse

Hab 1,3: »Warum läßt du mich Bosheit sehen und siehst dem Jammer zu? Raub und Frevel sind vor mir; es geht Gewalt vor Recht.«

Hab 2,4: »Siehe, wer halsstarrig ist, der wird keine Ruhe in seinem Herzen haben; der Gerechte aber wird durch seinen Glauben leben.«

7. Abriß

1. Die Not des Habakuk: Die Sünde Judas   Kap. 1,1-4
2. Die Folge der Not: Das Gericht durch
   die Chaldäer   ”   1,5-11
3. Die Anfechtung: Warum kommt das
   Gericht durch noch schlimmere Sünder?   Kap. 1,12-1
4. Trost: Die Glaubenden werden
   durchhalten   ”   2,1-4
5. Die Weissagung: Auch Babel geht
   unter   ”   2,5-20
6. Der Psalm: Habakuk hat Zuversicht   ”   3,1-19

Fragen zu Lektion 38

1. Welche Bedeutung hatte Habakuk indirekt für Martin Luther?

2. Wo finden wir Zitate aus Habakuk im NT?

3. Wieso bezeichnet man Habakuk als Heilspropheten?

4. Wovon leitet sich der Name »Habakuk« ab?

5. Unter welcher Frage leidet Habakuk?

6. Welcher große Prophet war Leidensgenosse Habakuks?

7. Worin unterscheidet sich die Weissagung des Habakuk von der seines großen Zeitgenossen?
   Worin gleichen sie sich?

Lektion 39

Thema: Der Prophet Zefanja

Kurze Zusammenfassung

Autor:	Zefanja
Zeit und Ort:	Um 640 v. Chr. in Jerusalem (Juda)
Inhalt:	Gericht als »Tag des Herrn«

---

1. Vorbemerkungen

Obwohl wir in Zefanja einen harten Gerichtspropheten vor uns haben, hat Martin Luther ihn sehr geschätzt. Luther unterscheidet den Wert der einzelnen biblischen Bücher nach dem Maßstab: »Was Christum treibet«.
In seiner Vorrede zum Propheten Zefanja schreibt er: »Wiewohl er ein kleiner Prophet ist, so redet er doch mehr von Christo denn viele andere große Propheten«.

2. Historischer Hintergrund

Zef 1,1 datiert sich selbst zur Zeit des Königs Josia (640-609 v. Chr.).
Unter diesem König gab es in Juda eine letzte geistliche Reformbewegung vor dem Exil. Das Auftreten des Propheten Zefanja hat diese Reform vorbereitet. Seinem Buch ist zu entnehmen, daß die Entartungen, die Josia in Juda beseitigte (2. Chr 34,4-6), zur Zeit Zefanjas noch bestanden: Zwar wurde im Tempel Jahwe gedient, parallel dazu aber waren in Jerusalem und möglicherweise sogar im Tempel eine Unzahl assyrischer und altorientalischer Götzendienste üblich. Zef 1,4-6 nennt

etliche der verehrten Götzen mit Namen: den Fruchtbarkeits-
gott Baal, den Ammonitergötzen Milkom, das Pantheon der
Götter des Heeres des Himmels (vgl. 2. Chr 33,4+5).
In der ersten Regierungszeit Manasses (695-642 v. Chr.) waren
diese Götzendienste in Juda zu voller Blüte gelangt. Judas Religion war vom monotheistischen Jahwedienst zu einem poly-
theistischen Synkretismus (Mischreligion von verschiedenen
Kulten) herabgesunken (2. Chr 33,1-10).
Während der assyrischen Gefangenschaft Manasses (er war in
der Stadt Babel eingekerkert) fand Manasse zurück zum lebendigen Gott seines Volkes: Jahwe. Nach seiner Befreiung beseitigte er die religiösen Entartungen des Götzendienstes (2. Chr
33,16.17) in Juda. Jedoch griff er nicht ganz konsequent durch
(2. Chr 33,17), möglicherweise aus Rücksicht auf die assyrische
Großmacht, deren Vasallenreich Juda war. Ammon, der Sohn
Manasses, entfachte den Götzendienst dann wieder bis auf
den Stand, den Zefanja erlebte (2. Chr 33,21-25).
Der in Zef 1,1 erwähnte König Josia wurde bereits mit 8 Jahren
gekrönt (2. Chr 34,1). Sein Vater Ammon war einer Verschwörung zum Opfer gefallen (2. Chr 33,24). Bis Josia die praktische
Macht im Land ausüben konnte, sind sicher mehr als 10 Jahre
vergangen. Während dieser Interimszeit war der Götzendienst
sicher wie zur Zeit Ammons verbreitet. Diesen Zustand griff
nun Zefanja an.
Mit seiner Botschaft stieß der Prophet bei der jüdischen Oberschicht auf harten Widerstand (Zef 3,3.4). Aus all dem können
wir schließen, daß das Auftreten Zefanjas um die Zeit von 640-
630 v. Chr. einzuordnen ist.

3. Verfasserschaft

Wir können davon ausgehen, daß Zefanja sein Buch selbst niedergeschrieben hat. Gegen diese Annahme gibt es keine stich-
haltigen Argumente.
Zwar gab es immer wieder einmal Kritik an der Verfasserschaft
Zefanjas. Sie war aber in ihrer Argumentation nicht haltbar.

Das einzige Vorurteil, welches sich in der liberalen Exegese hält, ist die Meinung einiger Ausleger, die Aussagen über die Bekehrung der Heiden (Kap. 2,11) sowie der Schluß des Buches (Zef 3,19.20) seien spätere von Jeremia beeinflußte exilische oder nachexilische Einschübe bzw. Zusätze.

4. Zur Person des Propheten Zefanja

In Zef 1,1 wird ein viergliedriger Stammbaum des Propheten genannt. Er scheint demnach zum hohen jüdischen Adel gehört zu haben. Zefanjas Stammbaum geht sogar auf Hiskia zurück. Daß es sich hierbei um den König Hiskia handelt, ist wahrscheinlich, da ansonsten ein solch ausführlicher Stammbaum am Anfang eines Prophetenbuches keinen Sinn ergäbe. Einige Propheten nennen nicht einmal den Namen ihres Vaters. Zefanja hat in Jerusalem gewohnt. Im Buch finden sich Angaben, die auf eine gute Kenntnis der Stadt schließen lassen (z. B. Zef 1,10).
Der Name Zefanja bedeutet: »Jahwe verbirgt«.

5. Die Botschaft des Zefanja

Im Mittelpunkt der Botschaft Zefanjas steht wie bei Joel und Amos **»Der Tag des Herrn«**. Unter dieser Bezeichnung verstehen die Propheten Gottes Gerichtstag. Auch wenn die Menschen es nicht wahrhaben wollen, wird das Gericht Gottes kommen (Zef 1,12).
Die Bosheit der Oberschicht Judas zeigt sich daran, daß ihre Fürsten, Priester und Berufspropheten nicht umkehren wollen. Möglicherweise deutet Zefanja hier auf Widerstände, die der Reform des Josia entgegengesetzt wurden, hin.
Zefanja klagt den Synkretismus an, der sich darin zeigt, daß man zugleich bei Jahwe und beim Ammonitergötzen schwört (Zef 1,5).
Fremde Kultur breitet sich in Juda aus. Sie ist an der ausländi-

schen Kleidung, die nun auch Angehörige Judas tragen, zu erkennen. In Jerusalem findet sich zu Unrecht erworbener Reichtum.

Aufgrund der Sünde Judas wird der Tag des Herrn besonders erschreckend sein (Zef 1,14-18).

Bevor dieser Gerichtstag kommt, warnt Gott Juda noch einmal.

Auch die heidnischen Völker werden den Tag des Herrn als Gerichtstag erleben (Zef 2,11).

Nach dem Gericht wird ein armer und kleiner Rest Judas übrig bleiben (Zef 3,12). Sie haben dem HErrn vertraut. Ihre Strafe ist vorbei, und eine neue Zeit neuen Segens bricht an (Zef 3,14- 19).

6. Hauptverständniswort

Tag des Herrn

7. Hauptverständnisvers

Zef 3,12: »Ich will in dir übriglassen ein armes und geringes Volk; die werden auf des HErrn Namen trauen.«

8. Abriß

Vorstellung des Propheten	Kap.	1,1
Ankündigung des Tages des Herrn über Juda	"	1,2-18
Nochmalige Aufforderung zur Umkehr an Juda	"	2,1-3
Der Tag des Herrn: Gericht über alle Völker	· "	2,4-15
Drohung gegen Jerusalem, seine geistlichen und weltlichen Führer	Kap.	3,1-8
Verheißung des messianischen Reiches für einen Rest	"	3,9-20

Fragen zu Lektion 39

1. Was bedeutet der Name Zefanja?

2. Was ist der familiäre Hintergrund Zefanjas?

3. Wann trat Zefanja auf?

4. Welche geistliche Situation fand Zefanja in Jerusalem vor?

5. Wie unterscheidet sich die geistliche Entwicklung des Königs Manasse von der seines Sohnes Ammon?

6. Welches heilsgeschichtliche Ereignis steht im Mittelpunkt der Botschaft Zefanjas?

7. Wie stand die Oberschicht zu den Bemühungen Zefanjas?

8. Welche Zukunft sieht Zefanja für Juda am Ende des »Tages des Herrn«?

Lektion 40

Thema: Der Prophet Haggai

Kurze Zusammenfassung

Autor:	Haggai
Zeit und Ort:	520 v.Chr. in Jerusalem
Inhalt:	Aufforderung zum Wiederaufbau des Tempels

---

1. Vorbemerkungen

Während der verschiedenen Geschichtsepochen Israels veränderte sich der Schwerpunkt der Botschaft der Propheten. Vor und während dem Exil stand die Botschaft von Gericht, Buße und Trost (Verheißung der Wiederherstellung Israels) im Mittelpunkt. Nach dem Exil wurde der Schwerpunkt des prophetischen Wortes die Wiederherstellung des Staates und des Gottesdienstes in Juda.

2. Historischer Hintergrund

Im 1. Regierungsjahr des Cyros war den Juden die Rückkehr in ihr Land gestattet worden (Esr 1,1-2). Unter Führung des Hohenpriesters Jeschua und des durch die Perser eingesetzten Gouverneurs für Judäa, Serubbabel, zog eine erste Gruppe von 42 360 Freien und 7 337 Sklaven nach Judäa zurück. Der Rückzug ereignete sich im Jahr * 536 v. Chr., genau 70 Jahre nach der ersten Deportation. Cyros selbst hatte den Juden befohlen, ihren Tempel wieder aufzubauen (Esr 1,2). Die durch Nebukadnezar entwendeten Tempelgegenstände ließ er ihnen zurückgeben (Esr 1,7-11).

Man begann sofort mit dem Bau. Schon nach 7 Monaten konnte das erste Brandopfer auf dem Ruinenfeld des früheren Tempels durch Jeschua dargebracht werden (Esr 3,1-3). Es wurde eine Sonderabgabe zusammengelegt, um Geld für den Tempelbau zu haben (Esr 2,68-70). Schon zwei Jahre nach der Ankunft in Jerusalem 534 v.Chr. wurde der Grundstein für den Tempel gelegt (Esr 3,10-13).

Bald nach Beginn des Tempelbaus boten sich die im Lande seßhaften Samariter an, beim Tempelbau mitzuarbeiten (Esr 4,2).

Die Samariter waren ein Mischvolk. Sie sind aus den Mischehen der wenigen nichtverschleppten Israeliten des Nordreiches (722 v. Chr.) und den durch die Assyrer und Babylonier neu angesiedelten Heiden entstanden. Die Samariter verehrten Jahwe und unterhielten Heiligtümer an den alten samaritanischen Kultstätten Bet-El und Garizim. Allerdings war ihre Religion stark mit heidnischen Bräuchen vermischt (zur Entstehung der Samariter vgl. 2. Kön 17,24-33).

Zur Zeit Jesu erkannten sie außer dem Pentateuch (5 Bücher Mose) den alttestamentlichen Kanon nicht an.

Die Führer der heimgekehrten Juden sahen durch eine Zusammenarbeit mit den Samaritern die Gefahr des Neuaufkommens von Götzendienst. Götzendienst hatte Juda vor der babylonischen Gefangenschaft unter Gottes Zorn gebracht. Aufgrund dieser berechtigten Bedenken verwehrten die Führer der heimgekehrten Juden den Samaritern die Mitarbeit am Tempelbau (Esr 4,3). Daraufhin hinderten die Samariter den Weiterbau, indem sie die Juden eines möglichen Aufruhrs gegen Persien bezichtigten. Infolgedessen verbot der persische König die Arbeiten am Tempel (Esr 4,23.24).

Die Juden zogen sich in ihre Heimatorte zurück. Da jetzt das große Gemeinschaftsprojekt, der Tempel, nicht weitergebaut werden konnte, bemühte sich jeder nur noch um den eigenen Wohlstand.

---

* Walton und andere Historiker datieren die Rückkehr zwei Jahre früher. Entsprechend verändern sich alle Geschichtszahlen.

3. Der Prophet Haggai

Der Name des Propheten bedeutet zu deutsch »der am Fest Geborene« oder »Der Festliche« bzw. »Mein Fest«. Der Name des Propheten deutet an, daß Haggai möglicherweise an einem Festtag geboren wurde.
Über seinen Geburtsort wissen wir nichts.
Hag 2,3 läßt zwei gegensätzliche Theorien über das Alter Haggais aufkommen. Die überwiegende Mehrzahl der Ausleger schließt aus dieser Stelle, daß Haggai sehr alt war und den salomonischen Tempel vor seiner Zerstörung (587 v. Chr.) noch gekannt hat. Da man erst mit 12 Jahren den Tempel betreten durfte, müßte Haggai im Jahre 520 mindestens 80 Jahre alt gewesen sein. Die kurze Zeit seines im Buch geschilderten Wirkens unterstützt diese Meinung. Ein so alter Mann kann normalerweise nur schwer eine belastende Aufgabe wie die eines Propheten ausfüllen.
Eine Minderheit von Auslegern deutet Hag 2,3 folgendermaßen: Haggai war während der Zeit seines prophetischen Wirkens noch sehr jung. Er spricht die Älteren des Volkes an, besonders auch die, die den salomonischen Tempel noch gesehen haben: Es ist eine Schande, daß der Tempel immer noch nicht wieder aufgebaut ist, obwohl inzwischen die Generation, die den alten Tempel noch kannte, ausstirbt.
Im Jahre 520 v. Chr., dem 2. Regierungsjahr des Perserkönigs Darius I (522-486 v. Chr.), wird Haggai durch Gott gedrängt, zu Serubbabel und Jeschua zu sprechen (Hag 1,1). Sicher tat er dies in einem größeren Rahmen. Der im Buch Haggai geschilderte Auftrag währte nur drei Monate und vierundzwanzig Tage. Ob Haggai außerdem als Prophet wirkte, wissen wir nicht. Möglicherweise war er Schriftgelehrter. Er benutzt einen sonst bei Propheten nicht üblichen, einfachen und ruhigen Stil mit eingebauten Fragen (Hag 1,4; 2,3.12.13).
Haggai arbeitete mit dem Propheten Sacharja zusammen (Esr 5,1.2).

4. Die Botschaft des Propheten

In vier Reden wendet sich Haggai an Volk und Obrigkeit in Juda (Hag 1,1.12).
Er mahnt Juda zum Wiederaufbau des Tempels (Hag 1,4). In seiner Argumentation greift Haggai die Mißernten (Hag 1,11) und vielfältige Mühsal, die das Volk in der Sorge um seinen Lebensunterhalt hat, auf (Hag 1,6). Das Desinteresse des Volkes an dem göttlichen Auftrag, den Tempel zu bauen, ist die Ursache, daß die persönliche Arbeit ohne Segen bleibt (Hag 1,9). Wer aber dem Herrn dient, empfängt überschwenglichen Segen (Hag 1,8).

Die Folge der Rede Haggais

Gott benutzt die Predigt Haggais, um Juda aus seiner Gleichgültigkeit aufzuwecken (Hag 1,12). Schon drei Wochen danach beginnt der Tempelbau (Hag 1,14-15), für den Gott seinen Beistand verheißt (Hag 1,13). Vier Jahre nach Baubeginn war der nachexilische Tempel fertig (516 v. Chr.). Haggai hatte noch den weiteren Auftrag, in zwei Predigten die Herrlichkeit des neuen Tempels und des zukünftigen messianischen Reiches zu offenbaren (Hag 2).

Die größere Herrlichkeit des zweiten Tempels

Haggai weissagt, daß dieser zweite Tempel herrlicher werden wird als der erste, sog. salomonische Tempel (Hag 2,9). Äußerlich war das nicht der Fall. Erst Herodes der Große hat durch umfangreiche Baumaßnahmen den Tempel zu einer weltberühmten Anlage werden lassen. Jedoch ist dieser Ausbau nie ganz fertig geworden. Außerdem fehlte das wichtigste Gerät des alten Tempels, die Bundeslade. Sie war der Ort, an dem die Gesetzestafeln des Mose aufbewahrt wurden. Ihr Deckel, der Gnadenstuhl, galt als Gottes Thron auf Erden (Ex 25,22). Die

Bundeslade ist seit der babylonischen Gefangenschaft verschwunden.
Im apokryphischen Buch 2. Makkabäer 2,4.5 wird gesagt, daß Jeremia sie in einer Höhle am Nebo versteckte, damit sie im messianisch-endzeitlichen Tempel wieder zur Verfügung stehe. Bei dieser Mitteilung handelt es sich wohl um eine Legende, weil sie Jer 3,16ff widerspräche.
Die durch Haggai geweissagte größere Herrlichkeit des Tempels ist durch Jesus geworden.
Er, in dem Gott Mensch wurde, betrat den nachexilischen Tempel. Er brachte als himmlischer Hoherpriester ein Opfer, das alle Opfer, die es je im alttestamentlichen Tempel gab, in den Schatten stellte (2. Kor 5,19; Hebr 9,11-14).

5. Hauptverständniswort

Wiederaufbau

6. Hauptverständnisvers

Hag 2,9: »Es soll die Herrlichkeit dieses neuen Hauses größer werden, als die des ersten gewesen ist, spricht der Herr Zebaoth; und ich will Frieden geben an dieser Stätte, spricht der Zebaoth.«

7. Abriß

Vier Predigten des Haggai
Vorstellung und Zusammenhang   Kap. 1,1

    1. Predigt am 1. Elul 520 v. Chr.
       (Ende August, Anfang September)   Kap. 1,2-11:
       — Ihr seid untreu, weil ihr den Tempelbau
       liegengelassen habt! —

Botschaft:
Solange das Haus Gottes vernachlässigt wird,
bleibt euer Leben ohne Segen.

2. Predigt am 24. Elul 520 v. Chr.
   (im September)   Kap. 1,12-15:
   — Das Volk und die Führenden beginnen mit
   dem Werk —
   Botschaft: Der Herr ist mit euch.

3. Predigt am 21. Tischrim 520 v. Chr.
   (im Oktober)   Kap. 2,1-9:
   — Während der Bauarbeiten —
   Botschaft:
   Der neue Tempel wird herrlicher sein,
   als der alte je war.

4. Predigt am 24. Kislev 520 v. Chr.
   (im Dezember)   Kap. 2,10-23
   — Eine Doppelpredigt V.10+V.20 —
   * **Botschaft:** 1. Predigt:
   Eure vergangene Unreinheit und
   Segenslosigkeit ist vorbei.
   Von jetzt an will Gott segnen.
   * **Botschaft:** 2. Predigt:
   In der Zukunft werden noch viele Könige stürzen.
   Aber die Verheißungen für das Haus Davids, des-
   sen Nachkomme Serubbabel ist, bleiben.
   Gott wird ihn wie einen Siegelring ehren und be-
   nutzen.

8. Besonderheit

Nach der babylonischen Gefangenschaft ging die Bedeutung
des Prophetentums in Israel langsam zurück. Dies hing sicher
mit dem Aufkommen der Schriftgelehrten zusammen. **Schrift-**

gelehrte wurden später auch Rabbi bzw. Rabbiner, zu deutsch »Meister« genannt.

Da Propheten Gottes Willen durch direkte Offenbarung erfuhren und weitergaben, war es immer notwendig, deren Botschaft zu prüfen. Es gab viele falsche Propheten, auch Propheten, die ihre Meinungen, Wünsche und Träume mit dem Willen Gottes verwechselten (Jer 23,28). Um falsche von echten Propheten unterscheiden zu können, hatte Gott einen Maßstab gegeben (Deut 18,20-22).

In der Babylonischen Gefangenschaft entwickelte sich die **Synagoge.** Da es während des Exils keinen Tempel gab, wurde diese Mittelpunkt des jüdischen Lebens. In festen Gebäuden oder auch auf Gebetsplätzen an Flüssen (Ps 137,1; Apg 16,13) kamen die Juden zusammen. Man betete gemeinsam und las in den vorhandenen biblischen Schriften. Eine Gruppe von Schriftgelehrten, die das Wort weitergaben und interpretierten, bildete sich heraus. Einer der ersten in der Bibel genannten Schriftgelehrten war der Priester Esra (Esr 7,6).

Zur Zeit Jesu übten die Schriftgelehrten, die meist der rigoristischen Religionspartei der **Pharisäer** angehörten, einen stärkeren Einfluß als das Priestertum aus. Nach der Zerstörung des Tempels übernahmen sie vollends die Führung des Judentums bis in unsere Tage.

Auch Paulus war vor seiner Bekehrung ein jüdisch-pharisäischer Schriftgelehrter (Phil 3,4-6) gewesen. Nach seiner Bekehrung war er zwar kein Pharisäer mehr, er konnte aber seine gute Kenntnis der Schrift zur Verbreitung und Darstellung des Evangeliums optimal einsetzen (vgl. auch Mt 13,52).

Fragen zu Lektion 40

1. Wie veränderte sich der Schwerpunkt der prophetischen Offenbarung vor, während und nach der babylonischen Gefangenschaft?

2. Wie kam es zur Entstehung der Synagoge?

3. Was ist der Unterschied zwischen einem Propheten des AT und einem Schriftgelehrten?

4. Wer ist der erste uns bekannte Schriftgelehrte?

5. Was bedeutet der Name Haggai?

6. Was deutet darauf hin, daß Haggai bei seinem Auftreten schon recht alt war?

7. Welcher Prophet wirkte zur selben Zeit wie Haggai?

8. Weshalb wurde der Tempelbau abgebrochen?

9. Wie erklärt Haggai, daß die Arbeit der Menschen nach dem Exil ungesegnet ist?

10. Was weissagt Haggai über die Herrlichkeit des neuen Tempels?

11. Schildern Sie die Entwicklung vom Edikt des Cyros bis zur Einweihung des neuen Tempels:

Lektion 41

Thema: Der Prophet Sacharja

Kurze Zusammenfassung

Autor:	Sacharja
Zeit und Ort:	Ab 520 v. Chr.
Inhalt:	Gericht über die Feinde Israels
	Verheißung des messianischen Reiches

---

1. Vorbemerkungen

In Sacharja begegnet uns einer der großen Visionäre der Schrift. Neben den Büchern Daniel, Hesekiel und der Offenbarung des Johannes finden sich in Sacharja die meisten Visionen.

2. Historischer Hintergrund

Sacharja war ein Zeitgenosse und Mitarbeiter Haggais. Er begann seinen Dienst im Monat Marscheschwan (Oktober/ November) des Jahres 520 v. Chr., also zwei Monate nach dem Auftreten Haggais. Ansonsten entsprechen geschichtlicher Hintergrund und Zeitverhältnisse denen Haggais (Lektion 40).

3. Verfasserschaft

Nach christlicher und jüdischer Tradition ist Sacharja Verfasser des Buches. In bezug auf die ersten 8 Kapitel ist dies auch

bis heute unumstritten. Allerdings vertreten liberale Kritiker in bezug auf den dritten Teil des Buches (Kap. 9-14) die Meinung, daß dieser von einem oder mehreren anderen Autoren stamme.
Ihre Argumente sind:

* Im dritten Teil des Buches tauchen keine Daten mehr auf.
* Es fehlen Namen wie Jeschua und Serubbabel, die im ersten Teil eine große Rolle spielen.
* Auf den Tempelbau wird kein Bezug mehr genommen.
* Ab Kapitel 9 finden sich Zitate aus anderen biblischen Büchern.

Allerdings gehen die Meinungen der Kritiker im Blick auf den/die anderen Verfasser sehr auseinander:
* Einige meinen, der dritte Teil sei erst zwischen 300 und 160 v. Chr. entstanden.
* Andere meinen, daß der Abschnitt zwei verschiedene Verfasser habe. Sach 9-11 wäre z. Z. Jesajas und Kap. 12-15 zur Zeit des Königs Josia entstanden.
* Wieder andere ordnen ihn in der nachexilischen Zeit ein.

Schon die Uneinheitlichkeit dieser Meinungen läßt erkennen, daß die Kritik an der Verfasserschaft wenig allgemein überzeugende Argumente hat.

4. Zur Person des Sacharja

Sacharja ist ein in Israel üblicher Name. Er heißt zu deutsch: »Jahwe gedenkt«.
Sacharja muß noch in Babylon geboren worden sein.
Sein Vater hieß Berechja (zu deutsch: Jahwe segnet). Der Großvater hieß Iddo (zu deutsch: Die festgesetzte Frist) (Sach 1,1).
Sacharja stammt aus dem Priestergeschlecht. Iddo kehrte als Oberster seiner Priesterfamilie aus Babel zurück (Neh 12,4).

Später wird Sacharja als Oberster des Geschlechts erwähnt
(Neh 12,16). Wahrscheinlich ist Sacharjas Vater früh gestorben,
so daß Sacharja gleich Nachfolger seines Großvaters wurde.

5. Die Botschaft des Propheten

Sacharja sieht das Gericht über die Feinde des Volkes Gottes
kommen. Im Volk Gottes selbst wird es folgende Entwicklung
geben: König- und Priestertum werden eine Einheit bilden.
Dies geschieht durch den großen »Sproß« (Zemach) (Sach 3,8).
In wunderbarer Weise sieht Sacharja die Bekehrung Israels
voraus, wenn es den Messias erkennen wird. Dieser wird prophetisch als der Durchstochene bezeichnet (Sach 12,10). Die
Einwohner von Jerusalem werden den Heiligen Geist empfangen.
In Kap. 12-14 haben wir eine umfangreiche Weissagung der
letzten Ereignisse vor dem 1000jährigen Reich vor uns.

6. Hauptverständnisgedanke

Das zukünftige Heil Israels.

7. Hauptverständnisvers

Sach 12,10: »Aber über das Haus David und über die Bürger Jerusalems will ich ausgießen den Geist der Gnade und des Ge-
bets. Und sie werden mich ansehen, den sie durchbohrt haben,
und sie werden um ihn klagen, wie man klagt um ein einziges
Kind, und werden sich um ihn betrüben, wie man sich betrübt
um den Erstgeborenen.«

8. Abriß

Einstieg   Kap. 1,1-6

1. Die Visionen Sacharjas   Kap. 1,7-6
   Verschiedenfarbige Reiter im Myrtenhain   „   1,7-17
   4 Hörner und 4 Schmiede   „   2,1-4
   Der Mann mit der Meßschnur   „   2,5-17
   Hoherpriester Jeschua vor dem Engel
   des HErrn   „   3,1-10
   Der goldene siebenarmige Leuchter
   und 2 Ölbäume   „   4,1-14
   Fliegende Schriftrolle   „   5,1-4
   Frau in der Tonne   „   5,1-11
   Die vier Kriegswagen   „   6,1-15

2. Die Anfrage an Sacharja   Kap. 7+8
   Anfrage betreffs: Fastentage   „   7,1-3
   Gott will keine äußeren Fastentage   „   7,4-6
   Gott hat schon immer Gerechtigkeit
   und Liebe gefordert   „   7,7-14
   Gott wird sein Volk zu größtem Glück
   führen   „   8,1-17
   In Zukunft werden die Fastenzeiten
   durch frohe Feiertage ersetzt   „   8,18-23

3. Weissagungen über das
   messianische Reich   Kap. 9-14
   Gott demütigt die Heidenvölker   „   9,1-8
   Friedenskönig, der auf einem Esel einreitet   „   9,9-17
   Gott befreit und sammelt sein Volk   „   10,1-12
   Die Großen der Welt zerbrechen   „   11,1-3
   Der Prophet als guter Hirte   „   11,4-17
   Gottes Schutz für Jerusalem   „   12,1-9
   Geistausgießung, durch die der
   Messias erkannt wird   „   12,10-14
   Der Segen des Heilsbrunnens   „   13,1-6
   Zerstreuung und Wiedersammlung
   der Herde   „   13,7-9
   Jerusalem in großer Not durch seine
   Feinde   „   14,1-7

Die Rettung Jerusalems vor seinen
Feinden   Kap. 14,8-11
Die Strafe über die Feinde des Gottes-
volkes   ”   14,12-15
Die Herrlichkeit des messianischen
Reiches   ”   14,16-21

Fragen zur Lektion 41

1. Wie bezeichnet man die Propheten Sacharja, Hesekiel und Johannes aufgrund der Art, wie sie Offenbarungen empfangen haben?

2. Was ist der familiäre Hintergrund Sacharjas?

3. Wo ist Sacharja geboren?

4. In welche drei Teile kann man das Buch gliedern?

5. Wann genau begann Sacharja mit seinem Prophetendienst?

6. Welche wichtige Weissagung aus Kap. 9 hat sich bereits erfüllt?

7. Welche wichtige Weissagung aus Kap. 12 steht noch aus?

Lektion 42

Thema: Der Prophet Maleachi

Kurze Zusammenfassung

Autor: Unklar
Zeit und Ort: Wahrscheinlich 445 und 430 v. Chr. in
                  Jerusalem
Inhalt: Kritik an geistlichen und gesellschaft-
                  lichen Mißständen

1. Vorbemerkungen

In Maleachi haben wir nicht nur den in der Prophetenzählung
numerisch letzten Propheten, sondern auch den zeitlich letzt-
wirkenden Schriftpropheten des AT vor uns.
Das Buch bildet den Übergang zum NT. Seine letzte Weissagung ist ein prophetischer Hinweis auf Johannes den Täufer
(Mal 3,23.24 vgl. Lk 1,17). Dem Priester Zacharias wird durch
den Engel Gottes angesagt, daß sein Sohn auftreten wird »im
Geist und in der Kraft Elias, zu bekehren die Herzen der Väter
zu den Kindern und die Ungehorsamen zu der Klugheit der
Gerechten, zuzurichten dem Herrn ein Volk, das wohl vorbereitet ist« Lk (1,17).

2. Historischer Hintergrund

Wenn auch um die Person des Maleachi einige Probleme bleiben, kann man seine Zeit doch recht genau ermitteln.
Die Babylonische Gefangenschaft ist Vergangenheit. Götzendienst, den die vorexilischen Propheten immer wieder angrei-

fen, scheint es nicht zu geben. Ein Tempel besteht. Die geschilderten geistlichen Nöte sind uns durch das Buch Nehemia aus der Zeit vor Esra (458 v. Chr.) und dem Auftreten Nehemias (* 445 v. Chr.) bekannt.

Die meisten Ausleger datieren Maleachi zwischen den beiden Aufenthalten Nehemias (* 445 und 433 v. Chr.) in Judäa (Neh 2 ff; Neh 13).

Wirtschaftlich und politisch war die Lage besser als in der Zeit Haggais und Sacharjas; es war aber erschreckend wenig geistliches Leben zu finden, die praktizierte Frömmigkeit war scheinheilig und oberflächlich, jeder war nur auf seinen eigenen Vorteil bedacht.

Von der Erweckung unter Haggai und Sacharja war nichts mehr zu spüren. Die jüdische Religion erstarrte im Kult. Und auch dieser wurde nicht mehr ernst genommen (Mal 1,6-14).

Drei Dinge finden wir sowohl bei Esra und Nehemia wie auch im Buch Maleachi genannt:

— Ehen mit heidnischen Partnern
  (Mal 2,11-12 vgl. Esra 10; Neh 13,23-25)

— Untreue beim Opfer und beim Geben des Zehnten
  (Mal 3,8-10; Neh 13,10)

— Priester, die ihren Dienst entehrt haben
  (Mal 2,8 vgl. Neh 13,29)

Die Datierung zwischen den beiden Aufenthalten Nehemias hat ihre Ursache darin, daß Nehemia gemeinsam mit Esra am Ende von dessen ersten Aufenthalt in Juda (* 445 v. Chr.) gegen die Mißstände anging und sie beseitigte (Neh 9,1+2).

12 Jahre später, bei seinem 2. Aufenthalt, fand Nehemia sie aber teilweise noch schlimmer ausgeprägt wieder vor (Neh 13).

* Die Datierung weicht bei den einzelnen Historikern um 1-2 Jahre voneinander ab.

3. Wer war Maleachi?

Über das Leben Maleachis ist uns nichts bekannt. An keiner Stelle des AT wird sein Name erwähnt. Jüdische Ausleger (der Targum) erklären uns, daß der Name Maleachi kein jüdäischer Name jener Zeit gewesen sei.
Übersetzt heißt
Maleachi = »Mein Engel« oder »Mein Bote«.

Auffällig ist, daß das Buch Maleachi weissagt: »Siehe, ich will meinen Boten senden, der vor mir her den Weg bereiten soll. Und bald wird kommen zu seinem Tempel der Herr, den ihr sucht; und der Engel des Bundes, den ihr begehrt, siehe, er kommt! spricht er Herr Zebaoth« (Mal 3,1). In diesem Vers findet sich das Wort Maleachi (meinen Boten).
Viele Ausleger sehen deshalb im Namen Maleachi ein Pseudonym, hinter dem sich eine andere Person verbirgt. Schon die Übersetzer der LXX (3.vorchristliches Jahrhundert) müssen diese Problematik erkannt haben. Bei allen anderen Propheten setzten sie den Verfassernamen an den Anfang. Beim Propheten Maleachi steht statt dessen folgendes Vorwort: »Spruch der Worte des HErrn über Israel durch Vermittlung seines Gesandten (Engels)«.

Johannes Calvin (1509-1564) vertrat die Meinung, daß sich hinter dem Namen Maleachi der Schriftgelehrte Esra verberge. Mit dieser Ansicht steht der Schweizer Reformator in einer Tradition, die sich auf Hieronymus zurückverfolgen läßt. Die Gründe für diese Vermutung sind naheliegend:
* Die Mißverständlichkeit um den Namen (siehe oben).
* Esras und Nehemias Kampf galt den gleichen Mißständen, die das Buch Maleachi nennt.

Gegen diese Ansicht führt Ernst Aebi F. Godet an, der zu bedenken gibt, daß es auch gute Gründe für einen ansonsten unbekannten Propheten mit dem Eigennamen Maleachi gibt. Godet weist darauf hin, daß der Name Maleachi eine Abkür-

zung für den damals üblichen Namen Maleachai sein könnte.
Auch andere Propheten hätten in ihrem Buch Anspielungen
auf den eigenen Namen:
Micha 7,18 »Wer ist ein Gott wie du?« (Elbf.)
    Name Micha zu deutsch: »Wer ist wie Gott«
Zefanja 2,3 »Verborgen am Tage des Zornes Jehovas« (Elbf)
    Name Zefanja zu deutsch: »Der Herr verbirgt«.

Somit stände Maleachi mit Mal 3,1 in einer prophetischen Stil-
tradition.
Außerdem zitiert Aebi Godet: »In dem Verfasser des Buches
Esra zu erkennen, fällt uns schwer, wenn wir den Abstand ermessen zwischen einem Schriftgelehrten und einem Propheten.«
Diese Fragen um die Person des Maleachi werden letztlich un-
geklärt bleiben, wobei zu bedenken ist, daß das Schreiben unter
einem Pseudonym in der Bibel etwas Ungewöhnliches wäre.

4. Die Botschaft des Propheten

Maleachi hat den göttlichen Auftrag (Mal 1,1), das wieder lau
gewordene Gottesvolk aufzurütteln (Mal 3,5.22). Lauheit
bringt immer auch Mißstände mit sich (Mal 2,8.11.15.17; 3,8).
Deren Folge wiederum ist ein segenloses Leben (Mal 3,5-12).
Ebenso wie Esra und Nehemia tritt Maleachi diesen Entwicklungen entschieden entgegen.
Kap. 1,6-2,9 sprechen die Mißstände im gottesdienstlichen Bereich bei Priestern und Laien,
Kap. 2,10-16 das Ärgernis von Mischehen und Scheidungen an.

Parallele zur Offenbarung des Johannes

So wie in den letzten Versen des NT, in der Offenbarung des
Johannes, ein Blick auf die Zukunft erfolgt, findet sich das gleiche in den letzten Versen des AT.

Maleachi verheißt den Vorläufer des Messias (Mal 3,23.24).
Der Seher Johannes blickt auf das 2. Kommen des Messias, auf
Jesu Wiederkunft, und gibt die Verheißung »Es spricht, der
dies bezeugt: Ja, ich komme bald. – Amen, ja, komm, Herr Jesus!« (Offb 22,20).

5. Der Stil des Buches

Im Buche Maleachi finden wir einen dialogischen Stil.
Das heißt
1. Ein Problem wird von Gott genannt
2. Es kommt eine Erwiderung des Angesprochenen
3. Darauf folgt die endgültige Antwort Gottes
   z. B. Problem Mal 3,6-7 b
   Erwiderung Mal 3,7 c
   Gottes Antwort Mal 3,8-10

6. Bibelkritische Einwände

Auf die Verfasserfrage sind wir schon bei 3. Wer war Maleachi?
eingegangen.
Die kritische liberale Theologie stellt natürlich noch andere
Fragen, mit der sie die Autorität der Bibel in Zweifel ziehen
will. Allerdings finden sich bei den Kleinen Propheten nicht
sehr viele derartige Angriffspunkte.
Ein oft gebrauchter Kritikpunkt ist auch die Einheitlichkeit der
Bücher. Im allgemeinen akzeptieren auch liberale Theologen
die Einheitlichkeit des Buches Maleachi. Allerdings wird von
liberalen Exegeten Kap. 3,23+24 als Zusatz gesehen. Man
meint, hier würde ein neuer, dem Buch und der Entstehungszeit fremder Gedanke in den Text eingebracht.
Gerade dieser Ansicht müssen wir grundsätzlich widersprechen. Mag sein, daß in diesen Versen ein neuer Gedanke ein-
setzt, er bildet den geistlichen Übergang zum NT, und es gibt
nichts, was ihn von daher in Frage stellt.

Ein neuer Gedanke muß kein fremder Zusatz sein! Da das
Buch Maleachi auch zum jüdischen Kanon gehört und schon
in der LXX vollständig erscheint, kann hier auch keine nach-
trägliche christliche Manipulation des Buches vorliegen.

7. Hauptverständnisgedanke

Ihr sprecht (oder meint) falsch

8. Abriß

Einleitung: Gott liebt sein Volk	Kap. 1,1-5
1. Geistliche Vergehen von Priestern und Volk	” 1,6-2,9
Geistliche Untreue durch gesetzes-widrige Opfer	” 1,6-14
Mahnung und Strafandrohung an die Priester	” 2,1-9
2. Vergehen im Blick auf Ehe und Opfer	Kap. 2,10-3,21
Gegen Ehe mit heidnischen Frauen	” 2,10-12
Gegen Ehescheidungen	” 2,13-16
Gegen dreistes Sündigen	” 2,17
Gottes Gericht kommt für die boshaften Sünder	” 3,1-5
Die gegenwärtig schlechte Lage der Juden ist Folge ihrer Sünde	” 3,5-12
Tadel und Verheißung	” 3,13-21
Prophetischer Ausblick auf Johannes den Täufer	” 3,22-24

Fragen zu Lektion 42

1. Wo greift das NT das Buch Maleachi auf?

2. Weshalb vertreten einige Bibelausleger die Meinung, der Name Maleachi sei ein Pseudonym?

3. Welche Mißstände sind bei Maleachi, bei Esra und Nehemia genannt?

4. Schildern Sie die Zeit Maleachis:

5. Was kritisiert Maleachi an den Priestern?

6. Was sagt er zu Ehe und Familie?

7. Was ist eine Verbindungslinie zwischen den Büchern Maleachi und Offenbarung?

8. Welchen Stil hat das Buch Maleachi?

Lektion 43

Thema: Einleitung in das Neue Testament

1. Was ist das Neue Testament

Gebräuchliche Abkürzung

Wir kürzen das Neue Testament mit den beiden Großbuchstaben NT ab.

Die Anerkennung des NT als Offenbarung Gottes (kanonische Anerkennung)

Die Anerkennungen der göttlichen Inspiration von Schriften veranlaßte die Kirchenväter, diese in den Kanon aufzunehmen. Solche Schriften sind also kanonisch.
Das Wort Kanon kommt aus dem Griechischen und bedeutet soviel wie Maßstab (der Glaubenslehre).
Im alten Griechenland gab es ein Meßgerät, das von den Handwerkern auf dem Bau benutzt wurde und das »Kanon« hieß.
Das NT ist der Teil der Bibel, der nur von den Christen als kanonisch anerkannt wird. Die Juden sehen im NT kein kanonisches Werk. Auch dem Christentum wohlwollend gegenüberstehende Juden können im NT bestenfalls auf dem Hintergrund jüdischer Überlieferung entstandene religiöse Literatur sehen.
Zur Kanonfrage vgl. Lektion 44.

Der Inhalt des NT

Das NT beinhaltet die Erfüllung der alttestamentlichen Messiashoffnung in Jesus Christus und den Anbruch des sichtbaren Reiches Gottes.

Das AT verhält sich zum NT wie Erwartung und Erfüllung.
Das NT ist die Erfüllung und Erweiterung der alttestamentlichen Offenbarung.

2. Wann entstand das NT?

Etwa zwischen den Jahren 40 und 95 n. Chr.
Sein ältester Teil ist wahrscheinlich der Jakobusbrief. Er entstand wohl zwischen 42 und 45 n. Chr. Allerdings ist möglicherweise auch das Matthäusevangelium schon in dieser Zeit
entstanden.
Der jüngste Teil des NT ist die Offenbarung des Johannes, auch
Apokalypse genannt. Sie entstand zwischen 85 und 100 n. Chr.

3. Wie entstanden die Schriften des NT?

Sie waren sich dabei nicht bewußt, daß sie an der Heiligen
Schrift schrieben. Vielmehr schrieben sie aus konkreten An-
lässen (z. B. Gesetzlichkeit in Galatien), an konkrete Personen
(u. a. Lukas an Theophiles) oder Gemeinden (u. a. Paulus an
die Römer). In Anlehnung an Apg 2,42 könnte man das NT als
die Apostellehre bezeichnen. Auf ihr ruht die neutestamentliche Gemeinde und der gesamte christliche Glaube (Eph 2,20).

4. Wer entschied, was kanonisch ist?

Außerbiblische religiöse Schriften in der ersten Christenheit

Zur Zeit der Urgemeinde gab es weit mehr apostolische Schriften, als wir im NT finden.
* Wir wissen, daß es zwischen dem 1. und 2. Korintherbrief einen dritten Paulusbrief an die Korinther gegeben haben
  muß. Paulus bezieht sich im 2. Korintherbrief auf ihn. Man
  nennt diesen uns nicht überlieferten Brief den Tränenbrief.

* Auch gab es Briefe von Irrlehrern, die die Namen der Apostel mißbrauchten, um ihren Gedanken Autorität zu ver-
  schaffen.
  Die auf diese Weise im 1. und 2. Jahrhundert entstandenen
  Briefe sind zum größten Teil gnostisch. Dieses Wort leitet
  sich vom Namen einer hellenistischen Geistesströmung ab,
  die auch auf das junge Christentum Einfluß ausübte: **Die
  Gnosis.**
  Gnosis heißt zu deutsch Erkenntnis. Ihre Anhänger meinten, über besondere, dem normalen Christen nicht bekannte
  Erkenntnisse zu verfügen. Diese wurden unter anderem in
  den gnostischen Schriften weitergegeben.
* Neben den gnostischen Schriften gab es christlich erbauli-
  che bzw. nichtapostolische Literatur. Sie gehört heute teilweise zu den neutestamentlichen Apokryphen. Besonders
  wichtig sind unter diesen die Clemensbriefe. Clemens war
  Bischof (Bis ca. 110 n. Chr.) in Rom und schrieb an die Gemeinde in Korinth.

Die Herausbildung des Kanons

Den Gemeinden wurde bald klar, welche Schriften von Geist
und Inhalt her biblisch waren und welche nicht. So kennen wir
aus der Zeit um 170 n. Chr. den Kanon MURATORIANUM. Er
ist eine Aufzählung und kurze Beschreibung der als biblisch
anerkannten Schriften jener Epoche. Sein Inhalt stimmt mit
unserem heutigen Kanon weitgehend überein. Es fehlten He-
bräer-, Jakobus- und Petrusbriefe.

Wir können folgende Entwicklung erkennen:
Zur **Zeit der apostolischen Väter** (100-140 n. Chr.) waren die 4
Evangelien und die Paulinischen Schriften bereits anerkannt.
Es wurde keine uns bekannte Kanondebatte geführt.

In der **Blütezeit gnostischen Einflusses** auf die Christen (140-220
n. Chr.) entstand eine harte Auseinandersetzung darüber, was

zum NT gehört. Anerkannt waren weitgehend: 4 Evangelien, Apostelgeschichte, 13 Paulusbriefe, Judas, 1. Petrus- und 1. Johannesbrief, Offenbarung.

Umstritten war: Hebräer, Jakobus, 2.Petrus, 2.+3.Johannes, Hirtenbrief des Hermas*, Diadache*, Offenbarung des Petrus*.

Mit * versehene Bücher zählen wir heute zu den neutestamentlichen Apokryphen.

Die **Zeit der endgültigen Kanonsanktionierung** (220-400 n. Chr.). Bis Eusebius wurden immer wieder einmal Jakobus, Hebräer, 2. Petrus, 2.+3. Johannesbrief und der Judasbrief angezweifelt. Auch wurde hier und da der Hirtenbrief des Hermas und die Diadache als kanonisch angesehen.

Die letzten Entscheidungen haben dann gesamtkirchliche Konzile gefällt.

367 n. Chr. enthält der sogenannte **Osterfestbrief des Athanasius** unseren heutigen Kanon. Er wurde auf der Synode von Rom 382 n. Chr. für die Kirche des Abendlandes anerkannt. Schließlich erfolgte 397 n. Chr. auf dem **Konzil in Karthago**, 419 n. Chr. durch das **Konzil von Hippo** bestätigt, die endgültige Anerkennung des heutigen Kanons für die gesamte Kirche.

Mit Ausnahme einiger orthodoxer Splitterkirchen wie der Äthiopischen Kirche, die den Hebräerbrief nicht anerkennt, hält die gesamte Christenheit am neutestamentlichen Kanon fest.

Bestimmte Sekten, wie die Mormonen, haben den Kanon erweitert. Sie kennen noch außerbiblische Bücher (z. B. Buch Mormon). Da es sich hier aber um sehr späte Spezialoffenbarungen handelt, die einzelne Personen lange nach Kanonschluß für sich beanspruchten, ist ihre Stellung zum Kanon für die Christenheit ohne Bedeutung.

Wenn uns die Herausbildung des Kanons auch recht menschlich erscheint, durch theologische Streitigkeiten und Konzile verursacht, dürfen wir darin doch ein Werk des Heiligen Gei-

stes sehen. Jesus hatte von diesem Geist gesagt, daß er seine
Jünger an alles erinnern werde, was Jesus ihnen gesagt hatte
und sie in alle Wahrheit leiten werde (Joh 14,26; 16,13).

5. Wie setzt sich das NT zusammen?

Das NT besteht aus 27 einzelnen Schriften.
Die Gliederung ist einfach:

    5 Geschichtsbücher   Mt – Apg
   21 Briefe (Lehrbücher)   Röm – Jud
    1 Prophet   Offb

Die Schreiber sind apostolisch. Das heißt, sie sind Apostel oder
Apostelschüler. Die meisten Bücher stammen von Paulus.
Eine Besonderheit finden wir in der Offenbarung des Johan-
nes. An ihrem Anfang (Kap. 2+3) stehen 7 Einzelbriefe, an 7
verschiedene Gemeinden gerichtet, die der erhöhte Christus
Johannes diktiert hat.

6. Die Sprache des NT

Das NT ist in Griechisch geschrieben, und zwar in dem z. Z.
der Apostel üblichen Dialekt KOINE. Koine war die damalige
Weltsprache.

7. Moderne Irrlehren

Die sogenannte »moderne Theologie« hat fast alles, was wir im
NT finden, in Frage gestellt. Das betrifft sowohl die sachlichen
Aussagen, die oft als Mythos (Bultmann) bezeichnet werden,
wie auch die sogenannten Einleitungsfragen (Frage nach der
Verfasserschaft, Abfassungszeit, Abfassungsort, Adressaten,
Echtheit (Authenzität)). Man hat viele Hypothesen entwickelt,

um das Wort Gottes zweifelhaft erscheinen zu lassen. Wir werden bei der Betrachtung der einzelnen Bücher hier und da auf diese Bibelkritik eingehen.

Fragen zu Lektion 43

1. Was verstehen wir unter »kanonisch«?

2. Wer erkennt die kanonischen Schriften des AT an, bestreitet aber die Kanonizität der neutestamentlichen Schriften?

3. Wie ereignet sich der Vorgang der Kanonisierung des NT (geschichtlich)?

4. Welches ist das älteste und welches das jüngste Buch des NT?

5. Wie ereignete sich die Niederschrift des NT?

6. Welchen Einfluß hatte die Gnosis auf die Kanonbildung?

7. Welche Konzile trafen die letzten Entscheidungen im Blick auf den Kanon?

8. Wieviele neutestamentliche Schriften kennen wir?

9. Wie teilen wir die neutestamentlichen Schriften ein?

10. Von wem stammen die meisten neutestamentlichen Schriften?

11. In welcher Sprache ist das NT geschrieben?

12. Wo finden wir erste Hinweise auf die neutestamentlichen Bücher?

13. Was waren die konkreten Anlässe, die zur Niederschrift des NT führten?

14. Wie verhält sich das NT zum AT?

Lektion 44

Thema: Das Evangelium nach Matthäus

Kurze Zusammenfassung

Autor:	Apostel Matthäus
Abfassungszeit:	Ende der 50er bis Mitte der 60er Jahre des 1. Jahrh.
Zielgruppe:	Judenchristen
Zweck:	Beweis anhand des AT, daß Jesus der Messias ist

---

1. Vorbemerkungen

Der Skeptiker Renan beschreibt das Matthäus-Evangelium als »das wichtigste Buch, das jemals geschrieben worden ist«. Als bewußte Christen sind wir nüchterner als Renan. Wir wissen um die Bedeutung auch der anderen Bücher der Bibel. Mit Sicherheit aber ist das Matthäus-Evangelium eines der wichtigsten Bücher der Welt.

Schon Stil und Methode der Verkündigung des Matthäus-Evangeliums zeigen, daß es von einem Judenchristen an angefochtene Judenchristen geschrieben wurde. Hypothesen einzelner Außenseiter unter den Theologen, die meinen, es wäre an Essener geschrieben, entbehren jedes Beweises.

Das religiöse Judentum zur Zeit Jesu rechnete mit dem **Kommen des Messias.** Dieser Messias sollte Israel von seinen äußeren Feinden, den Römern, befreien. Er sollte ein jüdisches Weltreich aufrichten.

In solchen, letztlich innerweltlichen Messiashoffnungen, waren die Judenchristen einst aufgewachsen. Mit jüdischen Gegnern, die diese Meinungen vertraten, mußten sie sich weiter auseinandersetzen.

Jesus hatte diese politischen Hoffnungen seiner Landsleute nicht erfüllt. Deshalb wurde er von seinem eigenen Volk verworfen.

Die Juden verurteilten ihn zum Tode. Die Römer richteten ihn hin.

Für Juden, die das miterlebten, stand damit fest, daß Jesus von Nazareth nicht der Messias sein konnte, hatte er doch am Kreuz eine scheinbar katastrophale Niederlage erlitten.

Matthäus hält den so argumentierenden Juden und den angefochtenen Judenchristen bzw. Zweiflern entgegen, was vom Messias durch die Propheten vorhergesagt wurde. Er läßt diese Prophezeiungen auf dem Hintergrund von Tatsachen aus Jesu Leben und Wirken aufleuchten.

Matthäus weist an über 60 alttestamentlichen Prophezeiungen auf, daß sich in der Person Jesu die Weissagungen über den Messias erfüllt haben!

Was sind die Synoptiker

Die ersten drei Evangelien nennt man auch die Synoptiker. Diese Bezeichnung kommt von dem griechischen Wort »synopsein« = zu deutsch: zusammensehen.

Die Synoptiker weisen sowohl beim Aufbau als auch beim berichteten Inhalt starke Ähnlichkeiten auf. An manchen Stellen findet man eine fast wortwörtliche Übereinstimmung.

Allerdings gibt es Unterschiede in den Detailbeobachtungen, zum Teil chronologische Unterschiede und jeweils sogenanntes »Sondergut«, d. h. Ereignisse oder Wortwechsel, über die nur ein Evangelist berichtet.

Im Gegensatz zu den Synoptikern steht das Johannes-Evangelium, das sowohl im Stil wie auch im Aufbau und Inhalt etwas anders konzipiert ist.

2. Thema und Zweck des Buches

Matthäus will in seinem Evangelium beweisen, daß Jesus der Messias ist. Als Messias ist er der wahre König Israels. Am Anfang des Evangeliums steht ein genaues Geschlechtsregister, welches Jesus als Davidssohn (angekündigter ewiger Thronfolger) ausweist. Ein weiterer Zweck des Buches ist, eine wahrheitsgetreue Schilderung des Lebens, der Lehre und der Person Jesu zu geben. Matthäus widerlegt mit vielen alttestamentlichen Bezügen die irrigen und einseitigen jüdischen Messiaserwartungen. Er wendet sich zwar gegen die jüdische Sünde und Gesetzlichkeit, nimmt aber nie gegen die Juden als Volk Stellung, er will sie ja gewinnen. Nach W. Steinseifer verfolgte Matthäus mit seinem Evangelium folgende fünf Zwecke:

»1. Die Verbindung zwischen Jesus und dem AT zeigen;
2. Die umfangreiche Lehre Jesu an seine Jünger schriftlich festzuhalten;
3. Erläutern, welches Verhalten Jesus von seinen Jüngern erwartet;
4. Fragen von Gemeindemitgliedern beantworten: z. B. nach Jesu Kindheit;
5. Grundsätze des christlichen Gemeindelebens erläutern.«

3. Verfasserschaft

Schon in den ältesten Kanonsammlungen wird das 1. Evangelium das Werk des Apostels Matthäus genannt. Der Titel »Nach Matthäus« findet sich erstmals bei Klemens von Alexandria. Das Evangelium selbst nennt den Namen des Verfassers nicht.

Um den Namen des Apostels Matthäus gibt es einige Unklarheiten. Einige Ausleger meinen, daß erst Jesus ihm den Namen Matthäus gegeben habe. Er hätte ursprünglich Levi geheißen. Ebensogut kann er aber auch einen Doppelnamen geführt haben. Matthäus ist die griechische Form des hebräischen Namens Mattathit (Aebi meint abweichend MALTHANIA oder MALTHEIS) und heißt zu deutsch »Gabe Gottes«. Dieser Name kommt im AT u. a. bei Esra 10,33 und abgekürzt in 1. Chr 9,15 vor. Ohne seine Autorenschaft am Evangelium würden wir nur wenig von ihm wissen. Er gehörte zu den Jüngern, deren Tun und Ergehen sich im Dunkel der Geschichte verliert. Das NT berichtet genaueres nur von seiner Berufung: Matthäus Levi war der Sohn eines gewissen Alphäus (Mk 2,14). Er erlebte eine tiefe, auch seine äußere Existenz verändernde Bekehrung. Vom Zoll, einem damals sehr anrüchigen Gewerbe, tritt er in Jesu Nachfolge ein (Mt 9,9). Er vernahm Jesu Ruf und wurde ihm gehorsam. Seine Nachfolge hatte die Konsequenz, daß er alles, was ihm bis zu seiner Begegnung mit Jesus wichtig war, zurückläßt (Lk 5,28).

Jesus wird wegen seines Kontaktes zu Zöllnern von den Pharisäern hart angegriffen. Dies geschah u. a. im Zusammenhang mit der Berufung des Levi Matthäus. In vier Apostelverzeichnissen steht er an 7. bzw. 8. Stelle (Mt 10,3; Lk 6,15; Mk 3,18; Apg 1,13). In dem von ihm geschriebenen Evangelium nennt er sich mit dem Namen Matthäus (Mt 9,9), ohne darauf hinzuweisen, daß er der Buchautor ist. Die synoptischen Parallelen verwenden bei der Berufungsgeschichte den Namen Levi (Mk 2,14; Lk 5,27).

Als Zöllner in Kapernaum stand er entweder im Dienste des Fürsten Herodes Antipas, der für Galiläa römischer Vasallenfürst war, oder er hatte die Zollstation von den Römern gepachtet.

Zwei weitere Schriften werden unter seinem Namen geführt:
* »Apokryphe Liber de ortu beatae Mariae et infantia Salvatorius« (das sogenannte »Pseudomatthäusevangelium«) Ausgabe C. Tischendorf
  Evangelia Apokryphia, Leipzig 1853
* »Die späten Matthäusakten«, Ausgabe Lipsius
  Bonnet Acta Apostolikum Apokrypha Leipzig 1898.

Die Tradition sagt, daß Matthäus ca. 15 Jahre in Palästina ge-
predigt habe und danach in den Missionsdienst zu den Heidenvölkern gezogen sei. Er soll in Äthiopien bzw. Mazedonien eines natürlichen Todes gestorben sein.

4. Abfassungszeit

Nach bibel- und traditionstreuem Verständnis können wir von
einer Abfassung zwischen dem Ende der 50er und Mitte der
60er Jahre des 1. Jahrhunderts ausgehen. Irenäus schreibt, daß
Matthäus das Evangelium schrieb, während Petrus und Paulus
in Rom predigten.
Der Tempel war noch nicht zerstört. Sonst fände sich sicher eine Andeutung auf dieses so einschneidende Ereignis. Das Ju-
denchristentum war noch von Bedeutung.

Es stehen sich auch bei bibeltreuen Theologen **zwei Thesen** gegenüber: Die eine These hält das Matthäus-Evangelium für
das älteste (Matthäuspriorität). Sie besagt, daß Matthäus verschiedene Logien (Sammlung von Reden Jesu) in aramäischer
Sprache abgefaßt, gesammelt und später für sein Evangelium
ausgewertet hat. Aramäisch war zur Zeit Jesu die übliche Umgangssprache in Israel. Empfänger des Matthäus-Evangeliums
sind Judenchristen. Das Heidenchristentum ist erst nachdem
es schon blühende judenchristliche Gemeinden gab zu Bedeutung gekommen. Man kann also annehmen, daß eine Evange-
liumsabfassung für judenchristliche Gemeinden zunächst
dringlicher war.

Allerdings geht man in der heutigen Wissenschaft meist davon aus, daß Matthäus sein Evangelium erst nach Markus
schrieb.
Wenn wir aber den Gründen für diese Annahme nachgehen,
kommen wir immer wieder auf die bibelkritische Behauptung,
die Synoptiker hätten das Markus-Evangelium und eine verlo-
rengegangene Spruchquelle (Q) als Material benutzt. Eine sol-

che Spruchquelle (Q) hätte aber Matthäus als einer aus dem
engsten Jüngerkreis nicht nötig gehabt.
Da diese Meinung jedoch heute üblich ist, gehen wir an anderer Stelle noch einmal näher auf sie ein (7. a. Synoptikerkritik).

Auch unter den bibeltreuen Theologen gibt es einige Vertreter
der sogenannten Markuspriorität (d. h., Markus hat als erster
sein Evangelium verfaßt), ohne jedoch die Zwei-Quellen-Hypothese (vgl. 7. Synoptikerkritik) zu vertreten. Aufgrund von
immer mehr Neubekehrten war dringend eine Unterweisung
derselben nötig. Markus als Schriftführer und Übersetzer des
Petrus (Übersetzung in die griechische Sprache laut dem
Zeugnis des Papias) sah beim Tod des Petrus die dringende
Notwendigkeit, ein schriftliches Evangelium zu verfassen.
Ein weiteres Argument für diese Meinung ist folgendes: Bei
inhaltlicher Übereinstimmung von Mk, Mt und Lk haben Mt
und Lk die volkstümliche und semitische Ausdrucksweise von
Mk in besserem Griechisch verfaßt und sprachlich mehr aus-
gefeilt.

Einen neuen Aspekt in die synoptische Überlieferung der
Evangelien hat Rainer Riesner durch seine Dissertation »Jesus
als Lehrer« gebracht. Jesus hat demnach seine Jünger nach Art
und Weise des rabbinischen Unterrichtsstils, der damals bei
den Rabbinern üblich war, gelehrt. Dies ist ein rhythmisches
Lehren der Jünger, ein Einprägen durch ständiges Wiederholen, ein wortwörtliches Auswendiglernen, so daß die Jünger
Jesu Worte ohne weiteres behalten konnten, sogar, wenn sie
nicht alles verstanden haben. Nach Jesu Auferstehung konnten sie die eingeprägten Reden verstehen, deuten und in den
Evangelien je nach Zielgruppe verarbeiten.

5. Abfassungsart und -ort

Der Afassungsort ist vermutlich Antiochia in Syrien oder Palästina. Eusebius schreibt in seiner Kirchengeschichte, daß

Matthäus das Evangelium vor seinem Weggang in die Heidenmission in Palästina niederschrieb. Papias bezeugt im Jahr 137
n. Chr., daß Teile des Evangeliums ursprünglich in hebräischer
(aramäischer) Sprache verfaßt waren und dann ins Griechische
übersetzt wurden (bei Eusebius, Hist. Eccl. III, 39,16). Irenäus
und Eusebius bestätigen diese Behauptung. Die Empfänger
sind Judenchristen in Syrien oder Palästina. Das sehen wir
auch daran, daß Matthäus die Kenntnis des AT bei seinen Lesern voraussetzt. Hebräische Ausdrücke, Gebräuche und geographische Namen werden nicht erklärt. Auch die Redewen-
dung, »Auf daß die Schrift erfüllt werde« und viele alttestamentliche Zitate beweisen, daß die Empfänger Juden sind.

6. Echtheit

Die gesamte altkirchliche Überlieferung bestätigt die Echtheit
des Evangeliums. Bei vielen Kirchenvätern finden wir entsprechende Zitate und Belege. Wichtigste Quelle ist der schon erwähnte Papias, Bischof von Hierapolis in Phrygien (gest. um
160 n. Chr.). Er war ein Schüler des Apostels Johannes. Irenäus, der Bischof von Lyon (gest. um 200 n. Chr.), bestätigt,
daß das Evangelium von Matthäus »unter den Hebräern« geschrieben wurde.

7. Wichtigste Punkte der Bibelkritik

Das ganze NT ist einer scharfen Kritik ausgesetzt gewesen.
Diese hängt mit atheistischen und deistischen Einflüssen innerhalb der christlichen Theologie seit über 200 Jahren zusammen.

a. Synoptikerkritik

Die Synoptikerkritik setzte in der Zeit Lessings ein. Das war
die Zeit der Aufklärung. Damals setzte sich rationalistisches

Denken in allen Bereichen der Gesellschaft, Politik, Wissen-
schaft und auch der Theologie durch.
Die Synoptikerkritik suchte nach dem sogenannten »histori-
schen Jesus«. Diese Suche kam auf, da man dem Zeugnis der
Schrift keine historische Glaubwürdigkeit zugestand. Man gab
dieser Kritik den in der Philologie üblichen Fachausdruck LI-
TERATURKRITIK.
Sie geht von dem negativen Ansatz aus, daß die Evangelien
keine Grundlage für eine historische Biographie Jesu geben
wollen und sollen.
Man meinte, daß die Evangelisten Matthäus und Lukas als
Quelle ihrer Evangelien die sogenannte Logien- oder auch
Spruchquelle Q und das Markusevangelium verwendet hätten.
Diese Theologen postulieren in den Evangelien zwei theolo-
gische Konzeptionen:
1. Kerygmatische (= gepredigte) Theologie des Wortes, deren
   Mittelpunkt Tod und Auferstehung ist,
2. eine lehrhafte Theologie der Worte Jesu (meist aus Q).

EXKURS: Was versteht die Theologie unter der angeblichen
Logienquelle: Q?
Die Kritik geht von der Existenz einer sogenannten Logienquelle Q aus. Diese angeblich in hebräischer Sprache verfaßte
und früh verschollene Schrift soll Reden und Taten Jesu beinhaltet haben. Angeblich hätte der Verfasser des Matthäus-
Evangeliums diese Logienquelle und das Markus-Evangelium
als Ausgangsmaterial benutzt. Das Zitat des Papias, das von
Teilen eines hebräischen Matthäus-Evangeliums ausgeht,
wird uminterpretiert. Man meint, der Apostelschüler Papias
hätte Markus mit dieser Logienquelle gleichgesetzt. Zwar
pflichtet die Wissenschaft dieser Theorie weitgehend bei, dennoch ist diese Meinung nicht zwingend, da sie sich einzig auf
eine gewagte Deutung des griechischen logia (zu deutsch:
Sammlung) bei Papias und ansonsten nur auf viele erdachte
Hypothesen stützt. Das Zitat des Papias lautet: »Matthäus
schrieb in hebräischer Sprache die Reden (griech. logia) auf; es
übersetzte sie aber ein jeder, so gut er es vermochte.«

b. Kritik an der Verfasserschaft des Matthäus

Bei den gemäßigten Kritikern siedelt man das Buch in den 80er Jahren des 1. Jahrhunderts an. Extreme Kritiker gehen bis in die erste Hälfte des 2. Jahrhunderts, obwohl es schon bei Ignatius (Bischof von Antiochia, zwischen 100 und 117 n. Chr. hingerichtet) zitiert wird. Wir merken, daß auch hier der Wunsch der Liberalen, jede Tradition in Frage zu stellen, der Vater des Gedankens ist.

8. Hauptverständniswort

Königtum (des Messias)

9. Hauptverständnisverse

Kap. 1,1:»Dies ist das Buch von der Geschichte Jesu Christi, des Sohnes Davids, des Sohnes Abrahams.«
Kap. 27,37:»Und oben über sein Haupt setzen sie eine Aufschrift mit der Ursache seines Todes: dies ist Jesus, der Juden König.«

10. Abriß

Des Umfanges wegen erst eine grobe Einteilung, welche wir uns einprägen sollten, dann die genauere Gliederung:

a. Grobe Einteilung

1. Der König kommt	Kap. 1-3
2. Der König wirkt in Galiläa	Kap. 4-13
3. Der König bereitet seinen Kampf vor	Kap. 14-20
4. Der König kämpft und siegt	Kap. 21-27
5. Der König gibt seinen Sieg zu erkennen	Kap. 28

b. Gliederung

1. Der Messias kommt   Kap. 1,1-4,11
   Die Abstammung legitimiert ihn   "   1,1-17
   Die Geburt wird vorbereitet   "   1,17-25
   Die Weisen finden ihn — Flucht —   "   2
   Der Täufer bereitet ihm den Weg   "   3
   Jesus widersteht der Versuchung   "   4,1-12
   (Jesu Wirken beginnt in Galiläa   "   4,12-25)

2. Der Messias wirkt in Galiläa   Kap. 5-13
   Bergpredigt   "   5-7
   Wunder und Berufungen   "   8-9
   Ernste Predigten   "   10-12
   Reichsgottesgleichnisse   "   13

3. Der Messias geht auf sein Leiden zu   Kap. 14-20
   Tod des Täufers   "   14,1-12
   Speisung der Fünftausend   "   14,13-36
   Jesu Auseinandersetzungen um
   Satzungen   "   15,1-20
   Wunder   "   15,21-16,4
   Warnung vor Schriftgelehrten   "   16,5-12
   Bekenntnis des Petrus   "   16,13-28
   Verklärung   "   17,1-13
   Lehren   "   17,14-20,34

4. Der Messias in seiner Stadt   Kap. 21-25
   Einzug   "   21
   Verwerfung   "   22
   Endzeitreden   "   24+25

5. Des Messias größter Sieg   Kap. 26-28
   Vorbereitung   "   26,1-5
   Salbung   "   26,6-13
   Abendmahl   "   26,14-29
   Gethsemane   "   26,31-56

Fragen zu Lektion 44

1. Was kennzeichnet Jesus im Matthäus-Evangelium?

2. Was erwartet das Judentum vom Messias?

3. Was bezweckte Matthäus mit seinem Evangelium?

4. Was bedeutet das Wort Synopse?

5. Was verstehen wir unter den Synoptikern?

6. Wie unterscheiden sich die Synoptiker vom Johannes-Evangelium?

7. Woher können wir annehmen, wer das erste Evangelium geschrieben hat?

8. Unter welchem Namen finden wir weitere Hinweise auf Matthäus?

9. Wann und wo ist das Matthäus-Evangelium geschrieben worden?

10. Was ist die sogenannte Quelle Q?

11. Schildern Sie die Biographie des Matthäus, soweit wir sie kennen:

Lektion 45

Thema: Das Evangelium nach Markus

Kurze Zusammenfassung

Autor:	Apostelschüler Johannes Markus
Abfassung:	Mitte der 60er Jahre des 1. Jahrh.
Zielgruppe:	Heidenchristen
Zweck:	Beweisführung anhand der Machttaten Jesu, daß das Reich Gottes auf die Erde gekommen ist.

---

1. Vorbemerkungen

Das Markus-Evangelium wird von der heutigen Wissenschaft für das älteste der vier Evangelien gehalten. Die beiden anderen Synoptiker, Lukas und Matthäus, sollen es nach Meinung der Zwei-Quellen-Hypothese bei der Abfassung ihrer Bücher als Quelle benutzt haben.

In Lektion 44 gingen wir auf diese Hypothese ein. Sie hängt eng mit der rationalistischen Exegese des theologischen Alt- und Neuliberalismus zusammen. Sie ist nicht bewiesen und muß daher nicht als zwingend akzeptiert werden. Da sie aber die heute am weitesten verbreitete Lehrmeinung ist, können wir sie nicht unerwähnt lassen.

Der Empfängerkreis

Er hat aus römisch geprägten Heidenchristen bestanden. Das erkennen wir u. a. daran, daß Markus im Gegensatz zu Matthäus ganz auf alttestamentliche Schriftbeweise verzichtet. Es sind, im Gegensatz zu den beiden anderen Synoptikern, kaum Gleichnisse Jesu im Evangelium zu finden. Die heidenchristlichen Empfänger hätten nur wenig mit alttestamentlichen Belegen anfangen können, da ihnen das AT weitgehend fremd war. Auch die Bildersprache der semitischen Gleichnisse war den Römern fremd.

2. Das Thema des Buches

Das Buch gibt sein Thema mit der Aussage Jesu selbst wieder: »Das Reich Gottes ist herbeigekommen« (Kap. 1,15).
Gott beginnt in Christus, dieses Reich aktiv zu bauen. Um das zu zeigen, hebt Markus neben dem lehrenden besonders den handelnden Herrn Jesus Christus hervor. Als der göttliche Held und Sieger **beweist er den Anbruch des Reiches Gottes mit konkreten Taten.**
Der Siegeszug des Reiches Gottes durch Jesus Christus, den selbst der Tod nicht aufhalten kann, wird im Markus-Evangelium verdeutlicht.
Dies wird mit Jesu Wundern und Machttaten bewiesen. Petrus, der wahrscheinlich hinter Markus als Informant und Anreger stand, schreibt im 2. Petr 1,16: »Denn wir sind nicht ausgeklügelten Fabeln gefolgt, als wir euch kundgetan haben die Kraft und das Kommen unseres Herrn Jesus Christus; sondern wir haben seine Herrlichkeit selber gesehen.«

3. Verfasserschaft

Der Verfasser des zweiten Evangeliums ist kein Apostel, sondern der Apostelschüler Markus.
Wie viele gebildete Juden seiner Zeit, trug er zwei Namen, den jüdischen Namen Johannes, und den lateinischen: Markus.
Den Namen Markus können wir mit »Der Mann« übersetzen. Wenn sich der Verfasser im Evangelium auch selbst nicht vorstellt, ist er doch zweifelsfrei der in der Apostelgeschichte und in den Briefen öfters erwähnte Johannes Markus.

Sowohl das Evangelium wie auch eine Information des Papias
(um 130 n. Chr.) lassen keine Zweifel über seine Verfasser-
schaft.
Alle wichtigen Bibelkommentatoren meinen, daß Markus in
Kap. 14,51+52 sein eigenes Erleben und Versagen bei der Ge-
fangennahme Jesu schildert.
Eine kleine Disharmonie bringt bei dieser Interpretation von
Mk 14,51 f der schon erwähnte Bericht des Papias. Papias
schreibt, daß Markus Jesus nie persönlich gehört habe.
Dieser scheinbare Widerspruch läßt sich aber wie folgt erklä-
ren: Markus suchte als ganz junger Mann, nach Jesu Einzug in
Jerusalem (Wohnort des Markus), erstmalig Kontakt zu ihm.
Dabei ist er in die Turbulenzen um die Gefangennahme des
Herrn geraten. Somit hat er zwar Jesus noch kennengelernt,
ihn aber nie predigen gehört.

a. Der Lebenslauf des Johannes Markus

Zur Biographie des Markus, soweit sie aus dem NT ersichtlich
ist:
Markus ist der Sohn einer gewissen Maria. Sie muß eine wohl-
habende Frau gewesen sein. Gemeinsam mit ihrem Sohn bewohnte sie ein Haus in Jerusalem. In diesem Haus versammel-
ten sich auch die führenden Männer der Urgemeinde (Apg
12,12).
Der Onkel des Markus war Barnabas, ein Levit und Diaspora-
Jude von der Insel Zypern. Barnabas hatte in der Urgemeinde
eine herausragende Funktion inne. Unter anderem führte er
Paulus in die Urgemeinde ein. Während der ersten Missionsreise war Barnabas der Missionsleiter und im weiteren Sinne
der Vorgesetzte des Paulus. Ebenso wie Barnabas war wohl
auch Markus Levit (Kol 4,10).
Markus begleitete Barnabas und Paulus, als diese Hilfsgaben
der Gemeinde Antiochia für die in Not geratene Urgemeinde
nach Jerusalem brachten (Apg 11,29+30; 12,25).
Ebenso war er Teilnehmer der 1.Missionsreise. Wie er bei Jesu

Verhaftung in Gethsemane geflohen war, floh er aus der Missionsmannschaft, als ihm die Strapazen der Missionsreise zu schwer wurden (Apg 13,5.13). Als er sich später wieder der Missionstruppe anschließen wollte, widersetzte sich Paulus diesem Anliegen sehr heftig. Da Barnabas dem Markus eine neue Chance geben und ihn wieder mitnehmen wollte, kam es zur Trennung von Paulus und Barnabas. Markus war somit der Anlaß für diesen Bruch (Apg 15,37-39).

Das Verhältnis zwischen Paulus und Markus hat sich aber später wieder entkrampft. 10 Jahre nach dem bedauernswerten Vorfall gehörte Markus zu den Mitarbeitern des Paulus (Philem 24; Kol 4,10).

Einen letzten Hinweis auf das wiederentstandene Vertrauen des Paulus zu Markus finden wir in 2.Tin 4,11.

b. Das besondere Verhältnis zu Petrus

Zwischen der ersten und zweiten Gefangenschaft des Paulus finden wir Markus im Mitarbeiterkreis des Petrus (1. Petr 5,13). Das enge Verhältnis von Petrus zu Markus wird durch die Bezeichnung »mein Sohn Markus« stark hervorgehoben. Es ist durchaus möglich, daß Markus einst durch Petrus zum Glauben gefunden hat. Vielleicht geschah dies nach Jesu Einzug in Jerusalem, was der Aussage des Papias und unserer Hypothese über die Flucht im Garten Gethsemane entspräche.

Die Überlieferung des Papias bezeichnet Markus als den »Dolmetscher des Petrus«, der dessen Predigten ins Griechische übersetzte und sie schriftlich festhielt. Der gut informierte Presbyter Ariston dient Papias und Irenäus als Gewährsmann für diese Aussage. Diese altkirchliche Mitteilung veranlaßte viele Theologen, im Markus-Evangelium eine aufgearbeitete Mitschrift von Petruspredigten zu sehen. Wir hätten es demnach im Markus-Evangelium mit einer Art Petrus-Evangelium zu tun.

Sicherlich hat es beim Markus-Evangelium eine starke Beeinflussung durch den Augenzeugen Petrus gegeben, was ja gerade die Zuverlässigkeit des Berichtes stützt.

Beeindruckend ist aber auch, wie stark der vom Führer der Judenchristen Petrus beeinflußte Judenchrist Markus in der Dar-
stellungsweise seines Evangeliums dem Verständnis der Heidenchristen entgegenkommt. So gebraucht er kaum für Heidenchristen nicht nachvollziehbare Bezüge auf das AT (siehe
1. Vorbemerkungen: der Empfängerkreis).

c. Markus' späterer Werdegang

Eine etwas unsichere Überlieferung bei Eusebius besagt (His.
Eccl. 2,16), daß Markus die erste christliche Gemeinde in Alexandria gegründet habe. Nach Hieronymus wäre er der erste
Bischof der alexandrinischen Kirche geworden und dort gestorben. Diese Überlieferung wird aber stark angezweifelt, da
in den Schriften des Klemens von Alexandrien und des Origenes nichts dergleichen erwähnt wird.

4. Abfassungszeit

Das Markus-Evangelium ist vor der Zerstörung des Tempels
geschrieben worden.
Sein Abfassungsort ist nach der Tradition Rom. Markus war
zwischen den beiden Gefangenschaften des Paulus in der Missionsmannschaft des Petrus tätig gewesen. Anlaß zur schriftli-
chen Abfassung des Evangeliums war für Markus der Tod des
Petrus. Wenn Petrus in der Verfolgung unter Nero umkam,
wie es die Überlieferung sagt, ist es kurz vor bzw. kurz nach
dem Tod des Apostels geschrieben worden. Dies könnte auf
die Zeit 63-67 n. Chr. oder noch früher deuten.

5. Echtheit

Die Echtheit des Markus-Evangeliums war in der alten Kirche
unbestritten. Nur Mk 16,9-20 fehlt in den ältesten Handschriften.

Möglicherweise ist der ursprüngliche Schluß des Evangeliums verloren gegangen. Einige Theologen meinen auch, daß Markus verhindert war, einen Schluß zu schreiben. In der Verfolgungszeit könnte eine Flucht erforderlich gewesen sein. Um das Evangelium aber zu vervollständigen, hätte ein anderer Schreiber mit Mk 16,9-20 den vorhandenen Text abgerundet. Für diese Theorie spricht ein aramäisches Evangelienbuch aus dem 10. Jahrhundert. Dort steht über Mk 16,9 ff die Bemerkung: »von Ariston, dem Presbyter«. Dieser Presbyter ist wahrscheinlich der schon erwähnte Gewährsmann des Papias (vgl. 3. Verfasserschaft). Eine eindeutige Klärung ist jedoch bislang nicht möglich.

Der Schriftausleger Gregory stellt zu dem Schluß des Evangeliums richtig fest, daß der Christ sich nach Herzenslust an diesen Versen freuen darf, sie lesen und studieren sowie dafür danken soll.

6. Hauptverständniswort

Reich Gottes

7. Hauptverständnisvers

Mk 10,45: »Denn auch der Menschensohn ist nicht gekommen, daß er sich dienen lasse, sondern daß er diene und sein Leben gebe als Lösegeld für viele.«

8. Abriß

Die chronologische Reihenfolge der Berichte ist für Markus nicht sehr wichtig. Er weicht immer wieder von der aus den anderen Evangelien zu schließenden zeitlichen Reihenfolge der einzelnen Geschehnisse im Leben Jesu ab. Vielmehr hat Markus sein Evangelium nach thematischen und geographischen

Gesichtspunkten aufgebaut. Höhepunkt ist das Christusbe-
kenntnis des Petrus in Cäsaräa Philippi (Kap. 8,27-30).

Einstieg:

Johannes der Täufer und Jesus (Taufe)	1,1-8
Jesu Versuchung	1,9-13
Thema des Buches: Das Reich Gottes ist herbeigekommen	1,14 f

1. Die Jünger werden vorbereitet	1,16-8,30
Berufung	4,1-6,30
Belehrung	6,7-6,30
Festigung	6,31-8,30

2. Jesu schwerer Kampf	8,31-15,47
Kampf um die Jünger	8,31-10,42
Der Endkampf wird vorbereitet	11,1-13,37
Die letzte Leidensstrecke	14,1-15,47

3. Der glorreiche Sieg	16,1-20
Auferstehung	16,1-13
Missionsbefehl	16,14-20

Fragen zu Lektion 45

1. Warum finden sich im Markus-Evangelium so wenige alttestamentliche Schriftbeweise?

2. Welche Bedeutung hat das Reich Gottes im Markus-Evangelium?

3. Auf welche außerbiblische Quelle stützt sich die Annahme,
   daß Markus der Autor des 2. Evangeliums war?

4. Welchen Einfluß hatte Petrus auf den Inhalt des Markus-
   Evangeliums?

5. Welche Probleme wirft das Ende des Markus-Evangeliums
   auf?

6. Geben Sie einen biographischen Überblick über das Leben
   des Markus:

Lektion 46

Thema: Das Evangelium nach Lukas

Kurze Zusammenfassung

Autor:	Lukas der Arzt
Abfassung:	Anfang der 60er Jahre des 1.Jahrh.
Zweck:	Lehrgrundlage, besonders für heidnische und heidenchristliche Leser
Besonderheit:	Viel Sondergut
Entstehung:	Durch Quellenstudium des Lukas

---

1. Vorbemerkungen

Unterschied zu den anderen Evangelien:
Im Lukas-Evangelium wird Jesus besonders in seiner weltweiten Bedeutung hervorgehoben.
Er ist der Welterlöser, auf den der Heilsplan Gottes hinzielt. Ihm sind weder zeitliche noch räumliche Grenzen gesetzt. Das Lukas-Evangelium wird von einigen Auslegern vergeistigt auch als das »Evangelium der Gemeinde Jesu Christi« bzw. das »Evangelium des Paulus« bezeichnet. Dies bezieht sich allerdings nicht auf die Verfasserfrage, sondern auf seine weltweiten Dimensionen und den Einfluß des Paulus auf Lukas. Lukas war Begleiter von Paulus auf dessen Missionsreisen.

2. Thema und Zweck des Buches

Die Universalität des dargebotenen Heiles in Jesus Christus. **Christus als der Welterlöser** tritt in den Mittelpunkt.
Dies geschieht auf dem Hintergrund der Herausstellung der Menschlichkeit Jesu. Zwar übergeht Lukas auch die göttliche

Seite an Jesus Christus nicht, er hebt aber besonders seine
menschliche Seite hervor.

Hier bemerkt man an Lukas den Kenner des Griechentums. Er
selbst ist Grieche und schreibt an hellenistisch geprägte Christen. Für das griechische Denken war der edle Mensch ein an-
zustrebendes Ideal.

Lukas zeigt in Christus den »Menschensohn«, der jedes
menschliches Ideal in den Schatten stellt.

Zweck des Buches

Lukas will der Verkündigung des Evangeliums eine zuverlässi-
ge Grundlage geben (Kap. 1,1-4). Dazu sammelt er Berichte
und andere Quellen.

3. Verfasserschaft

Der Name des Verfassers ist Lukas. Dieser Name ist griechisch
und bedeutet »Der Erleuchtete« oder »Der Leuchtende«
(griech. Loukan). Einige Philologen sehen in dem Namen auch
die Kurzform von Lukanos (Volksgruppe in Unteritalien).

In der alten Kirche war die Autorenschaft des Lukas unbestritten. Paulus erwähnt Lukas u. a. in Kol 4,14, 2.Tim 4,11.

Über seinen Lebenslauf sind uns nur einige Punkte bekannt:
Nach sehr später Überlieferung ist er ein »Syrer aus Antiochien« (Eusebius). Man versuchte, diese Nachricht biblisch zu
untermauern, da besonders in der Apg erkennbar wird, daß Lukas die Verhältnisse in der Gemeinde Antiochien sehr gut bekannt waren.

Von Beruf war er Arzt (Kol 4,14). Somit war er neben Paulus einer der wenigen Intellektuellen unter den ersten Verkündigern.

Er scheint Heidenchrist gewesen zu sein. Während in Kol
4,10-14 bei Aristarchus, Markus und Justus ausdrücklich auf
deren jüdische Abstammung Bezug genommen wird (V. 11 a),
unterbleibt das bei Epaphras, Lukas und Demas (V. 12-14).

Wie er Christ wurde, ist uns nicht überliefert. Er gehörte zum
Mitarbeiterkreis des Paulus auf dessen Missionsreisen.
Beweis dafür ist die »Wir-Form« in Teilen der Apostelge-
schichte:

Agp 16,10-17	2. Missionsreise von Troas bis Philippi.
Apg 20,5-15	Rückreise von der 3.Missionsreise Philippi bis Milet
Apg 21,1-18	Weiterreise von Milet bis Jerusalem
Apg 27,1-28	Seereise von Cäsarea bis Rom

In Philemon 24 erwähnt Paulus, daß neben anderen auch Lukas während der ersten Gefangenschaft in
Rom bei ihm war, wo er den Philemonbrief
schrieb »...Lukas, meinem Mitarbeiter«.
In 2. Tim 4,11 finden wir die letzte biblische Nachricht über
Lukas. Paulus schreibt aus seiner letzten Gefangenschaft: »Lukas ist allein bei mir.«

Die Tradition über den Tod des Lukas ist unsicher. Er soll sowohl in Patras wie in Rom, Theben und Böotien den Märtyrertod erlitten haben! Angeblich werden in der Kirche der Hl. Ju-
stine in Padua seine Gebeine aufbewahrt.

4. Empfänger

Der Erstempfänger wird in der Widmung genannt. Er heißt
Theophilus (Kap. 1,1-4). Sein Name bedeutet zu deutsch
»Gottlieb« oder »Gottesfreund« (Lk 1,2; Apg 1,1).
Er trug den römischen Ehrentitel: »Hochansehnlicher«. Die-
ser Titel war die Anrede für Senatoren oder Ritter, wie Felix
(Apg 23,26; 24,2) und Festus (Apg 26,25).
Theophilus war entweder ein Christ oder ein am Evangelium
interessierter Mensch von großem Einfluß.
Möglicherweise aber hatte Lukas von Anfang an einen größe-
ren Leserkreis vor Augen. Es gab in der damaligen Zeit die Sit-
te, ein Buch, das Verbreitung finden sollte, einem wohlhaben-

den Gönner zu widmen. Dieser finanzierte dann die Verbreitung des Werkes. Das war in einer Zeit, da Bücher von Hand
geschrieben und in einer Auflage von unter 10 Stück üblich waren, sehr wichtig. Wahrscheinlich wohnte Theophilus bzw. der
erste Empfängerkreis in der Gegend von Rom. Daß dies so ist,
können wir daraus schließen, daß Lukas palästinensische, kre-
tische, athenische und mazedonische Orte, Sitten und Eigen-
tümlichkeiten erklärt. Andererseits setzt er Lokalitäten aus Si-
zilien, Mittel- und Unteritalien als bekannt voraus (Apg 28,15).
Die wenigen aramäischen Ausdrücke übersetzt Lukas.

5. Quellenmaterial des Lukas

Im Vorwort sagt Lukas, daß er seine Informationen von Augenzeugen habe. Er hat alle Quellen und Aussagen selbst
nachgeprüft (Kap. 1,3).

Welche Quellen standen Lukas zur Verfügung?

* Die Predigten der Apostel. Lukas kam selbst mit ihnen zusammen (u.a. Apg 21,18). Sie waren ja zu Zeugen berufen (Apg 1,8).

* Die Verkündigung des Paulus, zu dessen Mitarbeitern Lukas gehörte.

* Die Mutter Jesu, von der er viele Einzelheiten, u.a. über die
  Geburt und Kindheit Jesu erfahren konnte. Lukas erwähnt
  selbst, daß sie das Erlebte gut bewahrte (Lk 2,19+51).

* Mitglieder des Synedriums (Hohen-Rates), zu dem zeitweise auch Paulus gehört haben wird, konnten Auskunft über
  die Verhandlung gegen Jesus geben. Einige von ihnen hatten sich bekehrt.

* Ein gewisser Manaen (Apg 13,1). Er war ein Jugendfreund
  Herodes Agrippa I. und konnte so gut Auskunft über die

Verhältnisse zur Zeit der Volkszählung (Lk 3,1.19), über Vorgänge am Hofe des Herodes und andere politische Hintergründe geben (Lk 23,7-12 u. a.).

* Möglicherweise bildete auch die hellenistische Kolonie in Jerusalem eine solche Quelle: In Jerusalem gab es wenigstens zehntausend Diaspora-Juden. Dies spiegelte sich auch in der Jerusalemer Urgemeinde wider. So gehörten zur Jerusalemer Gemeinde aramäisch und griechisch sprechende Christen. Viele von ihnen waren durch die Pfingstpredigt des Petrus zum Glauben gekommen. Ihre Auskünfte standen als besonders geeignetes Material für die Apostelgeschichte zur Verfügung.

EXKURS: Hebräische und hellenistische Juden in Jerusalem und in der Urgemeinde:
In den meisten Gemeinden wurde aramäisch gesprochen. Die ersten Christen waren zum großen Teil bekehrte Juden aus Jerusalem, Judäa und Galiläa. Allerdings waren schon zum Pfingstfest Diaspora-Juden aus aller Welt anwesend. Einige waren sicher Pilger, die nach den Festen wieder in ihre Heimat zurückgingen.
Allerdings zogen viele ältere Juden nach Jerusalem, um dort zu sterben. Die großen Gräberfelder um Jerusalem bezeugen das bis heute. Sie waren der hebräischen Sprache oft nicht mächtig. Deshalb wurden in ihren Synagogen die Schriftrollen des AT in der griechischen Form, der Septuaginta (LXX) gelesen. Zur Zeit der Urgemeinde hatten diese Hellenistischen mindestens drei Synagogen in Jerusalem.
Daß bekehrte hellenistische Diaspora-Juden, die in Jerusalem lebten, auch in der Urgemeinde eine Rolle spielten, sehen wir u. a. in Apg 6,1ff.
Man nimmt an, daß Andreas, Philippus und Matthäus in besonderer Weise für die Verkündigung unter den Hellenisten zuständig waren (Joh 12,20ff).
Die gründliche Arbeit des Lukas geschah unter Leitung des Heiligen Geistes. Gottes Geist lenkte den Lukas so, daß uns

sehr viele und wichtige Einzelheiten über Jesu Reden und Tun
überliefert wurden, die uns sonst ganz unbekannt geblieben
wären. Die Berichte, die wir nur im Lukas-Evangelium finden,
nennen wir SONDERGUT DES LUKAS.

6. Abfassungszeit

Der Hinweis auf die zukünftige Zerstörung des Tempels (Kap.
21,5-6) läßt schließen, daß das Evangelium vor der Tempelzerstörung 70 n. Chr. niedergeschrieben wurde. Auf jeden Fall
wurde es vor der Apostelgeschichte verfaßt. Diese endet mit
der ersten Gefangenschaft des Paulus in Rom. Da Paulus in der
Apg eine sehr zentrale Rolle spielt, ist es unwahrscheinlich,
daß diese keinen Hinweis auf den Tod des Apostels enthalten
würde, wenn er schon Märtyrer geworden wäre. Nach sicherer
Tradition ist Paulus unter Nero enthauptet worden. Da das
Evangelium aber vor der Apg fertiggestellt worden sein muß,
deutet alles darauf hin, daß es parallel zu Markus und Matthäus
verfaßt wurde. Diese Ansicht schließt natürlich die in Lektion
44 und 45 erwähnte Hypothese, daß Markus Quelle für Matthäus und Lukas ist, aus.
Wir datieren das Lukas-Evangelium also auch auf die erste
Hälfte der 60er Jahre des 1. Jahrh. Es wurde vermutlich in Rom
oder Cäsarea geschrieben (H. W. House).

7. Echtheit

Folgende Zeugen des 2. Jahrh. zeigen, daß das Lukas-Evangelium in der ganzen Christenheit bekannt war.
Die älteste überlieferte Aussage ist von Irenäus, (spätes 2.
Jahrh.), der sagt:»Lukas, der Begleiter des Paulus, hat das von
vielen verkündigte Evangelium in diesem Buch niedergeschrieben.« Die Aussage des Irenäus ist besonders wichtig, da
er Schüler Polykarps (69-160 n. Chr.) war, der in seiner Jugend
zu den Begleitern des Apostels Johannes gehörte.

Wir finden das Lukas-Evangelium u. a. auch im Kanon Muratori (um 170 n. Chr. nach J. H. Walton / um 200 n. Chr. nach Heussi). Dort heißt es:
»Drittens das Evangelium Lukas. Lukas der Arzt, welcher viel mit Paulus und auch den anderen Aposteln verkehrt hatte, hat Beispiele seiner Kunst, Seelen zu heilen in zwei inspirierten Büchern aufgestellt: dem Evangelium, das er nach Berichten von Augenzeugen, die den Herrn alle von Anfang an begleitet hatten, verfaßt haben will, und der Apostelgeschichte, die er nicht nach Gehörtem, sondern nach dem mit eigenen Augen Gesehenen verfaßt hat. Man behauptet auch, daß Paulus die Gewohnheit hatte, sich auf dieses Evangelium zu beziehen, und zwar jedes Mal, wenn er in seinen Briefen sagt: … nach meinem Evangelium.«
Auch die führenden Gnostiker Basilides und Valentinus (125 bis 155 n. Chr.) erwähnen das Evangelium als Werk des Lukas.

8. Hauptverständniswort

Des Menschen Sohn

9. Hauptverständnisvers

Lk 19,10: »Denn der Menschensohn ist gekommen, zu suchen und seelig zu machen, was verloren ist.«

10. Abriß

1. Des Menschen Sohn wurde und gleich	Kap.	1,1-2,52
Einleitung	"	1,1-4
Der Engel des Herrn bei Zacharias	"	1,5-25
(Ankündigung der Geburt des Täufers)		
Gabriel bei Maria	"	1,26-38
(Ankündigung der Geburt Jesu)		

Barmherziger Samariter	Kap.	10,24-37
Martha und Maria	"	10,38-42
Über rechtes Beten	"	11,1-13
Jesus und seine Feinde	"	11,14-12,12
Ermahnungen	"	12,13-59
Jesu Stellung zu den Sündern	"	13,1-15,32
Jesus und der Besitz	"	16,1-31
(u. a. Reicher Mann und armer Lazarus)		
Lehre vom Dienst	"	17,1-10
Der dankbare Samariter	"	17,11-19
Kommen des Reiches Gottes	"	17,20-37
Jesus und der Arme –		
Jesus und der Reiche	"	18,1-19,27

5. Des Menschen Sohn in Jerusalem	Kap.	19,28-24,53
Der Einzug	"	19,28-44
Jesus im Tempel	"	19,45-21,4
Endzeitreden	"	21,5-38
Abendmahl	"	22,1-38
Gethsemane	"	22,39-53
Verleugnung	"	22,54-62
Prozeß	"	22,63-23,35
Kreuz und Grab	"	23,36-56
Auferstehung	"	24,1-59
Himmelfahrt	"	24,50-53

11. Besonderheiten

Lukas hat ein starkes Sondergut sowohl von Wundern wie auch von Gleichnissen und Taten Jesu.

* Die Samariter spielen eine größere Rolle als in den anderen Evangelien. Sie sind einen Art Mittler zwischen Heiden und Juden.

* Die Frauen werden mehr als in den anderen Evangelien als Zeuginnen erwähnt.

* Einzelne Themen werden umfangreich behandelt:

das Gebet, der Heilige Geist, Vergebung, Geld, Frauen, Kinder.

Fragen zu Lektion 46

1. Weshalb wurde das Lukas-Evangelium auch das »Evangelium des Paulus« genannt?

2. Welchem Denken und welcher Personengruppe kommt Lukas in seinem Evangelium besonders entgegen?

3. Wie ist Lukas zu seinen Informationen gekommen?

4. Wer war der Empfänger des Lukas-Evangeliums?

5. Welche Rolle spielte das hellenistische Judentum zur Zeit des Lukas in Jerusalem?

6. Woran erkennen wir, daß Lukas wahrscheinlich Heidenchrist war?

7. In welcher Zeit datieren wir die Entstehung des Lukas-Evangeliums?

8. Wie wird Jesus im Lukas-Evangelium charakterisiert?

9. Schildern Sie das Leben des Lukas, soweit es uns bekannt ist:

Lektion 47

Thema: Das Evangelium nach Johannes

Kurze Zusammenfassung

Autor:	Apostel Johannes
Zielgruppe:	Christen in der Gegend von Ephesus
Abfassung:	80er Jahre des 1. Jahrh.
Zweck:	Glauben wecken und Irrlehrer bekämpfen

---

1. Vorbemerkungen

Auch dem oberflächlichen Leser wird sehr schnell deutlich, daß sich Stil und inhaltliche Schwerpunkte des Johannes-Evangeliums wesentlich von den Berichten der Synoptiker unterscheiden. Deren Evangelien sind historischen Berichten mit thematischen Schwerpunkten zu vergleichen, während beim Johannes-Evanglium die Erklärung des Geschehenen im Vordergrund steht.

»In der Verbindung von Augenzeugenbericht und Deutung liegt das Geheimnis der Andersartigkeit des Johannes-Evangeliums im Vergleich mit den Synoptikern begründet«, schreibt Michaelis in seiner Auslegung.

Das Johannes-Evangelium nimmt im Herzen vieler Christen einen besonderen Platz ein.

Schon Clemens von Alexandrien nannte es das »recht eigentliche geistliche Evangelium«.

Origenes meint, es sei das »erste« unter den Evangelien. Er schreibt: »Um das Evangelium recht zu verstehen, muß man selbst, wie einst der Verfasser, an der Brust Jesu geruht haben.«

Der Reformator Martin Luther erklärt: »Das ist das wahre,

rechte Hauptevangelium, einzigartig und frei, und es ist den
anderen bei weitem vorzuziehen und überlegen.«

2. Zweck und Ziel des Buches

Das Evangelium nennt eine doppelte Absicht (Joh 20,31):
»Diese (Zeichen) aber sind geschrieben, damit ihr glaubt, daß
Jesus der Christus ist, der Sohn Gottes, und damit ihr durch
den Glauben das Leben habt in seinem Namen.«
Johannes hebt die **göttliche Seite an Jesus** besonders hervor. Indirekt weist er im Evangelium einige damals in Kleinasien verbreitete Irrlehren ab:

* Noch vorhandene Anhänger Johannes des Täufers (Johan-
  nesjünger) stellten ihren Meister über Jesus.
* Die Ebioniten erblickten in Jesus nur den Menschen, den
  Sohn Marias und Josefs, welcher später zur Würde des Mes-
  sias (griech. christos) erhoben wurde.
* Die Kerinthianer machten Jesus zu einem bloßen Men-
  schen, mit dem sich in einem bestimmten Augenblick der
  himmlische Christus verband.
* Die Doketen behaupteten, der Leib Christi wäre nur ein
  Scheinleib, eine Vorspiegelung falscher Tatsachen gewesen.

Interessant ist, daß die drei letzten gnostischen Irrlehren heute
wieder auftreten.

Ebioniten   — Moderne Theologie der
                Entmythologisierung
                — R. Bultmann — H. Braun —
Kerinthianer — Christengemeinschaft/
                Anthroposophische Gesellschaft
                — Rudolf Steiner —
Doketen   — Christliche Wissenschaft
                (Scientology Church)

Fast alle neueren Irrlehren stehen in einer Tradition zu den
Gnostikern, Sektierern oder den Arianern der ersten vier Jahrhunderte.

3. Verfasserschaft

Im Evangelium wird der Name des Verfassers nicht genannt. Der Schreiber bezeichnet sich meist als »den Jünger, den Jesus liebhatte« (Kap. 13,23; 19,26; 20,2; 21,7.20). Die Überlieferung sah in diesem Jünger einheitlich den Apostel Johannes. Den Augenzeugen des Geschilderten kann man an vielen Zügen des Evangeliums erkennen. Verschiedene Angaben des Buches können nur von einem Augenzeugen stammen. Auch der typische Stil und Sprachcharakter kommt in allen johannäischen Schriften (Johannesbriefe und Offb) vor.

Auffällig ist auch, daß im Gegensatz zu den Synoptikern der Name des Zebedäus-Sohnes Johannes nie fällt. Bei der Bedeutung, die er im Jüngerkreis hatte, ist dies eigentlich unverständlich. Allerdings würde es durch die Bescheidenheit des Autors erklärt werden können. Er will seinen eigenen Namen nicht groß machen. Im Gegensatz dazu werden andere Jünger, die bei den Synoptikern nur am Rand genannt werden, ausführlich in Reden und Handlungen geschildert: z. B. Philippus (Kap. 1,43; 6,5-7); Thomas (Kap. 11,16 u. a.).

Die Eltern des Johannes hießen Zebedäus und Salome. Er wurde in Bet-Saida am See Genezareth geboren. Die Familie scheint nicht arm gewesen zu sein (Mk 1,19 ff), denn sie hatte Arbeiter beschäftigt. Beim letzten Passahmahl liegt Johannes an Jesu rechter Seite. Der Urtext sagt hier wörtlich »an der Brust« (Kap. 13,23). Der damaligen Sitte gemäß lagen die Passahmahlteilnehmer, wie überhaupt bei jedem gemeinsamen Essen, auf Polstern um die Tafel. Sie lagen schräg nebeneinander, die Beine nach hinten weggestreckt.

In Kap. 19,26 befiehlt der Gekreuzigte seine Mutter der Obhut des Johannes an. In Kap. 20,2 wird er mit seinem Gefährten Petrus durch Maria Magdalena von Jesu Auferstehung unterrichtet.

Johannes muß ein recht angesehener Mann gewesen sein, da er mit den Hohenpriestern bekannt gewesen ist (Kap. 18,15).

Sein Bruder Jakobus wurde im Jahre 44 n. Chr. enthauptet. Er
war der erste Märtyrer unter den Aposteln.
Jakobus und Johannes wurden ihres recht heftigen Tempera-
mentes wegen auch »Donnersöhne« genannt.

Ungefähr ab 70 n. Chr. finden wir Johannes in Ephesus wieder.
Er stand in hohem Ansehen, da er der am längsten lebende
Apostel war. Im Alter von über 90 Jahren wurde er um des
Glaubens willen auf die Insel Patmos verbannt. Er überlebte
diese Zeit, während der er die Offenbarung niederschrieb. Um
das Jahr 100 n. Chr. soll er nach der Tradition in Ephesus gestorben und begraben worden sein.

4. Abfassungszeit

Der Kirchenvater Irenäus war in seiner Jugend Schüler des Polykarp. Irenäus hatte von seinem Lehrer Polykarp sehr sichere
Informationen über Johannes erhalten. Denn ebenso wie Irenäus Schüler des Polykarp in Smyrna war, war dieser in seiner
Jugend Schüler des Apostels Johannes gewesen. Polykarp soll
dem Johannes sogar als Sekretär bei der Niederschrift des
Evangeliums zur Verfügung gestanden haben. Irenäus
schreibt aus dieser sicheren Quelle:»Nach diesem (den Synoptikern) hat auch Johannes, der Jünger Jesu, der an seiner Brust
ruhte, das Evangelium veröffentlicht, als er in Ephesus in
Asien (Kleinasien) weilte.«

Im Muratorischen Fragment lesen wir (um 170 n. Chr.):»Das
vierte Evangelium stammt von Johannes. Als Johannes, einer
der Jünger, von seinen Mitjüngern und Bischöfen gedrängt
wurde, sprach er zu ihnen: Fastet die drei Tage mit mir; dann
wollen wir einander mitteilen, was uns geoffenbart worden ist!
In der folgenden Nacht wurde Andreas, einem der Apostel
geoffenbart, daß Johannes alles in seinem eigenen Namen aufschreiben sollte, während alle anderen überprüfen sollten, was
er geschrieben haben würde. Was Wunder, daß Johannes von

sich selbst sprechend in seinem Brief sagte: Was wir mit unseren Augen gesehen und mit unseren Ohren gehört und mit unseren Händen betastet haben, das verkündigen wir euch. Damit erklärt er sich nicht nur als Augenzeuge, sondern auch als Verfasser all der wunderbaren Texte des Herrn.«

Das Johannes-Evangelium muß recht schnell verbreitet gewesen sein, denn es wird im 2. Jahrhundert oft angeführt, u. a. bei Ignatius im »Hirt des Hermas« (um 150 n. Chr.), Justin dem Märtyrer (gest. 165 n. Chr.), dem Gnostiker Valentius und dessen Schüler Herakleon, welcher den ersten Johannes-Kommentar geschrieben hat.
Aus all diesen altkirchlichen Zeugnissen können wir schließen, daß das Johannes-Evangelium auf Anregung von Ältesten und dem Apostel Andreas hin durch Johannes in Ephesus geschrieben wurde. Nach Polykarp war Johannes bis 98 n. Chr. (unter Trajan) Ältester (Bischof) in Ephesus.

Johannes lagen die Synoptiker bereits vor. Sicherlich wollte er sie ergänzen. Deshalb berichtet er über Ereignisse, die bei den Synoptikern nicht erwähnt werden (z. B. Hochzeit zu Kana, Frau am Jakobsbrunnen, Fußwaschung usw.) und läßt andere wichtige Begebenheiten weg, die er als bekannt voraussetzen kann (z. B. Abendmahl, Fischzug usw.).

5. Echtheit

Eusebius (Kirchenhistoriker, 1. Hälfte des 4. Jahrhunderts), der die gesamte religiöse Literatur seiner Zeit kannte und immer wieder auf bestehende Zweifel hinwies, schrieb über das Johannes-Evangelium: »In allen Kirchen unter dem Himmel verbreitet und muß als allgemein anerkannt gelten.«
Demnach war das Johannes-Evangelium in der Alten Kirche unumstritten.
Liberale Kritiker des 19. und 20. Jahrhunderts stellten allerdings die These auf, daß das Johannes-Evangelium von einem

Nichtjuden geschrieben sei. Dieser hätte es sehr spät verfaßt. Die enthaltenen Reden hätte der Autor nicht selbst gehört, sondern Gemeindeüberlieferungen übernommen (so sieht es u. a. auch Bultmann). Steinseifer schreibt dazu:»Die Archäologie hat diese Sicht widerlegt. Heute gilt als sicher, daß das Johannes-Evangelium unabhängig entstanden ist, daß sein Verfasser Südpalästina gut gekannt haben, ein Augenzeuge gewesen sein und so früh wie die anderen geschrieben haben muß.«

6. Hauptverständniswort

Gottes Sohn

7. Hauptverständnisvers

Joh 1,14:»Und das Wort ward Fleisch und wohnte unter uns, und wir sahen seine Herrlichkeit, eine Herrlichkeit als des eingeborenen Sohnes vom Vater, voller Gnade und Wahrheit.«

8. Besondere Merkmale

* Evangelium der Liebe: Anfangend mit der Feststellung der unfaßbaren Liebe Gottes zur Welt (Joh 3,16) und endend mit der Frage an Petrus (Joh 21,15-19):»Hast du mich lieb?«
* Evangelium der seelsorgerlichen Gespräche: Besonders viele seelsorgerliche Einzelgespräche, z. B. Nikodemus (Kap. 3), Samariterin (Kap. 4), 12 Jünger (Kap. 13-16), Pilatus (Kap. 18-19).
* Das Wort»Juden«: Es findet sich bei Matthäus nur einmal, bei Markus und Lukas je zweimal, aber bei Johannes 60mal.
* Zeichen: Es werden nur 8 Wunder beschrieben, diese aber sehr ausführlich. Sie haben das Ziel, die Gottessohnschaft Jesu zu bezeugen.

* Doppelter Schluß: Kap. 20,30.31 ist ein erster Schluß. Kap. 21 scheint dann noch ein Anhang zu sein, der mit den Versen, 24-25 wieder einen Schluß bildet. Man kann Kap. 21 auch als Epilog des Gesamtwerkes verstehen, den durchaus Johannes verfaßt haben kann.

Die Verse 24-25 stammen möglicherweise von einer Person, oder einem Personenkreis, die Johannes gut kannte und eventuell in seinem Auftrag schrieb. Zu Kap. 21 lesen wir in der Jubiläumsbibel: »Vers 24 ist wohl durch die Ältesten von Ephesus hinzugefügt worden (›wir wissen‹), ehe das Evangelium seinen Rundgang durch die kleinasiatischen Christengemeinden antrat, Vers 25 dagegen scheint aus der Hand eines einzelnen aus jenem Kreise (›achte ich‹) herzurühren, vielleicht von Papias, der nach der Überlieferung Johannes bei der Abfassung seines Evangeliums als Schreiber zur Seite gestanden hat. Beide Zusätze sind noch zu Lebzeiten des Apostels gemacht worden (›zeugt‹).«

9. Abriß

a. Grobe Einteilung

Thema: Gottes eingeborener Sohn

Seine Präexistenz	Kap. 1,1-15
Ausgewiesen durch Worte und Zeichen	Kap. 1,16-12
Geoffenbart seinen Jüngern	Kap. 13-17
Getötet	Kap. 18-19
Erwiesen durch die Auferstehung	Kap. 20-21

b. Gliederung

1. Prolog: Jesus ist das Wort Gottes (Logos), er bringt Licht und Leben	Kap. 1,1-19
Jesu Präexistenz	” 1,1-3

Der Auferstandene beauftragt
seine Jünger   Kap. 21,15-25

Fragen zu Lektion 47

1. Was unterscheidet das Johannes-Evangelium von den Synoptikern?

2. Welche altkirchlichen Überlieferungen bezeugen die Verfasserschaft des Johannes?

3. Was bezweckt Johannes mit der Abfassung seines Evangeliums?

4. Welche Irrlehrer wurden im Johannes-Evangelium widerlegt?
   Wo treten solche Irrlehren heute auf?

5. Was besagen die Verse Kap. 20,30+31 und Kap. 21,24+25?

6. Schreiben Sie eine Biographie des Johannes, soweit sie ersichtlich ist.

Lektion 48

Thema: Die Apostelgeschichte des Lukas

Kurze Zusammenfassung

Autor:	Lukas, der Arzt
Adressat:	Theophilus
Abfassung:	Um 63/64 n. Chr.
Zweck:	Erste Kirchengeschichtsschreibung

---

1. Vorbemerkungen

Waren die ersten vier Geschichtsbücher des NT Schilderungen des Lebens, des Wirkens, des Leidens und der Auferstehung des Herrn während seines irdischen Wirkens, so schildert die Apostelgeschichte die Entwicklung des geistlichen Leibes Jesu, der Gemeinde und das Wirken des erhöhten Herrn vom Himmel aus.

Der Name des Buches

Der Titel des Buches lautet:
  Praxeis Apostolon (griechisch in lat. Umschrift)
  = Deutsch: Taten (der) Apostel.
Im ältesten Verzeichnis des NT, dem Kanon Muratori, führt das Buch den Titel:
  Taten aller Apostel.

Dieser Titel ging allerdings über den Inhalt der Apostelgeschichte weit hinaus. Die Apg schildert ja im wesentlichen die Taten zweier Apostel: Petrus und Paulus. Von dem Wirken der anderen Apostel werden nur Episoden bzw. ihr gemeinsamer Dienst mit Petrus und Paulus berichtet.

Petrus war der Führer der judenchristlichen Gemeinde und Paulus der führende Heidenapostel. In der frühen Christenheit nannte man das Buch auch gelegentlich: Das Evangelium des Heiligen Geistes.

Robert Lee erwähnt, daß man aus theologischen Gründen auch erwogen hatte, das Buch »Handlungen des Heiligen Geistes« bzw. »Handlungen des gen Himmel gefahrenen und verherrlichten Herrn« zu nennen.

EXKURS:

In Petrus und Paulus haben wir die führenden Persönlichkeiten der zwei Hauptrichtungen der Urgemeinde vor uns: Der Juden- und der Heidenchristen.

Unter **Judenchristen** verstehen wir Christen, die vor ihrer Bekehrung Juden waren. Sie machten in den ersten Jahrzehnten der Gemeinde den größten Teil der Christen aus. Ihr Zentrum war die Gemeinde in Jerusalem, die bis zu 10 000 Mitglieder gehabt haben soll. Jakobus, ein leiblicher Bruder Jesu, war ihr Bischof, Petrus ihr führender Vertreter.

Heidenchristen waren Gläubige, die vor ihrer Bekehrung zu Jesus falschen Götzen gedient hatten. Sie gehörten verschiedenen Volksgruppen innerhalb des Römischen Reiches an. Obwohl sich durch den Dienst des Petrus und anderer Apostel schon etliche Heiden bekehrt hatten (Apg 8,26-39 und 10,45-48, u. a.), setzte eine große Glaubensbewegung unter den Heiden erst durch die mit Paulus begonnene zielstrebige Mission unter ihnen ein (Apg 13,2-3).

Heiden- und Judenchristen vertraten keine verschiedenartige Theologie, etwa wie unterschiedliche Konfessionen unserer Zeit. Allerdings war ihr Lebensstil und ihre Stellung zum alttestamentl. Gesetz unterschiedlich. Hin und wieder kam es zu

Spannungen zwischen Vertretern beider Flügel (Apg 15,1-2 und Gal 2,11-16).
Apg 15,19-20 nennt den Konsens, auf den sich beide Flügel einigten.

Die Apostelgeschichte als Kirchengeschichte

In der Apostelgeschichte haben wir eine »theologische Geschichtsschreibung« (nach H. W. House) vor uns. Die Theologie der Apostelgeschichte ist nicht die »Theologie eines Zustandes« sondern die »Theologie eines Weges« (Rienecker). Die Apostelgeschichte kann als die erste schriftlich fixierte Kirchengeschichte angesehen werden. Alle heutige Kirchengeschichtsschreibung setzt bei den Berichten der Apostelgeschichte an.

Interessant ist das Ende der Apostelgeschichte, daß sie plötzlich abbricht. Die Ursache dafür ist uns unbekannt. Möglicherweise ist der Schluß der ursprünglichen Niederschrift verlorengegangen.
Andererseits kann Lukas durch eine plötzlich einbrechende Verfolgung oder einen anderen äußeren Einfluß am Beendigen der Apostelgeschichte gehindert worden sein.
Auch dieses offene Ende der Apostelgeschichte kam unter der Wirkung des erhöhten Herrn zustande. Sicher will er uns dadurch zu verstehen geben, daß die »Taten« des erhöhten Herrn weitergehen, bis er wiederkommt.

Die Verbindung zum Lukas-Evangelium

Eine Verbindung ist schon durch den gemeinsamen Autor und Empfänger gegeben.
Einige Ausleger meinen aber, daß das Lukas-Evangelium und die Apostelgeschichte ein zweiteiliges Buch waren. Man hätte dieses Werk erst in der Mitte des 2. Jahrhunderts getrennt, da der Wunsch aufkam, die Evangelien im Kanon gemeinsam erscheinen zu lassen.

2. Das Thema des Buches

Der Herr erweist sich als der führende, bewahrende und ordnende Herr der Gemeinde. Auch wenn er nicht mehr sichtbar da ist, wirkt er durch den Heiligen Geist gewaltige Taten. Er benutzt für diesen Dienst fehlerhafte Menschen.

3. Verfasserschaft

Wenn der Verfasser auch im Gegensatz zu den Briefen an keiner Stelle namentlich genannt wird, so steht doch die Verfasserschaft des Lukas außer Zweifel. Sie ist von vielen Kirchenvätern bezeugt. Hier seien nur Clemens v. Alexandria, Tertullian und Irenäus genannt.
Es scheint auch eine uns heute nicht mehr bekannte Quelle gegeben zu haben, die in der Alten Kirche absolut anerkannt war und die die Autorenschaft des Lukas bestätigt hat. Zur Person Lukas vgl. Lektion 46.

Die an vielen Stellen der Apostelgeschichte gebrauchte »Wir-Form« beweist, daß der Schreiber Augenzeuge vieler genannter Ereignisse war.

Einige Ausleger machen deutlich darauf aufmerksam, daß die verschiedenen medizinischen Fachausdrücke in der Apg stark auf die Verfasserschaft des Arztes Lukas hinweisen.
Für den Beweis der Verfasserschaft des Lukas ist jedoch wichtiger, daß die Fahrt nach Rom in der »Wir-Form« geschrieben ist. Paulus erwähnt in 2. Tim 4,11, daß Lukas in Rom bei ihm war.

4. Abfassungszeit

Die Abfassungszeit ist nicht ganz sicher. Es gibt hierzu zwei Theorien:

Das Buch ist zwischen 69 und 79 n. Chr. geschrieben worden.

Das Lukasevangelium erwähnt, daß es schon viele Berichte über das Wirken Jesu gibt. Dies deutet auf eine spätere Abfassung als 64 n. Chr. Die letzten Worte der Apostelgeschichte (28,31) reden von einem »ungehinderten« Dienst. Dieses Wort könnte weit über den konkreten Fall hinaus, nämlich des Dienstes des Paulus während seiner 1. Gefangenschaft in Rom hinweisen. Dies könnte ein Hinweis für die Zeit der Abfassung sein. Die Anhänger dieser Theorie verlegen die Abfassung in die Herrschaftszeit des Kaisers Vespasian.

Das Buch ist um 64 n. Chr. in Rom geschrieben.

Aus der Apostelgeschichte kann man schließen, daß der Tempel zur Zeit der Abfassung noch nicht zerstört war (Apg 21,30). Nach Apg 23,2 amtierte ein Hoherpriester, und nach Apg 25,3 war Jerusalem noch nicht gefallen.
Der abrupte Abbruch des Buches könnte an der anbrechenden Behinderung der Gemeinde durch die Verfolgung unter Nero liegen. Nach dem Brand von Rom 64 n. Chr. brach eine der blutigsten Christenverfolgungen der Geschichte über die Christen in Rom herein.
Vieles spricht für diese Meinung.

Harmonisieren könnte man beide interessanten Ansichten, wenn man die Abfassung im Jahr 69 n. Chr. vermutet. Die neroanische Verfolgung war vorüber, und der Tempel war noch nicht zerstört.

5. Empfänger

Theophilus. Vgl. Lektion 46.

6. Echtheit und bibelkritische Einwände

Die Apostelgeschichte ist das grundlegende Geschichtswerk
zur Entstehung der Gemeinde Jesu Christi, bestehend sowohl
aus Juden(christen) als auch aus Heiden(christen).
Von der liberalen Theologie jedoch wurde die Echtheit dieses
Geschichtswerkes stark in Frage gestellt.
Anstößig für Historiker waren dabei die Berichte von Wundern und anderweitigen göttlichen Eingriffen.
Die Geistausgießung, die Krankenheilungen und Totenerwek-
kungen werden vom größten Teil der liberalen Wissenschaft
bezweifelt.
Die größten Angriffe von seiten der Theologie kamen aus der
Tübinger Schule, von dem altliberalen Ferdinand Christian
Baur (1792-1860). Seine heute als haltlos überwundenen Angriffe entsprangen der von ihm vertretenen hegelschen Ge-
schichtsphilosophie und hatten nur vordergründig theologische Begründungen.
Die Altliberalen meinten u. a., daß der Autor der Apostelgeschichte auf das Geschichtswerk des Josephus »Altertümer«
zurückgegriffen hätte. So wurde behauptet, daß Apg 5,36 ff von
dem Geschichtswerk des Josephus: »Altertümer« XX 5,1 f ab-
hängig sei. Da Josephus nach eigenen Angaben das Schluß-
wort seiner »Altertümer« erst 93/94 n. Chr. geschrieben hat,
wäre die Apostelgeschichte frühestens ab dieser Zeit zu datieren. Aufschlußreich über die geistliche Gesinnung und wissenschaftliche Redlichkeit der Liberalen ist dabei, daß die Aussagen eines Nichtchristen und römischen Kolaborateurs des 1.
Jahrhunderts, wie es Josephus war, kritiklos akzeptiert wurden, während die Aussage des Lukas in Frage gestellt wird.
Aber selbst eingefleischte Liberale, wie ihr letzter bedeutender
deutscher Vertreter Adolf v. Harnack (»Lukas der Arzt, Verfasser des 3. Evangeliums und der Apostelgeschichte«, Leipzig
1906), wagten schon zu ihrer Zeit nicht mehr, die Verfasserschaft des Lukas zu bestreiten. Die Widerlegung der Baur-
schen Kritik beruht vor allem auf der starken altchristlichen
Bezeugung der Apostelgeschichte.

7. Quellen der Apostelgeschichte

Lukas schreibt im Vorwort seines Evangeliums, daß sein Werk
das Ergebnis gründlicher Quellenforschung ist. Diese Aussage
ist wichtig in bezug auf das rechte Verständnis von biblischer
Inspiration.
Inspiration geschieht durch göttliche Lenkung und Offenbarung. Sie ist nicht in jedem Fall eine Neueingebung.

Welche von Lukas genutzten Quellen können wir erkennen?

* **Die sogenannte »Petrus-Philippus-Quelle«**
  Auf sie geht wohl der größte Teil der Informationen über die
  Urgemeinde bis Apg 11 zurück. Ob diese Quelle schriftlich
  fixiert war oder nur mündlich überliefert wurde, ist nicht
  mehr ersichtlich.

* **Persönliche Informationen durch Paulus**
  Lukas hatte viel Gelegenheit, solche Informationen zu erhalten, da er zum Mitarbeiterstab des Paulus gehörte.

* **Abschrift der Beschlüsse des Jerusalemer Apostelkonzils**
  Apg 21,25. Die Abschrift lag u. a. in Antiochien.

* **Mündliche Informationen durch Manaën**
  Apg 13,1. Er gehörte in seiner Jugend zum Umfeld des Herodes und kannte sich in den höfischen Verhältnissen aus.

* **Eigenes Erleben des Lukas**
  Werner de Boor spricht davon, daß Lukas möglicherweise ei-
  ne Art »Reisetagebuch« während seiner Teilnahme an den
  Missionsreisen geführt hat. Die schon erwähnte »Wir-
  Form« ist dafür ein weiteres Indiz; Apg 16,10-17; 20,5-21,17;
  27,1-28,16.

8. Hauptverständniswort

Zeugenschaft

9. Hauptverständnis- und Strategievers

Apg 1,8: »Aber ihr werdet die Kraft des Heiligen Geistes empfangen, der auf euch kommen wird, und werdet meine Zeugen
sein in Jerusalem und in ganz Judäa und Samarien und bis an
das Ende der Erde.«

10. Abriß

a. Grobe Einteilung

Das Evangelium kann grob in zwei Hauptabschnitte unterteilt werden:

Kap. 1-12 Die Verbreitung des Evangeliums unter den
Juden / Petrus steht stark im Mittelpunkt
Kap. 13-28 Die Verbreitung des Evangeliums unter den
Nationen / Paulus steht stark im Mittelpunkt

b. Genauere Gliederung

Apg 1,8 zeigt, wie sich der Auftrag der Jünger gliedert:

1. Zeugnis in Jerusalem
2. Zeugnis in Palästina (Judäa und Samarien)
3. Zeugnis in der Völkerwelt

Das Evangelium wird von der geistlichen Hauptstadt Jerusalem bis zur Hauptstadt der Weltmacht Rom verbreitet.

1. Zeugnis in Jerusalem Kap. 1-7
   Von der Himmelfahrt Jesu bis zum ersten Märtyrer

Apostelwahl	Kap. 1
Pfingsten	" 2
Gemeinde in Jerusalem / Wunder	" 3+4
Hananias und Saphira	" 5,1-11
Druck und Wachstum	" 5,12-42
Wahl der Diakone	" 6,1-7
Stephanus, der erste Blutzeuge	" 6,8-Kap. 7

2. Das Zeugnis in Palästina
   Diese Zeit war eine Zwischenzeit. Erste Heiden, wie
   der Kämmerer und der Legionär Kornelius, kamen
   zum Glauben. Der Herr schafft sich seine Werkzeuge
   für die Heidenmission:
   Paulus, die Gemeinde von Antiochien und die Erkenntnis unter den Judenchristen, daß auch Heiden
   zur Gemeinde gerufen sind.

Verfolgung durch Saulus	Kap. 8,1-4
Erweckung in Judäa und Samarien	" 8,5-25
Kämmerer aus Äthiopien	" 8,26-40
Bekehrung des Saulus	" 9,1-31
Wunder durch Petrus	" 9,32-43
Kornelius	" 10
Gemeinde in Antiochien	" 11
Petrus im Gefängnis	" 12

3. Das Zeugnis in der Völkerwelt

Erste Missionsreise	Kap. 13-15,35
Wichtig: Apostelkonzil Kap. 15	
und Beschluß Kap. 15,29	
Zweite Missionsreise	" 15,36-18,17
Dritte Missionsreise	" 18,22-21,17
Gefangenschaft des Paulus,	
Reise nach Rom	" 21,18-28,31

Fragen zu Lektion 48

1. Wer ist der Handelnde in der Apostelgeschichte?

2. Welche Personen stehen in der Apostelgeschichte im Mittelpunkt?

3. An welchem Ort setzt die Apostelgeschichte ein und wo endet sie?

4. Welches waren die ersten uns namentlich bekannten Heidenchristen?

5. Welche vier Festlegungen traf das Apostelkonzil?

6. Was verstehen wir unter der »Wir-Form« in der Apostelgeschichte?

7. Welche Quellen standen dem Lukas bei der Abfassung der Apostelgeschichte zur Verfügung?

8. Welches Wunder berichtet Apg 12?

9. Wie hieß der erste in Europa bekehrte Christ?

10. Welche Orte erreichten Paulus und Barnabas bei der 1. Missionsreise?

11. Wohin führte die zweite Missionsreise?

12. Wo wurde Paulus verhaftet?

13. Vor welchem Fürsten mußte sich Paulus verantworten?

14. Wie kam es zur Wahl der Diakone?

15. Wann wurde die Apostelgeschichte niedergeschrieben?

Lektion 49

Thema: Der Römerbrief

Kurze Zusammenfassung

Autor:	Paulus
Abfassung:	Zwischen 54 und 59 n.Chr.
Zielgruppe:	Gemeinde in Rom
Anlaß des Briefes:	Paulus will seine Lehre vorstellen, um in Rom eine Ausgangsbasis für weitere missionarische Aktivitäten zu erhalten.

---

1. Vorbemerkungen

Der Römerbrief ist einer der theologisch inhaltsreichsten Teile des NT.

In ihm haben wir das erste neutestamentliche Lehrbuch vor uns. Sind die alttestamentlichen Lehrbücher eher Weisheitsbücher in poetischem Stil (Hiob bis Hohes Lied), so haben wir es bei den neutestamentlichen Lehrbüchern mit prosaischen Lehrbriefen zu tun. Sie wollen, neben der Behandlung des konkreten Anlasses ihrer Abfassung, neutestamentliche Lehre vermitteln.

Namhafte Gottesmänner der Vergangenheit schätzten den Römerbrief besonders hoch ein.

* Chrysostomos (345-407 n.Chr.), der altkirchliche Theologe, hatte die Gewohnheit, den Römerbrief zweimal wöchentlich durchzulesen.

* Melanchton (1497-1560), der engste Mitarbeiter Luthers, schrieb den Römerbrief zweimal eigenhändig ab. Melanchton war der erste lutherische Dogmatiker.

EXKURS:

Kirchengeschichtliche Auswirkungen des Römerbriefes

a. Auf die alte Kirche

Augustin (354-430 n.Chr.), der wichtigste Kirchenlehrer der
Alten Kirche, baute seine Theologie vorwiegend auf dem Römerbrief auf.

b. Auf die Reformation

Martin Luther (1483-1546) fand bei exegetischen Arbeiten über
den Römerbrief (Röm 1,16+17) zum heilsgewissen Glauben. Er
nannte diese Bekehrungsstunde im Sommer 1512 oder 1513 das
»Turmerlebnis«. Die Grundwahrheit der Reformation: **Gerechtigkeit allein aus Gnaden**, ruhte aus Luthers Erkenntnissen
aus dem Römerbrief. In der Vorrede zu seinem Römerkom-
mentar schreibt Luther:
»Die Epistel ist das rechte Hauptstück des NT und das allerlau-
terste Evangelium, welches wohl würdig und wert ist, daß es
ein Christenmensch nicht allein von Wort zu Wort auswendig
wisse, sondern täglich damit umgehe, als mit täglichem Brot
der Seele. ... je mehr sie (die Epistel) gehandelt wird, je köstli-
cher sie wird und schmeckt.«

c. Auf den Neupietismus

Der deutsche Neupietismus hat wesentliche Anstöße von der
Oxforder Heiligungsbewegung bekommen. Durch die Versammlung in Oxford 1874 und in Brighton 1875 wurden viele
der deutschen Teilnehmer aufs tiefste gesegnet und für ihren
Dienst ausgerüstet. Die Heiligungsgedanken des »Mit-Chri-
stus-gestorben-sein« aus Röm 6-8 hatten tiefste Auswirkungen auf die nachfolgende Erweckungsbewegung in Deutsch-

land. Sowohl die Heiligungskonferenzen wie auch ihre Auswirkungen standen unter dem Thema: »Christus errettet dich
jetzt«.

Die wichtigsten kirchengeschichtlichen Auswirkungen des
Römerbriefes sind:

a. **In der Alten Kirche:** die Herausbildung einer Dogmatik und
   damit verbunden die Überwindung einer falschen Gottes-
   lehre (Arianismus und Gnosis)
   Röm 1-8;

b. **In der Reformation:** die Erkenntnis der Rechtfertigungslehre, die Grundwahrheit des Protestantismus
   Röm 3;

c. **In der Erweckungsbewegung:** der Heiligungsgedanke
   Röm 6-8.

2. Das Thema des Buches

Schwerpunkt des Römerbriefes ist die Lehre der Rechtfertigung des Sünders aus Glauben und Gnade.
In dem dogmatisch aufgebauten Brief werden aufgezeigt:

1. Die Universalität der Sünde und ihre Folgen: Röm 1-3;

2. die Rechtfertigung, das heißt die Wieder-Zurechtbringung
   des Sünders: Röm 3-6;

3. die aus der Rechtfertigung folgende Heilung: Röm 6-8;

4. die ewige Erwählung der Gerechtfertigten: Röm 9-11;

5. die Konsequenzen der Rechtfertigung im täglichen Leben:
   Röm 12-16.

3. Verfasserschaft

Der Verfasser des Römerbriefes ist der Apostel Paulus. An verschiedenen Stellen des Briefes nennt er seinen Namen (u. a. stellt er sich im Briefkopf vor: Röm 1,1).
Die Autorenschaft des Paulus ist auch von der kritischen Theologie kaum ernsthaft in Zweifel gezogen worden.
Paulus stellt sich im Brief trotz seiner scharfsinnigen Dogmatik, die der Brief wiedergibt, nicht als Lehrer, sondern als »Knecht Christi Jesu, berufen zum Apostel« (Röm 1,1) vor.
Stil, Lehre und Eigenart sind dieselben wie in allen paulinischen Briefen.
Die kirchliche Überlieferung bestätigt seine Verfasserschaft.
Als früherer Pharisäer kennt Paulus das AT außerordentlich gut. Er führt es 57mal im Römerbrief an.

Zur Person des Paulus

Zu seiner Biographie:

* Apg 9,4: Paulus hieß mit jüdischem Namen Saul. Die lateinische Form davon ist Saulus. Sie wird im ersten Teil der Apostelgeschichte verwendet (Apg 8,3).

* Apg 22,3: Er war Diaspora-Jude aus der Stadt Tarsis in Zilizien.

* Apg 22,3: Er studierte jüdische Theologie bei dem bekannten Rabbi Gamaliel (Apg 5,34).

* Phil 3,5: Er war Hebräer aus dem Stamm Benjamin und gehörte zur religiös rigoristischen Partei der Pharisäer.

* Apg 8,1-4; 22,3-5, 1. Kor 15,9 u. a.: In der Zeit vor seiner Bekehrung war er ein Feind der aufkommenden Gemeinde.

* 1. Thess 2,9 bestätigt, daß er auch als Apostel seinen Unter-
  halt mit manueller Arbeit verdiente (als Zeltmacher).

* 2. Kor 10,10: Dem äußerlichen Erscheinungsbild nach
  scheint er schwach, vielleicht sogar kränklich gewesen zu sein.

* Apg 26,24 zeigt aber, daß er um der Sache Jesu willen auch
  temperamentvoll werden konnte.

* Gal 4,14 und 2. Kor 12,7, weisen auf ein Leiden, welches ihn
  quälte.

Zu seiner Bekehrung:

* Apg 9,1-9: Jesus offenbarte sich ihm.

* Gal 1,15: er sah sich allein durch Jesu Eingreifen gerettet.

* Phil 3,7: das Leben vor seiner Bekehrung erachtete er für
  Schaden.

* 1. Kor 1,1; 9,16 u. a.: er wurde zum Apostel berufen.

* Apg 13-22: er war auf drei Missionsreisen, die ihn fast ins
  ganze Römische Reich führten.

* Röm 15,24: er spürte einen inneren Drang, das Evangelium
  überall zu verbreiten.

* Apg 22-28: 1. große Gefangenschaft, wegen Gerichtsver-
  handlungen wurde er von Jerusalem über Cäsarea bis nach
  Rom gebracht:
  Nach der Tradition ist er zwischen der ersten und zweiten
  Gefangenschaft auch bis nach Spanien gekommen (1. Cle-
  mensbrief 5,7).

* 2. Tim 4,16: 2. Gefangenschaft.
Nach der Tradition wurde er unter Nero enthauptet (ebenfalls 1. Clemensbrief 5,7).

Über die Frage, wann die einzelnen Ereignisse zeitlich einzuordnen sind, gehen die Meinungen, auch die bibeltreuen Auslegungen etwas auseinander (bis zu vier Jahren) (vergleiche 4. Abfassungzeit und -ort).

4. Abfassungzeit und -ort

Der Brief wurde wahrscheinlich 55 n. Chr.* geschrieben.
Wie kommen wir zu dieser Annahme?
Paulus erwähnt, daß er noch nie in Rom war. Er kann während des Schreibens noch nicht in Haft gewesen sein (Röm 1,10-13).
60 n. Chr.** kam er als Gefangener nach Rom.
Verhaftet wurde Paulus an Pfingsten 57 n. Chr.** in Jerusalem (Apg 21,33-40).
Zur Zeit der Abfassung machte Paulus noch Reisepläne (Röm 15,23-25).
Er hatte gerade eine Kollekte zugunsten der verarmten Urgemeinde in Jerusalem gesammelt und beabsichtigte, diese dorthin zu bringen (Röm 15,25-33, vgl. Apg 19,21-22).
Dieses Szenarium zeigt, daß er sich auf der 3. Missionsreise befunden haben muß.
Aus einigen Details des Briefes können wir schließen, daß der Brief in Korinth geschrieben wurde. Von dort wollte Paulus das Opfer nach Jerusalem bringen (1. Kor 16,1-3).

* Paulus läßt den Brief durch eine Christin namens Phöbe aus der Gemeinde in Kenchreä, dem Vorort und Hafen von Korinth, nach Rom überbringen (Röm 16,1-3).

* Paulus wohnt bei Gajus, von dem er die Christen in Rom grüßt (Röm 16,23). Gajus war ein Christ, der von Paulus bei dessen ersten Aufenthalt in Korinth getauft worden war (1. Kor 1,14).

* Es ist anzunehmen, daß Paulus den Brief Tertius diktierte
(Röm 16,22).

* In der Frage nach dem genauen Zeitpunkt der Abfassung des Briefes weichen die Meinungen auch unter bibeltreuen Auslegern voneinander ab.
Dies trifft bei fast allen Briefen zu. So meint Ernst Aebi, der Römerbrief sei
im Frühjahr 58 n. Chr. geschrieben worden. Steinseifer datiert ihn 57
n. Chr. Wir halten uns an die »Chronologische Tabellen und Hintergrundinformationen zum Neuen Testament« von H. Wayne House, 2. Auflage,
Marburg 1986.
** Nach House.

5. Empfänger

Empfänger ist die Gemeinde in Rom (Röm 1,7).
Über ihre genaue Entstehung ist uns nichts überliefert. Mögli-
cherweise gehen ihre Anfänge auf Pfingsten zurück. Diaspora-
juden aus Rom erlebten das Pfingstwunder mit (Apg 2,10). Sie
könnten das Evangelium nach Rom gebracht haben.
Die römische Gemeinde kann nicht als eine Einzelgemeinde
verstanden werden. Es gab sicher mehrere Gemeinden und
Kreise in der Millionenstadt und damaligen Welthauptstadt.
Bekannt ist von der römischen Gemeinde, daß sie während der
Verfolgung in unterirdischen Gräbern, den sog. Katakomben,
ihre Zusammenkünfte hatte.
Wahrscheinlich sollte der Römerbrief als Rundbrief durch die
römischen Gemeindekreise gehen.

6. Echtheit

Schon 95 n. Chr. wird der Brief durch Clemens v. Rom zitiert.
Origenes, Eusebius, Tertullian, Irenäus und Clemens von
Alexandrien behandeln den Brief als allgemein anerkannt.
Einige modernistische Kritiker postulierten im 15. und 16. Ka-
pitel einen Zusatz. Sie beriefen sich dabei auf eine Fassung des
Briefes bei Marcion (2. Jahrhundert), der bei Kap. 14,23 ab-

bricht. Dieser Abbruch hängt aber wahrscheinlich mit einer Manipulation des Textes durch den Irrlehrer Marcion zusammen. Um seine Irrlehren zu untermauern, veränderte Marcion auch den Text anderer Bibelteile. Dauerhafte Kritik hat sich gegen den Römerbrief nie behaupten können.

7. Anlaß des Briefes

Paulus beabsichtigte, seine Missionsarbeit weiter nach Westen auszudehnen. Bisher hatte er den östlichen Teil des römischen Imperiums erreicht. Seine Ausgangs- und Missionsbasis war dazu die Gemeinde von Antiochien gewesen (Apg 13,1-3). Für die geplante Missionsarbeit im Westen (Spanien (Röm 15,23- 24) usw.) wäre aber die räumliche Distanz nach Antiochien als sendender Gemeinde nicht günstig gewesen. Deshalb scheint Paulus eine neue Missionsbasis zu suchen.
Da er den römischen Christen nicht persönlich bekannt war (Röm 1,10.13.15), schilderte er im Römerbrief seine Lehrgrundlage. Dadurch waren die römischen Christen in der Lage, Paulus einzuschätzen und eine Entscheidung über eine mögliche Zusammenarbeit zu fällen.

8. Hauptverständniswort

Gerechtigkeit Gottes

9. Hauptverständnisvers

Röm 3,28: »So halten wir nun dafür, daß der Mensch gerecht wird ohne des Gesetzes Werke, allein durch den Glauben.«

10. Abriß

a. Grobe Gliederung

Dogmatischer Teil	Kap. 1-8
Prophetischer Teil	Kap. 9-11
Ethischer Teil	Kap. 12-16

b. Gliederung

1. Einleitung	Kap. 1,1-17
Vorstellung und Auftrag	” 1,1-7
Schon oft wollte Paulus kommen	” 1,8-15
Die Kraft des Evangeliums	” 1,16+17
2. Die Universalität der Sünde	Kap. 1,18-3,20
Bei den Gottlosen (Heiden)	” 1,18-32
Beim Bundesvolk (Juden)	” 2
Alle Menschen müssen gerichtet werden	” 3,1-20
3. Der Weg zur Rettung	Kap. 3,21-Kap. 5
Das Blut Jesu allein nimmt unsere Strafe weg	” 3,21-31
Bereits Abraham wurde allein durch den Glauben gerettet	” 4
Frieden mit Gott durch Jesus	” 5,1-11
Christus, der neue Adam	” 5,12-19
4. Das neue Leben	Kap. 6-8
Sieg über die Sünde: Weil wir mit Christus gestorben sind	” 6,1-14
Der fleischliche Mensch	” 6,15-23
Freiheit von Gesetz	” 7,1-25

Fragen zu Lektion 49

1. Zu welcher Art biblischer Bücher gehört der Römerbrief?

2. Wie unterscheidet sich diese Gruppe von den entsprechenden Büchern im AT?

3. Welche kirchengeschichtlichen Bewegungen sind stark vom Römerbrief angeregt worden?

4. Was ist das Hauptthema des Römerbriefes?

5. Was wissen wir über die Römische Gemeinde?

6. Weshalb schrieb Paulus den Römerbrief?

7. Während welcher Reise und aus welchem Ort schrieb Paulus den Römerbrief?

8. In welche drei sachlich verschiedenen Abschnitte können wir den Römerbrief unterteilen?

9. Welche Bedeutung hat Marcion im Zusammenhang mit dem Römerbrief?

10. Schildern Sie das Leben des Verfassers:

Lektion 50

Thema: Der erste Korintherbrief

Kurze Zusammenfassung

Autor: Paulus
Zielgruppe: Gemeinde in Korinth
Abfassung: 54 n. Chr.
Anlaß: Fragen der Korinther und Fehlentwick-
                lungen in der Gemeinde

---

1. Vorbemerkungen

a. Die Stadt Korinth

Die korinthische Gemeinde lebte in der größten Stadt Grie-
chenlands. Korinth war gleichzeitig die zweitgrößte Stadt des
Römischen Reiches. Zur Zeit des Paulus beheimatete sie
700 000 Menschen.
Korinth wurde im Jahr 146 v. Chr. von den Römern zerstört.
100 Jahre später wurde sie auf Veranlassung des Julius Cäsar
wieder aufgebaut.
Ihre Bürger waren in der Hauptsache freigelassene römische
Sklaven und griechische Kolonisten.
Neben einer kleinen reichen Oberschicht lebten in der Stadt
große Scharen von Sklaven und anderen Leuten niederen gesellschaftlichen Ranges.
In der Stadt gab es viele Juden (Apg 18,2-8). Der vor den Toren
der Stadt gelegene Hafen Kenchreä war das wirtschaftliche
Rückgrat der Großstadt.
Auch das kulturelle Leben Korinths war beeindruckend. Es
gab Kunstschulen, Rednerschulen und philosophische Schu-
len. Wie in der ganzen Antike spielte der Sport in Korinth eine

wichtige Rolle. Von ähnlicher Bedeutung wie die Olympischen
Spiele waren die Korinthischen bzw. Ismischen Spiele.

Das religiöse Leben der Stadt Korinth

In Korinth fanden sich zahlreiche Tempel verschiedenster Religionen. Mit ihnen verbunden war die »kultische Prostitu-
tion« besonders ausgeprägt.
In Korinth gab es z. B. einen großen Tempel der Liebesgöttin
Aphrodite. In kleinen mit Rosen geschmückten Häusern lebten ihre über 1000 Priesterinnen. Sie gaben sich den Anhängern des Aphroditekultes hin. Hin und wieder werden diese
Priesterinnen auch als Tempeldirnen bezeichnet.
Der Dienst an den alten Göttern wurde im Römischen Reich
als unentbehrlicher Dienst an Staat und Volk verstanden.
Geistlichen oder sittlichen Einfluß aber hatte er nicht.
Bedeutsamer war da der Einfluß der sogenannten »Mysterien«. Die Anhänger dieser vor ca. 2000 Jahren sehr starken Bewegung meinten, durch kultische Handlungen Überwindung
des Todes und göttliches Leben zu erlangen. Um einem My-
sterienkult angehören zu können, mußte man in ihn »eingeweiht« werden. Man kann die Mysterien als eine Art Geheim-
religion verstehen. Überbleibsel der Mysterienreligionen finden sich bis heute bei den Rosenkreuzern, im Freimaurerritus
und verschiedenen esoterischen Richtungen des New Age.
Auch die Kulte der ägyptischen und anderer altorientalischer
Gottheiten, wie Isis und Baal, waren in Korinth stark vertreten.

Der sittliche Tiefstand der Stadt Korinth

Die sittliche Verdorbenheit der Stadt war im Römischen Reich
sprichwörtlich. So sprachen Zeitgenossen von »korinthischen
Gelagen«, »korinthisieren« oder auch vom »korinthischen
Trinker«.

b. Die kirchengeschichtliche Bedeutung der Korintherbriefe

Die Korintherbriefe sind die aufschlußreichste Abhandlung über Gemeindeordnungen in den ersten heidenchristlichen Gemeinden. Sie sind eine umfangreiche Dokumentation über den inneren und äußeren Zustand der heidenchristlichen Gemeinde zur Zeit des Paulus. Sie können uns vor einer idealisierten Überbewertung der ersten Gemeinden bewahren.
Der Theologe Karl Heinrich Weizsäcker (1822-1899) nennt den 1. Korintherbrief ein »einzigartiges Stück Kirchengeschichte«.

2. Das Thema des Buches

Es geht im 1. Korintherbrief um die Herrschaft Christi im Leben der Gemeinde und des einzelnen Christen. Sie ist vielfältigen Angriffen, Unterwanderungen und Bedrohungen ausgesetzt.
Spaltungen, Verschiebungen des geistlichen Zentrums, offenkundige Sünde, Irrlehren und Schwarmgeisterei drohen, die Gemeinde zu untergraben. Ein Christ muß sich immer wieder mit seinem ganzen Sein unter den Gehorsam Christi stellen.

3. Verfasserschaft

Die Verfasserschaft ergibt sich aus der Selbstvorstellung des Autors (1. Kor 1,1) und dem Inhalt des Buches. Auch in der liberalen Theologie ist sie fast unumstritten.

Der in Kap. 1,1 erwähnte Bruder Sosthenes war wahrscheinlich Sekretär und Schreiber des Paulus, während dieser in Korinth weilte. Ob er mit dem Synagogenvorsteher in Apg 18,17 identisch ist, ist nicht ganz sicher, aber wahrscheinlich.
Paulus versteht sich als Vater und Gründer der Gemeinde (Kap. 3,10; 4,15). Sie ist durch sein evangelistisches Predigen auf der zweiten Missionsreise entstanden (49-51 n. Chr.).

Die Gemeinde setzte sich aus bekehrten Juden und Heiden zusammen. Godet schreibt bezüglich der Echtheit des Briefes: »Was die inneren Beweise anbelangt, beschränken wir uns darauf festzustellen, daß der Gelehrte, der auf dieser Seite die lebendige Persönlichkeit des Paulus nicht festzustellen weiß, in seinem Studierzimmer den Sinn für die Wirklichkeit verloren haben muß.«

4. Abfassungszeit und -ort

Der Abfassungsort wird in Kap. 16,8 genannt: Ephesus. Aus Kap. 16,8 erfahren wir auch, daß der Aufenthalt in Asien (Kleinasien) zu Ende ging. Dieser dauerte nach Apg 20,31 ca. drei Jahre.

Laut Kap. 16,5 will Paulus zunächst nach Mazedonien und danach direkt nach Korinth reisen. Diese Route stimmt mit Apg 19,1+10 überein.

In 1. Kor 16,1 erinnert Paulus an die Sammlung für Jerusalem. Aus Apg 24,17 wissen wir, daß Paulus diese Sammlung im Orient später abgeschlossen hatte.

Aus all diesen Andeutungen geht hervor, daß Paulus den 1. Korintherbrief nach einem Aufenthalt von 2 Jahren und 3 Monaten in Ephesus schrieb.

Nach H. W. House entstand der 1. Korintherbrief 54 n. Chr. E. Aebi, der die dritte Missionsreise später ansetzt, geht vom Frühjahr 57 n. Chr. aus (siehe Lektion 49).

5. Empfänger

Empfänger ist die von Paulus auf der zweiten Missionsreise gegründete Gemeinde von Korinth. Im Frühjahr 52 n. Chr. reiste Paulus von Athen nach Korinth. Er wohnte und arbeitete bei Aquila und Priszilla, die aufgrund einer Anordnung des Kaisers Klaudius Rom verlassen mußten, weil sie Juden waren. Wie Paulus waren sie von Beruf Zeltmacher.

Paulus war ca. 1 $^1/_2$ Jahre in Korinth. Dort predigte er in der Synagoge, so daß etliche der Diasporajuden zum Glauben an Jesus Christus kamen, unter anderem der Synagogenvorsteher Krispus.

Paulus nennt die Gemeindeglieder von Korinth »Heilige«. Vom Inhalt des Briefes her ist klar, daß diese Bezeichnung keine moralische Größe, sondern den Zustand, den Jesus aus Gnaden zurechnet, ausdrückt.

Vier Briefe gingen nach Korinth

Es ist ziemlich sicher, daß Paulus nicht nur die zwei im NT enthaltenen Briefe nach Korinth geschickt hat, sondern vier.
Der eigentliche erste Korintherbrief ging verloren. Er wird in 1. Kor 5,9 erwähnt: »Ich habe euch in dem Brief geschrieben«.
Der kanonische 1. Korintherbrief ist demnach der zweite von Paulus an die Korinther gerichtete Brief.
Nach diesem wurde ein dritter, heute auch nicht mehr vorhandener Brief geschrieben. 2. Kor 2,3.4 bezieht sich auf ihn. Er wird in der Theologie auch der »Tränenbrief« genannt.

Der 2. Korintherbrief des NT wäre demnach der vierte an die Korinther geschickte Brief:
Hier noch einmal die Reihenfolge:

1. Brief = verlorengegangen
2. Brief = 1. Korintherbrief
3. Brief = verlorengegangen (Tränenbrief)
4. Brief = 2. Korintherbrief

6. Anlaß und Zweck des 1. Korintherbriefes

Der Zweck des Briefes ist, die schriftlich von den Korinthern erbetenen Ratschläge und Aufklärungen (Kap. 7,1) über Ehe

und Ehelosigkeit, Genuß von Götzenopferfleisch, Geistesgaben und Totenauferstehung zu geben.
Weiter will Paulus etwas gegen die ihm durch »Leute der Chloë« bekanntgewordenen Spaltungen in der Gemeinde tun (Kap. 1,12). Ein Fall von Unzucht (Kap. 5) wurde von der Gemeinde nicht ernst genug genommen.
Irrlehrer, die als Philosophen und Denker auftraten, gefährdeten durch ein unmoralisches Leben und durch Entschuldigung der fleischlichen Sünden die Gemeinde. Da diese Irrlehren den alten Gewohnheiten der korinthischen Umwelt entsprachen, gefährdeten sie den geistlichen Fortbestand der Gemeinde.

7. Hauptverständniswort

Gemeindeordnung

8. Hauptverständnisvers

1. Kor 1,2: »An die Gemeindes Gottes in Korinth, an die Geheiligten in Jesus Christus, die Berufenen Heiligen samt allen, die den Namen unsres Herrn Jesus Christus anrufen, an jedem Ort, bei ihnen und bei uns.«

9. Abriß

a. Grobe Einteilung

1. Kap. 1-6   Mißstände in der Gemeinde, von denen Paulus gehört hatte und zu denen er in der Autorität eines Apostels Stellung bezieht.

2. Kap. 7-16 Auskünfte über Fragen, auf die die Korinther eine Antwort erbeten hatten.

b. Gliederung

Gruß und Einleitung   Kap. 1,1-9

1. Was Paulus erfahren hatte   Kap. 1-6
   Sünde in der Gemeinde   "   1,10-4,21
   Spaltungen und Vorurteile   "   1,10-4,21
   Weltliche Weisheit hoch im Kurs   "   1,19-2,16
   Christlicher Dienst
   — Hindernisse   "   3,1-4
   — Quellen des Erfolges   "   3,5-10
   — Mit oder ohne Bestand   "   3,11-23
   — Unser Meister   "   4,1-21

   Sünde von Gemeindegliedern   Kap. 5-6,8
   Unzucht   "   5
   Mangel an Bruderliebe   "   6,1-8

2. Wonach Paulus gefragt wurde   Kap. 6,9-Kap. 16,4
   Ehe und Ehelosigkeit   "   6,9-7,40
   Speisen und Götzenopfer   "   8
   Paulus' Autorität   "   9
   Israels Geschichte   "   10,1-15
   Abendmahl und Götzendienst   "   10,14-33
   Die Frau in der Gemeinde   "   11,1-16
   Mißbräuche beim Abendmahl   "   11,17-34
   Geistesgaben   "   12
   Liebe (Agape)   "   13
   Prophetie   "   14
   Totenauferstehung   "   15
   Sammlung für Jerusalem   "   16,1-4

Pläne und Grüße   Kap. 16,5-24

Fragen zu Lektion 50

1. Wo lag Korinth?

2. Wie zeigte sich der Götzendienst in der Stadt Korinth?

3. Was für einen Einblick gewähren uns die Korintherbriefe?

4. In welchen Gefahren standen die korinthischen Christen?

5. Welche Hauptspaltungen gab es in Korinth unter den Christen?

6. Wieviele Briefe hat Paulus nach unserem Wissen nach Korinth geschickt?
   In welcher Reihenfolge sind die uns bekannten kanonischen Briefe einzuordnen?

7. Wie ist die korinthische Gemeinde entstanden?

8. Wie lange war Paulus in Korinth?

9. Welche Etappen der Auferstehung werden in 1. Kor 15,20-28 gezeigt?

10. Wer sind nach 1. Kor 15 die unmittelbaren Auferstehungszeugen?

Lektion 51

Thema: Der zweite Korintherbrief

Kurze Zusammenfassung

Autor:	Paulus
Abfassung:	Winter 55/56 n. Chr.,
	Ende der 3. Missionsreise
Zielgruppe:	Gemeinde in Korinth
Zweck:	Widerlegung von Irrlehren.
	Einsatz für einen jetzt bußfertigen Gegner des Paulus.
	Zeugnis über erfahrenen Trost.
	Begründung seiner apostolischen Vollmacht.

1. Vorbemerkungen

Gab der 1. Korintherbrief einen Einblick in Kirchengeschichte und Gemeindepraxis der ersten heidenchristlichen Gemeinden, so gibt der 2. Korintherbrief ein Zeugnis über den apostolischen Dienst des Paulus.
Godet schreibt dazu: »Um seinen Dienst, sein Apostelamt und seinen Charakter gegen die häßlichen Angriffe zu verteidigen, sieht sich Paulus gezwungen, seine Tätigkeit, seine Kräfte, seine Gefühle, ja sein verborgenes Innenleben zu enthüllen.«
Wir haben somit ein Stück Einblick in das Herz des Paulus vor uns.

2. Das Thema des Buches

Der Brief hat zwei Zentralthemen:
1. Wesen und Erfahrung des Trostes
2. Botschaft und Ausführung des geistlichen Dienstes

3. Verfasserschaft

Die Verfasserschaft des Paulus ist von keinem ernsthaften
Exegeten bezweifelt worden. Paulus gibt sich eindeutig als einzig möglichen Verfasser zu erkennen. Da der Brief aber stark
persönlichen Charakter hat, wird er in alten Schriften kaum zitiert. Anspielungen auf den zweiten Korintherbrief finden wir
bei Clemens v. Rom, Ignatius, Polykarb und im Brief an Diog-
netes (altkirchliche Väter und Überlieferungen).
Im muratorischen Fragment wird er aufgeführt. Auch in der
syrischen und lateinischen Version des Kanon Muratorium ist
er genannt.

4. Abfassungszeit und -ort

Andeutungen zeigen, daß der Brief in Mazedonien (Apg 20,2)
geschrieben wurde (2. Kor 2,13; 7,5; 8,1 u. a.).
Er ist vor dem letzten biblisch bestätigten Besuch des Paulus in
Korinth, der am Ende der 3. Missionsreise gelegen haben muß,
verfaßt worden. Dieser Besuch erfolgte, je nach Datierung der
dritten Missionsreise, im Winter 55/56 n. Chr. (House) oder
Winter 57/58 n. Chr. (Aebi).

5. Empfänger

Empfänger ist die Gemeinde in Korinth. Sie war Mittelpunkt
und möglicherweise einzige bereits organisierte Gemeinde
dieser Region. In ihrem Umfeld gab es weitere Gemeindean-
fänge, Außenstationen bzw. Hauskreise, welche sich auf die
Muttergemeinde in Korinth hinorientierten. Der Hinweis auf
die »Heiligen in ganz Achaja« (2. Kor 1,1) bezieht sich wohl auf
Christen im Umfeld der Gemeinde Korinth.

Weiteres über Korinth und die dortige Gemeinde siehe Lektion 50.

6. Anlaß zur Abfassung des 2. Korintherbriefes

Paulus hatte den 1. Korintherbrief überbringen lassen. Dieser scheint bei seinen Gegnern nicht viel bewirkt zu haben. Ein zwischenzeitlich stattgefundener Kurzbesuch des Paulus muß mit einer schweren Enttäuschung für den Apostel geendet haben. Wenn dieser Besuch auch nirgends geschildert ist, schreibt Paulus doch von insgesamt drei Besuchen (2. Kor 12,14). Der große Widerstand, den Paulus bei diesem Kurzbesuch erleben mußte, scheint von einer bestimmten Person ausgelöst worden zu sein (2. Kor 2,5-11). Nach diesem schlimmen Ereignis schrieb Paulus den uns heute nicht mehr vorliegenden »Tränenbrief«. Titus überbrachte diesen den Korinthern.

Paulus erfuhr von Titus, daß der »Tränenbrief« unter den korinthischen Christen zu einer Bußbewegung geführt hatte (Hinweise 2. Kor 2,3f.9; 7,8).

Der Hauptgegner des Paulus wurde unter Gemeindezucht gestellt. Im 2. Korintherbrief verwendet sich Paulus wieder für ihn (2. Kor 2,6.7).

Folgendes Schema der Besuche und Briefe des Paulus können wir annehmen:

1. Besuch — Gemeindegründung Apg 18,1-11, 1 1/2 Jahre

2. Brief — verlorengangener Brief

3. Brief — 1. Korintherbrief

4. Besuch — Kurzbesuch

5. Brief — Tränenbrief

6. Brief — 2. Korintherbrief

7. Besuch — im 2. Korintherbrief in Aussicht gestellt.

Obwohl der Tränenbrief und der mögliche Kurzbesuch für Paulus positiv ausgegangen sind, gibt es neue Probleme: Die Gemeindegruppe, die sich »Christlich« nennt (1. Kor 1,12), war Paulus sehr feindselig gesinnt. Sie stellt erneut seine apostolische Vollmacht in Frage. Ermutigt wurde diese Gruppe offensichtlich durch Wanderprediger, die aus Jerusalem kamen (2. Kor 3,1.2; 4,2; 10,10; 11,1-4 und 12,3).

7. Zweck des Briefes

* Paulus will erklären, warum ein von den Korinthern erwarteter Besuch noch immer aussteht (2. Kor 1,15-24; 2,1-3).
* Er will die Korinther loben, weil sie dem Tränenbrief gehorcht und Buße getan haben (2. Kor 7,4+15).
* Er setzt sich für die Wiederaufnahme seines bußfertigen Gegners ein (2. Kor 2,6-9).
* Er verwarnt weiter unbußfertig bleibende Gemeindeglieder (2. Kor 12,21; 13,2).
* Er warnt vor neuen Irrlehrern (2. Kor 11,3.4.14).
* Er verteidigt sein Apostelamt (2. Kor 10-12).
* Er erinnert an die Kollekte für Jerusalem (2. Kor 8,10-11).

8. Hauptverständnisworte

Trost und Dienst

9. Hauptverständnisverse

2. Kor 1,3+4: »Gelobt sei Gott, der Vater unseres Herrn Jesus Christus, der Vater der Barmherzigkeit und Gott allen Trostes, der uns tröstet in aller unserer Trübsal, damit wir auch trösten können, die in allerlei Trübsal sind, mit dem Trost, mit dem wir selber getröstet werden von Gott.«

10. Abriß

a. Grobe Einteilung

Erklärungen 2. Kor 1-7
Warum der erwartete Besuch aufgeschoben wurde
Warum Paulus zuvor so deutlich und streng geschrieben
hatte
Warum er sich so viele Sorgen um die Korinther machte
Persönliches Zeugnis

Ermahnungen 2. Kor 8+9
Er ermahnt, die Unterstützung für die notleidenden Jerusalemer Christen nicht mehr hinauszuziehen

Rechtfertigung 2. Kor 10-13
»In diesem Abschnitt erkennen wir den veränderten
Ton des Apostels. Strenge und Ironie schwingen mit,
während er sein Apostelamt rechtfertigt und sein Recht
auf die Liebe und den Respekt der Korinther beweist.«
(R. Lee)

b. Gliederung

Einleitung, Gruß	Kap. 1,1+2
1. Rechter Trost	Kap. 1,3-2,11
Gott ist ein Gott des Trostes	” 1,3+4
Bericht über Leiden und Trost	” 1,5-14
Gott ist treu	” 1,15-24
Vergebung wirkt auch Trost	” 2,1-11
2. Rechter Dienst	Kap. 2,12-6,10
Der Auftrag der Boten Gottes	” 2,12-17
Der geistliche Empfehlungsbrief des Paulus	” 3,1-6

Fragen zu Lektion 51

1. Welche beiden Schwerpunkte endecken wir im 2. Korintherbrief?

2. Was meint der Ausdruck »Heilige in Achaja« Kap. 1,1?

3. Zeigen Sie die Reihenfolge von Briefen und Besuchen in Korinth auf?

4. Welche Ziele verfolgte Paulus mit dem 2. Korintherbrief?

5. Wer war der Überbringer des »Tränenbriefes«?

Lektion 52

Thema: Der Brief an die Galater

Kurze Zusammenfassung

Autor:	Paulus
Abfassung:	48/49 n. Chr. oder 53 n. Chr.
Zielgruppe:	Christen in Galatien
Zweck:	Gegen gesetzliche und judaisierende Irr- lehrer

---

1. Vorbemerkungen

Der Galaterbrief hat durch seine unzweideutige, teilweise sehr scharfe Ausdrucksweise dazu beigetragen, daß die Gemeinde im Laufe ihrer Geschichte vor dem Abgleiten unter das Joch der Gesetzlichkeit bewahrt geblieben ist.
Martin Luther, der durch die Lehre von der »Rechtfertigung des Sünders allein aus Gnaden« die Reformation in Gang gesetzt hat, sagte zum Galaterbrief: »Dies Epistel an die Galater ist mein Epistel, der ich mich vertraut habe, meine Kathe von Bora« (Koseform des Namens seiner Frau: Katharina von Bora) (1531).

Die Lehre vom **gesetzesfreien Evangelium** wird in derselben grundlegenden Form wie im Römerbrief auch im Galaterbrief entwickelt. Stellt der Römerbrief diese Lehre aber in »systematischer Form« dar, so argumentiert Paulus im Galaterbrief aus aktuellem Anlaß »kontrovers theologisch« (in Abgrenzung gegen die falsche gesetzliche Meinung der Irrlehrer).

2. Das Thema des Buches

Das Thema des Buches ist die »Rechtfertigungslehre«. Paulus

verteidigt diese seine Hauptlehre (Kap. 3+4) und zeigt, wie all-
umfassend die Rechtfertigung des Sünders »allein aus Gnade
und ohne jedes eigene Zutun« ist. Die **christliche Freiheit ohne
Zwang der Gesetzeserfüllung** ist Zeichen echter Gotteskindschaft. Die Abhängigkeit vom Gesetz führt letztlich immer in
Knechtschaft. Allerdings mahnt Paulus auch, diese Freiheit
des Evangeliums nicht zu mißbrauchen (Kap. 5,1-6,17).

3. Verfasserschaft

Der Brief selbst nennt den Apostel Paulus als Verfasser: Kap.
1,1 »Paulus, ein Apostel« und Kap. 5,2 »Ich, Paulus« sind eindeutige Selbstzeugnisse des Schreibers. Auch die geschilderten Erfahrungen und Einzelheiten aus dem Leben des Verfassers können sich nur auf Paulus beziehen.
Er verstand sich selbst als geistlichen »Vater« der Galater (Kap.
1,6; 1,11; 4,13-19).
Der theologische Hauptgedanke des Briefes, die Rechtfertigung des Sünders aus Gnade ohne eigenes Zutun, ist die
Hauptbotschaft der Verkündigung des Paulus.

4. Abfassungszeit

Die Ausleger sind sich bei der Datierung des Galaterbriefes
nicht einig. Einige meinen, daß der Brief an die Gemeinden in
Südgalatien gerichtet war. Diese hatte Paulus schon während
der ersten Missionsreise gegründet. Wenn das der Fall ist,
könnte der Brief schon 48 oder 49 n. Chr. geschrieben worden
sein (sogenannte Südgalatientheorie). Genauso möglich ist es,
daß der Brief an die Gemeinden in Nordgalatien adressiert war.
Paulus hat diese zweimal besucht (Apg 16,6 und 18,23). Der Galaterbrief selbst geht auch von mehr als einem Besuch aus:
Kap. 4,13. Wenn dies der Fall ist, wurde der Brief wahrscheinlich während der dritten Missionsreise 53 n. Chr. in Ephesus
geschrieben (sogenannte Nordgalatientheorie).

5. Empfänger

Die Gemeinden in Galatien.
Die Galater waren Nachkommen der Gallier, die sich nach verschiedenen Wanderungen im 3. vorchristlichen Jahrhundert endgültig in Galatien niedergelassen hatten. Von Südgallien (heute entspricht die Landschaft Gallien Frankreich) herkommend, hatten sie Südeuropa durchquert. Von Byzanz ging es über den Hellespont. Hier trat das Volk in den Dienst der Könige von Bithynien ein. Der König von Pegamos besiegte die Galater und brachte sie endgültig in das spätere Galatien. Dieses schöne Gebiet lag südlich von Pisidien und Lykaonien, östlich von Kappadozien, nördlich von Pontus und Bithynien und westlich von Phrygien. Man nimmt an, daß die christlichen Gemeinden im Norden der Provinz Galatien lagen (vgl. 4. Nordgalatientheorie).
Durch eine Krankheit festgehalten, predigte (Kap. 4,13) Paulus während seiner zweiten Missionsreise hier das Evangelium (Apg 16,16). Der »gekreuzigte Christus« war Mittelpunkt seiner Verkündigung (Kap. 3,1).
Etliche Galater fanden durch den Dienst des Paulus zum Glauben. Sie nahmen ihn auf, als wäre er ein Himmelsbote (Kap. 4,14). Paulus erfuhr die überreiche Liebe der neu bekehrten Galater (Kap. 4,14). Er gründete mit ihnen eine Gemeinde.
Die galatischen Christen verteilten sich zur Abfassungszeit des Briefes sicherlich über eine ganze Region. Ob es eine Zentralgemeinde gab, zu der sie sich hielten, oder ob es viele kleine Gemeindekreise waren, die lose zusammenhielten, ist nicht mit Sicherheit zu sagen.

6. Anlaß und Zweck des Galaterbriefes

Es bestand in Galatien die Gefahr, daß die jungen Gemeinden in jüdische Gesetzlichkeit abdrifteten. Judenchristliche Wanderprediger aus Jerusalem waren in den galatischen Gemeinden aufgetaucht und lehrten, daß die vergebende Gnade Got-

tes nicht ausreiche, um das Heil zu erlangen. Es sei auch die genaue Befolgung der jüdischen Gesetze und Satzungen nötig.
Wenn es auch noch nicht dazu gekommen war, daß sich Heidenchristen nach jüdischem Ritus beschneiden ließen, so begann man doch schon damit, sich nach jüdischen Speisegeset-
zen zu richten.

Die Judaisten bestritten auch, daß Paulus ein echter Apostel
war.
Die Galater waren von allem Neuen schnell zu begeistern.
Dies führte dazu, daß sie auch den judaisierenden Irrlehrern
schnell zufielen.

Paulus erschien diese Entwicklung so gefährlich, daß er eine
Klärung für dringend nötig hielt. Er verzichtete bei der Abfassung, im Gegensatz zu den meisten anderen Briefen, sogar auf
einen Sekretär. Trotz seines Augenleidens schrieb er den Brief
mit eigener Hand.

EXKURS:

Die gesetzliche Lehre der Judaisten

Die judenchristlichen Irrlehrer, welche die Galater verwirrten,
vertraten in etwa folgende Ansicht:
Israel ist Gottes auserwähltes Volk. Wer zu Gott gehören will,
muß zu diesem Volke gehören. Die Zugehörigkeit zum Judentum empfängt man durch Geburt oder indem man zur jüdischen Religion übertritt, also Proselyt wird. Juden aber halten
bestimmte Gesetze (das Bundesgesetz). Jeder jüdische Mann
wird außerdem am 8. Lebenstag beschnitten, der Proselyt wird
beim Übertritt zum Judentum beschnitten, d.h., die Vorhaut
seines Gliedes wird durch einen kleinen operativen Eingriff
entfernt. Dieser Ritus hat symbolische Bedeutung. Er sollte
zeigen, daß sich Gottes Volk von der übrigen Welt unterscheiden muß. Weiter sollte es zeigen, daß das alte Wesen, das

sündige Fleisch, in den Tod muß. Die Vorhaut war das Symbol
für das alte gegen Gott rebellierende sündige Wesen.

Durch die Heidenmission war nun ein Problem entstanden. Es
waren Menschen zum Glauben gekommen, die keinen jüdischen Hintergrund hatten. Sie waren weder Juden noch Prose-
lyten. Deshalb bestritten die judaisierenden Irrlehrer, daß die
so Gewonnenen zu Gottes Volk gehörten und das Heil erlangt
hatten. Bevor Heiden zu Jesus kommen könnten, müßten sie
erst Juden werden, meinten sie. Die Heidenchristen müßten
sich beschneiden lassen und auch alle übrigen Forderungen
des Gesetzes, die die Juden zu halten hatten, erfüllen. Sind sie
dann echte Juden geworden, besteht die Möglichkeit, daß sie
auch noch Jesus annehmen können. Das Christentum ist nach
Meinung der Irrlehrer nur eine Fortentwicklung des Judentums. Um Christ zu sein, wäre also die Erlangung des Judentums erforderlich.
Paulus aber hatte erkannt, daß jeder Mensch ohne Vorbedingung zu Jesus kommen kann. Dieser neutestamentlichen
Grundwahrheit widersprachen die gesetzlichen Irrlehrer, mit
denen sich Paulus im Galaterbrief auseinandersetzt.

7. Echtheit

Sie wird durch zahlreiche Zitate aus den ersten Jahrhunderten
bestätigt:
Polykarp zitiert wörtlich Gal 6,7+4,26.
Justin der Märtyrer zitiert Gal 3,10-13.
Marcion hatte um 140 n. Chr. den Galaterbrief in seiner Samm-
lung paulinischer Briefe.
Erst die Rationalisten Baur (Tübinger Schule), Loman (Hol-
land) und Pirson bezweifelten die Autorenschaft des Apostels.

Die liberalen Kritiker behaupten, der Verfasser habe im Gegensatz zum gemäßigten Paulus der Apostelgeschichte einen
radikalen Paulus konstruieren wollen. Er wollte mit diesem fal-

schen Paulusbrief den noch vorhandenen Judenchristen ein
für alle Mal den Todesstoß geben. Zu diesem Zweck habe er
um 120 n. Chr. den Galaterbrief verfaßt und dem Apostel Paulus untergeschoben. Er habe in den eigenen radikalen Positionen Gedanken aus dem Römer- und den Korintherbriefen eingearbeitet und unter dem Namen Paulus veröffentlicht.
Diese irrige Spekulation können wir mit einem Blick in die
Apostelgeschichte widerlegen. Das Apostelkonzil (Apg 15, vgl.
auch Apg 11) hatte die Frage nach dem gesetzesfreien Evangelium zum Hauptthema. Die Frage, ob Heidenchristen das jüdische Bundesgesetz befolgen müssen, war demnach zur Zeit
des Paulus hoch aktuell. Im Gegensatz dazu ist die Frage nach
dem Gesetz im 2. Jahrhundert ohne große Bedeutung. Weshalb sollte der Brief dann im 2. Jahrhundert geschrieben worden sein?
Es gibt ein aus dem 2. Jahrhundert stammendes altkirchliches
Werk, mit Namen »klementinische Homelien«. In diesen
Schriften wird Paulus stark angegriffen. Aber auf die Frage der
Stellung zum Gesetz wird nicht eingegangen. Sie war im 2.
Jahrhundert nicht mehr aktuell.

8. Hauptverständnisworte

Freiheit und Glaube

9. Hauptverständnisverse

Gal 5,1: »Zur Freiheit hat uns Christus befreit.«
Gal 3,2: »Habt ihr den Geist empfangen durch des Gesetzes
Werke oder durch die Predigt vom Glauben?«

10. Die Aktualität des Galaterbriefes

Der Galaterbrief übte in der Kirchengeschichte großen Ein-

fluß aus. Der Gründer der Methodistenkirche und Vater der
neueren Evangelisation John Wesley wurde durch Vorträge
über die Einleitung von Luthers Vorlesungen zum Galaterbrief geistlich erweckt. Diese Vorträge hielt ein Herrenhuter
Sendbote in London.
Luther las zweimal den Galaterbrief als Professor der Theologie in Wittenberg (1516 ff und 1531 ff).
Mehr als andere Bibelteile half der Galaterbrief zur Überwindung von Geseztlichkeit, Judaismus (im Sinne des unter 6.
ausgeführten Exkurses: Die gesetzliche Lehre der Judaisten),
Ritualismus, Traditionalismus.
Wenn auch heute weniger Gefahr besteht, in jüdische Gesetzlichkeit zu verfallen, so ist doch die Werkgerechtigkeit eine ge-
fährliche Verfinsterung des Evangeliums im katholischen wie
auch im evangelischen Bereich.
Der Brief hilft zu einem klaren Blick in bezug auf Irrlehren:

* Heilsnotwendigkeit von rituellen Handlungen: z. B. in der
  katholischen Kirche und den protestantischen Volkskirchen;

* die Heilsnotwendigkeit eines äußerlichen Lebensstils: z. B.
  im gesetzlichen Pietismus;

* die hier und da auftretende Beobachtung des jüdischen Gesetzes: z. B. 7-Tages-Adventisten, die weltweite Kirche Gottes.

11. Abriß

a. Grobe Einteilung

Der Galaterbrief ist in drei Hauptteile zu gliedern:
Einleitung
1. Ermahnend-apostolischer Teil   Kap. 1,6-2,21
2. Lehrhaft-dogmatischer Teil   Kap. 3,1-5,12
3. Ethisch-ermahnender und warnender
   Teil   Kap. 5,13-6,17

b. Gliederung

Fragen zu Lektion 52

1. Welches gemeinsame Thema haben der Römer- und der Galaterbrief?

2. Wie unterscheidet sich die Form, in der dieses Thema im Römerbrief und im Galaterbrief wiedergegeben wird?

3. Was veranlaßte Paulus zur Niederschrift des Galaterbriefes?

4. Wie konnte nach Meinung der judaistischen Irrlehrer ein ehemaliger Heide Christ werden?

5. Wo lag Galatien?

6. Was spricht gegen die Annahme, daß der Galaterbrief erst um 120 n. Chr. geschrieben wurde?

7. Welche Irrlehren widerlegt der Galaterbrief?

Lektion 53

Thema: Der Brief an die Epheser

Kurze Zusammenfassung

Autor:	Paulus
Zielgruppe:	Heidenchristen in Ephesus und Kleinasien.
Abfassung:	um 60 n. Chr. aus der Haft in Rom
Zweck:	Die Lehre von der Gemeinde in Schriftform bringen und dabei besonders das Verhältnis zwischen Heidenchristen und Judenchristen klären

---

1. Vorbemerkungen

Im NT finden sich zwei Briefe mit dem Schwerpunkt der Rechtfertigungslehre: Der Römer- und der Galaterbrief.
Ebenso finden sich zwei Briefe mit dem **Schwerpunkt Gemeinde**: Der Epheser- und der Kolosserbrief.

Im Epheserbrief finden wir die Grundaussagen über das Wesen der Gemeinde Jesu als geistlichem Leib Christi in unserer Weltzeit: der Gnadenzeit.
Sprachkenner erklären, daß wir im Epheserbrief den stilistisch ausgereiftesten Brief des Paulus vor uns haben. Er wird auch als die »Krone der Paulusbriefe« bezeichnet.

Der Epheserbrief wird zu den sogenannten Gefangenschaftsbriefen gezählt. Zu ihnen rechnet man alle von Paulus in der Haft verfaßten Briefe, mit Ausnahme des 2. Timotheusbriefes. Dieser wird zu den Pastoralbriefen gezählt.

Die Gefangenschaftsbriefe sind:
1. Der Epheserbrief
2. Der Kolosserbrief
3. Der Philipperbrief
4. Der Philemonbrief

2. Verfasserschaft

Im Brief finden wir Paulus als Verfasser genannt. Er stellt sich vor:

Eph 1,1:   »Paulus, ein Apostel Christi Jesu«
Eph 3,1:   »Paulus, der Gefangene Christi Jesu«
Eph 4,1:   »Der Gefangene in dem Herrn«
Eph 6,20:   »Bote des Evangeliums in Ketten«

Verschiedene Grundgedanken, Vergleiche und Beispiele sind uns aus anderen Paulusbriefen bekannt:

Eph 2,5.8   Errettet aus Gnaden, durch den Glauben
Eph 1,7   Erlöst durch das Blut
Eph 1,13; 4,30 Versiegelt mit dem Heiligen Geist
Eph 1,23; 4,16 Der Leib als Bild der Gemeinde

Dies alles sind Begriffe, die wir aus dem Römer-, Galater-, und dem 1. und 2. Korintherbrief her kennen.

3. Abfassungszeit

Der Brief wurde am gleichen Ort und etwa zur selben Zeit wie der Kolosserbrief geschrieben. Beide Briefe wurden durch denselben Boten mit Namen Tychikus überbracht (vgl. Eph 6,21 f – Kol 4,7 f).

Das muß in der ersten Gefangenschaft des Paulus von Rom aus geschehen sein. Hinweis: Apg 28,30 und Phil 4,22. Zeitlich ist er um das Jahr 60 n. Chr. zu datieren.

4. Empfänger

Paulus war den Ephesern nicht unbekannt. In Ephesus hatte er drei Jahre lang missioniert.
Die Stadt war ein Zentrum der Magie, des Götzendienstes und blühte finanziell aufgrund des mit dem Götzendienst verbundenen Gewerbes. In der Stadt befand sich ein berühmter Dianatempel.
Paulus hat während seines Dienstes selbst Anfeindungen durch Götzendiener erlebt. Doch der Herr hatte in Ephesus eine Gemeinde erweckt. Sie bestand aus Juden- und Heidenchristen.

Im Briefanfang heißt es »an die Heiligen in Ephesus...« (Eph 1,1 b.)
Allerdings fehlt in einigen Handschriften der Ortsname, u. a. im Codex Vaticanus und im Codex Sinaiticus. In beiden Handschriften wurde der Ortsname später als Randglosse zugefügt.
Es fällt außerdem auf, daß Paulus keine Einzelheiten seiner dreijährigen Tätigkeit in Ephesus erwähnt.
Über seinen ersten kurzen Aufenthalt in Ephesus berichtet Apg 18,19 ff. Der zweite Besuch wurde zu einem dreijährigen Dienst (Apg 19,8-10, 20,31).
Welchen Schluß läßt die Tatsache zu, daß Paulus auf seine frühere Tätigkeit in Ephesus keinen Bezug nimmt?
Möglicherweise war der Epheserbrief ursprünglich ein Rundbrief an verschiedene kleinasiatische Gemeinden. Er ging wohl zuerst nach Ephesus und sollte von dort aus weitergegeben werden.
Godet erläutert:
»Tychikus sollte wohl in der Hafenstadt Ephesus landen. Wenn verschiedene Exemplare des Briefes hergestellt wurden, so wurde diese Arbeit sicher in Ephesus verrichtet, und es ist wahrscheinlich, daß dabei eine Kopie dieses wichtigen Schreibens Ephesus gewidmet wurde. Weil nun diese Stadt die Hauptstadt Kleinasiens und für alle anderen Gegenden der zugänglichste Hafen war, so wandten sich sehr wahrscheinlich

die anderen christlichen Gemeinden, wenn sie eine Abschrift
begehrten, dafür an Ephesus.
So geschah es, daß auf den zahlreichen Abschriften, die in den
Archiven der Epheser-Gemeinde entstanden, die ursprünglich offen gelassene Stelle in gutem Glauben mit den Worten
ausgefüllt wurde, die wir in den gewöhnlichen Exemplaren finden, während nur einige wenige Dokumente die Form des ursprünglichen Exemplares beibehielten.«
Sicher ist, daß die ursprünglichen Adressaten des Briefes Heidenchristen aus Ephesus und Kleinasien waren (Eph 2,1-4,
4,17-19).

5. Echtheit und bibelkritische Einwände

Der Epheserbrief ist einer der am meisten altkirchlich bezeug-
ten Briefe. Deswegen ist es besonders unverständlich, daß ihn
die moderne Theologie stark in Frage stellt.

Schon am Anfang des 2. Jahrhunderts zitiert Ignatius von Antiochien in seinem Schreiben an die Epheser den paulinischen
Epheserbrief (u. a. Eph 2,16; 3,3; 5,1). Polykarp zitiert ihn in seinem Brief an die Philipper ebenfalls am Anfang des 2. Jahrhunderts (Zitate aus Eph 2,8 f; 4,26).
Im chronologisch geordneten Kanon des Marcion (um 140
n. Chr.) wird der Epheserbrief als Paulusbrief geführt.
Der Kanon Muratori im Original wie auch seine syrische und
lateinische Version behandeln den Brief als paulinisch.
Außerdem finden sich Zitate bei Irenäus, Clemens v. Rom,
Tertullian, Eusebius und Origenes.

Bis ins 19. Jahrhundert war der Epheserbrief unumstritten.
Mit dem Aufkommen des literaturgeschichtlichen Verglei-
ches und anderer exegetischer Methoden der liberalen Theologie kam auch der Epheserbrief in das Schußfeld der Rationalisten.
Hauptangriffspunkte der liberalen Theologen des letzten

Jahrhunderts und ihrer Nachfolger, der sogenannten »modernen Theologen« heute sind:

1. Der Stil des Briefes.

2. Die Verwandtschaft zum Kolosserbrief

3. Das Fehlen von Anspielungen auf das über 3jährige Wirken des Paulus in Ephesus.

In der ersten Auflage des RGG von 1913 (»Die Religion in Geschichte und Gegenwart«, Standardwerk der Evangelischen Theologie in Deutschland) findet man folgende Aussage: »So könnte man fast annehmen, daß im Eph. ein Fälscher am Werk ist, der bewußt mit Kunst den Stil des Paulus nachahmt« RGG 1913/3/S. 1335.
Die Verwandtschaft zum Kolosserbrief veranlaßt liberale Theologen, beide Briefe als unpaulinisch abzuwerten.

Wir können dem entgegenhalten, daß all diese Kritik
1. im Gegensatz zum inspiriten Gotteswort steht,
2. durch die altkirchliche Bezeugung widerlegt wird.

6. Zweck und Ziel des Briefes

Zwar ist der Epheserbrief nicht aufgrund eines aktuellen Anlasses geschrieben, trotzdem kann man ihn nicht als Gelegenheitsschrift ansehen. Paulus wollte die Lehre von der Gemeinde in schriftliche Form bringen. Neben dem Römerbrief ist der Epheserbrief in besonderer Weise ein Lehrbrief. Vielleicht beinhaltet er die »feste Nahrung«, die Paulus den Korinthern wegen ihres »fleischlich gesinnten Wesens« nicht geben konnte.
Die Gemeinde ist ein Geheimnis (griech: mysterion), das Gott erst jetzt in der mit Christus neu angebrochenen Heilszeit offenbart hat: »nämlich daß die Heiden Miterben sind und mit zu

seinem Leib gehören und Mitgenossen der Verheißung in Christus Jesus sind durch das Evangelium« (Eph 3,6). **In der Gemeinde gehören nun beide, Heidenchristen und Judenchristen, zum Gottesvolk des neuen Bundes.** Beide haben in gleicher Weise Zugang zum neuen Bund allein durch Gnade. Das Mysterium hat also mit der gleichrangigen Stellung von Juden und Heiden in einem Leib, der Gemeinde, zu tun.

Drei wichtige theologische Bezeichnungen für die Gemeinde:
1. Gemeinde Jesu = Tempel,
                              Wohnung Gottes Eph 2,22
2. Gemeinde Jesu = Leib Christi   Eph 1,22+23; 4,15
3. Gemeinde Jesu = Braut Christi   Eph 5,25-32

7. Hauptverständnisbegriff

Gemeinde = Leib Christi

8. Hauptverständnisverse

Eph 1,22+23: »Und alles hat er unter seine Füße getan und hat ihn gesetzt der Gemeinde zum Haupt über alles, welche sein Leib ist, nämlich die Fülle dessen, der alles in allem erfüllt.«

9. Abriß

a. Grobe Einteilung

Einleitung	Kap. 1,1+2
1. Das Geheimnis des Heiles und der Gemeinde	” 1,3-3,21
2. Praktischer und ermahnender Teil	” 4,1-6,20
Gruß und persönliche Nachricht	” 6,21-24

b. Gliederung

Gruß und Segenswunsch Kap. 1,1-2

Fragen zu Lektion 53

1. Welche Lehraussage steht im Mittelpunkt des Epheserbriefes?

2. Mit welchem Brief hat der Epheserbrief Gemeinsamkeiten?

3. Was verstehen wir unter Gefangenschaftsbriefen?

4. Welche Briefe sind die Gefangenschaftsbriefe?

5. Welcher in der Haft von Paulus geschriebene Brief gehört nicht zu den Gefangenschaftsbriefen?

6. Welche Quellen stützen die paulinische Verfasserschaft?

7. Warum fehlt in vielen Handschriften des Epheserbriefes die Ortsbezeichnung?

8. Welches Ziel hat Paulus mit dem Epheserbrief?

9. Welche Bilder gebraucht der Epheserbrief für die Gemeinde?

Lektion 54

Thema: Der Brief an die Philipper

Kurze Zusammenfassung

Autor:	Paulus
Zielgruppe:	Gemeinde von Philippi
Abfassung:	61 n. Chr.
Zweck:	Dankesbrief

---

1. Vorbemerkungen

Der Philipperbrief sollte uns europäischen Christen besonders wertvoll sein, wurde er doch an die erste europäische Christengemeinde, die Gemeinde in Philippi geschrieben.
Paulus selbst hatte sie auf der 2. Missionsreise durch die Führung des Heiligen Geistes gegründet.

Die Stadt Philippi

Philippi war die bedeutendste Stadt Mazedoniens. Obwohl sie eine kleine Hafenstadt war, war sie trotzdem Handelszentrum Mazedoniens.
Philippi stellte die eigentliche Hauptstadt Ostmazedoniens, Amphipolis, an Bedeutung weit in den Schatten. Der Namenspatron der Stadt war Philippus, der Vater Alexanders des Großen. Ursprünglich hieß die Stadt
    Krenides = zu deutsch: Quellenstadt.
Dieser Name bezieht sich auf die zahlreichen Bäche, welche die Hochebene, auf der sich die Stadt ausbreitete, bewässerten.
42 v. Chr. hatten Markus Antonius und Oktavian in der Schlacht

von Philippi die Mörder des Cäsar Brutus und Cassius geschla-
gen. In Würdigung dieses Ereignisses erhob Augustus die
Stadt zur römischen Kolonie (Freistadt) mit italienischem
Bürgerrecht.
Sie wurde von einem Statthalter verwaltet.
Neben Römern lebten Griechen und auch kleine Gruppen von
Juden in der Stadt.

2. Verfasserschaft

In der alten Kirche wurde Paulus als Autor nie angezweifelt.
Sein Name im ersten Vers des Briefes war Garantie für seine
Verfasserschaft.
Die vielen persönlichen Anspielungen, die der Brief nennt,
können keinen anderen Verfasser als Paulus in Betracht kom-
men lassen.

3. Abfassungszeit

Da die Meinungen über den Ort der Abfassung auseinandergе-
hen, ist auch der Zeitpunkt der Abfassung nicht ganz sicher.
Es kommen Rom, Ephesus und Cäsarea in Frage.
Die Argumente zugunsten Roms scheinen am überzeugend-
sten zu sein:
* Im Brief wird die Hoffnung auf einen baldigen guten Ausgang des Prozesses geäußert (Kap. 2,23-24). Dazu bestand in
  Cäsarea kein Anlaß, denn dort hatte Paulus sich auf den Kaiser berufen, was eine lange Untersuchungsdauer bedeutete
  (Apg 25,11). Eine solche Berufung ist heute am ehesten mit
  einer Appellation an das oberste Gericht (in Deutschland
  das Bundesverfassungsgericht) zu vergleichen.
* Mit dem Prätorium ist die Kaserne der Leibstandarte des
  Kaisers gemeint (prätorianische Kohorten). Weder das Ge-
  richtshaus des Herodes in Cäsarea noch das in Ephesus wurde so genannt.

* Der Ausdruck »Haus des Kaisers« (Kap. 4,22) wird nicht auf die kaiserlichen Kolonialbeamten wie den Statthalter Felix, sondern auf Christen am Kaiserhof in Rom zu beziehen sein.

Die Abfassung war, wenn der Brief in Rom geschrieben wurde, gegen Ende der ersten Gefangenschaft des Paulus erfolgt, also um das Jahr 61 n. Chr.

4. Empfänger

Die Gemeinde von Philippi war die erste christliche Gemeinde auf europäischem Boden (1,1). Sie bestand aus einer kleinen Gruppe von Judenchristen und einer Mehrheit bekehrter Heiden. Im Gegensatz zu seinen Planungen wurde Paulus durch eine besondere Führung des Heiligen Geistes nach Philippi gerufen (Apg 16,8-12). Hier konnte er die Gemeinde gründen (Apg 16,12-40).

Bei seiner Ankunft im Jahre 52 n. Chr. ging er, wie in seiner Missionstätigkeit üblich, zuerst zu den Juden. Die kleine Gruppe der Diasporajuden, die keine eigene Synagoge hatte, versammelte sich am Sabbath auf ihrem Gebetsplatz an einem Fluß. Es waren nur Frauen.
Die erste Person, die zum Glauben an Jesus Christus kam, war die Purpurhändlerin Lydia. Sie scheint eine religiös suchende Frau gewesen zu sein, denn sie hielt sich als »gottesfürchtige Frau« (Apg 16,14) zur jüdischen Versammlung der Stadt.
Während ihres Aufenthaltes wurden Paulus und Silas in Philippi inhaftiert. In der ersten Nacht im Gefängnis fand der Kerkermeister des Ortes und seine Familie zum Glauben.
Um das Jahr 54 n. Chr. besuchte Paulus auf der 3. Missionsreise Philippi erneut (Apg 20,6).

Die Beziehungen zwischen Paulus und der Philipper-Gemeinde waren besonders herzlich. Obwohl Paulus normalerweise keine finanziellen Zuwendungen von Gemeinden annahm,

zögerte er nicht, eine solche von Philippi zu akzeptieren (vgl.
Kap. 2,25; 4,10.18).
Überbringer der finanziellen Unterstützung war Epaphroditus. Dieser zog sich nach seiner Ankunft bei Paulus eine beinahe tödliche Krankheit zu. Die Philipper hatten davon gehört.
Nachdem er sich erholt hatte, überbrachte er den Brief des Paulus und berichtete persönlich über dessen Ergehen in Rom.

5. Echtheit

Clemens von Rom, Polykarp, Marcion, Origenes und andere
Kirchenväter bezeugen die Echtheit des Philipperbriefes.
Trotzdem hat es in den letzten 150 Jahren auch beim Philipper-
brief nicht an Theologen gefehlt, welche seine Echtheit an-
fochten.
Unter den Kritikern tat sich besonders die sogenannte »Tübinger Schule« hervor.
Unter der »Tübinger Schule« versteht man die liberale Richtung der Tübinger Theologischen Fakultät im 19. Jahrhundert.
Ihr radikalster Vertreter war David Friedrich Strauß. Er wurde
unrühmlich bekannt durch seine extrem kritische »Leben Jesu
Forschung« (Kritik an der Geschichtlichkeit Jesu).
Der letzte Vertreter dieser theologischen Schule war Carl Holsten (gest. 1897). Nach seinem Tode griff kein ernstzunehmender Theologe die Echtheit des Philipperbriefes mehr an.

Die Einheitlichkeit des Briefes

Neben der extremen Fundamentalkritik der altliberalen Theologie gab und gibt es Versuche, einzelne Stücke des Briefes als
unecht anzusehen bzw. den Brief als eine Zusammensetzung
von mehreren Briefen darzustellen. Diese Spekulationen haben allerdings heute an Bedeutung verloren.
Die einzige Stelle, die in dieser Beziehung nachdenklich machen könnte, ist der Anfang des 3. Kapitels. Besonders der jähe

Übergang von seelsorgerlichem Zuspruch zu einem harten
Angriff auf die judaistischen Gegner fällt auf. Nur sollte man
bei einem Brief bedenken, daß er ja keine schulische Abhandlung ist und auch nicht als literarisches Werk konzipiert wurde.
Paulus hatte hier möglicherweise sein Diktat unterbrochen
und erst später wieder aufgenommen. Dabei kann es zu Ge-
dankensprüngen und Stilbrüchen kommen.
Trotz des erwähnten Gedankensprungs am Anfang des 3. Kapitels ist der Brief innerlich einheitlich. Der Briefanlaß, die Lie-
besgabe der Philipper, wird am Briefanfang und am Ende hervorgehoben.
Die dogmatischen und ethischen Partien des Briefes lassen eine durchgängige Gedankenfolge erkennen.

Hinweise auf verschiedene Philipperbriefe des Paulus

Es wird vermutet, daß Paulus mehrere, heute nicht mehr vorhandene Briefe an die Philipper geschrieben hat. Er greift im 3.
Kapitel möglicherweise auf einen aus früheren Briefen den
Philippern schon bekannten Gedanken zurück.
Werner de Boor erklärt: »Daß Paulus an die Philipper nicht nur
diesen Brief geschrieben hat, sondern mehrere, geht besonders aus jenem Anfang des 3. Kapitels hervor, wo der Apostel
es rechtfertigt, daß er den Philippern ‚immer dasselbe'
schreibt.«
Auch bei den Kirchenvätern finden sich Andeutungen, daß
Paulus vor bzw. nach dem neutestamentlichen Philipperbrief
weitere Briefe nach Philippi schickte.

6. Zweck und Ziel des Briefes

* Paulus will der Gemeinde für ihre finanzielle Unterstützung
  danken.
* Die Philipper scheinen von der Krankheit des Epaphroditus
  beunruhigt worden zu sein. Nach seiner Genesung kehrt er

nun zurück, um über sein und des Paulus Ergehen zu berichten (2,25).

* Es hat in Philippi Streitigkeiten gegeben. Es ging wohl um persönliche Dinge zwischen Evodia und Syntyche. Hier theologische Spaltungen hineinlesen zu wollen, etwa zwischen Juden- und Heidenchristen oder über die christliche Vollkommenheit (so Lee), hat im Text keine Begründung. Allerdings lag Paulus am Frieden in dieser sonst vorbildlichen Gemeinde.

7. Hauptverständniswort

Freude im Herrn

8. Hauptverständnisvers

Phil 4,4: »Freuet euch in dem Herrn allewegen, und abermals sage ich: Freuet euch!«

9. Abriß

Einleitung	Kap. 1,1-11
Absender, Empfänger und Gruß	” 1,1-2
Danksagung und Zuversicht für die Philipper	” 1,3-11
1. Persönliche Informationen	Kap. 1,12-26
– über seine äußere Situation	” 1,12-18
– über seine Ewigkeitshoffnung	” 1,19-24
– über seinen zukünftigen Dienst	” 1,25-26
2. Ermahnung zu christusähnlichem Wandel	Kap. 1,27-2,18
– im Kampf und Leiden	” 1,27-30

10. Besonderheiten

Der Philipperbrief ergänzt in guter Form die knappen Angaben in der Apostelgeschichte über den Aufenthalt des Paulus in Rom (Apg 28,30 f).

Der Brief stellt uns keine Idealgemeinde, aber eine Gemeinde, wie sie im großen und ganzen den Erwartungen des Paulus entspricht, vor.

Der Brief enthält den sogenannten Christuspsalm oder Christushymnus. Er ist möglicherweise ein schon bekanntes liturgisches Gebet der Urgemeinde gewesen, welches Paulus zitiert. In ihm erkennt man eine tiefe Christologie (Phil 2,5-11).

Fragen zu Lektion 54

1. Auf welchem Kontinent lebten die Christen von Philippi?

2. Welche Personen aus der Gemeinde von Philippi sind uns besonders bekannt?

3. Welche Angriffe auf die Einheitlichkeit des Philipperbriefes kennen Sie?
   Was spricht gegen die Stichhaltigkeit?

4. Worauf gründet die Vermutung, daß Paulus mehrere Briefe nach Philippi geschrieben hat?

5. Wie entstand die Gemeinde in Philippi?

6. In welchen Orten könnte der Philipperbrief geschrieben worden sein?

7. Welcher ist der wahrscheinlichste Abfassungsort?
   Warum?

8. Was wissen wir von Epaphroditus?

9. Welchen Streit erwähnt der Philipperbrief?

10. Woran erkennen wir das besondere Verhältnis des Paulus zu den Philippern?

11. Wo finden wir den Christuspsalm?

Lektion 55

Thema: Der Brief an die Kolosser

Kurze Zusammenfassung

Autor:	Paulus
Zielgruppe:	Gemeinde in Kolossä und Gläubige der Umgebung
Abfassung:	um 60 n.Chr. von Rom
Zweck:	Auseinandersetzung mit judaistischen Gnostikern

---

1. Vorbemerkungen

Kolossä war eine der einflußreichsten Städte in Phrygien. Es lag ungefähr 160 km landeinwärts von Ephesus. Gemeinsam mit Laodizea und Hierapolis bildete Kolossä ein kleinasiatisches Städtedreieck, von dem heute noch viele Ruinen zeugen. Paulus war in der Gemeinde persönlich nicht bekannt (Kap. 2,1). Deshalb fehlt auch der sonst von Paulus häufig gebrauchte persönliche Ton im Brief. Zwar war Paulus auf der 2. Missionsreise nach Phrygien gekommen (Apg 16,6; 18,23), hatte aber beide Male das Lykostal, an dem alle drei Städte lagen, nicht berührt.

2. Verfasserschaft

Der Briefinhalt läßt den Verfasser deutlich erkennen: »Paulus, ein Apostel Christi Jesu!« Kap. 1,1; »ich Paulus« Kap. 1,23; »Mein Gruß mit meiner, des Paulus, Hand« Kap. 4,18.
In der alten Kirche war die Verfasserschaft des Paulus unumstritten.

Paulus schildert seine gegenwärtige Lage als Gefangener (Kap. 4,10.18b).
Die Mitarbeiterschaft, welche der Brief nennt, gehört in das engste Umfeld des Paulus (Kap. 4,1-14).
Mit Sicherheit diktierte er den Brief einem seiner Mitarbeiter.

3. Empfänger

Paulus nennt sie die »Heiligen in Kolossä, die gläubigen Brüder in Christus« Kap. 1,2.
Die Gemeinde in Kolossä ist wahrscheinlich durch die Missionsarbeit des phrygischen Heidenchristen Epaphras (Kap. 1,7) entstanden.
Einige Ausleger vertreten allerdings aufgrund von Kap. 4,10 die Ansicht, daß die Gemeinde durch den Missionskreis um Barnabas entstanden sein könnte.
Eine letzte Klarheit läßt die Bibel offen. Sicher kann uns das daran erinnern, daß menschliche Gründer der Gemeinde nur Werkzeuge und Knechte Gottes sind. Geistliche Frucht ist immer das Werk des Herrn.

4. Echtheit

Die Echtheit wird erst seit der Mitte des 19. Jahrhunderts durch extrem liberale Theologen in Frage gestellt. Meyerhoff und Baur (Tübinger Schule) waren ihre wichtigsten Vertreter. Die neueren Kritiker wärmen nur die alten Argumente dieser Liberalen wieder auf.
Hauptangriffspunkte sind: Stil, Christologie, Verwandtschaft mit dem Epheserbrief.
Auch wird darauf hingewiesen, daß sich bei den Kirchenvätern keine wörtlichen Zitate des Kolosserbriefes finden.
Dagegen ist einzuwenden, daß der Brief bereits Barnabas, Ignatius und Justin dem Märtyrer, die sich auf ihn beziehen, bekannt war.

Er findet sich in chronologischer Rangordnung im Kanon Muratori. Irenäus, Clemens von Alexandrien und Tertullian gebrauchen ihn als allgemein anerkannte neutestamentliche Schrift (wenn sie ihn auch nicht wörtlich zitieren).

Der Stilkritik setzt W. Michel entgegen:
»Beigefügt sei einmal, daß insbesondere die Eigenheit im Wortschatz sich beim Kolosserbrief hinreichend dadurch erklärt, daß Paulus hier eine Irrlehre besonderer Prägung bekämpfen muß und deren Stichworte aufnimmt.«
In bezug auf Christologie sagt Aebi:
»Die Lehre von Christus z. B. paßt ganz in die Entwicklungslinie des paulinischen Denkens hinein. Paulus beschreibt den gekreuzigten Christus im Kolosserbrief als den von den Toten auferstandenen, im Himmel zur Rechten Gottes sitzenden und als Haupt der Gemeinde regierenden Herrn.
Daß er hauptsächlich die Gottheit Jesu, die ewige Sohnschaft, seine Beziehung zur Engelwelt usw. hervorhebt, ist ohne weiteres zu verstehen, wenn man bedenkt, daß die Schrift gegen eine spezielle Irrlehre gerichtet war.«

Einige Kritiker meinen, daß der Kolosserbrief nichts weiter als eine spätere Bearbeitung des Epheserbriefes sei. Mit Sicherheit gibt es zwischen beiden paulinischen Briefen eine inhaltliche Verwandtschaft.
Aber im Kolosserbrief nur eine bearbeitete Abschrift des Epheserbriefes zu sehen, ist verfehlt. Der Blickwinkel des Paulus im Kolosserbrief ist ein anderer als der im Epheserbrief.
Diesen unterschiedlichen Blickwinkel beschreibt Godet:
»Im Epheserbrief zeigt Paulus die Gemeinde des Herren, im Kolosserbrief den Herrn der Gemeinde.«

5. Zweck und Ziel des Briefes

Im Kolosserbrief geht es um die Bekämpfung einer gefährlichen Irrlehre. Sie muß eine große Gefahr für die Gemeinde dargestellt haben.

EXKURS: Die gnostische Irrlehre der Gemeinde Kolossäs

Die tatsächliche Irrlehre der Gemeinde zu Kolossä ist nicht klar ersichtlich, da Paulus nur richtigstellende Antworten gibt, ohne die Lehre an sich darzustellen. Angesichts der verschiedenen Hinweise im Kolosserbrief, der damaligen theosophischen Lehre in Phrygien und der Tatsache, daß dort viele Juden angesiedelt waren, kann man annehmen, daß es sich um einen jüdischen Gnostizismus handelte.

Der grundsätzliche Ansatz dieser religiös-theosophischen Lehre ist der Gedanke des **Dualismus**. Dualismus meint eine Trennung von Geist und Materie, wobei Geist eine positive, Materie jedoch eine negative Wertung erhält. Somit ist Gott als reiner Geist für die materielle Welt weit entfernt, ja, für diese unerreichbar, da sie ihm fremd, verächtlich, zu böse und zu schlecht ist. Der Körper ist für den Menschen nur das Haus der Seele, das ihn wie ein Gefängnis einschränkt und dem er zu entrinnen sucht.

In dieser Dualität gibt es nun ein in sich gegliedertes System von Stufen und Graden verschiedener Engelmächte, die als Mittler zwischen Mensch und Gott agieren. Sie werden als **»Elementargeister«** bezeichnet, die als Zwischengötter mit sichtbaren Körpern, nämlich denen der Gestirne, den Lauf des Universums bestimmen. Als solche verlangen sie auch, verehrt zu werden, woraus die Anbetung der Gestirne bzw. der Engel resultiert.

Die theologische Frage in Kolossä mag gewesen sein, wo man denn nun die Gegenwart Gottes finden kann.

Weil Geist und Materie nach dieser Lehre zwei völlig entgegengesetzte Pole sind, begegnet Gott dem Menschen über die Mittler der Elementargeister. Zu diesen Mittlern gehöre auch Christus, so die Irrlehrer. **Für die gnostische Irrlehre war es völlig undenkbar, daß Gott selbst Mensch wurde, ja, daß Christus Gott und Mensch zugleich war.** Nach ihrer Auffassung konnte der »materielle« Mensch Jesus höchstens noch einen göttlichen Funken besessen haben, denn: ließ sich Gott zur Materie herab, so mußte er seine Göttlichkeit aufgeben.

Nach Meinung dieser Irrlehre bestimmten die Elementargeister auch das Schicksal der Menschen. Durch striktes Halten des Gesetzes konnten diese beschwichtigt werden. Im Kolosserbrief finden wir einige spezifisch jüdische Elemente angesprochen: Beschneidung, Speisesatzung, levitische Reinheitsgesetze, Feste, Sabbate, Neumonde usw. (vgl. Kap. 2,16.20-23). Wahrscheinlich beinhaltete die Irrlehre auch, daß die Christusnachfolge nun durch **höhere Erkenntnis** vertieft werden könne. Um in göttliche Gegenwart zu gelangen, müsse man den Körper durch Askese unterwerfen, um dann durch Visionen und mystische Erfahrungen die Fülle des Heils zu erlangen (Kap. 2,18).

Dieser Irrlehre setzt Paulus entgegen:

– **Christus ist das Ebenbild Gottes**, er gehört nicht der Welt des Geschaffenen an, vielmehr ist die gesamte Welt (die sichtbare und die unsichtbare) durch ihn geschaffen! (Kap. 1,15-16). Christus ist also nicht einer von vielen Zwischengöttern oder Elementargeistern, vielmehr ist ihm alles unterstellt (Kap. 1,17-18; Kap. 2,10).

– **In Christus wohnt die ganze göttliche Fülle leibhaftig** (Kap. 1,19- und 2,9); es gibt keinen Geist-Materie-Dualismus.

– **Christus hat alle bösen Mächte vollständig besiegt und das Heil für uns erworben** (vgl. Kap. 2,14-15); der Erlösungstod Christi muß nicht weiter ergänzt werden, es gibt keinen Weg der Selbsterlösung, um die Fülle Gottes zu erfahren (vgl. Kap. 2,16-18.20-23).

6. Hauptverständnisgedanke

Christus ist der Erstgeborene vor aller Schöpfung, er hat den höchsten Rang über allen Herrschaften, Gewalten und Mächten; Christus ist das Haupt der Gemeinde.

7. Hauptverständnisvers

Kol 2,9: »Denn in Ihm (Jesus) wohnt die ganze Fülle der Gottheit leibhaftig.«

8. Argumente des Kolosserbriefes für den heutigen Geisteskampf

Gegen Leugner der Vorexistenz Jesu 1,15+16 (Islam)
Gegen Gesetzeslehrer wie Sabbatisten 2,16 (Adventisten)
Gegen theosophische Lehren 2,8-9 (New Age, Anthroposophie, Esoterik)

9. Abriß

Einleitung	Kap. 1,1-15
Anrede und Gruß	” 1,1+2
Dank für die Kolosser	” 1,3-7
Fürbitte für die Kolosser	” 1,8-14
1. Lehrender Teil	Kap. 1,15-1,29
Wer ist Jesus?	” 1,15-20
Was tat Jesus?	” 1,21-23
Das geoffenbarte Geheimnis	” 1,24-29
2. Apologetischer Teil	Kap. 2,1-3,4
Christus unsere Kraft, Weisheit und Wurzel	” 2,1-7
Christus ist höher als alle Mächte	” 2,8-15
Gegen den Versuch der Selbsterlösung	” 2,16-23
Leben als geistlich Auferstandene	” 3,1-4
3. Ermahnender Teil	Kap. 3,5-4,6
Ablegen des alten Menschen	Kap. 3,5-9
Anziehen des neuen Menschen	” 3,10-17

Fragen zu Lektion 55

1. Wo lag Kolossä?

2. An wen ist der Kolosserbrief gerichtet?

3. Welche Argumente wurden gegen den Kolosserbrief durch die Tübinger Schule aufgebracht?
   Womit sind diese Argumente zu widerlegen?

4. Welche Irrlehre hat sich in Kolossä zur Gefahr entwickelt?

5. Wo finden wir heute ähnliche Irrlehren?

6. Was setzt der Kolosserbrief diesen Irrlehren entgegen?

Lektion 56

Thema: Der erste Thessalonicherbrief

Kurze Zusammenfassung

Autor:	Paulus
Zielgruppe:	Die Gemeinde in Thessalonich
Abfassung:	50/51 n.Chr.
Zweck:	Klärung von Mißverständnissen über Jesu Wiederkunft

---

1. Vorbemerkungen

Thessalonich ist identisch mit der heutigen griechischen Stadt Saloniki.

Sie wurde um 315 v. Chr. von Kassandros, einem Nachfolger Alexander des Großen gegründet. Er war ein Sohn des Königs Antipater von Mazedonien.

Kassandros baute die ursprünglich ionische Siedlung an der Via Egnatia zu seiner Residenz aus. Er nannte sie nach seiner Frau Thessalonike. Sie war eine Schwester Alexanders des Großen.

Zur Zeit der Apostel war die Stadt eine der wichtigsten Hafen- und Handelsstädte des Römischen Reiches. Sie hatte etwa 10 000 Einwohner und war die Hauptstadt des zweiten der vier Bezirke Mazedoniens.

An der Spitze der Stadt standen zwei POLITARCHEN (Luther übersetzt Oberste).

Thessalonich war von großer georgraphischer und militärischer Bedeutung, da sie im Herzen des Thermäischen Golfes lag.

2. Das Thema des Buches

Das Kommen des Herrn für sein Volk

3. Verfasserschaft

Nach dem Zeugnis der altkirchlichen Überlieferungen ist die Verfasserschaft des Paulus unbestritten. Ohne den Titel »Apostel« zu gebrauchen, nennt er sich (1,1) PAULUS. Persönliche Erinnerungen, die in den Brief einfließen, identifizieren Paulus eindeutig.
Paulus nennt außerdem Silvanus und Timotheus als Mit-Schreiber (1,1).

4. Abfassungszeit

Der Brief ist während der 2. Missionsreise des Paulus verfaßt worden.
Neben dem Galaterbrief dürfte er der älteste Brief des Paulus sein.
Der Inhalt des Briefes gibt in Verbindung mit den Daten der Apostelgeschichte (vgl. Apg 17,1-9) eine **zeitliche Abfolge der Missionsreise des Paulus** gut zu erkennen:
Bei seiner Abreise von Beröa ließ Paulus Silas und Timotheus dort zurück (Apg 17,14).
Nach seiner Ankunft in Athen ließ er ihnen ausrichten, daß sie ihm nach Athen folgen sollten (Apg 17,15).
Beide wurden von dort aus wieder weitergesandt (Timotheus nach Thessalonich, da Paulus um die junge Gemeinde sehr besorgt war, und Silas zu einem anderen Ort in Mazedonien).
Silas und Timotheus vereinten sich später in Korinth wieder mit Paulus. In Korinth wurde dann wohl der 1. Thessalonicherbrief geschrieben.
In Kap. 3,6 nimmt Paulus Bezug darauf, daß Timotheus von Thessalonich kommend ihn getroffen und über die Gemeinde

berichtet hat. Dies ist für Paulus Anlaß gewesen, den ersten Brief an die Thessalonicher zu schreiben.
Folglich hat Paulus den Brief während der ersten Zeit seines 18monatigen Aufenthaltes in Korinth, also um 50/51 n. Chr. verfaßt.

5. Empfänger

Zweifellos ist die Gemeinde zu Thessalonich der Empfänger. Die vielen historischen Bezüge bestätigen das.
In der Stadt lebten viele Diasporajuden. So begann Paulus seine Missionsarbeit in der Synagoge zu Thessalonich, wo er an drei aufeinanderfolgenden Sabbaten lehrte (Apg 17,2). Dies geschah im Jahr 49/50 n. Chr.
Eine große Zahl von Juden und Heiden bekehrte sich. Besonders werden einige vornehme Frauen erwähnt.
Auch der Synagogenvorsteher Jason, der Paulus' und Silas' Gastgeber war, gehörte zur christlichen Gemeinde.

Einige Juden hetzten den Pöbel gegen Paulus und Silas auf und wollten sie vor ein Volksgericht ziehen.
Nach knapp einmonatiger Missionsarbeit mußten Paulus und Silas auf das Drängen der neubekehrten Christen hin, die um deren Sicherheit besorgt waren, die Stadt verlassen.
Es ist sehr beachtenswert, daß nach derart kurzer Missionstätigkeit eine stabile Gemeinde entstand und erhalten blieb.

6. Echtheit

Der Brief kommt schon im Kanon Muratori und im Kanon des Marcion vor. Polykarp, Irenäus, Tertullian, Clemens v. Alexandrien u. a. zitieren ihn und schreiben ihn Paulus zu.
Kein ernstzunehmender Theologe zweifelt die Echtheit des 1. Thessalonicherbriefes an.

7. Anlaß des Briefes

Durch Timotheus war Paulus über den guten inneren Zustand der Gemeinde informiert.
Die Gemeinde hatte sich in den Monaten der Abwesenheit des Paulus stabilisiert. Jedoch gab es verschiedene Schwierigkeiten, so z. B. daß die Gemeindeleitung von den Gemeindegliedern nicht hinreichend anerkannt wurde (Kap. 5,12). Eine weitere Schwierigkeit war, daß es in der Gemeinde zu Fehldeutungen im Blick auf die Verstorbenen und im bezug auf die Wiederkunft Christi gekommen war (Kap. 4,13-18).

Trotz zweier Versuche (Kap. 2,17 f) war es Paulus nicht gelungen, Thessalonich wieder zu besuchen. So geht er in seinem Brief unter anderen auch auf die lehrmäßigen Probleme der Gemeinde ein.
Drei wesentliche Ziele des Briefes sind:
* Stärkung der durch Verfolgung geprüften jungen Christen in Thessalonich (Kap. 3-2-5);
* Ermahnung zur Heiligung (Kap. 4,1-8.10; 5,11-21);
* Ermahnung zum Leben in der Naherwartung der Wiederkunft Christi (Kap. 4,13-5,10); jüdisch-apokalyptische Weltendeberechnungen werden zurückgewiesen (Kap. 5,1).

8. Hauptverständniswort

Wiederkunft

9. Hauptverständnisvers

1. Thess 1,9 b+10: »... wie ihr euch bekehrt habt zu Gott von den Abgöttern, zu dienen dem lebendigen und wahren Gott und zu warten auf seinen Sohn vom Himmel, den er auferweckt hat von den Toten, Jesus, der uns von dem zukünftigen Zorn errettet.«

10. Abriß

a. Grobe Einteilung

Gruß	Kap. 1,1
Persönlicher Teil	Kap. 1,2-3,13
Lehrhafter Teil	Kap. 4,1-5,24
Segen	Kap. 5,25-28

b. Gliederung

Gruß Kap. 1,1

1. Das Verhältnis des Apostels zu den Thessalonichern	Kap. 1,2-3,13
Dank für Gottes Werk an den Thessalonichern	Kap. 1,2-7
Freude über ihr zeugnishaftes Glaubensleben	" 1,8-10
Erinnerung an den Dienst in Thessalonich	" 2,1-12
Dank für die Annahme der Botschaft	" 2,13-14
Lob für die Treue der Thessalonicher im Leiden	" 2,14-17
Beiderseitige Treue seit der Abfahrt des Paulus	" 2,17-3,13
2. Ermahnung und Lehre für die Gläubigen	Kap. 4-5,25
Ermahnung zur Heiligung	Kap. 4,1-12
Über das Verhältnis von Verstorbenen und Lebenden bei der Wiederkunft Christi	" 4,13-5,11
Leben in der Gemeinde	" 5,12-24
Friedensgruß und Segen	" 5,25-28

Fragen zu Lektion 56

1. Wer schrieb den 1. Thessalonicherbrief?
   Wer war Mitarbeiter des Paulus bei der Abfassung?
   Wann und wo wurde der Brief geschrieben?

2. Wie entstand die Gemeinde in Thessalonich?

3. Auf welche Probleme geht der 1. Thessalonicherbrief ein?

4. Welche Aussagen finden wir über Jesu Wiederkunft?

5. Wo finden wir ein Zeugnis über die Bekehrung der Thessalonicher?

Lektion 57

Thema: Der zweite Thessalonicherbrief

Kurze Zusammenfassung

Autor:	Paulus
Zielgruppe:	Die Gemeinde in Thessalonich
Abfassung:	Wenige Monate nach dem ersten Thessalonicherbrief
Zweck:	Gegen Schwärmer, die meinten, Jesu Wiederkunft sei schon geschehen

---

1. Vorbemerkungen

Da wir es im zweiten Thessalonicherbrief mit demselben Personenkreis, demselben Verfasser und in etwa auch mit derselben Zeit zu tun haben, wie bereits im ersten Thessalonicherbrief, werden sich viele in Lektion 56 bereits erwähnte Einzelheiten wiederholen. Sie sollen deshalb in dieser Lektion nur gestreift werden.

2. Verfasserschaft

Siehe Lektion 56. Auch hier stellt sich Paulus zusammen mit Silvanus und Timotheus ausdrücklich vor (Kap. 1,1). Die altkirchliche Überlieferung steht eindeutig hinter der Verfasserschaft des Paulus. Interessant ist, daß Paulus die Gemeinde in Thessalonich auch weiterhin lehrmäßig und seelsorgerlich betreut.

3. Abfassungszeit

Mit der Datierung der Abfassung der einzelnen neutestamentlichen Schriften gibt es immer wieder einmal Probleme. Deshalb weichen auch die Datierungsversuche bibeltreuer Ausleger voneinander ab. Sicher ist, daß der zweite Thessalonicherbrief nach dem ersten Thessalonicherbrief geschrieben wurde.
Die drei Namen (Kap. 1,1) »Paulus und Silvanus und Timotheus« zeigen dieselbe Mitarbeiterzusammensetzung wie im
1. Thessalonicherbrief. Man schließt daraus, daß der 2. Thessalonicherbrief ebenfalls von Korinth aus, zeitlich möglicherweise nur wenige Monate nach dem ersten Thessalonicherbrief
geschrieben wurde.
Je nach Datierung ist er also 51 n. Chr. (Rienecker u. a.) oder 53
n. Chr. (so u. a. Aebi) von Korinth aus geschrieben worden.

4. Empfänger

Die Anrede nennt sie: »Die Gemeinde Thessalonich in Gott«
(Kap. 1,1). Auch hier handelt es sich um denselben Personenkreis wie in Lektion 56.

5. Echtheit und bibelkritische Einwände

Der 2. Thessalonicherbrief ist altkirchlich ebensogut bezeugt
wie der 1. Thessalonicherbrief. Dieselben Quellen bezeichnen
Paulus als Verfasser vom 1. und 2. Thessalonicherbrief. Polykarp nimmt sehr eindeutig auf ihn Bezug. Justin der Märtyrer
geht in einer Schrift auf 2. Thess 2,3 ein. Im Kanon des Marcion (um 140 n. Chr.) wird er als Paulusbrief aufgeführt (vgl.
auch Echtheit des 1. Thessalonicherbriefes).

Nach allgemeiner Erkenntnis ist 2. Thess sogar besser als
1. Thess bezeugt. Trotzdem wird er seit der zweiten Hälfte des
19. Jahrhunderts angegriffen. Allerdings ist interessant, daß

die Kritik der Rationalisten des 19. Jahrhunderts härter war, als die der heutigen modernen Theologen. Betrachteten die früheren Kritiker 2. Thess noch als glatte Fälschung, so ziehen neuere Kritiker lediglich den Adressaten in Zweifel.

Stil und Argumentation des Briefes sind typisch paulinisch. Doch gerade hier setzt die Kritik ein. Das typisch Paulinische, das von denselben Kritikern z. B. im Kolosserbrief vermißt wird, machte 1. Thess in den Augen der Liberalen besonders verdächtig. Gedankliche Ähnlichkeiten und Wiederholungen von 1. Thess ließen sie bei 2. Thess auf eine »Fälschung« schließen. Sie behaupteten, 2. Thess hätte außer in Kap. 2,1-12 kein neues Gedankengut.

Der Anlaß für das Verfassen des Briefes sei durch das Nichteintreffen der im 1. Thess angekündigten »PARUSI« (deutsch: Wiederkunft) zu erklären. Diese liberale Argumentation hat allerdings bei modernistischen Exegeten viel an Überzeugungskraft eingebüßt, da diese feststellten, daß auch im 2. Thess mit der baldigen Wiederkunft Jesu gerechnet wird. Einige Liberale meinten nun, daß der Empfänger beider Briefe nicht die gleiche Gemeinde wäre (z. B. M. Dibelius, E. Schweizer, v. Dobschütz u. a.), vielmehr sei der Brief nach Philippi oder anderswohin adressiert gewesen.

Wir halten die eindeutige Aussage des 2. Thessalonicherbriefes selbst dagegen:
Die Gemeinde in Thessalonich war durch falsche Lehre in bezug auf die **Wiederkunft Christi** verwirrt worden. Einige Gemeindeglieder hatten aufgehört zu arbeiten, weil sie täglich die Wiederkunft Christi erwarteten und meinten, die Mühe der Arbeit lohne sich nicht mehr.
Aus diesem Grund der Verwirrung, der falschen Lehre, der falschen Weissagungen und Briefe (Kap. 2,2) geht Paulus in seinen beiden Briefen verstärkt auf die Thematik der Wiederkunft Christi ein, um die Gemeinde zu korrigieren und zu festigen.

6. Zweck und Ziel des Briefes

In der Thessalonichergemeinde hat es trotz guter geistlicher Fortschritte (Kap. 1,3-4) einen Einbruch von Schwärmerei gegeben. Die Verfolgungssituation, in der sich die Thessalonicher befanden, hat die Sehnsucht nach dem Wiederkommen Jesu größer werden lassen. Angebliche Paulusaussagen und falsche Apostelbriefe wurden in Thessalonich verbreitet und richteten große Verwirrung an. Sogenannte Geistesoffenbarungen brachten ein zusätzliches Durcheinander (Kap. 2,1+2). Der Lebenswandel mancher Gläubigen litt darunter. Einige Gemeindeglieder gingen keiner Arbeit mehr nach. Sie vertraten den Standpunkt, daß sich Arbeit im Blick auf die baldige Wiederkunft Jesu nicht mehr lohne. Um aber leben zu können, ließen sie sich von anderen Gemeindegliedern freihalten. Konnte Paulus im 1. Thess die Gemeinde noch mit sanften Ermahnen ansprechen, so ruft er sie jetzt energisch zu Gemeindezuchtmaßnahmen gegen solch schwarmgeistiges Schmarotzertum auf (Kap. 3,6.11-15).
Eine Lehre der Schwärmer war die Behauptung, die »Große Trübsal« sei schon angebrochen, und der »Große und schreckliche Tag des Herrn« sei jetzt schon da. Auch dieser Meinung widerspricht der Apostel.

7. Hauptverständnisvers

2. Thess 2,3: »Laßt euch von niemandem verführen, in keinerlei Weise; denn zuvor muß der Abfall kommen und der Mensch der Bosheit offenbart werden.«

8. Abriß

Einleitung   Kap. 1,1+2

1. Persönliche Botschaft an die Gemeinde   Kap. 1

Dank für das Glaubenswachstum
der Thessalonicher   Kap. 1,3-7
Dank für ihre Treue in der Verfolgung   " 1,8-12

2. Lebhafte Botschaft an die Schwärmer   Kap. 2
Der Tag des Herrn   " 2,1-2
Was vor Jesu Wiederkunft noch
geschehen muß   " 2,3-12
Beharrliches Warten ist nötig   " 2,13-17

3. Praktische Botschaft an die Gemeinde   Kap. 3
Ermahnung zur Fürbitte   Kap. 3,1-5
Ermahnung zur Arbeit   " 3,6-12
Ermahnung zur Ordnung   " 3,13-15

Gruß und Segen   Kap. 3,16-18

9. Besonderheiten: Lehre bezüglich der Wiederkunft Christi

1. Paulus beruhigt die Thessalonicher, indem er erklärt, daß vor dem »Kommen unseres Herrn« (Kap. 2,1) gewisse Ereignisse stattfinden müssen:
   – der große Abfall vom Glauben (2,3);
   – das Offenbarwerden des »Menschen der Sünde« (2,3);
   – die schreckliche Kampagne des Antichristen gegen den Herrn (Kap. 2,4);
   – der Antichrist tritt in der Macht Satans auf, mit lügenhaften Zeichen und Wundern verführt er die Menschen (Kap. 2,9).
2. Paulus sagt, daß die Gläubigen nicht vom Gericht des Großen Tages ereilt werden, sie sind darauf vorbereitet (Kap. 1,7-12).
3. Paulus zeigt, daß Jesu »plötzliches« Kommen nicht sein »unmittelbar bevorstehendes« Kommen bedeuten muß (Kap. 2,3).

Fragen zu Lektion 57

1. Welche Parallelen gibt es in den beiden Thessalonicher-
   briefen?

2. Welche Argumente führen die alt- und neuliberalen Kritiker gegen die Thessalonicherbriefe an?

3. Welches ist der Hauptgedanke im ersten und zweiten Thessalonicherbrief?

4. Welche wichtigen Aufschlüsse über die Wiederkunft Christi finden wir im 2. Thessalonicherbrief?

Lektion 58
Thema: Der erste und zweite Timotheusbrief

Kurze Zusammenfassung

Autor: Paulus
Empfänger: Timotheus
Abfassung: Unsicher: 1.Tim wahrscheinlich
                62 n. Chr./2. Tim 64 oder 65 n. Chr.
Zweck: Informationen für einen jüngeren
                Mitarbeiter

---

1. Vorbemerkungen

Der 1.+2. Timotheusbrief sowie der Titusbrief werden seit dem 18. Jahrhundert in der Theologie »**Pastoralbriefe**« genannt. Im Laufe der Kirchengeschichte bekam der Begriff »Pastoralbrief« eine feste Bedeutung. Im Regelfall versteht man darunter, daß sich ein Kirchenführer (lat. Pastor = Hirte) als eine Art Oberhirte mit »Hirtenbriefen« an sämtliche Gemeinden seines Sprengels wendet. Besonders in der röm.-kath. Kirche spielen Hirtenbriefe eine wichtige Rolle. Solche Briefe gehen auf besondere Nöte und Gefahren der Kirche ein, geben besondere Weisungen und Aufforderungen und ermahnen zur Treue gegen Gott und die Kirche.
Im Unterschied zu diesen meist bischöflichen Schreiben sind die Hirtenbriefe des NT an Einzelpersonen gerichtet. Sie tragen, der engen Verbindung wegen, die Paulus mit Titus, besonders aber mit Timotheus hatte, einen sehr persönlichen Charakter. Die Bezeichnung Pastoralbriefe wurde gewählt, da sie entsprechend ihrem Anlaß und Zweck die Grundsätze und Regeln für die Leitung der christlichen Gemeinde beinhalten.

Inhaltlich wendet sich der gereifte Hirte Paulus an jüngere Mitarbeiter, die in Gemeindeverantwortung nachrücken, und gibt ihnen Anweisungen, wie sie ihrerseits Mitarbeiter für die Gemeindeleitung aussuchen sollen und auf welche Gefahren und Schwerpunkte sie zu achten haben.

2. Verfasserschaft

Die Timotheusbriefe nennen Paulus zweifelsfrei als Verfasser (Kap. 1,1). 1. Tim 1,3 geht auf die geschichtliche Situation ein: Paulus ließ Timotheus in Ephesus zurück, damit dieser an seiner Statt die Gemeindeleitung und Aufsicht wahrnehmen sollte. Seine besondere Aufgabe war, die Gemeinde, die durch Irrlehren angegriffen wurde, neu zu ordnen. Im 2. Timotheusbrief geht Paulus ausführlich auf seine Gefangenschaft ein (2. Tim 4,9 ff).

Als Paulus die Briefe schrieb, war er etwa zwischen 60 und 65 Jahre alt. Wir dürfen in ihnen Abschiedsbriefe des Apostels sehen.

3. Abfassungszeit

Wenn wir auch nicht genau sagen können, wann die Pastoralbriefe geschrieben wurden, so können wir ihre Enstehungszeit doch in etwa fixieren. Möglichkeit dazu bieten die biographischen Daten des Paulus, die wir den Andeutungen seiner Briefe, der Apostelgeschichte und einigen außerbiblischen Quellen (1. Clemensbrief) entnehmen können.

Sie lassen sich nicht in den geschichtlichen Rahmen spannen, den die Apostelgeschichte schildert und der mit dem Anfang der ersten Gefangenschaft in Rom schließt.

Allerdings geben die Briefe selbst bestimmte Hinweise: Sprachlich und stilistisch bilden sie eine Einheit. Das zeigt, daß ihre Entstehungszeit nicht zu weit auseinandergelegen haben kann.

Die Gemeinden hatten zur Abfassungszeit schon feste Strukturen und Ordnungen.

Bestimmte judaistische und gnostische Irrlehren bedrohten das geistige Leben der Gläubigen.

Der 2. Timotheusbrief ist mit Sicherheit das zeitlich letzte überlieferte Schreiben des Paulus. Er hat nach dem glaubhaften Zeugnis des 1. Clemensbriefes in Rom z. Z. Neros den Märtyrertod erlitten. Gemäß dem außerkanonischen Bericht des 1. Clemensbriefes wurde Paulus aus seiner ersten römischen Haft ca. 62 n. Chr. entlassen. Er unternahm eine Missionsreise, die ihn u. a. bis nach Spanien führte. Aus Röm 15,28 wird ersichtlich, daß diese schon lange geplant war. Von Spanien aus scheint er über Kreta nochmals zu den Gemeinden im Osten gekommen zu sein. In Kreta ließ er Titus zurück (Tit 1,5). In Ephesus setzte er Timotheus als seinen Vertreter ein (1. Tim 1,3) und reiste weiter zu den Gemeinden in Mazedonien.

In Philippi oder Thessalonich entstanden die ersten zwei Pastoralbriefe (1. Thimotheus und Titus); also im Jahr 62 n. Chr. Den darauffolgenden Winter verbrachte Paulus wahrscheinlich mit Titus in Nikopolis (Tit 3,12). Im Frühjahr 63 n. Chr. erfüllte sich der Wunsch des Paulus, noch einmal nach Ephesus (über Troas reisend; 2. Tim 4,13) zu kommen, wo er Timotheus wieder traf (1. Tim 3,14; 4,13). Von Ephesus aus ging es dann über Milet und Korinth zurück nach Rom. Hier wollte er der Gemeinde beistehen, die unter der schrecklichen Christenverfolgung Neros litt.

Anlaß dieser Verfolgung war der Stadtbrand von Rom. Diesen Stadtbrand (Juli 64 n. Chr.), den Nero aus Größenwahn selbst legen ließ, verwendete Kaiser Nero als Vorwand, um eine der größten und grausamsten Christenverfolgungen der Urchristenheit zu rechtfertigen.

Im Herbst 64 n. Chr. scheint Paulus verhaftet worden zu sein. Aus dieser Haft schrieb er den 2. Timotheusbrief. Somit datieren wir den 2. Timotheusbrief auf den Spätherbst 64 n. Chr.

Die Umstände der Kerkerhaft waren wesentlich belastender als die seiner ersten Haft. Die erste römische Haft war wohl

mehr eine Art Hausarrest in Rom gewesen (Apg 28,30). Während der Niederschrift des 2. Timotheusbriefes war es Paulus klar, daß diese mit seinem Tod enden würde (2. Tim 4,6). Er bat deshalb Timotheus, sich mit seinem Besuch zu beeilen (2. Tim 4,21). Ob Timotheus Paulus noch lebend angetroffen hat, wissen wir nicht. Nach der Überlieferung ist Paulus im Frühjahr 65 n. Chr. durch Enthauptung hingerichtet worden.
Somit nehmen wir an, daß 1. Tim 62 n. Chr. und 2. Tim im Spätherbst 64 n. Chr. geschrieben wurde.
Allerdings weichen auch fundamentalistische Ausleger von dieser Berechnung ab. Etliche datieren die Briefe etwa 2 Jahre später (besonders 2. Tim wird von vielen auf 67 n. Chr. datiert), wobei dann auch Paulus Hinrichtung später erfolgt sein müßte.

4. Empfänger

Der Brief nennt in beiden Fällen Timotheus als Empfänger.

Biographische Angaben des Timotheus:

Der Name seines Vaters ist nicht bekannt. Wir wissen nur, daß er ein Grieche war. Timotheus ist in Lystra oder Derbe geboren. Seine Mutter hieß Eunike und seine Großmutter Lois (2. Tim 1,5). Beide prägten Timotheus. Sie erzogen ihn im jüdischen Gesetz (2. Tim 3,15). Nach jüdischer Tradition gilt der Sohn einer Jüdin als Jude, für die Volkszugehörigkeit ist also nur die Abstammung mütterlicherseits relevant. Auch heute noch gilt nur der Sohn einer jüdischen Mutter als gebürtiger Jude. Sowohl die Mutter als auch die Großmutter von Timotheus nahmen ihre Zugehörigkeit zum Judentum sehr ernst. Möglicherweise aber konnten sich die Frauen dem griechischen Vater gegenüber oder auch der gesellschaftlichen Konvention wegen nicht voll durchsetzen. Trotz seiner jüdischen Erziehung war Timotheus nicht beschnitten. Dies holt Paulus, als er Timotheus zu seinem Mitarbeiter macht, nach. Paulus hält die Beschneidung seines Mitarbeiters für richtig, weil er weiß, daß die Mitwirkung eines »Unbeschnittenen« unter den Juden und Judenchristen der Urgemeinde Probleme bringen würde (Apg 16,3).

Die Bekehrung des Timotheus geschah unter dem Einfluß der Verkündigung des Paulus, deshalb nennt dieser ihn seinen »lieben und rechtmäßigen Sohn« (1. Tim 1,2; 2. Tim 3,10 f; 1. Kor 4,17).

Da Timotheus aus Erfahrung bekannt ist, wie Paulus in Antiochien, Ikonien und Lystra verfolgt wurde, fand seine Bekehrung wohl während der 1. Missionsreise (48 n. Chr.) beim 1. Besuch des Paulus in Lystra statt (Apg 14,8-21; 2. Tim 3,10 f). Er muß damals 16/17 Jahre alt gewesen sein (Lee). Einige Jahre später (Apg 16,1) gilt er schon als bewährter Christ mit einem guten Ruf bei den Brüdern (Apg 16,1 f).

Paulus segnet ihn zum Dienst ein (heute würde man das möglicherweise »Ordination« nennen). Dabei legt Paulus ihm gemeinsam mit anderen Brüdern die Hände auf (1. Tim 4,14). Timotheus begleitet Paulus auf der 2. Missionsreise (51/52 n. Chr.) und besucht mit ihm u. a. Phrygien, die Gegend von Galatien, Mysien, Troas, Neapolis, Philippi, Amphipolis, Appolonien, Thessalonich und Beröa. Danach arbeitet Timotheus eine Zeit lang selbständig in Thessalonich und bringt Paulus von dort einen positiven Bericht (1. Thess 3,1-6). In Korinth vereinigen sich Paulus, Timotheus und Silas wieder und bleiben zusammen bis zum Ende der 2. Missionsreise (52-56 n. Chr.).

Obwohl Timotheus während der 3. Missionsreise von Paulus nur in Ephesus ausdrücklich erwähnt wird, begleitete Timotheus ihn wohl auch während des größten Teils dieser Reise. Von Ephesus aus sandte Paulus Timotheus nämlich zu einer Inspektion nach Mazedonien (Apg 19,22). Von Mazedonien aus reiste er nach Korinth, um wieder mit Paulus zusammenzutreffen (1. Kor 16,10 f). Wir finden ihn unter den Begleitern des Paulus in Mazedonien und unter den Mitarbeitern, die Paulus im 2. Korintherbrief nennt (2. Kor 1,1). Nach 3monati-

gem Aufenthalt in Mazedonien begleitet er Paulus nach Jerusalem (Apg 20,4).

Die späteren Lebensdaten des Timotheus lassen sich nicht so
gut rekonstruieren. Die Bibel berichtet nicht mehr so ausführlich. Wir finden Timotheus unter den Begleitern des Paulus
während dessen 1. Gefangenschaft in Rom (um 60 n. Chr., Kol
1,1; Phil 1,1; Phlm 1,1). Hier scheint er auch verhaftet worden zu
sein. Allerdings kommt Timotheus wieder frei (Hebr 13,23).
Später besucht er Philippi (Phil 2,19) und kommt hier mit dem
nun ebenfalls wieder befreiten Paulus zusammen (Phil 2,24).
Paulus schickt ihn nach Ephesus, wo er den Apostel vertritt
(1. Tim 1,3), bis dieser die Gemeinde selbst aufsuchen kann
(1. Tim 3,14). Hier erreichen Timotheus die an ihn gerichteten
Briefe.

Als Paulus das zweite Mal in Rom in Haft ist, wo er nach außerbiblischer Überlieferung den Märtyrertod erlitt (Clemensbriefe), erwartet er sehnlichst den Besuch des Timotheus (2. Tim
4,9).
Von da an gibt die Bibel keinen weiteren Aufschluß über biographische Daten des Timotheus. Die Tradition sagt allerdings, daß er später als Bischof von Ephesus wirkte. Er soll
dann unter Nero den Märtyrertod erlitten haben:
Während der Feier eines heidnischen Festes, bei dem sich die
Anwesenden blutigen Ausschweifungen hingaben, beschwor
er die Volksmenge, den wahren Gott anzunehmen und sich
von ihrem sündigen Treiben zu bekehren. Der Mob bewarf Timotheus darauf mit Steinen und traktierte ihn mit Stockschlä-
gen. Dieser Tortur ist Timotheus dann erlegen (nach Aebi).

5. Wichtigste Punkte der Bibelkritik

Obwohl Verfasser und Empfänger der Pastoralbriefe eindeutig
genannt werden, wird doch deren Echtheit, wie die der meisten
biblischen Bücher, von liberalen Exegeten in Frage gestellt.

Sie bestreiten, daß Paulus nach der 1. römischen Gefangenschaft und der möglichen Missionsreise nach Spanien in die östlichen Gemeinden gekommen ist. Folgende sind die wichtigsten vier Argumente:

1. Sie meinen, die Pastoralbriefe müssen aus kirchengeschichtlichen Gründen in einer späteren Zeit geschrieben worden sein. Die Gemeinden könnten zur Zeit des Paulus noch nicht so geordnet gewesen sein, wie es aus den Pastoralbriefen herausklingt. Es wäre hier schon der Übergang von einer freien Missionsbewegung in fest organisierte Strukturen vollzogen. Wir halten diesem Einwand entgegen, daß schon in der Apostelgeschichte der Gemeinde Ordnungen gegeben wurden.
So gab es schon in den ersten Jahren der Gemeinde, lange vor der Bekehrung des Paulus, in Jerusalem neben dem Apostelamt das Amt des Diakons (Apg 6,1-7).
Schon auf der 1. Missionsreise werden Älteste (griech. Presbyter) und Bischöfe (griech. Episkopus) eingesetzt (z. B. Apg 14,23). Daß »Älteste« und »Bischöfe« gleichzusetzen sind, geht aus Apg 20,17 vgl. V. 28 hervor. Paulus ruft die »Ältesten« von Ephesus nach Milet. In seiner Abschiedsrede sagt er von den »Ältesten«, daß sie »der heilige Geist eingesetzt hat zu Bischöfen (V. 28)«.

2. Es wird behauptet, der Verfasser wende sich gegen die gnostische Irrlehre des Marcion, der 144 n.Chr. aus der röm. Gemeinde ausgeschlossen wurde.
Worte wie »Gnosis« = Erkenntnis, »Mythen« und »Geschlechterregister« waren für Marcion typisch (1. Tim 6,20). Einige Kritiker versteigen sich sogar zu der Vermutung, daß die Pastoralbriefe eine Apologie gegen das Buch »Antithesen« von Marcion wären. Sie übersehen dabei, daß Marcion das AT verwarf. Er behauptete, der Gott des AT wäre ein finster teuflischer Schöpfergott, ein »Demiurg« und nicht der Gott, den Jesus verkündigt. Die Irrlehrer, gegen die Paulus vorgeht, tragen aber typisch judaistische Züge. Es wird auf Mose und den Auszug aus Ägypten Bezug genommen. »Geschlechterregister« sind

nicht, wie von den Kritikern unterstellt, die marcionitischen
»Äonenreihen«, sondern die jüdischen Ahnentafeln. Sicher
greifen die Pastoralbriefe die gnostische Irrlehre an, aber Gnostiker gab es lange vor Marcion. Paulus mußte sich des öfteren
mit ihnen auseinandersetzen (vgl. Lektion 55).

3. Es wird behauptet, die Rechtfertigungslehre würde in den
Pastoralbriefen durch Werkgerechtigkeit verdrängt. Beispiele
dafür wären: 1. Tim 2,15: »Die Frau wird aber selig werden dadurch, daß sie Kinder zur Welt bringt«; 1. Tim 3,13: »erwerben
sich selbst ein gutes Ansehen«; 1. Tim 6,19: »reiche Gemeindeglieder könnten durch Wohltaten einen guten Grund für die
Zukunft« schaffen.
Dieses Argument ist deshalb falsch, weil Paulus auch in den
anderen Briefen nicht nur von der Rechtfertigungslehre
spricht. Vielmehr betont er auch da die Frucht des Geistes (Gal
5,22) bzw. Werke, die dem Glauben folgen (Röm 2,7 u. a.).

4. Wie so oft werden Stil und Sprache als »nichtpaulinisch« erklärt.
Es ist richtig, daß sich in den Pastoralbriefen bestimmte Begriffe finden, die sonst nicht in den Paulusbriefen vorkommen
(z. B. »Frömmigkeit« griech.: eusebeia: 1. Tim 2,2; 3,16 *.4,7.8;
6,3 *.5.6.11; 2. Tim 3,5.12; Tit 1,1 *; 2,12).

* [Vgl. griechischer Urtext, Luther 1912 (z. B. Jubiläumsbibel); in einigen
  deutschen Übersetzungen ist der Gebrauch von »eusebeia« nicht deutlich.]

Doch kann Paulus durchaus zu verschiedenen Zeiten für verschiedene Zielgruppen einen leicht verschiedenen Wortschatz
benutzt haben.

6. Zweck und Ziel des Buches

Timotheus soll eine Hilfe zur Hand bekommen, um die auftre-
tenden Irrlehren einschätzen und bekämpfen zu können.

Paulus gibt ihm Hilfen und Maßstäbe zur Auswahl von Bischö-
fen und zur Regelung der Gemeindeordnung.
Der zweite Timotheusbrief enthält Paulus' dringliche Bitte,
Timotheus möge doch bald zu ihm kommen (1,4; 4,9.13.21).

7. Hauptverständnisworte

1. Tim: Hirtendienst
2. Tim: Treue

8. Hauptverständnisverse

1. Tim 4,16: »Hab acht auf dich selbst und auf die Lehre, behar-
re in diesen Stücken!«
2. Tim 2,5: »Wenn jemand auch kämpft, wird er doch nicht gekrönt, er kämpfe denn recht.«

9. Abriß

a. 1. Timotheusbrief

Timotheus wird ermutigt, den Hirtendienst furchtlos
zu übernehmen
Absender und Anschrift/
Segenswunsch   Kap. 1,1+2
Ermunterung im Kampf für das
Evangelium und gegen die Irrlehre   "   1,3-20
Ordnung in den Gottesdiensten   "   2
    Fürbitte für Obrigkeit (2,1-7)
    Männer und Frauen in der
    Gemeinde (2,8-15)
Ordnung der Ämter in der Gemeinde   "   3,1-16
    Bischöfe (3,1-7)
    Diakone (3,8-16)

b. 2. Timotheusbrief

Fragen zu Lektion 58

1. Welches sind die neutestamentlichen Pastoralbriefe?

2. Was versteht man heute unter Hirtenbriefen?

3. In welche Situation spricht der 1. Timotheusbrief?

4. In welche Situation spricht der 2. Timotheusbrief?

5. Wann und wo erhielt Timotheus die Briefe?

6. Wie unterschied sich die erste von der zweiten römischen Gefangenschaft des Paulus?

7. Welche Angriffe werden von seiten der kritischen Theologen gegen die Pastoralbriefe erhoben?
   Welche Argumente können wir dem entgegensetzen?

8. Schildern Sie die Biographie des Timotheus.

9. Wie verlief Paulus Biographie von seiner ersten Haftentlassung in Rom bis zu seinem Märtyrertod?

Lektion 59

Thema: Der Titusbrief

Kurze Zusammenfassung

Autor:	Paulus
Empfänger:	Titus
Abfassung:	62 n. Chr.
Zweck:	Beratung in Gemeindeangelegenheiten
	und Bitte um ein gemeinsames Treffen

---

1. Vorbemerkungen

Da der Titusbrief zu den Pastoralbriefen gehört, treffen auf ihn
die Ausführungen von Lektion 58 (1. Vorbemerkungen) in
gleicher Weise wie für die Timotheusbriefe zu.

2. Verfasserschaft und Abfassungszeit

Der Brief selbst bezeugt Paulus als Verfasser (Kap. 1,1).
Näheres zum Verfasser siehe Lektion 58.
Paulus schrieb den Brief 62 n. Chr. von Nikopolis aus. Er ent-
stand zwischen seinen beiden Gefangenschaften.

3. Empfänger

Obwohl Titus in der Apg nicht erwähnt wird, war er ein Mitarbeiter von Paulus.
Er war im Gegensatz zu dem im Judentum erzogenen Timotheus griechisch-heidnischer Abstammung. Weiteres ist über
seine Herkunft nicht bekannt.

Während der jüdisch erzogene Timotheus nach Dienstantritt beschnitten wurde, sah Paulus davon bei Titus ab (vgl. Apg 16,3 und Gal 2,3-5).
Titus begleitete Paulus als Gesandter der Gemeinde Antiochien zum Apostel-Konzil nach Jerusalem (Gal 2,1). Paulus verstand sich als geistlicher Vater von Titus (Tit 1,4).
Wenn Titus auch Paulus nicht auf allen Reisen begleitet hat, er wäre sonst in der Apg erwähnt, so vertrat er ihn doch bei besonders wichtigen Aufgaben in einzelnen Gemeinden. Wahrscheinlich war er der Bote eines besonders ernsten Paulusbriefes, den dieser von Ephesus aus nach Korinth schrieb (Tränenbrief / vgl. Lektion 50 u. 51) (2. Kor 2,3 f; 7,8-12; 2. Kor 12,18). Der persönliche Einfluß des Titus hat wohl in Korinth viel zum Besseren gewendet. Nach geglückter Mission sandte Paulus ihn abermals, dieses Mal mit dem zweiten Korintherbrief nach Korinth (2. Kor 8,6.16).
Von da an erfahren wir nicht mehr viel über ihn. Paulus hat ihn nach seiner ersten Gefangenschaft auf Kreta zurückgelassen. Dort sollte er die junge Gemeinde organisatorisch festigen (Tit 1,5-6).
In seinem Brief ruft Paulus ihn nach Nikopolis (Tit 3,12). Timotheus scheint dann mit Paulus nach Rom gegangen zu sein. Nach einiger Zeit verläßt er Paulus und begibt sich nach Dalmatien (2. Tim 4,10).
Titus gehörte zu den Personen, denen große Verantwortung aufgebürdet werden konnte. Die Art und Weise wie Paulus von der Treue und Hingabe des Titus spricht (2. Kor 8,16) und ihn seinen Gesellen und Gehilfen nennt, zeigt, welche wichtige Rolle er in der ersten Gemeinde spielte.
Der Kirchenvater Eusebius berichtet, daß Titus im hohen Alter als Bischof der Gemeinde von Kreta starb.

4. Bibelkritische Einwände

Der bibelkritische Ansatz ist ähnlich wie bei den Timotheusbriefen. Die rationalistischen Kritiker meinen, die Theologie

des Briefes sei gesetzlich und nicht paulinisch. Besonders werden dafür als Beispiele angeführt: Kap. 1,16; 2,7.14; 3,1.8.14. Wie
sehr diese Kritiker irren, zeigt nicht zuletzt Kap. 3,5, in dem jede Gerechtigkeit aus Werken abgelehnt wird.

5. Zweck und Ziele des Briefes

Paulus weiß, wie schwer die Arbeit unter den Kretern ist. Die
Kreter waren ein rassisch vermischtes Volk. Bis zur Eroberung
durch die Römer im Jahre 67 v. Chr. hatten sie eine Art Demo-
kratie als Staatsform. Die Erfahrung früher Freiheit machte sie
besonders unruhig und aufsässig unter der römischen Diktatur
und Fremdherrschaft. Das Gemeindeleben in den Titus anver-
trauten Gemeinden scheint noch recht ungeordnet gewesen
zu sein (Kap. 1,5). Diesen Umstand nutzten Irrlehrer, um die
Gemeinde zu verwirren (Kap. 1,10-14). Hier Ordnungen zu
schaffen, war die Aufgabe des Titus. Bei dieser schwierigen
Mission will Paulus Titus mit seinem Brief beraten.
Ein weiterer Grund des Briefes war die dringende Bitte von
Paulus, daß Titus ihn in Nikopolis treffen soll (Kap. 3,12).

Die Botschaft des Textes

Gottes Ideal für die Gemeinde: gesunde Gemeindeordnungen,
gesunde Lehre und gute Sitten, praktische Werke der Gottes-
furcht und Menschenliebe.
Gottes Ideal für den Gemeindemitarbeiter: einer, der ein vorbild-
liches sittsames Leben führt, der eine lebendige und gesunde
Lehre vertritt, der nüchtern und besonnen redet.

6. Hauptverständniswort

Vorbild

7. Hauptverständnisvers

Titus 2,7+8: »Dich selbst aber mache zum Vorbild guter Werke, mit unverfälschter Lehre, mit Ehrbarkeit, mit heilsamem und untadeligem Wort, damit der Widersacher beschämt werde und nichts Böses habe, das er uns nachsagen kann.«

8. Abriß

Absender, Anschrift und Segensgruß	Kap. 1,1-4
Ratschläge für eine nötige Gemeindeordnung	" 1,5-16
Ratschläge für die Gemeinde	" 2,1-3,7
Ratschläge für den Umgang mit Irrlehren	" 3,8-11
Persönliche Informationen / Segen	" 3,12-15

9. Besonderheiten

* Einzige Stelle im NT, wo Paulus sich »Knecht Gottes« nennt (1,1).
* Paulus zitiert, als einziger Verfasser im NT, heidnische Schriftsteller. Dies geschieht dreimal: Apg 17,28; 1.Kor 15,33; Tit 1,12.
* Paulus rechnet im Alter ebenso wie in jüngeren Jahren fest mit Jesu bevorstehender Wiederkunft, als »selige Hoffnung« (2,13).
* Aussagen zum Heil
  Die Quelle des Heils: die Gnade Gottes 2,11
  Der Urheber des Heils: die Person Jesu 2,14; 3,6
  Das Mittel des Heils: das vergossene Blut am Kreuz 2,14
  Die Frucht des Heils: Wiedergeburt, Erneuerung durch den Geist 3,6
  Rechtfertigung 3,7
  Ewiges Leben 3,5-7

Fragen zu Lektion 59

1. Zu welcher Gruppe der neutestamentlichen Briefe rechnen wir den Titusbrief?

2. Welche sonst bei Paulus nicht übliche Selbstbezeichnung gibt sich der Apostel im Absender des Briefes?

3. Zu welcher wichtigen Kirchenversammlung begleitete Titus Paulus?

4. Welche wichtige Aufgabe hatte Titus in Korinth zu erfüllen?

5. Wo arbeitete Titus, als er den Brief bekam?

6. Wohin sollte Titus kommen?

7. Geben Sie einen Überblick über die Biographie von Titus.

Lektion 60

Thema: Der Philemonbrief

Kurze Zusammenfassung

Autor:	Paulus
Empfänger:	Philemon
Abfassung:	60 n.Chr.
Zweck:	Brief, der dem entflohenen Sklaven Onesimus die Rückkehr zu seinem Herrn Philemon erleichtern soll.

---

1. Vorbemerkungen

* Der Philemonbrief ist der einzige erhaltene Privatbrief des Apostels Paulus. Er ist weder an eine Gemeinde gerichtet, noch behandelt er Lehrfragen, wie etwa die Pastoralbriefe.
* Äußerlich handelt es sich um den kürzesten Paulusbrief.
* Obwohl er chronologisch nach den Pastoralbriefen eingeordnet ist, zählt er zu den Gefangenschaftsbriefen (vgl. Kol 1,7; Eph 3,1; Phil 1,7.13; Philem 1.23-25).
* Der Philemonbrief ist einer der wenigen Briefe, die Paulus selbst (»mit eigener Hand«) geschrieben hat (Vers 19).

2. Das Thema des Buches

Es geht um **das alle sozialen Schichten übergreifende Geschenk der Vergebung** und der **echten Bruderschaft**.
Im Mittelpunkt steht das Ergehen des entlaufenen Sklaven Onesimus.
Er hat wohl seinem Herrn Philemon, dem Adressaten des Briefes, Geld gestohlen und ist danach entronnen. Auf uns unbe-

kanntem Wege ist er dann mit Paulus zusammengetroffen.
Vielleicht erlebte er ihn während seiner Verkündigung oder er
wurde selbst verhaftet und lernte Paulus im Gefängnis kennen. Möglicherweise hat der Sklave Onesimus auch Paulus,
den er durch dessen Bekanntschaft mit seinem Besitzer Philemon kannte, bewußt aufgesucht. Auf jeden Fall kam er durch
Paulus zum Glauben. Dieser nennt ihn seinen Sohn.

Paulus schreibt Philemon, daß er seinen Sklaven, dessen Namen zu deutsch »Nützlich« heißt, den Philemon aber nur als
Nichtsnutz kennengelernt hat, gütig aufnehmen soll. Er bezeugt, daß Onesimus durch Gottes Geist eine Veränderung erlebt hat, sich vor seinem Herrn demütigen und bei ihm die Arbeit wieder aufnehmen will.
Aus den Versen 13-14 wird Philemon wohl Paulus' Aussageabsicht herausgehört haben, dieser solle doch Onesimus freilas-
sen und — so Paulus' Wunsch — ihn als neuen Mitarbeiter zu
Paulus zurückschicken. Ob dies geschehen ist, erfahren wir
nicht.
Der Brief hatte den Zweck, Onesimus die Wiederaufnahme bei
seinem Herrn leichter zu machen.

3. Verfasserschaft und Abfassungszeit

Im Brief selbst nennt sich Paulus mehrere Male:
»Paulus, ein Gefangener Christi Jesu«, Vers 1
»Paulus, ein alter Mann«, Vers 9
»Ich, Paulus«, Vers 19
Die Verfasserschaft des Paulus ist altkirchlich bezeugt. Nur
Hieronymus erwähnt: »Es gab Leute, die ihn nicht vom Apo-
stel geschrieben glaubten oder — wenn er es war — nicht zu ei-
ner Zeit, da Christus durch ihn redete, weil er nichts Erbauli-
ches enthielt.«
Diese Einwände aber widerlegt Hieronymus selbst mit folgen-
der Argumentation: »Aus diesen alten Meinungsverschieden-
heiten geht hervor, daß die Verwerfung des Buches nicht auf

den der Frage seines apostolischen Ursprunges beruht, sondern auf derjenigen seiner kanonischen Würdigkeit.«

Der Brief bezeugt, daß er aus der Gefangenschaft geschrieben
wurde (Vers 10-23). Paulus war zu jenem Zeitpunkt an einen
Soldaten gekettet.
Wahrscheinlich hatte Onesimus der Kolossergemeinde den an
sie gerichteten Brief zu überbringen und erhielt zusätzlich ein
Empfehlungsschreiben an Philemon (den uns vorliegenden
Philemonbrief), der der Gemeinde zu Kolossä angehörte.

Da Paulus Grüße von Lukas und Aristarch ausrichtet, muß es
sich um die Zeit der ersten römischen Gefangenschaft gehandelt haben (vgl. Apg 27,2 und Philem 24). Der Brief ist also etwa
60 n. Chr. zu datieren.

4. Empfänger

Der Empfänger ist ein Christ namens Philemon. In seinem
Haus versammelte sich ein Hauskreis. Außer ihm werden noch
zwei weitere Personen, Aphia und Archippus (V. 2), genannt.
Philemon war Bürger von Kolossä (Kol 4,9).
Möglicherweise war er ein Ältester der Gemeinde in Kolossä,
wahrscheinlicher ist aber, daß die Gemeinde sich im Haus des
Philemon traf und Archippus (möglicherweise Philemons Sohn)
ein Ältester dieser Gemeinde war (vgl. Philem 2 und Kol 4,17).
Auch Philemon ist wohl durch Paulus oder einen seiner Mitarbeiter zum Glauben gekommen.
Die Überlieferung nennt ihn Bischof von Kolossä und berichtet, er habe unter Nero den Märtyrertod erlitten. Aphia ist Philemons Frau.

5. Echtheit

Seines eher privaten Inhalts wegen wird der Brief von den Kir-

chenvätern nicht zitiert. Dennoch wird er in den altkirchlichen
Schriften als kanonisch aufgeführt, so bei Marcion und im muratorischen Fragment. In alten syrischen und lateinischen Ver-
sionen ist er ebenfalls enthalten. Irenäus, Origenes, Eusebius
und Clemens v. Alexandrien nennen ihn.

6. Hauptverständniswort

Annahme

7. Hauptverständnisvers

Vers 16: »Nun nicht mehr als einen Sklaven, sondern als einen,
der mehr ist als ein Sklave: ein geliebter Bruder.«

8. Abriß

Der Kürze des Briefes wegen gibt es keine Kapitel, sondern nur
eine Verseinteilung.

Gruß	Vers 1-3
Lob des Charakters des Philemon	Vers 4-7
Onesimus war Paulus nützlich	Vers 8-14
Paulus bittet Philemon, Onesimus zu vergeben	Vers 15-20
Paulus kündigt seinen Besuch an	Vers 21-22
Gruß und Briefschluß	Vers 23-25

9. Besonderheiten: Stellung des Paulus zur Sklaverei

Der Apostel Paulus erkennt die bestehenden gesellschaftli-
chen Realitäten an. Er akzeptiert, daß Sklaverei eine damalige
Ordnung war.
Die Art, wie der Brief geschrieben ist, zeigt aber, daß es hier

kein Lob der Sklaverei gibt. Im Gegenteil, Paulus zeigt die Gleichwertigkeit aller Menschen auf.
Es ist interessant, wie Christen das Problem der Sklaverei unter Christen lösen können.

Hier erfolgt kein Ruf zur Revolution, die viel Leid und Tod bringen würde.
Das Evangelium verwandelt die Verhältnisse von innen heraus. So werden der Sklavenhalter Philemon und der Sklave Onesimus beide Jünger Jesu, Brüder in Christus, Freunde anstatt Feinde.
Revolution verändert bestenfalls das Äußere, nicht das Innere.
Erlösung aber verändert alles.

Fragen zu Lektion 60

1. Zu welcher Briefgattung des NT gehört der Philemonbrief?

2. Weshalb schrieb Paulus den Brief?

3. Was sagt der Brief über Bruderschaft aus?

4. Wie steht es um die altkirchliche Bezeugung des Briefes?

5. Welche Stellung hatte Philemon in der Gemeinde Kolossäs?

6. Welche Stellung bezieht Paulus zur Sklaverei?

Lektion 61

Thema: Der erste Petrusbrief

Kurze Zusammenfassung

Autor: Apostel Petrus
Zielgruppe: Heidenchristen in vier römischen
               Provinzen
Abfassung: ca. 60 n. Chr.
Zweck: Beistand in aufkommenden Verfolgungen

---

1. Vorbemerkungen

Im altkirchlichen Kanon folgt dem Philemonbrief der Hebräerbrief. Luther hat in seiner Übersetzung des NT diese Reihenfolge geändert. Wir halten uns an die Luthereinteilung, da diese in Deutschland die gebräuchlichere ist.

Die altkirchliche Reihenfolge ist:
Hebräerbrief
Jakobusbrief
1.-2. Petrusbrief
1.-3. Johannesbrief
Judasbrief

Die lutherische Reihenfolge ist:
1.-2. Petrusbrief
1.-3. Johannesbrief
Hebräerbrief
Jakobusbrief
Judasbrief

Luthers Umstellung der Reihenfolge hängt damit zusammen,

daß er den Hebräer- und den Jakobusbrief nicht besonders
schätzte. Die Briefe, denen er inhaltlich weniger Priorität ein-
räumte, stellte er darum an den Schluß des NT-Kanons.
Die letzten Briefe des NT nennt man auch die **»Katholischen
Briefe«.** Neben den zwei Petrusbriefen gehören zu ihnen die
Johannesbriefe, der Jakobusbrief und der Judasbrief.
Die Bezeichnung »Katholische Briefe« hat nichts mit der rö-
misch-katholischen Kirche zu tun, wie man beim ersten Hören
vermuten könnte. Das lateinische Wort »katholisch« wird hier
vielmehr in seinem ursprünglichen Wortsinn benutzt, zu
deutsch = allgemein.
Das heißt:
* Die sieben katholischen Briefe sind im Gegensatz zu den anderen neutestamentlichen Briefen nicht an eine spezielle
  Gruppe oder Personen gerichtet, sondern gelten der Christenheit allgemein.
* Barclay stellt allerdings die Vermutung auf, daß die alte
  theologische Bezeichnung sich auch auf den ursprünglichen
  Anerkennungsgrad der Briefe beziehen könnte. Dies würde
  bedeuten, daß diese Briefe von Anfang an allgemeine Anerkennung genossen haben.

Der erste Brief des Petrus ist ein Brief an die Gemeinde, deren
Glieder sich als Fremdlinge in der Welt verstehen. Er ist voller
Trostworte, enthält aber auch Ermahnungen.
Luther schreibt über ihn:
»Wer nur die Epistel fasset, der hat on zweyfel gnug, das er nit
mehr bedarff, on dz gott auß Überfluß eben da in andern bu-
chern auch reichlich leeret. Es ist aber über das nichts anders,
dann hie hat der Apostel nichts vergessen, was not ist eim Christen zuwissen.«

2. Verfasserschaft

Der Verfasser stellt sich unzweideutig vor: »Petrus, ein Apostel Jesu Christi« (Kap. 1,1).

Er bezeichnet sich als der »Mitälteste und Zeuge der Leiden Christi« (Kap. 5,1).
Allerdings ließ Petrus den Brief durch Silvanus niederschreiben, eine Tatsache, die das gute Griechisch erklärt, welches etliche Wissenschaftler einem Fischer vom See Genezareth nicht zutrauten (Kap. 5,12).

Die Petrusbriefe geben uns einen wunderbaren Blick für die verändernde Kraft des Evangeliums. Hätten wir nur die Evangelienberichte über Petrus, so wäre unser Bild von ihm recht einseitig.
In den Evangelien kommt uns Petrus als ein ungestümer, ruheloser und unbekümmerter Mann entgegen. Er ist schnell im Reden, Schwören und Versprechen. Wenn es um irdische Macht und Einfluß geht, ist er ehrgeizig. Angriffe und Beleidigungen ist er jederzeit zu rächen bereit.
Gleichzeitig ist er aber auch schnell verzweifelt.
Das Sprichwort »Himmel-hoch-jauchzend und zu-Tode-betrübt« trifft auf seine Persönlichkeit zu. Nachdem Jesus ihn mehr und mehr in sein Bild verklären konnte, sehen wir, wie er langmütig, geduldig und ruhig wurde.
Die Briefe sind von einem Gläubigen geschrieben, den der Herr im Laufe seines Lebens prägte und wachsen ließ.

3. Abfassungszeit

In Kap. 5,13 heißt es: »es grüßt euch aus Babylon die Gemeinde«. Dabei wird es sich aber kaum um das damals existierende alte Babel in Mesopotamien gehandelt haben. Babel steht hier wohl als apokalyptischer Deckname für Rom. Schon Eusebius und auch Papias vertraten diese Meinung. Allerdings hat zur Abfassungszeit eine Gemeinde in Babylon wohl schon existiert, von der aus Petrus möglicherweise geschrieben hat. Letzte Sicherheit wird es nicht geben. Die meisten Ausleger jedoch gehen von Rom als Abfassungsort aus.

Zur Abfassungszeit muß es schon eine breite geographische Streuung christlicher Gemeinden gegeben haben. Deshalb nimmt man an, daß der Brief nach den Missionsreisen des Paulus entstand. Mit Sicherheit aber wurde er vor der neroanischen Christenverfolgung geschrieben, die 64 n. Chr. mit dem Stadtbrand von Rom begann.
Also ist die Abfassung wohl zwischen 60 und 64 n. Chr. einzuordnen.

4. Empfänger

Sie werden als die auserwählten Fremdlinge, Diaspora (deutsch: Zerstreuung) in Pontus, Kappadozien, der Provinz Asien und Bithynien (Kap. 1,1 b) bezeichnet.
Luther übersetzt Diaspora mit »verstreut wohnen«.
Das griechische Wort Diaspora könnte dazu verleiten, bei diesen Christen an Judenchristen zu denken, die in den zahlreichen jüdischen Kolonien im ganzen römischen Imperium lebten. Eduard Schweizer bemerkt dazu:»Gemeint sein kann damit nicht die jüdische Diaspora-Kirche, sondern nur die ›Diaspora-Existenz‹ der christlichen Kirche, die in dieser Welt keine bleibende Heimat hat (Kap. 2,11). Denn nach Kap. 1,18; 2,9-10; 4,3 sind die Leser Heiden- und nicht Judenchristen.«
Die Ortsbezeichnungen waren zur Zeit des Petrus Angaben größerer römischer Provinzen, die zwischen 133 v. Chr. (Asien) und 17 n. Chr. (Kappadozien) entstanden. Unter der Voraussetzung, daß sich Petrus an die üblichen römischen Bezeichnungen hielt, umfaßt der Bereich fast ganz Kleinasien, mit Ausnahme von Lyzien, Pamphylien und Zilizien, welche im äußersten Süden lagen. Warum diese Gemeinden nicht im Rundbrief genannt wurden, ist unklar. Möglicherweise lagen sie nicht an der Reiseroute der Briefboten oder waren zu unbedeutend. Es könnte aber auch sein, daß die aktuellen Verhältnisse in dieser Region anders waren.
Die Empfänger waren vorwiegend Heidenchristen:

* Ihr Leben ist früher in einer Zeit der Unwissenheit von den Begierden bestimmt worden (Kap. 1,14);
* sie sind erlöst, von dem nichtigen Wandel, in dem ihre Väter noch gelebt haben (Kap. 1,18);
* sie waren einst »nicht ein Volk«, nun aber sind sie »Gottes Volk« (Kap. 2,10);
* »es ist genug, daß ihr die vergangene Zeit zugebracht habt nach heidnischem Willen« (Kap. 4,3f);
* die sonst typisch jüdische Bezeichnung »gesetzlos« wird durch das für Heiden leichter verständliche Wort »Sünde« ersetzt.

Kennzeichnend für die Empfänger ist, daß unter ihnen Neubekehrte (Kap. 2,2) sind.
Sie stehen in Leiden und Anfechtungen (Kap. 1,6; 2,12; 3,14 ff; 4,12 ff).

5. Zweck und Ziel des Briefes

Petrus selbst gibt als Zweck an: »... zu ermahnen und zu bezeugen, daß das die rechte Gnade Gottes ist, in der ihr steht« (Kap. 5,12).
Petrus will den Glauben der Empfänger festigen und in bezug auf die zukünftige Errettung Mut machen.

Zwei Schwerpunkte sind festzustellen:

1. Stärkung der bekehrten Heiden- und Judenchristen und Ermunterung, auch in den Widerwärtigkeiten treu zu bleiben.
Dies tut Petrus in sehr eindrücklicher Weise:
* Er weist nach, daß der Christ zum Heil berufen ist (Kap. 1,3-2,10).
* Er fordert die Christen auf, sich als befreite Menschen in bestehende Ordnungen einzufügen, um missionarisch wirken zu können (Kap. 2,11-3,12).
* Er bezeugt, daß der Christ durch Leiden zur Vollkommenheit kommt (Kap. 3,13-5,11).

2. Viele unter den Christen fragten sich, ob Paulus und Petrus unterschiedlicher Ansicht über fundamentale Glaubenswahrheiten waren.

Petrus bezweckte, derartige Mißverständnisse auszuräumen. Die theologische Nähe des 1. Petrusbriefes zum Römer- und Epheserbrief ist nicht zu übersehen. Auch der Hinweis, daß Silvanus, wahrscheinlich identisch mit Silas, vgl. Apg 15,22, und Markus, engster Paulusmitarbeiter, ihn unterstützten, ist ein deutlicher Hinweis auf theologische Übereinstimmung der beiden Apostel (vgl. 5,12 f mit Phlm 24; Kol 4,10; 2. Tim 4,11).

6. Bibelkritische Einwände

Während die Echtheit des Briefes in der alten Kirche nie angezweifelt wurde, haben doch spätere Ausleger die Verfasserschaft des Petrus angezweifelt. Der Brief wurde dann einem unbekannten Paulusschüler zugeschrieben. Begründet wurde dies mit der schon erwähnten theologischen Nähe zu Paulusbriefen (vgl. 5. Zweck und Ziel des Briefes) und einigen Ausdrücken, die für den Jakobusbrief bezeichnend sind. Liberale Theologen gehen davon aus, daß Petrus als Vertreter der Judenchristen eine andere Theologie als Paulus, der Vertreter der Heidenchristen, vertreten hat.

Die inhaltliche Nähe der Petrus- und Paulusbriefe widerspricht jedoch dieser Ansicht. Daraus schließen sie, daß ein späterer Paulusschüler die Petrusbriefe verfaßt hat. So kommt man zu der These, daß der Brief in der Verfolgung unter Domitian (81-96 n. Chr.) bzw. unter Trajan (98-117 n. Chr.) entstanden sei.

Das Zeugnis der Kirchenväter widerlegt diese spitzfindigen Spekulationen. In seinem Schreiben an die Philipper beruft sich Polykarp auf die »Worte des Petrus«. Eusebius berichtet: »Papias machte Gebrauch von den Zeugnissen des Petrus- und Johannesbriefes.«

Irenäus, Tertullian und Clemens v. Alexandrien bekräftigen die Echtheit. In der Peschitta (syrische Übersetzung) und allen

ältesten Übersetzungen des NT findet sich der erste Petrusbrief ebenso wie im Kanon Muratori.

7. Hauptverständniswort

Leiden

8. Hauptverständnisvers

1. Petr 4,13: »Freut euch, daß ihr mit Christus leidet, damit ihr
auch zur Zeit der Offenbarung seiner Herrlichkeit Freude und
Wonne haben mögt.«

9. Abriß

Absender / Anschrift / Segen	Kap. 1,1+2
Lob Gottes für den herrlichen	
Gnadenstand der Christen	Kap. 1,3-12
Lob trotz zeitlicher Prüfung	” 1,3-9
Lob, weil die Christen das haben,	
wonach sie früher suchten	” 1,10-12
Anweisungen für den Weg zum	
himmlischen Ziel	Kap. 1,13-2,10
Anweisungen für verschiedene Lebens-	
situationen	Kap. 2,11-4,6
Enthaltung von weltlichen Begierden	” 2,11-17
Pflichten der Sklaven gegenüber	
ihren Herren	” 2,18-25
Pflichten der Ehegatten	” 3,1-7
Brüderliches Lieben	” 3,8-17
Blick auf Jesus, den himmlischen Mittler	” 3,18-22
Wappnen mit Leidenskraft	” 4,1-16
Anweisungen in Gottesangelegenheiten	Kap. 4,7-5,7
Hinweise für Verfolgungszeiten	Kap. 5,8-11
Schlußwort und Gruß	Kap. 5,12-15

Fragen zur Lektion 61

1. Zu welcher Briefgruppe zählen wir den 1. Petrusbrief?

2. Was bedeutet das Fremdwort »katholisch«?

3. Wie unterscheidet sich die lutherische von der altkirchlichen Reihenfolge der katholischen Briefe?

4. Welches Ziel verfolgt Petrus mit seinem Brief?

5. Wie verstehen wir im Kontext dieses Briefes das Wort »Diaspora«?

6. Wer sind die Adressaten des Petrusbriefes?

7. Wo ist der 1. Petrusbrief geschrieben worden?

Lektion 62

Thema: Der zweite Petrusbrief

Kurze Zusammenfassung

Autor: Petrus
Zielgruppe: Wie beim 1. Petrusbrief
Abfassung: 63-64 n. Chr. in Rom
Zweck: Warnung vor endzeitlichen Irrlehrern

---

1. Vorbemerkungen

Kaum ein Buch im NT wurde so stark in Frage gestellt wie der
2. Petrusbrief. Besonders die Verfasserfrage ist immer wieder
kritisch aufgeworfen worden.
Schon im 3. Jahrhundert tauchte erste Kritik am 2. Petrusbrief
auf.
Auf der anderen Seite hat der Brief viel geistlichen Segen gewirkt. Martin Luther sagt in seiner Predigt über »die andere
Epistel des Petri«:
»Also ist uns die Epistel zur Warnung geschrieben, daß wir den
Glauben durch gute Werke beweisen, also doch, daß wir nicht
auf die Werke trauen.«

2. Das Thema des Buches

Der 2. Petrusbrief nimmt vor allem gegen Irrlehren Stellung,
die wahrscheinlich von gnostischem Gedankengut geprägt waren.
Im Umkreis der Gemeinden gab es Leute, die sich Christen
nannten, ihr Lebensstil jedoch war von der Lehre Christi weit

entfernt. Sie beriefen sich offenbar auf besondere Erkenntnisse und Offenbarungen, durch die sie die göttlichen Gebote außer Kraft setzen wollten. Ihr Lebensstil war bestimmt von sexuellen Ausschweifungen, Überheblichkeit, Leugnung der Autorität der Schrift, finanzieller Unehrlichkeit. Ihr Beispiel zog Menschen an, die zwar christlich sein wollten, aber nicht beabsichtigten, ihr Leben zu ändern.

Eine andere Gruppe oder möglicherweise dieselben Irrlehrer stellten in zynischer Weise die Wiederkunft Christi in Frage. Sie bezeichneten die Wiederkunft Jesu als Betrug (Kap. 3,3-4) und machten die Hoffnung auf Jesu Wiederkunft lächerlich (Kap. 3,9-10).

3. Verfasserschaft und Abfassungszeit

Der Verfasser stellt sich selbst vor: »Simon Petrus« (Kap. 1,1). Mehrmals erinnert er daran, daß er Jesus kannte und ein Augenzeuge von Jesu Leben und Wirken war.

* Er zählt sich zu den Zeugen der Verklärung (Kap. 1,16-18, vgl. Mt 17,1-9)
* Den Apostel Paulus nennt er »Bruder« (Kap. 3,15).
* Er weiß, daß ihm der Tod nahe bevorsteht, und erinnert sich, wie Jesus ihm diesen prophezeit hatte (Kap. 1,14, vgl. Joh 21,18-19).
* Er verweist auf einen ersten Brief, den er geschrieben hat und bezieht sich damit wahrscheinlich auf den 1. Petrusbrief (Kap. 3,1).

Der 2. Petrusbrief muß kurz vor Petrus' Tod verfaßt worden sein.

Im Umfeld der Gemeinde sind geistliche Gefahren aufgebrochen, die im 1. Petrusbrief noch nicht genannt wurden. Petrus hat den Brief wahrscheinlich um 64 n. Chr. von Rom aus geschrieben. Im Brief äußert er die Vermutung seines baldigen Todes (Kap. 1,13-15).

4. Empfänger

Die Empfänger werden durch ihren Glauben und nicht aufgrund ihrer geographischen Herkunft identifiziert. Nach Kap.
1,1 und Kap. 3,1 handelt es sich um dieselben Christen, an die
auch der 1. Petrusbrief gerichtet war.

5. Echtheit

Die Echtheit des Briefes ist von der Forschung stark in Frage
gestellt worden.
Die wesentlichen Gründe sind:
a. Die Sprache vom 2. Petr ist ein vorzügliches Griechisch und
   wird einem Fischer Petrus nicht zugetraut.
b. Stil und Gedankenwelt verraten angeblich, daß der Verfasser aus dem 2. Jahrhundert stammen muß.
c. Das Vokabular unterscheide sich erheblich vom 1. Petrusbrief.
d. Die Irrlehre, es gebe keine Parusie (Wiederkunft Jesu), sei
   erst später, nach der Zeit des Apostels aufgekommen.
e. Während der 1. Petrusbrief von der Naherwartung (die Wiederkunft Jesu stehe nahe bevor) geprägt ist, sei der 2. Petrusbrief viel nüchterner, was auf eine spätere Abfassung schließen lasse.
f. Schon im 3. Jahrhundert sind Zweifel an der Echtheit des
   2. Petrusbriefes aufgekommen.
g. Der stärkste Beweis gegen die Echtheit sei die innere Verwandtschaft zum Judasbrief. Manche Forscher behaupten,
   daß das 2. Kapitel des 2. Petrusbriefes nur eine Überarbeitung des Judasbriefes darstelle. Eine Persönlichkeit wie Petrus hätte dies jedoch nie getan.

Wir lehnen diese Angriffe auf die Echtheit des Briefes ab und
widerlegen sie mit einem inneren und einem äußeren Beweis
der Echtheit:

Innere Beweisführung für die Echtheit

zu a. Der Brief kann von einem Mitarbeiter des Petrus niedergeschrieben worden sein (vg. 1. Petr: Silvanus als Sekretär).

zu b.+c. Der Einwand wird dadurch entkräftet, daß der 2. Petrusbrief aus einem ganz anderen Anlaß geschrieben wurde als der 1. Petrusbrief. Möglicherweise hatte Petrus für seinen 2. Brief ebenfalls (vgl. 1. Petrusbrief) einen Sekretär, der nicht namentlich erwähnt wird, der aber den Stil des Briefes durchaus mitgeprägt haben kann (siehe a.).

zu d.+e. Schon Paulus kämpft gegen Irrlehren (z. B. in 2. Thess 50-51 n. Chr.), die in bezug auf die Parusie Verwirrung gestiftet hatten.

zu f. Das 3. Jahrhundert war in der alten Kirche die Zeit der Kanonbildung. Damals wurden auch andere Briefe in Zweifel gezogen, deren Echtheit heute eindeutig feststeht.

zu g. Petrus und Judas kannten sich. Es ist nicht nur denkbar, sondern auch wahrscheinlich, daß sie zusammengearbeitet haben.

Der Bibelausleger Albrecht Bengel kommt, nachdem er die Frage der Abhängigkeit der beiden Briefe voneinander betrachtet hat, zu dem Schluß, daß Petrus und Judas sich in ihrem Zeugnis ebenso ergänzen wie Petrus und Paulus.

Äußere Beweise für die Echtheit

Die äußeren Beweise der Echtheit sind in den ersten zwei Jahrhunderten sehr spärlich, aber doch vorhanden. Am Anfang des 3. Jahrhunderts wird der 1. Petrusbrief unter den allgemein anerkannten Briefen aufgeführt.

Einige Kirchenväter erwähnen bzw. zitieren ihn:

* Andeutungen finden sich schon in den Clemensbriefen
* und im »Hirtenbrief des Hermas«.

* Einige Theologen meinen, Spuren des Briefes bei Theophilus von Antiochien und Firmilan von Cäsarea zu finden.
* Origenes (185-254 n. Chr.) redet von den »zwei Briefen des Petrus«.
* Mit einer gewissen Zurückhaltung zählt auch Eusebius die Petrusbriefe zu den »katholischen Briefen«.
* Hieronymus (340-420 n. Chr.) führt den 2. Petrusbrief in seinem Katalog auf.

Zum Kanon zählt man ihn amtlich seit dem
* 39. Osterfestbrief des Athanasius im Jahre 367 n. Chr.

6. Hauptverständnisaussage

Jesus kommt wieder und mit ihm eine neue Welt

7. Hauptverständnisvers

2. Petr 3,13: »Wir warten aber auf einen neuen Himmel und eine neue Erde nach seiner Verheißung, in denen Gerechtigkeit wohnt.«

8. Abriß

Absender / Anschrift und Segenswort	Kap. 1,1-2
1. Ermahnung zur Wachsamkeit	Kap. 1,3-21
Geistliche Tugenden	” 1,3-11
Die Wachsamkeit des Apostels	” 1,12-15
Der feste Grund des Glaubens	” 1,16-21
2. Die gefährlichen Irrlehrer	Kap. 2,1-22
Ihr Einfluß	” 2,1-3
Ihre Strafe ist das Gericht Gottes	” 2,4-11
Ihre Kennzeichen	” 2,12-22

Fragen zu Lektion 62

1. Welchen Irrlehren mußte Petrus in seinem zweiten Brief begegnen?

2. Was war an diesen Irrlehren besonders gefährlich?

3. Was ist das Selbstzeugnis des 2. Petrusbriefes über dessen Verfasserschaft? (Bibelstelle?)

4. Wann ist der 2. Petrusbrief geschrieben worden?

5. Welche Angriffe wurden gegen die Echtheit von 2. Petr angeführt?

Lektion 63

Thema: Die Johannesbriefe

Kurze Zusammenfassung

Autor:	Apostel Johannes
Zielgruppe:	Gemeinden und Einzelchristen in Kleinasien
Abfassung:	80er und 90er Jahre des 1. Jahrhunderts
Zweck:	Warnung vor Irrlehren, Ermahnung zu Brüderlichkeit, echter Glaube zeigt sich an praktischer Christusnachfolge

---

1. Vorbemerkungen zu den Johannesbriefen

Die Johannesbriefe werden neben den Petrusbriefen, dem Jakobus- und Judasbrief zu den sieben nichtpaulinischen, sogenannten katholischen Briefen gezählt.

Die Johannesbriefe unterscheiden sich in Sprache, Stil und Inhalt von den anderen Briefen des NT.

Paulus behandelt in seinen Briefen Themen systematisch, seine Gedankenfolge baut aufeinander auf. Er illustriert oder beweist seine Thesen mit Beispielen des AT, der jüdischen Tradition, Worten des Herrn Jesus und Beispielen aus dem alltäglichen Leben. Deshalb prägt sich der Aufbau der paulinischen Schriften vergleichsweise gut ein.

Johannes dagegen schreibt nicht in einem argumentativen Stil. In seinen Briefen geht es nicht um Beweisführungen oder um die Darlegung der Lehre des Evangeliums.

Johannes stellt wichtige **Themenkreise des christlichen Glaubens und Lebens** dar. Wie bei einem Musikstück entfaltet er diese ihm wichtigen Themen (wie Licht, Leben, Wahrheit, Bruderliebe) in verschiedenen Variationen. Die jeweilige Ent-

faltung einer Variation geschieht unter verschiedenen Aspek-
ten: im Blick auf die Gemeinschaft der Christen untereinander, im Blick auf die Gewißheit der Gotteskindschaft, im Blick
auf Irrlehrer, im Blick auf einen christlichen Lebenswandel.
Das rhythmische Lehren ist eine pädagogische Methode, die
bei den Rabbinern im Judentum üblich war und die auch Jesus
bei seinen Jüngern angewandt hat (vgl. Lektion 44 unter 4. Abfassungszeit).
Insofern die Johannesbriefe nicht an eine bestimmte Gemeinde und nicht in eine spezifische Situation hinein geschrieben
sind, ist ja gerade dieser Stil wegen seiner Allgemeingültigkeit
für alle Christen durchaus angemessen.

2. Verfasserschaft

Die Briefe nennen den Verfasser an keiner Stelle mit Namen.
Allerdings geht aus ihnen hervor, daß der Schreiber über eine
so große Bekanntheit verfügte und eine derartige Autorität besaß, daß jedem klar war, um wen es sich handelte.

Folgende Merkmale offenbaren auch uns seine Identität zwei-
felsfrei:
* Die Ausdrucksweise, besonders die Bezeichnungen, die er
  den Lesern gibt, lassen auf einen betagten Mann schließen:
  Kinder, Kindlein, Jünglinge, Geliebte.
* Er ist Augenzeuge des Lebens und Wirkens Jesu und der
  Kirchengeschichte des 1. Jahrhunderts (Kap. 1,1-3).
* Sein Vorwort bildet eine Parallele zum Prolog des Johannes-
  evangeliums (vgl. 1. Joh 1,1-3 und Joh 1,1-4).
* Sprache und Stil gleichen ebenfalls dem Johannesevangelium.
* Charakteristische Ausdrücke des Johanneischen Wort-
  schatzes finden sich in allen Schriften unter dem Namen des
  Apostels Johannes.

Man geht davon aus, daß Johannes nach dem Märtyrertod der
Apostel Petrus und Paulus in der neroanischen Verfolgung die

Nachfolge der beiden Apostel in der jungen Christenheit ange-
treten hat.
Seinen Wohnsitz hatte er damals in Ephesus genommen, von
wo aus er die verwaisten Gemeinden von Kleinasien als Bischof leitete.
Die Briefe sind wahrscheinlich Ende der 80er, Anfang der 90er
Jahre des 1. Jahrhunderts geschrieben worden.

3. Empfänger

a. 1. Johannesbrief

Da der Briefkopf keine Anrede enthält, ist der Empfänger nicht
sofort ersichtlich.
Möglicherweise ist der Brief an die Gemeinde in Ephesus und
an die umliegenden Gemeinden als eine Art Rundbrief ge-
schrieben. Eher möglich ist sogar, daß er als Rundbrief in ganz
Kleinasien zirkulierte.
Da mit Ausnahme des Hinweises auf Kain in 1. Joh 3,12 jeder
Verweis auf das AT fehlt, wird es sich um heidenchristliche
Gemeinden gehandelt haben. Auch dieser Hinweis spricht für
das griechisch besiedelte Kleinasien.

b. 2. Johannesbrief

Über den Empfänger des 2. Johannesbriefes ist viel spekuliert
worden.
Adressiert ist der Brief an die auserwählte »Kyria« (griech.),
was mit »Herrin« übersetzt werden muß, von manchen Auslegern aber auch als Eigenname aufgefaßt wurde.
Doch nur manche Ausleger vertreten die Meinung, die Emp-
fängerin sei eine uns unbekannte Frau mit ihren Kindern.
Da im Gegensatz zum 3. Johannesbrief keine weiteren persönlichen Namen erwähnt werden, sind die meisten Ausleger sich
einig, daß mit der »auserwählten Herrin« die personifizierte

Gemeinde gemeint ist, »ihre Kinder« sind die Gemeindeglieder.
Johannes selbst stellt sich als »der Älteste« vor.

c. 3. Johannesbrief

Der 3. Johannesbrief ist an Gaius adressiert. Dieser Name war
in jener Zeit sehr gebräuchlich. Er kommt im NT 5mal vor und
bezieht sich auf verschiedene Personen.

4. Echtheit

Nur sehr wenige Theologen bestreiten die enge Verbindung
des Verfassers des Johannesevangeliums und der Johannesbriefe. Allerdings wird von einigen modernen Theologen in
Zweifel gezogen, daß es sich bei dem Autor um den Jünger Johannes handelt. Man meint, der Verfasser sei einer der sonst
unbekannten »Ältesten« in Ephesus, der nicht mit dem Apostel identisch sei.
Aus der Überlieferung des Papias können wir entnehmen, daß
dieser Älteste kein anderer als der Apostel war.
Der erste Johannesbrief ist schon sehr früh bei Polykarp, Papias und Justin bezeugt. Ende des 2. Jahrhunderts haben wir sichere Überlieferungen aus dem ganzen römischen Reich, daß
der Jünger Johannes als Verfasser der drei Johannesbriefe
anerkannt war. Weitere Zeugnisse dafür finden sich im Kanon
Muratori, in den Schriften des Clemens v. Alexandria, des Irenäus und des Tertullian.

5. Zweck und Ziel der Briefe

a. 1. Johannesbrief

Johannes schrieb diesen Rundbrief, um der sich ausbreiten-
den frühen Form des Gnostizismus entgegenzutreten und in

möglichen Lehrverwirrungen Klarheit zu schaffen. In dem uns
vorliegenden Brief wird aber die Irrlehre nicht beschrieben, wir
erfahren nur, was Johannes dem entgegensetzt:
* Ein Leben im **Einklang mit dem Evangelium** ist höher zu bewerten als hohe »Erkenntnis« (Gnosis), vgl. Kap. 2,3-6.
* Große Verwirrung war um die Frage »Wer war Jesus?« aufgekommen. Wenn er Gott war, wie konnte er sterben? Wenn
er starb, wie konnte er Gott sein? Diese Unvereinbarkeit entsprang Gedanken der griechischen Philosophie (nämlich: die
Unsterblichkeit ist eine wesentliche Eigenschaft Gottes).
Der Vorstellung des Geist-Materie-Dualismus entsprang noch
ein weiteres Problem: Wie kann der reine Geist = Gott irgend
etwas mit einem materiellen Körper zu tun haben? Eine völlige
Einheit (Jesus, der Gott-Mensch) war nach dieser Grundidee
undenkbar (vgl. hierzu Lektion 55, 5. Exkurs).
Zwei Lösungen wurden vorgeschlagen:
— **Doketismus**: Christus war nicht wirklich, sondern nur
  scheinbar Mensch.
— **Kerinthianismus** (nach Kerinth, dem Hauptvertreter dieser
  Theorie im 1. Jahrhundert): Der Christus-Geist kam erst mit
  der Taufe in den Menschen Jesu und verließ ihn kurz vor
  seinem Tode am Kreuz wieder.
Heute treten ähnliche Gedanken in der anthroposophischen
Irrlehre Rudolf Steiners und der sog. Christengemeinschaft
Rittelmeiers auf. New Age greift ebenfalls darauf zurück.

Diesen Irrlehren setzt Johannes ein **deutliches Christus-
bekenntnis** entgegen:
Kap. 2,22: »Wer ist ein Lügner, wenn nicht der, der leugnet,
daß Jesus der Christus ist?«
Kap. 4,2: »Daran sollt ihr den Geist Gottes erkennen: Ein jeder
Geist, der bekennt, daß Jesus Christus in das Fleisch gekommen ist, der ist von Gott« (vgl. 2.Joh 7).

* Durch Ermahnungen muß Johannes der Uneinigkeit in der
Gemeinde entgegentreten. Er betont die »brüderliche Liebe«
als Gegenstück zum Heidentum mit seinen Auswüchsen (2,15-

17; 5,21). **Nur wenn Bekenntnis und Leben übereinstimmen, ist der Glaube vom Geist Gottes gewirkt.** Dies meint Johannes, wenn er sagt, Christen sollen in der Wahrheit leben.

b. 2. Johannesbrief

Thematisch stehen Liebe (Vers 1; 3; 5; 8) und Wahrheit (Vers 1-4) im Mittelpunkt des Briefes. Offensichtlich entstand der Brief als Warnung an die Gemeinde, Irrlehrer in keiner Weise aufzunehmen.

c. 3. Johannesbrief

Zur Zeit der Urgemeinde zogen reisende Prediger durch das Land. Sie waren auf Unterstützung der Gläubigen angewiesen. Nun hatte ein gewisser Diotrephes in einer Gemeinde die Macht an sich gerissen. In herrschsüchtiger und egoistischer Weise lehnte er es ab, die Reisebrüder aufzunehmen. Er hatte einzelne Gemeindeglieder aus der Gemeinde ausgeschlossen, die diesen Evangelisten Gastfreundschaft erwiesen hatten. Johannes hatte in dieser Angelegenheit schon einmal geschrieben. Diotrephes lehnte es aber ab, sich der Autorität des Apostels zu unterstellen. Johannes lobt Gaius wegen dessen Warmherzigkeit und Mut, den reisenden Brüdern gegenüber. Er ermuntert ihn, trotz der Angriffe des Diotrephes in seinem Tun treu zu bleiben. Johannes kündigt an, daß er die Gemeinde besuchen will, um gegen Diotrephes vorzugehen (Vers 10).

6. Hauptverständniswort, Hauptverständnisvers und Abriß der drei Johannesbriefe

a. 1. Johannesbrief

Hauptverständniswort: Gemeinschaft

Hauptverständnisvers
1. Joh 1,7 a: »Wenn wir aber im Licht wandeln, wie er im Licht ist, so haben wir Gemeinschaft untereinander.«

Abriß

Prolog	Kap. 1,1-4

1. Lehrender Teil	Kap. 1,5-2,27
Lehre über den Wandel im Licht	” 1,5-2,17
Lehre über Irrlehrer	” 2,18-2,27

2. Ermahnender Teil	Kap. 2,28-5,12
Heiligung im Blick auf die Wieder- kunft Jesu	” 2,8-3,24
Prüfung der Geister	” 4,1-6
Wahre und falsche Liebe	” 4,7-21
Die Welt überwindende Glaubenskraft	” 5,1-12

3. Glaubensfrüchte	Kap. 5,14-21
Gebetsfreudigkeit	” 5,14+15
Liebe zu den Sündern	” 5,16+17
Gewißheit der Rettung	” 5,18+19
Gotteserkenntnis	” 5,20
Wachsamkeit	” 5,21

b. 2.Johannesbrief

Hauptverständniswort: Wahrheit

Hauptverständnisvers
Vers 4: »Ich bin sehr erfreut, daß ich unter deinen Kindern solche gefunden habe, die in der Wahrheit leben.«

Abriß:

c. 3. Johannesbrief

Hauptverständniswort: Treue

Hauptverständnisvers
Vers 5: »Du handelst treu in dem, was du an den Brüdern tust.«

Abriß:

Fragen zu Lektion 63

1. Woraus können wir schließen, daß der Verfasser der Johannesbriefe der Apostel Johannes war?

2. Mit welcher Irrlehre setzt sich der 1. Johannesbrief auseinander?

3. Was ist der Inhalt des 2. Johannesbriefes?

4. Welches Problem reißt der 3. Johannesbrief an?

5. Mit welchem biblischen Buch haben die ersten Verse des 1. Johannesbriefes Verwandtschaft?

6. Wo finden wir das Wort »Antichrist«?
   Was / wer ist damit gemeint?

7. Wo finden wir heute ähnliche gnostische Irrlehren, wie sie im 1. Johannesbrief bekämpft werden?

Lektion 64

Thema: Der Hebräerbrief

Kurze Zusammenfassung

Autor:	Unbekannter Diasporajude aus Italien
Zielgruppe:	Judenchristen
Abfassung:	Ende der 60er Jahre des 1. Jahrhunderts
Zweck:	Aufzeigen, daß der neue Bund dem alten Bund überlegen ist

---

1. Vorbemerkungen

Der Hebräerbrief ist hin und wieder das »fünfte Evangelium« genannt worden. Er zeigt Jesus als den himmlischen Hohenpriester. Schildern die vier Evangelien Jesu irdisches Tun, so schildert der Hebräerbrief sein Wirken als Hoherpriester im Himmel. In bezug auf das vollkommene Erlösungswerk Christi zeigt der Hebräerbrief neue und ergänzende Aspekte auf, die uns helfen, mehr vom Wunder unserer Erlösung zu erkennen.

2. Das Thema des Briefes

Der Hebräerbrief will die Überlegenheit des neuen Bundes gegenüber dem alten Bund zeigen.
Angesichts der Herrlichkeit des neuen Bundes lohnt es sich, als Christ auch Leiden und Verfolgung zu ertragen und Opfer auf sich zu nehmen.

3. Verfasserschaft und Abfassungszeit

Die **Abfassungszeit** des Briefes kann aus dem Inhalt geschlossen werden. Da Clemens von Rom den Brief kannte, muß er vor 95 n. Chr. geschrieben worden sein.

Hebr 10,1-3 setzt das Vorhandensein eines täglichen Opferdienstes voraus. Demnach muß der Tempel noch existiert haben. Er wurde bei der Einnahme von Jerusalem im großen jüdischen Krieg 70 n. Chr. zerstört. Einige meinen, daß die in Kap. 10 erwähnte Verfolgung auf die Christenverfolgung nach dem Brand von Rom zurückgeht (64 n. Chr.). Wenn dies der Fall ist, wäre der Brief zwischen 64 und 70 n. Chr. geschrieben worden. Allerdings hat es auch schon zuvor Christenverfolgungen gegeben.

Die **Verfasserfrage** ist bis heute sehr umstritten. Wer der Verfasser ist, kann dem Brief nicht entnommen werden. Im 2. Jahrhundert meinte ein gewisser Pantänus v. Alexandrien (bei Eusebius), daß Paulus der Verfasser sei. Er hätte den Brief ohne Namen geschrieben, da er bei den Empfängern (Judenchristen) als Heidenapostel umstritten war.

Clemens von Alexandrien vertrat die Meinung, der Brief sei von Paulus in Hebräisch geschrieben und von Lukas ins Griechische übersetzt worden. So betrachtete die Ostkirche des 1. Jahrhunderts Paulus als Verfasser des Briefes.

Origenes hingegen hatte Zweifel an der paulinischen Verfasserschaft. Er zitierte den Hebräerbrief dennoch als Werk von Paulus, da er der Meinung war, »jene Männer überlieferten nicht ohne Grund als Werk von Paulus«. Doch stammt von ihm auch der Satz: »Wer aber den Brief wirklich geschrieben hat, das weiß nur Gott.«

Im Westen war es dann Tertullian (3. Jahrhundert), der den Hebräerbrief Barnabas zuschrieb. Im Kodex Claremontanus wird der Brief ebenfalls mit Barnabas als Verfasser aufgeführt.

Für die Verfasserschaft von Barnabas gibt es gute Gründe:

— Barnabas war ein guter Freund von Paulus, von daher mit paulinischer Theologie gut vertraut

— Barnabas war Jude und zwar Levit. Er kannte das AT sehr gut und war mit dem jüdischen Opfersystem, dem levitischen Priestertum und dem Bundesgesetz von Kind auf vertraut

— seine lange Lehrerfahrung würde die didaktische Art des
Briefes erklären, seine charakterliche Gabe, er wurde von
den Aposteln »Sohn des Trostes« genannt (Apg 4,36), würde ihm ermöglichen, einen seelsorgerlich so feinfühligen
und differenzierten Brief wie den Hebräerbrief zu schreiben.

Für Apollos als möglichen Verfasser gibt es keine frühe Überlieferung, jedoch war Martin Luther ein Vertreter dieser Möglichkeit.

Als weiteres soll auch die Priscilla — Hypothese genannt werden. Der Theologe Harnack hat diese These aufgestellt. Gestützt wird sie gerade durch das Fehlen der Verfasserangabe im
Präskript: Der »Kampf gegen die lehrenden Frauen in der Kirche« wäre eine plausible Erklärung dafür.

Auffällig ist auch die namentliche Nennung verschiedener
Frauen als Glaubensvorbilder (Kap. 11) und der frauenspezifi-
sche Satz: »Frauen haben ihre Toten durch Auferstehung wie-
derbekommen« (Kap. 11,35).

Diese These Harnacks hat Ruth Hoppin im Zuge der feministischen Theologie wieder aufgegriffen.

Der Verfasser kann ein Diasporajude gewesen sein. Er verfügte über eine hellenistische Bildung und schrieb ein sehr gutes
Griechisch. Er benutzte die LXX für seine Zitate. Deshalb weichen alttestamentl. Zitate oft von unseren alttestamentl. Text
ab.

Er wohnte in Italien (Hebr 13,24).

Er war mit Timotheus eng befreundet (Hebr 13,23).

4. Empfänger

Entweder sind die Empfänger hellenistische Judenchristen,
die durch die Verfolgung und durch Abfall einiger Gemeindeglieder (Hebr 10,25) in der Gefahr waren, zum Judentum zurückzukehren, oder es waren für Jesus erweckte Juden, denen
der letzte Schritt in die Gemeinde noch fehlte. Der Schreiber

hätte ihnen dann durch sein Zeugnis der Überlegenheit des
neuen über den alten Bund Mut machen wollen, den Weg mit
Jesus konsequent in Angriff zu nehmen.

Auf jeden Fall ist der Brief an Christen jüdischer Herkunft ge-
richtet. Hebr 1,1 setzt eine Kenntnis der Geschichte Gottes mit
Israel voraus.
Das Evangelium war durch Apostel bzw. andere Augenzeugen
Jesu zu ihnen gekommen.
Einige von ihnen hatten bereits große Leiden ausgestanden
(Kap. 10,32-34).

Die Anfechtung der Empfänger
Es ist wahrscheinlich, daß die Empfänger des Briefes in der Gefahr waren, zu hoch vom Judentum zu denken. Die christliche
Gemeinde war schwach. Sie hatten weder prachtvolle Tempel
noch äußerlich eindrucksvolle Gottesdienste. In diese Situation hinein schreibt der Autor. Er vergleicht den alten mit dem
neuen Bund und zeigt die Überlegenheit des neuen Bundes
auf. Der alte Bund war nur ein Schatten, das Opfersystem nur
ein Vorläufer, das levitische Priesterum ein Hinweis, alles aber
ist in Christus erfüllt. In Christus sind alle alttestamentl. Insti-
tutionen vollendet.
Daher warnt der Verfasser eindringlich, in das Alte, Überholte
zurückzufallen (Kap. 6,4 ff), vielmehr ermutigt und ermuntert
er, am Bekenntnis zu Christus festzuhalten (Kap. 10,35).
In Christus haben die Christen den größeren Hohenpriester.
In ihm haben sie den besseren Tempel, nämlich den Tempel
im Himmel.
Für diesen neuen Bund lohnt es sich, auch zu leiden. Märtyrer
gab es zu allen Zeiten. Wer um Christi Willen leidet, gehört in
ihre Reihe (vgl. Kap. 11).

5. Echtheit

Wenn auch über die Person des Verfassers Uneinigkeit herrscht,

so ist der Brief weder im Altertum noch in der Neuzeit ernsthaft bezweifelt worden. Die altkirchliche Bezeugung ist zu
stark.

6. Hauptverständniswort

der bessere Bund

7. Hauptverständnisvers

Hebr 8,6: »Nun aber hat er ein höheres Amt empfangen, wie er
ja auch der Mittler eines besseren Bundes ist, der auf bessere
Verheißungen gegründet ist.«

8. Abriß

1. Die Größe der Person Christi	Kap. 1,1-10,39
(Lehrhafter Teil)	
Christus ist höher als die Engel	” 1,1-2,18
Christus ist größer als Mose	” 3
Die verheißene Gottesnähe	” 4,1-13
Christus ist größer als der Hohepriester	” 4,14-7,28
Christus, der Mittler des neuen Bundes	” 8
Christus, das vollkommene Opfer	” 9,1-10,18
Warnung + Ermutigung	” 10,19-39
2. Das Leben der Gläubigen	Kap. 11,1-13,17
(Praktischer Teil)	
Was ist Glauben	” 11,1-3
Beispiele für Glauben	” 11,4-38
Aufsehen auf Jesus	” 11,39-12,2
Leben als Gottes Familie	” 12,3-11
Notwendigkeit der Heiligung	” 12,12-24
Warnung	” 12,25-29

Praktisches Glaubensleben   Kap. 13,1-6
Jüngerschaft   ”   13,7-17

3. Grüße und Segen   Kap. 13,18-25

Fragen zur Lektion 64

1. Was schildert der Hebräerbrief im Unterschied zu den vier Evangelien?

2. Um welche Überlegenheit geht es im Hebräerbrief?

3. Was wissen wir über den Verfasser des Hebräerbriefes?

4. Worin zeigt der Hebräerbrief die Überlegenheit des Neuen Bundes gegenüber dem alten Bund?

5. Worin bestand die Anfechtung der Empfänger?

6. Woraus können wir auf die Abfassungszeit des Briefes schließen?

Lektion 65

Thema: Der Jakobusbrief

Kurze Zusammenfassung

Autor:	Jakobus, der Gerechte, leiblicher Halb-bruder Jesu Christi
Zielgruppe:	Judenchristen in der Diaspora
Abfassung:	40er oder 50er Jahre des 1. Jahrhunderts (wahrscheinlich um 45 n.Chr.), wahr-scheinlich der älteste Teil des NT
Zweck:	Aufzeigen, daß echter Glaube auch praktische Taten und gute Werke zur Folge hat

---

1. Vorbemerkungen

In der Vulgata ist der Jakobusbrief der erste der katholischen Briefe.

Im Gegensatz zu dieser wichtigsten altkirchlichen Bibelüber-setzung, die vom Kirchenvater Hieronymus erstellt wurde, hielt Martin Luther nicht viel vom Jakobusbrief. Er sprach von ihm als »stroherne Epistel gegen sie, denn sie doch keine evan-gelische Art an sich hat«.

Im Kampf gegen die Werkgerechtigkeit der römischen Kirche und für die Wahrheit des Evangeliums von der freien Gnade hatte Luther nur wenig Blick für die praxisorientierten Hinwei-se des Jakobusbriefes.

Oberflächlich betrachtet unterscheidet sich der Jakobusbrief stark von den anderen neutestamentlichen Schriften. So fin-den wir in seinen fünf Kapiteln nur zweimal den Namen Jesu. Auch kann aus seiner Nähe zum praktischen Leben leicht der Eindruck von Gesetzlichkeit aufkommen.

Es geht Jakobus nicht um die Erläuterung großer gedanklicher Systeme, sondern um die »aufrichtige Beobachtung des Willens Gottes« (Aebi).

Sprachkenner sagen, daß der Jakobusbrief neben dem Hebräerbrief das reinste Griechisch des NT aufweist.

EXKURS: Der Stil des Jakobusbriefes

Jakobus schreibt als bewußter Judenchrist einen Rundbrief an die in der Diaspora lebenden Judenchristen.

Vom Inhalt und Aufbau her ist der Jakobusbrief mit Literatur der alttestamentl. Weisheit vergleichbar (siehe Pediger, Sprüche), ja, man könnte ihn den neutestamentl. Weisheitsbrief nennen.

Was ist »Weisheit«?

Weisheit ist praktische Lebensführung, die Gott gefällt (siehe vor allem Kap. 3,13-18: »Wer ist weise und klug unter euch?«). Weisheit geht vom Glauben aus (Sprüche 1,7: »Furcht des Herrn« = »Glaube an Gott«), sie ist ein Geschenk Gottes. Weisheit ist ganz praktisch und beantwortet die Frage: Wie können wir leben? (Sprüche 2,9-12).

Der Jakobusbrief ist besonders durch seine vielen Imperative geprägt (von 108 Versen stehen 54 im Imperativ). Alle diese Ermahnungen sind vom Grundverständnis der Weisheit her zu verstehen: es geht um **praktische Lebensführung, die Gott gefällt**, mit der uns letztlich Gott selbst beschenkt.

Typisch für den Stil der Weisheitsliteratur sind Parallelismen, Wortspiele und Wortwiederholungen; besonders für den Zuhörer ist der Inhalt auf diese Weise sehr einprägsam (vgl. auch Mt 5: die Bergpredigt Jesu).

Der innere Aufbau des Jakobusbriefes innerhalb einzelner Textabschnitte:

— Forderung (Imperativ)
— Fallbeispiel
— Lehre mit Rückfragen

2. Das Thema des Briefes

Jakobus zeigt auf, daß echter Glaube auch gute Werke zur Folge hat.

Er möchte den Mangel an Aufrichtigkeit und Konsequenz in der Nachfolge vieler Christen aufzeigen und bekämpfen. Jakobus durchschaut die Heuchelei des menschlichen Herzens, das gern durch äußeren Schein beeindruckt.

Die Empfänger des Briefes kamen aus religiöser Tradition. In ihrem Leben gab es kaum große Verfehlungen. Deshalb finden wir im Jakobusbrief auch keinen Lasterkatalog wie etwa in Paulusbriefen an heidenchristliche Gemeinden (Röm 1,18 ff u. a.). Die Sünden der Frommen aber nennt Jakobus deutlich beim Namen: Hartherzigkeit, Rechthaberei, Geiz, Hochmut usw.

3. Verfasserschaft

Der Verfasser stellt sich im 1. Vers vor: »Jakobus, der Knecht Gottes und des Herrn Jesus Christus« (Jak 1,1).
Das NT kennt vier Männer mit dem Namen Jakobus:

1. Jakobus der Ältere:
Er ist ein Sohn des Zebedäus und der Salome. Gemeinsam mit seinem Bruder Johannes wird er »Donnersohn« genannt (Mt 4,21; 10,2; 17,1; Lk 9,52-56).
Unter Herodes Agrippa erlitt er als erster Apostel den Märtyrertod (Apg 12,2).

2. Jakobus der Jüngere:
Er ist der Sohn des Alphäus (Mt 10,3, Apg 1,13 u.a.). Die katholische Kirche sieht in ihm den »Bruder des Herrn«, wobei sie die Bedeutung des Wortes »Bruder« stark überdehnt, handelt es sich doch um Jesus' Cousin.
Jakobus' Mutter, des Kleopas' Frau, war die Schwester von Maria, der Mutter Jesu.
Die katholische Kirche will mit oben genannter Auslegung des

Wortes »Bruder« das Dogma der bleibenden Jungfräulichkeit
Marias stützen. Diese Meinung ist biblisch nicht haltbar.
Die Spuren Jakobus des Jüngeren verlieren sich in der Kir-
chengeschichte.

3. Jakobus, der Vater des Judas:
(Lk 6,16) Über ihn ist uns fast nichts bekannt.

4. Jakobus, der Bruder des Herrn:
Er trug auch den Namen Jakobus der Gerechte. Mit Sicherheit
ist er der Verfasser des Jakobusbriefes.
Diese Meinung bestätigen viele altkirchliche Quellen, unter
anderem das Konzil von Karthago (397 n.Chr.).

Jakobus war ein leiblicher Bruder Jesu.

Während des Erdenlebens Jesu zählte er sich noch nicht zu
den Jüngern (Joh 7,5; Mk 3,31).
Nach Ostern ist ihm der Auferstandene begegnet (1. Kor 15,7).
Wahrscheinlich fand er durch dieses Erlebnis zum Glauben.
Fortan hielt er sich zu den Jüngern (Apg 1,14).
Später wurde er der erste Bischof der Urgemeinde von Jerusa-
lem (Apg 12,17).
Auf dem Apostelkonzil brachte er den allgemein anerkannten
Kompromißvorschlag des Aposteldekrets (Betrifft: Heiden-
christen und das jüdische Gesetz) ein (Apg 15,13-21).
Paulus nennt ihn eine Säule der Gemeinde (Gal 2,9).
Die Tradition redet von ihm als einem großen Asketen und Beter.
Stundenlang betete er im Tempel für die Sünden des Volkes.
Auch unter frommen Juden genoß er große Achtung.
Josephus berichtet, daß der Hohepriester Hannas ihn nach
dem Tod des römischen Statthalters Festus und vor der Amts-
übernahme durch dessen Nachfolger Albinus steinigen ließ.

Jakobus der Kleine
Einige Ausleger meinen, noch diesen Jakobus im NT zu fin-

den (Mt 27,56). Auch der als Bibelübersetzer bekannte Albrecht gehört zu ihnen. Wahrscheinlich aber ist dieser Jakobus identisch mit Jakobus dem Gerechten.

4. Abfassungszeit

Die Abfassungszeit ist aus dem Brief nicht klar zu erkennen. Auf jeden Fall ist der Brief vor 62 n. Chr. zu datieren, da Jakobus in jenem Jahr den Märtyrertod erlitt.
Einige Theologen meinen, der Brief sei zwischen 55 und 62 n. Chr. geschrieben worden. Er wäre eine Art Ergänzung zu den Paulusbriefen gewesen. Diese hätten durch ihre Betonung der Gerechtigkeit allein aus Glauben zu einer Vernachlässigung der praktischen Christusnachfolge geführt. Jakobus sollte diese Entwicklung nun wieder ins rechte Gleis bringen.

Die wahrscheinlichste Annahme aber ist, daß wir es beim Jakobusbrief mit dem ältesten neutestamentlichen Schriftstück zu tun haben. Er ist wohl zu einer Zeit geschrieben worden, als es fast nur Judenchristen gab: zwischen 42 und 49 n. Chr.
Für diese Hypothese spricht, daß Jakobus bei der Abfassung des Briefes wahrscheinlich ausschließlich Judenchristen kannte.
Obwohl er die Sünden hart anprangert, nennt er nicht die typischen Sünden der Heidenwelt. Diese finden sich aber später in den Lasterkatalogen des Paulus.
Auch finden wir die theologischen Streitfragen der späteren Briefe im Jakobusbrief noch nicht. Die bekannten Irrlehren, wie etwa die Auseinandersetzung mit gnostischen Einflüssen, sind noch nicht erwähnt.

5. Empfänger

Der Brief ist an »die zwölf Stämme in der Zerstreuung« adressiert (Jak 1,1). Mit dieser Bezeichnung sind Juden gemeint. Der

Brief richtet sich allerdings an bekehrte Juden, Juden, die in
Jesus den Messias (griechisch: Christus) gefunden haben.
Es ist der Brief eines Judenchristen an Judenchristen in der
Diaspora (Kap. 1,1; wörtlich griechisch: Zerstreuung).

6. Echtheit

Der Brief wird in der alten Kirche selten erwähnt. Allerdings
findet man Spuren von ihm bei Clemens v. Rom und im »Hirtenbrief des Hermas« (um 100 n. Chr.).
Weder Clemens v. Alexandrien noch der Kanon Muratori, weder Irenäus noch Tertullian nennen ihn.
312 n. Chr. sagt Eusebius von Cäsarea, daß der Jakobusbrief
von den Alten allgemein anerkannt sei, aber dennoch wenig
Erwähnung finde.
Auf dem Konzil von Laodicea (364 n. Chr.) und Karthago (397
n. Chr.) wird er endgültig kanonisiert. Hier wird er auch ausdrücklich »Werk des Jakobus, Bruder des Herrn« genannt.

7. Hauptverständnisbegriff

Werke des Glaubens

8. Hauptverständnisvers

Jak 2,17: »So ist auch der Glaube, wenn er nicht Werke hat, tot
in sich selber.«

9. Abriß

Thema: Glaube wird im Leben sichtbar
Anrede   Kap. 1,1

Die Anfechtung
Der Glaube wird durch Anfechtung erprobt,   " 1,1-18
in guten Werken gegen jedermann
Der Glaube beweist sich in Werken,   " 1,19-2,26
in geistlichem Reden
Der Glaube beweist sich im Umgang
mit der Zunge,   " 3,1-18
im Meiden der Sünde aller Formen
Der Glaube flieht hin zu Gott,   " 4,1-5,6
im Aushalten auch unter Unrecht
Der Glaube beweist sich in Gedulds-
proben,   " 5,7-11
im glaubensvollen Gebet
Der Glaube beweist sich in ernsthaftem
Gebet,   " 5,12-18
in echter Seelsorge
Der Glaube erweist sich im Umgang
mit gefallenen Brüdern   " 5,19+20

Fragen zu Lektion 65

1. Warum tat sich Luther so schwer mit dem Jakobusbrief?

2. Welche Sünden spricht der Jakobusbrief an?

3. Wer ist der Verfasser des Jakobusbriefes?
   Stellen Sie kurz sein Leben, soweit es aus der Bibel zu erkennen ist, dar:

4. Wann ist der Jakobusbrief mit größter Wahrscheinlichkeit
   geschrieben worden? (Mit welchen Argumenten für das
   Abfassungsdatum?)

5. Welche Hinweise für das praktische Christenleben entnehmen wir dem Jakobusbrief?

Lektion 66

Thema: Der Judasbrief

Kurze Zusammenfassung

Autor:	Judas, ein Halbbruder Jesu Christi
Zielgruppe:	Vermutlich judenchristlich geprägte Gemeinden
Abfassung:	60er bis 80er Jahre des 1. Jahrhunderts
Zweck:	Warnung vor gnostischen Irrlehren

---

1. Vorbemerkungen

Der Judasbrief gehört zu den kürzesten Teilen des NT. Gleichzeitig dürfte er auch zu den unbekanntesten Briefen zählen. Trotzdem ist sein Inhalt sowohl zum Verständnis von Heilsgeschichte als auch für Seelsorge von großer Bedeutung. Origenes erwähnt ihn in seinem Matthäuskommentar und sagt: »Judas schrieb einen Brief, zwar gering an Zeilen, aber voll von Worten der himmlischen Gnade.«

2. Das Thema des Briefes

Judas sieht, daß etliche Gemeindeglieder vom Herrn abgefallen sind. Gnostische Einflüsse hatten zu **verschiedenen Irrlehren** geführt (vgl. 2. Petrusbrief).
Kennzeichen waren:
— Verleugnung der Herrschaft Jesu Christi (V. 4),
— Mißbrauch der christlichen Freiheit, wahrscheinlich aufgrund der Lehre eines Geist-Materie-Dualismus: ausschweifendes Leben, besonders im sexuellen Bereich (V. 7.16),
— intellektuelle Spekulationen ohne jegliche ethische Auswirkung im alltäglichen Leben (v. 8-10.16).

Es bestand die Gefahr, daß etliche Christen durch ihren Lebenswandel dem Evangelium viel Schande machten und den Namen der Christen in Verruf brachten. Der Brief wurde in Eile geschrieben. Er hat einen kämpferischen Stil.

3. Verfasserschaft

Der Name Judas ist durch den Verräter des Herrn Jesus Christus in Verruf gekommen. Der Verfasser unseres Briefes hat nichts mit dem Verräter Judas Ischarioth zu tun.
Er stellt sich selbst als Bruder des Jakobus vor (Jud 1). Somit ist auch Judas gleichwie Jakobus (vgl. Lektion 65) ein leiblicher Halbbruder Jesu. Aus Demut nennt er sich nicht »Bruder Jesu Christi«, sondern »Knecht Jesu Christi« (Jud 1).
Er war zu Jesu Erdenleben ein Gegner der Lehre des Herrn (wie auch Jakobus) (Joh 7,5).
Aus 1. Kor 9,5 wissen wir, daß er verheiratet war und als Reiseprediger der Gemeinde diente.

4. Empfänger

Der Brief nennt keinen namentlichen Empfänger. Möglicherweise ist es der gleiche Kreis, an den die Petrusbriefe geschickt wurden. Die vielen alttestamentl. Bezüge lassen den Schluß zu, daß die Empfängergemeinden in der Diaspora lebende Judenchristen waren.
Die Empfänger waren dem Herrn treu geblieben, während sie erleben mußten, wie manches Gemeindeglied untreu wurde. Judas will die Gemeinde mit seinem Brief stärken.

5. Echtheit

Vor dem 4. Jahrhundert war der Judasbrief zwar allgemein bekannt, Tertullian, Origenes, Clemens von Alexandrien erwähnen ihn, im Muratorischen Fragment ist er aufgezeichnet. Allerdings war er umstritten. Hieronymus erklärt die Ursache: Judas zitiert nichtkanonische Briefe wie die jüdische »Himmelfahrt des Mose« V. 9 und das Henochbuch V. 14 ff. Ähnliches tut aber auch Paulus (z. B. 2. Tim 3,8). Der Schluß, daß Judas diese Bücher für kanonisch hält, ist nicht zwingend.

Fundamentalistische Bibelausleger datieren ihn in 60er bis 80er Jahre des ersten Jahrhunderts. Die Bezüge zum 2. Petrusbrief sind auffällig. Was Petrus dort geweissagt hat, ist zwischenzeitlich eingetroffen.
Liberale Ausleger meinen natürlich, hier hätte der eine vom anderen abgeschrieben (meist: Petrus von Judas). Liberale Exegeten bestreiten auch die oben genannte Abfassungszeit, aber unter ihnen gibt es keine auch nur annähernd einheitliche Meinung.

6. Hauptverständniswort

Bewahrung

7. Hauptverständnisvers

V. 24-25: »Dem aber, der euch vor dem Straucheln behüten kann und euch untadelig stellen kann vor das Angesicht seiner Herrlichkeit mit Freuden, dem alleinigen Gott, unserm Heiland, sei durch Jesus Christus, unserm Herrn, Ehre und Majestät, Gewalt und Macht vor aller Zeit, jetzt und in alle Ewigkeit! Amen.«

8. Abriß

Eine Gliederung des kurzen Briefes ist schwierig.
Zwischen dem Segensgruß (Vers 1+2) und dem Lobpreis (Vers

24+25) kennzeichnet und bedroht der Brief zuerst Irrlehrer
(Vers 3-15) und gibt dann Anweisungen, wie man den Verfüh-
rern begegnen und Verführten helfen kann (Vers 16-23).

Absender, Anrede und Gruß	V. 1+2
Weil wichtig, in Eile geschrieben	V. 3+4
Strafbeispiele: Ägypten, gefallene Engel, Sodom	V. 5-7
Merkmale der Irrlehrer: Zügellosigkeit	V. 8-13
Weissagung über die Irrlehrer	V. 14-15
Ermutigung zur Standhaftigkeit	V. 16-23
Doxologie	V. 24+25

Fragen zu Kapitel 66

1. Wer ist der Autor des Buches? Was wissen wir über ihn?

2. Weshalb ist der Brief so kurz?

3. Was veranlaßte Judas zur Abfassung des Briefes?

4. Zu welchem anderen alttestamentlichen Buch hat der Judasbrief Parallelen?
   Welchen Schluß ziehen liberale Theologen aus der Verwandtschaft beider Bücher?

5. An welchen Empfängerkreis scheint sich der Brief ursprünglich gerichtet zu haben?

6. Was sagt der Judasbrief über Mose?

Lektion 67

Thema: Die Offenbarung des Johannes

Kurze Zusammenfassung

Autor:	Apostel Johannes
Zielgruppe:	Sieben kleinasiatische Gemeinden (Offb 2+3)
Abfassung:	95 n.Chr.
Zweck:	Enthüllung des Triumphes Christi

---

1. Vorbemerkungen

Die Offenbarung ist von ihrer Gattung her einmalig im NT. Sie ist das einzige prophetische Buch im NT, während im AT 16 prophetische Bücher enthalten sind, Prophetie also einen wesentlich größeren Raum einnimmt.

Das NT ist seinem Wesen nach Erfüllung der alttestamentl. Prophetie, besonders im Blick auf den Messias (griech. = Christus). Diese Erfüllung wird sowohl in den neuttestamentl. Geschichtsbüchern (Apg) wie auch in den Lehrbüchern (Röm-Jud) entwickelt.

Allerdings finden wir im NT nur eine teilweise Erfüllung der AT-Prophetie. Wir finden etliche eschatologische Weissagungen, deren Erfüllung noch aussteht. Vgl. hierzu z. B. den Hinweis auf »der Welt Ende« in Mt 28,20.

Der Name

Der Name Offenbarung ist die Überschrift des Buches. Allerdings heißt es da »Offenbarung Jesu Christi« (Kap. 1,1). Es ist nicht Johannes, der uns seine eigenen Visionen offenbart, sondern Jesus Christus selbst offenbart seinem Knecht Johannes was »in Kürze geschehen soll« (Kap. 1,1), damit dieser es an die Gemeinde weitergibt.

Das griechische Wort für OFFENBARUNG heißt APOKALYP-SIS, das dazugehörige Verb APOKALYPTO. Es bezeichnet die Bekanntmachung eines bis dahin unbekannten Ereignisses (Mt 10,26; 11,27; 16,17; 1. Kor 2,10).

Apokalypse könnte auch mit »Enthüllung« oder »Entschleierung« wiedergegeben werden. Gott enthüllt uns in seinem Wort Wahrheit, die wir sonst nicht wissen könnten (vgl. Lektion 2,1. Was ist die Bibel?).

So hat Gott z. B. Paulus das Geheimnis des Evangeliums offenbart, das zu alttestamentl. Zeit noch verborgen war.

Vgl. Gal 1,12: »Denn ich habe es (das Evangelium) nicht von einem Menschen empfangen oder gelernt, sondern durch eine Offenbarung (APOKALYPSIS) Jesu Christi.«

Stil

Der Stil der Offenbarung unterscheidet sich von allen anderen neutestamentlichen Büchern, wie auch von den johanneischen Schriften. Dies führt bei liberalen Exegeten zu der Ansicht, daß Johannes nicht der Verfasser der Offb sei.

Besondere Ähnlichkeiten finden sich zu den Büchern Hesekiel und Daniel. Einige Ausleger sehen in der Offb eine neutestamentl. Fortführung der Weissagungen des Buches Daniel. Häufig wird versucht, die Offb unter die jüdische Apokalyptik der Zeit des 1. Jahrhunderts einzuordnen.

Jedoch unterscheidet sich die Offb von der Apokalyptik des Judentums u. a. schon vordergründig dadurch, daß Johannes nicht unter einem Pseudonym schreibt, wie es bei den jüdischen Apokalyptikern üblich war. Der Schreiber selbst reiht sich in die Bruderschaft der Christen ein.

Am Ende der jüdischen Apokalyptik werden Offenbarungen oft versiegelt. Sie waren entweder für eine ferne zukünftige Generation oder aber für einen auserwählten Kreis bestimmt.

Natürlich gibt es auch Ähnlichkeiten zur jüdischen Apokalyptik, die nicht zu übersehen sind.

EXKURS: Jüdische Apokalyptik:

- Entsteht meist in **Leidenssituationen**, in Zeiten der Verfolgung und Unterdrückung. Apokalyptische Literatur soll die ermutigen, die um ihres Glaubens willen leiden müssen (z. B. in der Makkabäerzeit: das äthiopische Henochbuch, Testamente der 12 Patriarchen u. a.). Gemeinsam ist ihnen die Hoffnung auf ein göttliches Eingreifen in der Zukunft.
- Zeichnet sich inhaltlich durch **Visionen**, Träume und symbolische Sprache aus.
- **Himmlische** und **dämonische Mächte** als Agenten göttlicher bzw. wiedergöttlicher Absichten spielen eine große Rolle.
- **Ankündigung des Gerichts** und göttliche Strafe für die Bösen, übernatürliche Befreiung des Gerechten und Gottesfürchtigen (durch Gottes Eingreifen).
- Verwendung eines **Pseudonyms**, meist einer bedeutenden göttlichen Gestalt, z. B. Henoch -► äthiopisches Henochbuch; Esra -► I. Hesdras.

Die Offb wendet sich besonders an die leidende Gemeinde (lat.: Ecclesia pressa). Bengel merkt dazu an: »Dieses Buch wird hauptsächlich in der Anfechtung von Gläubigen geschätzt.«

2. Das Thema des Buches

Die Offenbarung gibt uns eine eingehende Darstellung der künftigen Vollendung des göttlichen Heilsplanes.
Im Mittelpunkt steht der erhöhte Herr. Nach Kreuz, Auferstehung und Himmelfahrt ist er zum Herrn und Christus eingesetzt. Die Offenbarung zeigt seinen Triumph.

3. Verfasserschaft

Das Selbstzeugnis

Der Verfasser nennt sich selbst »Johannes«, »Knecht Jesu Christi« (Offb 1,1.4). »Bruder und Mitgenosse an der Bedrängnis und am Reich und an der Geduld in Jesus« (Offb 1,9). Ein Engel bezeichnet ihn als Mitknecht und Bruder der Propheten (Offb 22,9).

Die Überlieferung

Die altkirchliche Überlieferung wirft die Verfasserfrage gar nicht auf.
Irenäus, Polykarp (persönlicher Schüler des Johannes), Justin der Märtyrer, Eusebius, Melito v. Sardes, Theophilus v. Antiochien, Origines Methodius usw. bezeugen die Autorenschaft des Jüngers Johannes. Der Kanon Muratori führt ihn auf.

4. Abfassungszeit und Abfassungsort

Der Abfassungsort geht aus dem Buch zweifelsfrei hervor. Es ist die kleine Insel Patmos (Offb 1,9) vor der südwestlichen Küste Kleinasiens. Johannes war hier während der Christenverfolgung inhaftiert.
Die Insel Patmos ist ein vulkanisches Eiland und gehört zu den südlichen Sporaden. Sie mißt eine Länge von 15 km und eine Breite von 9 km und umfaßt 34 qkm.
Lange Zeit war sie unbewohnt. Zur Zeit des Johannes muß sie dann eine Sträflingsinsel geworden sein. Heute zählt sie 2 700 Einwohner. Seit 1088 besteht dort das sogenannte Johanneskloster.

Abfassungszeit

Die Abfassungszeit ist nicht eindeutig klar. Es gibt zwei Hypo-

thesen, wobei die Mehrzahl der Schriftausleger der zweiten zu-
stimmt.

Unter Kaiser Galba 67-70 n. Chr.

Vertreter dieser Meinung stützen sich auf Offb 17,9.11. Die in
V. 9 genannten 7 Könige weden als 7 römische Kaiser ausgelegt. Nach V. 10 wären 5 von ihnen bereits gefallen: Augustus,
Tiberius, Caligula, Claudius und Nero. Der noch lebende König wäre Galba.
Aus Kap. 11,1 ff schließt man, daß der Tempel in Jerusalem
noch steht. Das Weib Babylon wäre nach dieser Meinung die
7-Hügelstadt Rom.

Unter Domitian 91-95 n. Chr.

Irenäus berichtet, daß die Offb am Ende der Regierungszeit
Domitians »geschaut wurde« (95 n. Chr.). Diese Aussage ist
deshalb von besonderer Bedeutung, da Irenäus aus Kleinasien
stammte. Kleinasien aber war das Wirkungsfeld des greisen
Apostels Johannes, wohin auch die 7 Sendschreiben gingen.
Der Lehrer des Irenäus war Polykarp von Smyrna. Dieser wie-
derum war ein Schüler des Jüngers Johannes gewesen.
Hieronymus berichtet, daß Johannes nach Patmos verbannt
und unter Domitian befreit wurde.
Die im Buch geschilderten Zeitverhältnisse können als weitere
Hinweise herangezogen werden:

1. »ENGEL« (Bischöfe) an der Spitze der Gemeinde (Kap.
   2,1 ff)
2. Ermüdung des geistlichen Lebens (Kap. 2,4 u. a.)
3. Gnostische Irrlehre der Nikolaiten (Kap. 2,24)
4. Kaiserkult als Götzendienst (Kap. 13,14 ff u. a.)

5. Empfänger

Empfänger sind zunächst die 7 Gemeinden von Kleinasien
(Offb 1,11). Johannes war ihr Bischof. Man nimmt an, daß er als

letzter noch lebender Apostel diese Aufgabe nach dem Tode
von Paulus und Petrus übernommen hat.

Die Entstehung der Gemeinden geht wohl auf Paulus zurück
(Apg 19.10). Genaues wissen wir dabei nur von Ephesus (Apg
19+20). Indirekt redet Paulus auch über Laodizea (Kol 2,1; 4,15
usw.).

6. Kritik

a. Kritik aus den Reihen altkirchlicher Häretiker

Erste Verfasserkritik kam von der Sekte der MONTANISTEN in
Kleinasien. Sie kam in der 2. Hälfte des 2. Jahrhunderts auf. Ihr
Führer MONTANUS, ein früherer Heidenpriester der Kybele
(nach Hieronymus), lehnte sich gegen die Verweltlichung der
Kirche auf. Ihm zur Seite standen zwei Prophetinnen, Priska
und Maximilla. Der urchristliche Prophetismus wurde hier ins
stark ekstatisch-visionäre Extrem gesteigert. Dazu kamen Forderung der Askese, Dringen auf Virginität, Drängen zum Martyrium. Wir erkennen hier deutlich gnostische Züge, nämlich
die Verwerfung der Materie als böse und als schlecht.
Die Anhänger des Montanus bestritten die Logoslehre des Johannes, nämlich die grundlegende Botschaft: »Das Wort (lo-
gos) ward Fleisch« (Joh 1,14). Vgl. hierzu Lektion 63.

b. Kritik aus der Ostkirche

Um 170 n. Chr. tauchen auf den ältesten uns bekannten Synoden in Kleinasien die sogenannten ALOGER auf. Zwar waren
sie entschiedene Gegner der Montanisten, aber ebenso lehnten sie die Offenbarung des Johannes ab. Sie vermuteten in
den johanneischen Schriften Johannesevangelium und Apokalypse gnostische Züge, besonders durch das wiederholte
Thema der Polarität von Licht und Finsternis. Darum spra-

chen sie beiden Schriften die Echtheit ab (der Apostel Johannes sei nicht der Verfasser gewesen) und erklärten sie für Schriften dessen Gegners Kerinth.

Interessant ist, daß die Montanisten und die Aloger gegensätzlichste Standpunkte einnahmen.

Zwar verlor sich die Lehre der Aloger, aber um 250 n. Chr. knüpfte u. a. Dionysius von Alexandrien wieder daran an. Er führte als erster literarkritische Argumente gegen die Offenbarung ein (Stilunterschiede zu den sonstigen johanneischen Schriften).

Dionysius behauptete, es hätte einen zweiten Johannes gegeben.

Eusebius macht um 340 n. Chr. aus dieser Spekulation eine Gewißheit und redet von einem »Ältesten« Johannes in Ephesus. Indem man die apostolische Verfasserschaft bestritt, entzog man sich auch der Autorität, die die Offenbarung als Wort Gottes hat. Bis ins 7. Jahrhundert wurde sie in der griechischen Kirche verworfen.

c. Die heutige Verfasserkritik

1. Der erste Einwand stützt sich vor allem darauf, daß das Buch im Gegensatz zu den anderen johanneischen Schriften den Namen des Johannes nennt.

Unsere Entgegnung: Dieser Einwand ist damit zu entkräften, daß in den biblischen Geschichtsbüchern die Autoren selten namentlich genannt werden, während sich die Propheten aufgrund ihres Amtes meist mit Namen vorstellen.

Das Johannesevangelium ist im Gegensatz zur Offenbarung (prophetisches Buch) ein Geschichtsbuch.

2. In Stil und Sprache unterscheidet sich die Offb von den übrigen johanneischen Schriften. Es wurde sogar vermutet, die Offb sei eine griechische Übersetzung aus dem Hebräischen.

Unsere Entgegnung: Die etwas unbeholfenere Sprache der Offb

kann durch die schwierigen Bedingungen der Abfassung erklärt werden, denn sie wurde in der Gefangenschaft geschrieben. Möglicherweise standen Johannes bei seinen anderen
Schriften Sekretäre zur Verfügung, bei der Abfassung der Offenbarung jedoch nicht. Die visionären Elemente der Offenbarung lassen sich auch nur schwer in Sprache wiedergeben.
Gleichzeitig ist auffällig, wieviel typisch johanneische Begriffe
die Offb aufweist (Hirte, Wort, Lamm usw.).

3. Die von Eusebius aufgestellte These vom »Ältesten« Johannes spielt immer wieder eine Rolle bei der Verfasserkritik.
Unsere Entgegnung: Diese These läßt sich nur auf eine recht
späte kirchengeschichtliche Quelle zurückführen.

7. Verschiedene Ansätze zur Auslegung der Offenbarung

a. Die zeitgeschichtliche Auslegung:

Die Offenbarung enthält nach dieser Auslegung verschlüssel-
te Botschaften an die Christen des ausgehenden 1. Jahrhunderts.
Es wird also betont, daß man den Inhalt der Offenbarung im damaligen zeitgeschichtlichen Zusammenhang verstehen muß.
Allerdings haben nach dieser Auslegung die Bilder und Symbole von Siegeln, Posaunen und Schalen keine weitere Bedeutung für die Zukunft. Für voraussagende Prophetie und noch
ausstehende Weissagungen läßt dieser Auslegungsansatz keinen Raum.
Die Mehrheit der Liberalen vertritt diesen Ansatz.

Einteilung der Offb:

| Kap. 1-3 | Historische Gemeinden als Ansprechpartner des Verfassers |
| Kap. 4-19 | Konkrete Mahnungen und Hinweise an die historischen Gemeinden |

Kap. 20-22   Seelsorgerlicher Trost in bezug auf die Zukunft
              für die im Römischen Reich bedrängten histori-
              schen Gemeinden

b. Die reichsgeschichtliche (historische) Auslegung:

Sie sieht in der Offenbarung die Entwicklung des Reiches Gottes und der antigöttlichen Welt vom 1. Jahrhundert an bis zur
Wiederkunft Christi. Diese Auslegung wird vorwiegend in den
evangelikal-pietistischen und freikirchlichen Kreisen gepflegt.
Sie findet sich aber auch bei den Kirchenvätern und in katho-
lisch-mystischen und charismatischen Kreisen. Unter den Vätern der Gemeinschaftsbewegung gab es wichtige Reichsge-
schichtler: Bengel, Stockmeyer, Hubner, Brüderbewegung.

Im Gegensatz zur endgeschichtlichen Auslegungen sehen diese Ausleger in den Kap. 4-19 einen Abriß von Prophezeiungen,
die sich im Laufe der Kirchengeschichte bis zur Wiederkunft
Christi ereignen werden und somit in der gegenwärtigen Zeit
in Erfüllung gehen. Einschneidende Ereignisse der Geschichte wurden darum immer wieder auf bestimmte Bilder der Offenbarung als deren Erfüllung gedeutet. Für manchen Ausleger wurde dies ein weites Feld der Spekulationen.

Einteilung:

Kap. 1-3   Historische Gemeinden, die aber gleichzeitig für
              die 7 Phasen der Gemeinde stehen
Kap. 4-19   Niedergang Roms, des Islams, des Papsttums
              usw.; zukünftige Trübsal; Gericht über die abge-
              fallene Kirche und über den Antichristen; Jesu
              Wiederkunft in Macht und Herrlichkeit
Kap. 20-22   1000jähriges Reich; Gericht über die Welt, neue
              Welt Gottes

c. Die endgeschichtliche Auslegung:

Mit Ausnahme von Kap. 1-3 wird alles in die Endzeit verlagert. Kap. 4-19 beschreiben das Gericht Gottes über die gefallene Kirche, den Antichristen und die gottfeindliche Welt. Dies findet in der großen Trübsal und damit zukünftig statt. Die in Kap. 4-19 beschriebenen Ereignisse werden nicht sinnbildlich verstanden, sondern als historische Erfüllung der Prophetie erwartet.

Einteilung:

Kap. 1-3	Historische Gemeinden
Kap. 4-19	Beschreibung der zukünftigen Ereignisse bis zur Wiederkunft Christi
Kap. 20-22	Beschreibung des Endsieges

d. Die idealistisch-symbolische Auslegung:

Die Aussagen der Offenbarung werden vergeistlicht, sie haben lediglich symbolischen Charakter. Die Offenbarung stellt demnach bildlich den dauernden Kampf zwischen Gut und Böse, zwischen Christentum und Heidentum dar. Sie hat keinen historischen Bezug. Vermittelt werden ethische und geistliche Wahrheiten.
Ähnlich wie bei der zeitgeschichtlichen Auslegung geht auch hier der Aspekt der noch ausstehenden historisch eintreffenden Erfüllung der Prophetie verloren.

Einteilung:

Kap. 1-3	Historische Gemeinden
Kap. 4-19	Symbolische Beschreibung des Kampfes von Gut und Böse
Kap. 20-22	Symbolische Beschreibung des Sieges des Guten

Wir gehen von der grundsätzlichen Möglichkeit einer **in die Zukunft hineinsprechenden Prophetie** aus und **erwarten die historische Erfüllung** dessen, was uns in der Offb verheißen ist. Aus diesem Grund ziehen wir als Auslegungsmöglichkeit b. reichsgeschichtlich oder c. endgeschichtlich den anderen beiden vor. Allerdings kann eine rein historische Auslegung auch in einer Art von Orthodoxie erstarren. Deshalb gehört zur Auslegung der Offenbarung immer auch die seelsorgerliche Betrachtung.

8. Hauptverständnisbegriff

Sieg des Lammes

9. Hauptverständnisvers

Offb 5,12: »Das Lamm, das geschlachtet ist, ist würdig, zu nehmen Kraft und Reichtum und Weisheit und Stärke und Ehre und Preis und Lob.«

10. Abriß

a. Grobe Einteilung

Das Buch kann grob in drei Teile gegliedert werden. Der dritte Teil kann noch einmal in vier Teile untergliedert werden.

1. Teil: Der Herr Jesus in seiner Herrlichkeit	Kap. 1
2. Teil: Der Herr Jesus als der Seelsorger seiner Gemeinde	Kap. 2-3
3. Teil: Der Herr Jesus als Sieger der Weltgeschichte	Kap. 4-22

a. Die Weltmächte in aussichts-
   losem Kampf gegen Jesus   Kap. 4-11,18
b. Die Zuspitzung des Kampfes,
   der Antichrist und die Hure
   Babylon   Kap. 11,19-Kap. 16
c. Der Fall der Feinde Gottes   Kap. 17-19
d. Der Endsieg Jesu und
   seiner Braut   Kap. 20-22

b. Gliederung

Einleitung: Der erhöhte Herr   Kap. 1

1.   Die 7 Sendschreiben   Kap. 2+3

2.   Die Weltgeschichte und ihr Ziel Kap. 4-22
2.1 Über allem steht der Vater
     und der Sohn   ”   4,1-5,14
     Gott auf dem Thron   ”   4,2-11
     Das versiegelte Buch   ”   5,1-5
     Das Lamm erscheint   ”   5,6-10
     Die Anbetung des Lammes   ”   5,11-14
2.2 Die 7 Siegel   ”   6,1-17
     Die 4 apokalyptischen Reiter   ”   6,1-8
     Evangelisation, Kriege, Hunger,
     Teuerung, Seuchen (4 Siegel)
     Die Märtyrer (5. Siegel)   ”   6,9-11
     Erdbeben und kosmische
     Katastrophen (6.Siegel)   ”   6,12-17
2.3 Die sieben Zornposaunen
     kündigen sich an   ”   7
2.4 Vision über die Schutzmaß-
     nahmen für Gottes Volk
     während der zukünftigen
     Gerichte und Anfechtungen   ”   7
     Versiegelung der 144 000   ”   7,1-9

11. Wichtige Symbolik

a. Parallelen zu Buch Genesis

* Gen = Erschaffung der Welt   Offb = Vergehen der Welt
* Gen = Erschaffung von
        Mond + Sternen   Offb = Mond und Sterne
                                       vergehen
* Gen = Einbruch der Sünde   Offb = Ausmerzung der
                                       Sünde
* Gen = Satan tritt auf   Offb = Satan tritt end-
                                       gültig ab

b. Zahlensymbolik

Nicht immer klar:
* 7 = Zahl der Vollkommenheit
  7 Gemeinden (1,4); 7 Geister (1,4); 7 Leuchter (1,12); 7 Sterne
  (1,16); 7 Siegel (5,1); 7 Hörner (5,6); 7 Engel (8,2); 7 Posaunen
  (8,2); 7 Donner (10,3); 7 Köpfe (12,3); 7 Plagen (15,1); 7 goldene Schalen 15,7); 7 Könige (17,10).

* 666 als Zahl des Antichristen
  Die lateinischen Zahlen entsprechen Ziffern. Man konnte
  Namen mit Ziffern wiedergeben.

* 3 Zeiten und eine halbe Zeit
  3 1/2 Jahre oder auch 1260 Tage
  Manche Zahl muß symbolisch, andere wörtlich genommen
  werden.
  Die Unterscheidung ist oft nicht klar zu ersehen.

Fragen zu Lektion 67

1. Welchen besonderen Platz nimmt die Offenbarung im NT ein?

2. Wie unterscheidet sich die Offenbarung von der jüdischen Apokalyptik des 1. Jahrhunderts?

3. Was verstehen wir unter dem griechischen Begriff »Apokalypse«?

4. Wie erklären sich die Stilunterschiede zwischen der Offenbarung und den anderen johanneischen Schriften?

5. Wozu führte eine altkirchliche Kritik an der Offenbarung in der Ostkirche?

6. Was wissen wir über die Empfänger der Offenbarung?

7. Unter welchen Umständen wurde die Offenbarung niedergeschrieben?

8. Welche Auslegungsansätze der Offenbarung gibt es?

9. Was spricht für eine Abfassungszeit von ungefähr 95 n. Chr.?

10. Auf wen geht die These, die Offenbarung sei nicht vom Apostel, sondern von einem »Ältesten« Johannes geschrieben worden, zurück?

11. Nennen Sie einige Parallelen zwischen dem ersten und dem letzten Buch der Bibel:

Anhang

Die sogenannte »historisch-kritische« Methode

Unsere zeitliche Einordnung der Entstehung der einzelnen biblischen Bücher wird bei weitem nicht von allen Theologen geteilt. Im Gegenteil! Man muß davon ausgehen, daß die überwiegende Mehrheit der Theologen heute diese Einordnung mehr oder weniger ablehnt. Sie sind Vertreter der sogenannten historisch-kritischen Methoden (theologische Arbeitsmethoden). FÜR DIESE THEOLOGEN IST DIE BIBEL NICHT GOTTES WORT, SONDERN DIE BIBEL ENTHÄLT NUR GOTTES WORT!

Dieser Definitionsunterschied hat gewaltige Folgen.
Da die Verfechter der Bibelkritik weitgehend dem wissenschaftlichen Weltbild des 19. Jahrhunderts verhaftet sind, deuten sie alles, was sich dem Verstand entzieht, als überholtes, vorwissenschaftlich mythologisches Denken. Die Vernunft des Menschen wird zum absoluten Maßstab gesetzt, so, als wäre sie unfehlbar, als müsse der menschliche Verstand alles, was Wirklichkeit ist, erfassen können. Alles muß sich an der Vernunft messen lassen. Das Ergebnis ist, daß nach ihrer Meinung die Bibel im besten Fall eine Mischung göttlicher Wahrheiten und der zeitlichen Ansichten, Fehlbeurteilungen und Begrenzungen der einzelnen Verfasser ist. Manche verstehen die Bibel lediglich als eine antike Mythensammlung mit ethischen Konsequenzen (so z. B. Dorothee Sölle).

1. Die Kritik im AT

Der Vater der alttestamentlichen Bibel-Kritik ist **Julius Wellhausen**. Wenn er auch nicht der Erfinder der Bibelkritik ist, so war er doch einer ihrer wesentlichen Verfechter in der 2. Hälfte

des 19. Jahrhunderts. Er gehört zu den wichtigsten Vertretern
der »Tübinger Schule«.

Anfänge der liberalen Bibelkritik gehen auf die Aufklärung,
namentlich auf den jüdischen, wegen Ketzerei von den Juden
seiner Zeit ausgestoßenen Philosophen Spinoza, sowie auf
Humanisten der Renaissance zurück. Wellhausen (1844-1918)
und der heute nicht mehr so bekannte Karl Heinrich Graf
(1815-1869) sind die Erfinder der sogenannten »QUELLEN-
SCHEIDUNGS-HYPOTHESE«. Richtiger sollten wir sie »UR-
KUNDENSCHEIDUNGSTHEORIE« nennen.

Die Quellenscheidung gilt als eine anerkannte und gebräuchliche exegetische Methode.

Wir lehnen sie dennoch ab, da sie in letzter Konsequenz die
göttliche Inspiration der Schrift in Frage stellt, jeder christlich-
jüdischen Tradition bis zum 18. Jahrhundert widerspricht und
die in der Bibel selbst erwähnten menschlichen Autoren als
Verfasser bestreitet. Wellhausen selbst bekannte sich trotz seiner theologischen Professur zum Atheismus und zog später
die Konsequenzen, indem er aus der Kirche austrat.

Die Quellenscheidungs-Hypothese beruht auf dem Gedanken, daß u.a. die Mose-Bücher nicht von Mose stammen, sondern viel später aus etlichen Quellen zusammengestellt wurden. Einige Schüler Wellhausens versteigen sich dahin, daß sie
meinen, bis zu 20 solcher Quellen zu entdecken. Anhaltspunk-
te für die Quellen bieten benutzte Worte, Stil, angeblich entdeckte Verschiedenartigkeiten in theologischen Strömungen
und Schulen der Schreiber oder Entlehnungen aus heidnischer Mythologie. Obwohl sich die Anhänger der Quellenscheidung nicht einig sind, was genau zu welcher Quelle gehört etc., einigten sich die meisten Anhänger dieser Exegeten
auf folgende Grundgedanken: Das Pentateuch (die 5 Bücher
Mose) sei zusammengesetzt aus vier Quellenschriften, die
nach Alter und Herkunft verschieden, alle aber viel jünger als
Mose seien. Zunächst hätte es zwei erzählende Werke gegeben:

J Den JAHWISTEN (Abkürzung: J), der vom Schöpfungsbericht an den Namen Jahwe für Gott benutzt (frühere Wie-

dergabe: Jehova). Gott offenbarte sich unter diesem Namen dem Mose in der Wüste im Dornbusch, Ex 3.

E Den ELOHISTEN (Abkürzung: E), der Gott mit dem allgemeinen Namen Elohim bezeichnet.

Elohim zu deutsch: Gott.
Jahwe zu deutsch: Ich bin der ich sein werde.

Der Jahwist hätte (nach der Quellenscheidungs-Hypothese) im 9. Jhd. v. Chr. in Juda und der Elohist etwas später in Israel geschrieben. Nach dem Fall des Nordreiches (Israel) seien beide
JE: Schriften verschmolzen worden (JE). Diese Schrift entspräche den Gedankengängen eines recht zurückgebliebenen agrarischen Hirtenvolkes, was Israel damals angeblich noch war. Durch König
D: Josia (622 v. Chr.) sei das Deuteronomium (D) hinzugekommen, so daß JED entstand. Die Priesterschrift (P), die neben einigen Erzählstücken, die aus babylonischer Mythologie entlehnt wurden (Gilgamesch-Epos), vor allem Gesetze beinhaltet, sei nach der
JED: babylonischen Gefangenschaft mit JED vereint worden und habe als Klammer und Rahmen gedient. Der Mann bzw. die Priestergruppe, die dies zuletzt erstellten, nennt man den »Redaktor«.

Diese Literaturkritik ist mit einem evolutionistischen Verständnis der religiösen Vorstellungen Israels verbunden. Man meint also, das Gottesverständnis und die Religion des Volkes Israel hätten sich erst allmählich entwickelt, und zwar von einer primitiven Gottesvorstellung eines Nomadenvolkes zu einer hochentwickelten Religion mit ausgeprägten kultischen Details.
Im protestantischen Bereich eroberte diese Hypothese fast alle Lehrstühle, allerdings in den schon erwähnten gegensätzlichen Variationen. Evangelikale Theologen lehnen sie meist ab, obwohl hier und da Aufweichungen auch unter den Evangelikalen zu bemerken sind.

Im katholischen Bereich wurde die »Urkunden-Hypothese«
von der päpstlichen Bibelkommission am 27. Juni 1906 zugunsten der Verfasserschaft von Mose verworfen. Am 16.
Januar 1948 aber nahm Kardinal Suhard im Namen der kath.
Bibel-kommission diese Verwerfung zurück. Somit setzte sich die
Quellenscheidungs-Hypothese auch in der Kath. Kirche fest.
Dennoch wird sie von den Fundamentalisten in allen Kirchen
angegriffen, weil mit ihr die gesamte Inspirationslehre in Frage
gestellt ist.

2. Die Kritik im NT

Für die Kritik im NT gibt es verschiedene Schulen. Die neuere Bibelkritik geht meist auf **Rudolf Bultmann** (1884-1976) und
sein »**ENTMYTHOLOGISIERUNGSPROGRAMM**« zurück.
Bultmanns (wie übrigens auch Karl Barths) Lehrer waren die
großen liberalen Theologen W. Herrmann und A. V. Harnack.
1910 promovierte Bultmann bei W. Heitmüller, 1912 habilitier-
te er bei A. Jülicher in Marburg.
Aufschlußreich ist, daß die verschiedenen kritischen theologischen Richtungen auch im NT zu keinen einheitlichen Schlußfolgerungen kommen. Diese Richtungen, im Bereich der
Theologie »theologische Schulen« genannt, bekämpfen sich
oft erbittert untereinander. So trennt die Lehre von Rudolf
Bultmann und dem viel extremeren Theologen Herbert Braun
(ehemals Universität Mainz) sehr viel mehr als z. B. die Reformatoren Luther und Calvin, deren Unterschiede in der Dogmatik ja zur Herausbildung der verschiedenen Reformationskirchen geführt hat. Das Spektrum dieser neuliberalen, gemeinhin unter dem Namen »moderne Theologie« auftreten-
den theologischen Richtungen ist sehr weit. Es reicht von vor-
sichtiger Sachkritik meist unter Betonung der Dogmatik, so bei
dem Vater der »Neo-Orthodoxie« Karl Barth (1886-1968), über
dessen schärfsten Konkurrenten Bultmann bis zu den Ver-
fechtern der »Gott ist tot Theologie« von Dorothea Sölle und
Herbert Braun.

Eingeflochten werden muß hier, daß sowohl Karl Barths Schüler wie auch die Anhänger Bultmanns eine Einordnung Barths in dieses Spektrum ablehnen würden. Nach üblicher Auffassung hätte vielmehr Karl Barth durch die Veröffentlichung seines Kommentars zum »Römerbrief« (1919) die liberale Theologie des 19. Jahrhunderts überwunden. Seine Theologie bezeichnet man als »dialektische Theologie« (siehe 3. Was verstehen wir unter »Dialektischer Theologie«?).

Bultmann unterscheidet zwischen paulinischer und johanneischer Theologie.
Das bekannteste Werk Bultmanns ist sein Johanneskommentar (1941). Hier behauptet er, daß der Glaube nichts mit dem »Akzeptieren eines Dogmas« zu tun hat. Vielmehr ist es ein sich »Beugen vor der Offenbarung«. Bultmann meint aber mit Offenbarung nicht eine faßbare Wirklichkeit, die historisch nachgewiesen werden kann. Er meint damit die Botschaft, die im Mythos verpackt ist und darum vom Mythos wieder getrennt werden muß. In seiner Programmschrift »Neues Testament und Mythologie« vertritt er die Meinung, daß das NT voller Mythen der jüdischen Antike sei. Folgendes sind nach Bultmanns Ansicht mythologische Verpackungen (für eine gültig bleibende Botschaft), die für den Menschen des 20. Jahrhunderts nicht mehr akzeptabel seien: die leibliche Auferstehung Jesu, die Jungfrauengeburt, die sichtbare und leibhaftige Wiederkunft Jesu, die Wunder der Wunderberichte.

Bultmanns Ziel war es, den Menschen seiner Zeit die Botschaft der Bibel zu erschließen. **In seinem Entmythologisierungsprogramm ließ er vor allem das Selbstzeugnis und den Anspruch der Bibel außer acht, wahre Offenbarung Gottes zu sein, die vor allem gerade auch historisch zuverlässig ist.** Offenbarung, wie wir sie verstehen, geschieht von außen, nämlich von Gott her und ist darum objektiv wahr. Sie ist nicht, wie Bultmann meint, nur subjektiv wahrnehmbar.

Auf Bultmann geht also das Stichwort »Entmythologisierung«

zurück. Er greift die Ansätze des theologischen Liberalismus (Altliberalismus) auf und mischt ihn mit einem individualisierenden Entscheidungsgedanken. Der Exeget (Bibelforscher) soll sich in seiner Existenz vom Bibeltext treffen und ansprechen lassen. Ja, der biblische Text soll den Exegeten in Frage stellen – das NT, so Bultmann, vermittelt eine Anrede von Gott her und fordert eine Glaubensentscheidung. Der Exeget soll sich zur Entscheidung rufen lassen. Bultmann wird aufgrund dieser Gedanken oft in die Nähe des Pietismus gerückt. Echte Pietisten haben diese Verwandtschaft allerdings weitgehend abgelehnt. Kam doch aus ihrem Kreise die heftigste Kritik an der Substanzzersetzung der Bibel, die durch Bultmann geschieht. (Außerdem hat Bultmann selbst nie verschwiegen, wo seine geistigen Quellen liegen, nämlich in der **EXISTENTIAL-PHILOSOPHIE** Heideggers.)
Während Karl Barth in seiner »Offenbarung bzw. Wort-Gottes-Theologie« die Priorität (Vorrang) des handelnden Gottes nie außer acht läßt, geht es Bultmann vor allem um die Reaktionen des Menschen auf Gottes Offenbarung.
Bultmann versteht Gott immer »in Beziehung zu«, also z. B. in Beziehung zum Menschen. Er lehnt jedes Festhalten an historisch gesicherten Aussagen über den Glauben ab. Er sieht darin keine Verbindung zum Glauben. Glaube und Offenbarung hat für Bultmann nicht das geringste mit historischer Wirklichkeit zu tun. Er akzeptiert zwar, daß es ein Eingreifen Gottes in die Geschichte gibt, doch kann der einzelne dieses Handeln Gottes wiederum nur »in Beziehung zu« sich selbst wahrnehmen. Das Handeln Gottes ist bei Bultmann also kein objektiv faßbares Faktum, also auch nicht historisch nachweisbar oder gesichert. Das Handeln Gottes ist nur für den Glaubenden wahrnehmbar und erfaßbar.
Solche Glaubenserfahrungen sind nun in mythologischer Darstellung im NT zu finden. Mögen manche Vorstellungen, z. B. das Weltbild zur Zeit des NT, veraltet sein, so ist doch der Kern der Darstellung, nämlich eine Gotteserfahrung eines Menschen eine existentielle Wirklichkeit, die auch heute Gültigkeit hat.

Darum strebt Bultmann eine »Entmythologisierung« an: Er will den gültigen Kern finden, eben die Aussage, die auch den Exegeten heute wieder in die Glaubensentscheidung stellt.

Bei Bultmann wie bei anderen liberalen Theologen wird deutlich, daß der Gebrauch von vielen Fremdwörtern und die Einführung neuer Begrifflichkeiten zu einer Sprachverwirrung führen. Es entsteht eine Art individuelle Philosophie. Verstehen kann sie nur, wer sich durch den Wust der Begrifflichkeiten wie »hermeneutischer Zirkel«, »existentiale Interpretation«, »Kerygma« u. a. durcharbeitet.

Der Bultmannschüler Herbert Braun z.B. geht soweit, daß er sagt: »Es gibt keinen Gott, außer dem der geschieht«. Gott wird hier zum Ereignis und ist jeder Personhaftigkeit entkleidet, er ist also keine Person mehr.

Die in den 50er Jahren in den USA entstandene „GOTT IST TOT THEOLOGIE« geht davon aus, daß der Gott der christlichen Überlieferung »tot« sei oder wenigstens in der modernen Kultur »abwesend« ist. Sie berufen sich dabei auf das von Dietrich Bonhoeffer erwünschte und prophezeite »religionslose Christentum« oder auf Paul Tillich, der die Rede von einem personhaften Gott ersetzt durch abstrakte Formeln wie »letzte Wirklichkeit« oder »Ursprung und Ziel der Existenz« etc. (Vertreter u. a. Harvey Cox, Paul van Buren, William Hamilton). Bei J. J. Altizer gipfelt dies im von Nitzsche inspirierten »christlichen Atheismus«. **Dorothee Sölle** läßt in sehr freier Anlehnung an Hegel (»Phänomenologie des Geistes«) Gott völlig mit dem Menschen eins werden und »sterben«.
Das »Christusereignis« (Terminologie der D. Sölle) wird wie bei Bultmann von der geschichtlichen Grundlage gelöst und zu einem »sich Ausgeben Gottes in Menschengestalt« verfremdet. Die menschliche Existenz wird zur »Stellvertretung Gottes« auf Erden überhöht.
Ganz gleich wie verstiegen (besonders D. Sölle) die einzelnen Theologen nun sind, so kommen sie doch aus der unmittelba-

ren Tradition des »Entmythologisierungsprogrammes« Bultmanns. Da Bultmann nicht etwa im Bereich der Dogmatik und
Ethik, wie andere neu-liberale Theologen, arbeitete, sondern
auch Exeget war, berühren seine Ansichten die Bibelkunde
unmittelbar.
Aus seiner bzw. anderer liberaler Theologie werden die Einleitungsfragen, zu denen auch die Datierung und die Verfasserschaft der neutestamentl. Bücher gehört, stark angegriffen.

3. Was verstehen wir unter »Dialektischer Theologie«?

Von **Karl Barth** kommt der inzwischen sehr bekannte Satz: **Gott
ist der »ganz andere«**. Damit will Barth deutlich machen: Gott
läßt sich von uns Menschen nicht vereinnahmen, er entzieht
sich uns, ja zwischen dem »ganz anderen« Gott und dieser
Welt gibt es keinen Bezug.
An dieser Stelle versucht Barth, auf die historisch-kritische Arbeit seiner Zeit zu reagieren, indem er sagt, die historisch-kritische Arbeit ist kein geeignetes Mittel, um Zugang zu dem
»ganz anderen« Gott zu erlangen, sie reicht nicht aus. Vielmehr braucht der Mensch eine Glaubenserfahrung, diese geschieht von Gott her (nicht vom Menschen ausgehend). In der
Auseinandersetzung seiner Zeit, inwieweit Gottes Wort Menschenwort sei und umgekehrt, fürchtet Barth eine Vereinnah-
mung Gottes im Menschenwort, der Bibel. Dem will er weh-
ren, indem er sagt: Die Bibel wird nur von Fall zu Fall Gotteswort, nämlich dann, wenn sich Gott zum Menschenwort bekennt und durch das Menschenwort spricht. Die Anrede Gottes ist das Entscheidende.
Die Dialektik besteht also in dem großen Spannungsfeld zwischen Gott, dem »ganz anderen« und dem Menschen. Nur
dann und wann findet hier eine Begegnung statt, diese geht immer von Gott aus. Nur in Jesus Christus, wo sich Gott und
Mensch verbindet, wird diese Spannung gelöst.
Barth überwindet die historisch-kritische Arbeit nicht, er übergeht sie lediglich.

Wir zählen ihn, ebenso wie Bultmann, zu den »EXISTENTIAL-
THEOLOGEN«.
Die moderne Theologie hat nun nicht nur auf die Bibelausle-
gung (Fachbegriff: Exegese), sondern auch auf Datierung der
einzelnen Bibelteile Einfluß. Diese Datierung wird in der
Theologie zu den »Einleitungsfragen« (Fachbegriff) gezählt.
Im 19. Jahrhundert war hier vor allem die »Tübinger Schule«
um Wellhausen und Graf im AT und D. F. Strau: in der »Leben
Jesu Forschung« (NT) von Bedeutung.

WO DIE BIBEL NICHT MEHR ALS GOTTES FEHLERLOSES
INSPIRIERTES WORT ANERKANNT WIRD, BRECHEN
FRÜHER ODER SPÄTER ALLE DÄMME.

4. Bewertung der historisch-kritischen Methode

Die bibelkritischen Methoden sind wie jede wissenschaftliche
Methode nicht in der Wissenschaft, sondern in Philosophie
begründet. Jeder wissenschaftlichen Methode geht eine **Prämisse** (Denkvoraussetzung) voraus. Die Prämisse wird vom jeweiligen Wissenschaftler (bewußt oder unbewußt) gewählt.
Wir haben schon erwähnt, daß viele Bibelkritiker dem Weltbild des 19. Jahrhunderts verhaftet waren. Dementsprechend
waren auch ihre Prämissen materialistisch, rationalistisch und
existentialistisch geprägt. Diese Denkvoraussetzung wurde jedoch nie von allen Theologen anerkannt, wenn sich diese auch
dem Zeitgeist gemäß an den Universitäten stark behaupteten.

**Theologen, die anderen Prämissen zufolge die Bibel als das un-
fehlbare fehlerlose Wort Gottes akzeptieren, nennen wir »bibeltreu«.** Ihre theologische und exegetische Arbeit ist also nicht
weniger wissenschaftlich als die bibelkritische, sie geht nur
von anderen Prämissen aus.
An dieser Stelle sollen auch theologisch-wissenschaftliche
Ausbildungsstätten und deren Lehrkörper genannt werden,
wo intensive Forschungsarbeit unter Anerkennung der Auto-

rität des Wortes Gottes (im oben erklärten Sinn) betrieben wird. Besonders erwähnenswert sind die FTA in Gießen, die FETA in Basel, das Albrecht-Bengel-Haus in Tübingen.

Begriffs- und Personenregister

Sach- und Begriffserklärungen

ALOGER, deutsch: Unvernünftige. Diesen Spottnamen bekam eine ursprünglich nicht sektiererische Gruppe im 2. Jahrhundert. Sie bekämpfte zwar die Gnosis, lehnte aber die johanneischen Schriften ab, weil sie meinte, diese beinhalten gnostisches Gedankengut (Licht-Finsternis-Polarität).

ALTLIBERAL, rationalistische Theologie des 18. und 19. Jahrhunderts. Wichtige Vertreter J. Wellhausen, D. F. Straus, A. v. Harnack.

ALTES TESTAMENT, Abk. AT, biblische Schriften, die vom Judentum und vom Christentum anerkannt sind. Manchmal auch Bezeichnung für Zeitepoche vor dem Auftreten Jesu Christi.

AMARNA TAFELN, 1887 gefundene Schrifttafeln aus dem 14. Jahrhundert v. Chr. in akkadischer Sprache (neo-babylonisch).

ANTICHRIST, in der Bibel angekündigter endzeitlicher Machthaber.

ANTHROPOSOPHIE, wörtlich: Menschenweisheit, von der indischen Religion inspirierte pseudochristliche Lehre. Ihr wichtigster Vertreter war Rudolf Steiner. Man will die vergessene geistige Verbindung zu höheren Welten wieder herstellen und zu einem neugestalteten Leben hinführen. Lehre weist deutlich gnostische Züge auf.

ANTISEMITISMUS, Feindschaft gegen die Semiten. In der Praxis immer Judenfeindschaft. Bereits in der Antike vorhanden. Besonders ausgeprägt in Osteuropa: Polen, Rußland. Führte immer wieder zu furchbaren Verfolgungen, d. h. Pogromen. Besonderer Höhepunkt im deutschen Nationalsozialismus, dem bis zu 6 000 000 Juden zum Opfer gefallen sind. Heute unter dem Schlagwort vom Antizionismus in linken und liberalen Kreisen vorhanden.

APOKRYPHEN, nichtkanonische Bücher, die in einigen Bibelausgaben enthalten sind.

APOLOGETIK, griech.: Verteidigung. Theologische Verteidigung christlicher Wahrheiten gegenüber philosophischen Angriffen.

APOLOGETEN nannte man Theologen des 2. und 3. Jahrhunderts, die sich zum Ziel gesetzt hatten, das Christentum in Wort und Schrift gegen die heidnischen Angriffe zu verteidigen.

APPARAT, unter dem Urtext befindlicher Hinweis auf abweichende Handschriften.

APOSTOLISCHE VÄTER (100-140 n. Chr.), Zeit der Urkirche, beteiligt an grundlegender christlicher Dogmatik, z. B. der Christologie.

ARAMÄER, Volk im Zweistromland, von dem Abraham kam.

ARAMÄISCH, hebräischer Dialekt zur Zeit Jesu.

ARIANER, geht auf Lehre des Arius (gest. 336 n. Chr.) zurück. Sie bestritten die göttliche Wesensgleichheit Jesu mit dem Vater.

ARON, Bruder des Mose. Erster Hohepriester Israels.

ARONITEN, Angehörige der Sippe Arons. Sie stellten die Priester in Israel.

ASKESE, griech.: Übung. Streng enthaltsame und entsagende Lebensweise zur Verwirklichung sittlicher und religiöser Ideale, auch als Bußübung.

ASSYRISCHE GEFANGENSCHAFT, das Nordreich wird 722

v. Chr. von den Assyrern geschlagen. Die Einwohner werden verschleppt. Ihre Spuren verlieren sich in der Geschichte.

ASTROLOGIE, pseudowissenschaftliche Lehre, die besagt, daß die Gestirne direkten Einfluß auf das Schicksal der Menschen haben. Ursprünge in Ägypten und Babylon.

ÄTHIOPISCHE KIRCHE, eine der ältesten christlichen Kirchen. Sie wird zu den orthodoxen Kirchen gezählt.

ATHEISMUS, Lehre, daß es keinen Gott gibt.

BABYLON, antikes Großreich im Gebiet des heutigen Irak. Oft Feind Israels. 587/86 Deportation ganz Judas nach Babylon. Im NT Symbol für endzeitliche, antichristliche Großmacht.

BABYLONISCHE GEFANGENSCHAFT, die Gefangenschaft Judas in Babylon. Sie erfolgte in drei Deportationen: 605 v. Chr., 597 v. Chr., endgültig nach der Zerstörung des salomonischen Tempels 586 v. Chr. Sie endete 539 v. Chr.

BAAL, deutsch: Herr. Junger Sturmgott der Kanaaniter. Auch Gott der Fruchtbarkeit.

BENJAMENITISCHER KRIEG, Israelischer Bürgerkrieg, Ri 19-21.

BERUFSPROPHETEN waren Propheten, die sich oft am Hofe der Könige Judas und Israels aufhielten. Wahrscheinlich hatten sie eine Art theologischer Ausbildung. Unter ihnen gab es viele falsche Propheten.

BIBLIA RABBINICA BOMBERGIANAA II CURA R. JAKOB BEN CHAJIM, jüdische Bibel aus dem Jahr 1525 in der erstmalig die heutige Teilung der alttestamentlichen Geschichtsbücher gebraucht wird.

BIBELKRITIK, Liberale exegetische Methode. Heute moderne Theologie.

BIBELREVISION, Überarbeitung einer Bibelübersetzung mit dem Ziel der Aufnahme neuer Handschriften und der Angleichung an die gegenwärtige Umgangssprache.

BUNDESLADE, Kasten, der die Tafeln mit den 10 Geboten enthielt. Wurde im Allerheiligsten des Tempels aufbewahrt.

BRÜDERBEWEGUNG nennt man eine von N. Darby herkommende geistliche Bewegung, die sich stark an der Bibel orientiert und großen Wert auf die Trennung von der Welt legt.

CHALDÄER = Babylonier.

CALVINISMUS, im Unterschied zum Luthertum reformierte Form des Protestantismus aus der Schweiz. Geht auf Ulrich Zwingli und Johannes Calvin zurück. Kennzeichen: Erwählungslehre, keine Sakramente, Gottesdienst weitgehend nüchtern. Stark am Wort Gottes orientiert.

CHARISMATISCHE KREISE sind christliche Gruppen, die besonderen Wert auf Charismen (Geistesgaben bzw. Gnadengaben) legen.

CHRISTEN, Name der an Jesus Christus Gläubigen seit der Gemeinde in Antiochien Apg 11,26.

CHRISTENGEMEINSCHAFT, auf Anregung von Rudolf Steiner 1922 gegründete anthroposophische Sekte. Gründer und sogenannter »Erzoberlenker«, der von der liberalen Theologie Harnacks herkommende evangelische Pfarrer Friedrich Rittelmeyer.

CHRISTUS, aus dem Griechischen kommendes Wort für das hebräische Messias = Gesalbter.

CLEMENSBRIEFE, um 100 n. Chr. auf Bischof Clemens von Rom zurückgehende Schrift an die Gemeinde in Korinth, in der er dortige Mißstände bereinigen will. Gehörten zu den neutestamentl. Apokryphen.

CODEX SINAITIKUS, von Tischendorf im Katharinenkloster auf dem Sinai entdeckte biblische Handschrift.

CODEX VATIKANUS, im Vatikan befindliche biblische Handschrift.

DEKALOG, die 10 Gebote.

DER JUDENSTAAT, grundlegendes Werk des Journalisten Theodor Herzl. Gab den Anstoß für den modernen Zionismus.

DESPOTIE, selbstherrliche, diktatorische Herrschaft.

DEUTEROJESAJA, in der modernen Theologie verwendete Bezeichnung für eine Person, die angeblich unter dem Namen des Propheten Jesaja während der babylonischen Gefangenschaft den zweiten Teil des Jesajabuches verfaßt haben soll (Jes 40-66). Einige Theologen nehmen noch weitere Autoren wie den Tritojesaja (Jes 56-66 u. a.) an.

DEUTERONOMIUM, deutsch: Gesetzeswiederholung; 5. Buch Mose.

DIDAKTIK, Vermittlung von Lehrstoff.

DIALEKTISCHE THEOLOGIE, Theologie von Karl Barth.

DIASPORA, deutsch: Zerstreuung. Gebiet, wo eine religiöse Gruppe die Minderheit stellt.

DIASPORAJUDEN, Juden die außerhalb Israels lebten und kleine jüdische Gemeinden bildeten.

DOGMATIK, Glaubenslehre.

DOKETEN, griech. dokein = scheinen. Sie schrieben Jesus nur einen Scheinleib zu.

DOXOLOGIE, griech. Doxa = Herrlichkeit. Anbetung bzw. Lob Gottes.

EBIONITEN, hebr.: zu deutsch die Armen. Sie bildeten im Palästina des 1./2. Jahrhunderts eine kleine selbständige Gruppe von Judenchristen, mit gnostischen Lehren.

EDIKT, Erlaß, Gesetz.

EDITION PRINZIPES, Urtext von Erasmus v. Rotterdam, 1516.

EDITION VIII CRITIKTA MAJOR, Urtext von Tischendorf, 1872.

EDOMITER, auf Esau zurückgehendes semitisches Volk in der Nachbarschaft Israels.

EKKLESIOLOGIE, Lehre von der Kirche.

ELBERFELDER BIBEL, stark am Urtext orientierte Bibelübersetzung auf N. Darby zurückgehend.

ELOHIST, Begriff aus der Quellenscheidung für eine angebliche Hauptquelle, abgeleitet von ELOHIM = Gott.

ENGEL, deutsch: Bote, in der Bibel meist als Bote Gottes aus der unsichtbaren Welt.

ENTMYTHOLOGISIERUNGS-PROGRAMM, ideologische Bewegung in der Modernen Theologie. Geht zurück auf Programmschrift von Rudolf Bultmann (1941).

EPISTEL, Brief.

ESSENER, Sekte zur Zeit Jesu. Sitz in Qumran.

ETHIK, Lehre vom christlichen Lebenswandel.

EVANGELIEN, Geschichtsbücher des NT: Matthäus, Markus, Lukas, Johannes.

EVANGELIKALE, Bezeichnung für evangelistisch und meist bibeltreu eingestellte Christen weltweit.

EXEGESE, Auslegung der Bibel.

EXISTENTIALTHEOLOGIE, Theologie, die den Menschen und seine existentielle Betroffenheit in den Mittelpunkt stellt. Vertreter K. Barth, R. Bultmann u. a.

EXIL, Babylonische Gefangenschaft.

FATALISMUS, Anschauung, alle Ereignisse seien durch das Schicksal (lat. Fatum), bzw. die Gottheit vorherbestimmt. Gleichgültigkeit gegenüber der Zukunft, da man ihr ausgeliefert ist.

FEMINISTISCHE THEOLOGIE, in den Großkirchen einflußreiche Bewegung der modernen Theologie mit Anklängen an heidnische Religionen. Sie bekämpft männliche und patriarchale Strukturen von Kirche und Theologie. Man geht teilweise so weit, daß Gott zur Frau, bzw. zur weiblichen Gottheit erklärt wird. Es wird u. a. von »der Geistin«, »Jesa Christa« und der Göttin gesprochen. Zum Teil Verbindung zu Hexenkult und New Age (Helga Sorge, D. Sölle u. a.).

FUNDAMENTALISTEN (christl.), am Fundament der Bibel festhaltende Christen. Von Gegnern oft verächtlich benutzt.

FREIDENKER, Mensch, der sich keinem Dogma unterordnet. Heute meist Atheisten.

FREIKIRCHLICH sind Gemeinden, die sich nicht zur Landeskirche oder Volkskirche halten, sondern unabhängig von
ihr bestehen.

GALILÄA, Name kommt vom hebr. Wort Galil = Landstrich.
Gebiet um die Freistadt Kedesch (Jos 20,7). Ursprünglich
Siedlungsgebiet der Stämme Isascha, Naphtali, Sebulon
und Asser, später auch Dan. Nach der assyrischen Gefangenschaft gab es eine Zuwanderung von Heiden, die teilweise zu einer Vermischung führte. Deshalb waren die Ga-
liläer unter den anderen Juden etwas verachtet. Sie sprachen einen eigenen Dialekt. Jesus wuchs in Nazareth, einer
Stadt Galiläas auf.

GEFANGENSCHAFTSBRIEFE sind die Briefe, die Paulus aus
der Haft geschrieben hat.

GEGENREFORMATION, Röm.-Kath.-Bewegung mit dem
Ziel, die Reformation und deren Anhänger zu vernichten.
Teils geistliche, teils militärische Bewegung. Besonders
wichtig Jesuitenorden und Konzil von Trient 1548.

GENESIS, deutsch: Entstehung 1. Buch Mose.

GESCHLECHTSREGISTER, biblische Familienstammbäume.

GESETZLICHKEIT, Irrlehre, die über die Einhaltung von Ordnungen oder Gesetzen das Heil schaffen, bzw. zum Heil
beitragen will.

GNOSIS, griech.: Erkenntnis. Hellenistisch-philosophische
Bewegung, die stark zwischen Leib und Seele trennt. Erste
große Gefahr für die Urgemeinde in Bezug auf Lehre.

GOLDENES KALB, Stierbild mit dem die Israeliten in der Wüste Götzendienst trieben. Auch im Tempel zu Betel, dem
Heiligtum des Nordreiches wurden Goldene Kälber verehrt.

GOTT-IST-TOT-THEOLOGIE, modernistische Theologie, die an F. Nietzsche und J. Paul anknüpft. In den USA um 1960 entwickelt. Sie will den radikalen Bruch mit der herkömmlichen Theologie. Sie lehnt es ab, von Gott als anwesend (nicht einmal im Verborgenen) zu sprechen. Das Religiöse wird rein innerweltlich gedeutet. Herbert Braun formuliert »Christus als mitmenschliches Ereignis«. Deutsche Vertreter zeitweise u. a. D. Sölle.

GOTTGEWEIHTE, sogenannte Nasiräer waren durch ein Gelübde Gott zu einem besonderen Dienst geweiht (Num 6,1-5). Dies konnte sich über ein ganzes Leben erstrecken. Johannes der Täufer war einer der bekanntesten Nasiräer.

GÖTZE, Bezeichnung für falsche Götter des Heidentums.

GOUVERNEUR, Beamter, Statthalter.

GROSSE SYNAGOGE, umstritten ob es sie gab. Laut jüdischer Überlieferung ein Gremium von 120 Schriftgelehrten, das sich um das geistliche Leben des Judentums nach der babylonischen Gefangenschaft besonders bemüht hat. Vorläufer des Hohen Rates. Entstanden um die Zeit des zweiten Tempelbaus bis ca. 330 v. Chr.

GUTE NACHRICHT, neuere Bibelübertragung.

HABIRU, wahrscheinlich älteste außerbiblische Bezeichnung von Hebräern. Findet sich in den Amarna-Tafeln.

HEIDENCHRISTEN, Christen mit heidnischer Abstammung.

HELLENISMUS, griechische Philosophie und Lebensstil.

HEXATEUCH, 5 Bücher Mose und Josua.

HOHERPRIESTER, oberster Priester Israels. Er durfte als einziger das Allerheiligste des Tempels am Jom Kippur betreten. Nachfolger Aarons.

HOHER RAT, auch Synedrium oder Sanhedrin, religiöse und politische Selbstverwaltung Israels zur Zeit Jesu.

HYPOTHESE, nicht bewiesenes Denkmodell.

HYRKOS, zur Zeit Josefs herrschende Gruppe in Ägypten (1730-1580 v. Chr.)

IDUMÄER, Edomiter.

IMPERIUM, Bezeichnung für das Römische Reich.

ISMISCHE SPIELE, sportliche Wettkämpfe in Korinth.

INSPIRATION (biblische), Prozeß der göttlichen Eingebung der biblischen Schriften.

ISIS, weibl. ägyptische Gottheit der Fruchtbarkeit.

JUDEN, Angehörige des Stammes Juda. Heute Bezeichnung für alle Israelis, da diese von den aus der babylonischen Gefangenschaft zurückgekehrten Angehörigen des Südreiches Juda abstammen.

JUDENCHRISTEN, Christen mit jüdischer Abstammung. In der Urgemeinde bildeten sie den größten Teil der Gemeindeglieder.

JÜDISCHER KALENDER, er weicht vom abendländischen Kalender ab. Die 12 Monate sind wie folgt:

1.	Nisan	März/April
2.	Ijjar	April/Mai
3.	Sivan	Mai/Juni

4. Tammus	Juni/Juli
5. Ab	Juli/August
6. Elul	August/September
7. Tischri	September/Oktober
8. Marscheschwan	Oktober/November
9. Kislav	November/Dezember
10. Tebes	Dezember/Januar
11. Sebad	Januar/Februar
12. Ader	Februar/März

Schaltmonat: Ader Seni

JAHWIST, Begriff aus der Quellenscheidung für eine angebliche Hauptquelle, abgeleitet von JAHWE (geoffenbarter Gottesname: Ich bin, der ich bin).

JOM KIPPUR, Versöhnungsfest.

KANAAN, Name Palästinas vor der Landnahme durch Josua.

KANAANITER, Gesamtbegriff für die Ureinwohner Kanaans.

KANON, anerkannte biblische Bücher.

KANON SINAITIKUS, von Tischendorf entdeckte wichtige bibl. Handschrift.

KABBALA, zu deutsch: Überlieferung. Im religiösen Judentum Osteuropas (Chasidin) vorhandene spiritistisch-mystische Heils- und Messiaserwartung.

KATHOLISCHE BRIEFE, von katholisch, wörtlich: »allgemein«. Petrus-, Johannes-, Jakobus- und Judasbriefe.

KETUBIIM, die Schriften (jüdische Einteilung der Bibel).

KERYGMA, griech.: Inhalt der Verkündigung. Begriff der modernen Theologie (R. Bultmann und E. Käsemann), der

meist benutzt wird um den geschichtlichen Hintergrund eines biblischen Berichtes von dessen inhaltlicher Aussage
zu trennen. Der »historische Rahmen« wird dann irrelevant.

KERINTHIANER, gehen auf den Gnostiker Kerinthos (um 100
n. Chr.) aus Ephesus zurück. Er unterscheidet zwischen
dem höchsten Gott und dem Demiurgen, einem Engelwesen.

KODEXI, biblische Handschriften.

KOINE, griechische Umgangssprache zur Zeit Jesu und der
Apostel. Weltsprache.

KOLLABORATEUR, Person, die mit einer feindlichen Besat-
zungsmacht paktiert.

KONKORDANZ, Stichwortverzeichnis zum Auffinden von Bibelstellen.

KULTISCHE PROSTITUTION, in vielen Religionen vorhandene sexuelle Hingabe von Priesterinnen an Anhänger des jeweiligen Götzendienstes.

LAUBHÜTTENFEST, Erntedankfest im Gedenken, daß die
Kinder Israel während der Wüstenwanderung in Laubhütten wohnten (15.-21. Tischri).

LEBEN-JESU-FORSCHUNG, Zweig der Liberalen Theologie.
Führender Vertreter D. F. Strauß. Es wurde teilweise die
Geschichtlichkeit der Person Jesu bezweifelt.

LEVITEN, Angehörige des jüdischen Stammes Levi. Dieser
Stamm war zum Tempeldienst bestimmt. Leviten waren
Diener im Tempel, teilweise auch Sänger.

LEVIRATSEHE, die Pflicht des nächsten Verwandten einer
kinderlos gebliebenen Witwe, diese zu heiraten.

LEVITIKUS, 3. Buch Mose.

LIBERALE THEOLOGIE, Theologie, die die Bibel unter die Autorität des menschlichen Verstandes stellt. Höhepunkt im 19. Jahrhundert. Vertreter u. a. Tübinger Schule. Die sogenannte »moderne Theologie« ist ihre Nachfolgerin.

LXX, Septuaginta.

MAKKABÄER, war der Beiname des dritten Sohnes des Priesters Matthathias, der später auf die ganze Familie überging; hebr. makkhaba = Hammer.
Während der Unterdrückung der Juden durch Antiochus VI. Epiphanes (175-164 v. Chr.) begann Matthathias aus Modin den Aufstand gegen die Fremdherrschaft. 165 v. Chr. befreite Judas Makkabäus Jerusalem und weihte den Tempel neu. Seit 140 v. Chr. stellte die Familie mit Simon auch den Hohenpriester. Um 100 v. Chr. verschwanden die geistlichen Momente der Familie immer mehr und die Familie öffnete sich unter Johannes Hyrkan (Regierungszeit 135-105 v. Chr.) dem griechischen Denken der Sadduzäer.

MALKAM, Götze Milkom.

MASORETISCHER TEXT, hebräisches AT (hebräischer Text mit Vokalisation).

MAZEDONIEN, römische Provinz auf der Balkanhalbinsel (Griechenland). Hier begann die Evangelisierung Europas (Apg 16,9.10).

MEGILLOTH, hebr.: »Rollen«, gehören zur Einteilung der jüdischen Bibel.

MESSIAS, deutsch: der Gesalbte, erwarteter göttlicher Retter für Israel. Griechisches Wort: Christus.

MEREPTAH SÄULE, 1896 in Theben entdeckt. Berichtet von militärischen Erfolgen und erwähnt als einzige ägyptische Inschrift Israel direkt.

MESSIANISCH-ENDZEITLICHER TEMPEL, siehe Tempel.

METHODISTEN, auf John Wesley zurückgehende englische Freikirche mit starker Betonung der persönlichen Hinkehr zu Jesus. Heute starke Kirche u. a. in USA.

MILKOM, ammonitischer Nationalgott (auch Moloch und Malkam), dem auch Kinderopfer gebracht wurden. Israel neigte oft zu diesem Götzendienst. Der Ort der Kinderopfer war das Tal Ben Hinom.

MODERNE THEOLOGIE, (Neu)-Liberale Theologie. Wurde stark von R. Bultmann geprägt.

MOLOCH, Götze Milkom

MONARCHIE, Alleinherrschaft des Königs

MONTANISTEN, ekstatisch prophetische Sekte um das Jahr 150 n. Chr.

MURATORISCHES FRAGMENT, älteste neutestamentliche Kononsammlung

MORMONEN, auch »Kirche Jesu Christi der Heiligen der letzten Tage« genannt. Sekte, die auf den Amerikaner Josef Smith (1805-1844) zurückgeht. Er bekam angeblich von einem Engel Moronie mit Hilfe einer besonderen Brille Tafeln gezeigt, die er zu übersetzen hatte. Nach dieser »Überlieferung« seien die 10 Stämme des Nordreiches Israel nach Amerika ausgewandert. Dort wäre ihnen Jesus begegnet und hätte eine Kirche gegründet. Diese Kirche wurde dann ausgerottet. Josef Smith hätte nun den Auftrag der Neugründung. Auf Josef Smith selbst geht die im 19. Jahrhundert in der Sekte betriebene Polygamie zurück. Die Irrlehren der Sekte beruhen auf etlichen Schriften, die die Mormonen der Bibel gleichwerten, u. a. das Buch Mormon.

MUNDSCHENK, einflußreicher Hofbeamter in der Antike

MYTHEN, antike Sagen

NEBIIM, hebr.: Propheten.

NEBIIM ACHARONIM, späte Propheten (jüdische Einteilung der Bibel).

NEBIIM RISCHONIM, frühe Propheten (jüdische Einteilung der Bibel).

NEBO, Berg 822 m hoch; 18 km östlich der Jordanmündung, die ins Tote Meer führt und 7 km östlich von Hesbon.

NEO-ORTHODOXIE, theologische Bewegung, die nach der Liberalen Theologie eine Rückbesinnung auf die biblische Lehre anstrebte (Hauptvertreter: Karl Barth). Letztlich war die Neo-Orthodoxie inkonsequent, da auch sie dem Weltbild des 19. Jahrhunderts verhaftet blieb.

NEUAPOSTOLISCHE KIRCHE, aus der Irwingjaner Bewegung hervorgegangene Sekte, die sich als einzig richtige Kirche versteht. Ihr Führer ist der Stammapostel, der sich als Repräsentant Christi versteht. Ihm unterstehen über 50 Apostel, die die Sekte weltweit leiten. Die zahlreichen Irrlehren der Sekte werden u. a. mit apokryphischen Andeutungen belegt.

NEUES TESTAMENT, biblische Schriften, die nur von den Christen anerkannt sind.

NEULIBERAL, moderne Theologie ab Bultmann.

NEW-AGE-BEWEGUNG, moderne Ansammlung verschiedenartiger heidnischer und abergläubischer Riten und Ideologien, stark gnostisches Gedankengut.

NINIVE, Hauptstadt Assyriens am Ostufer des Tigris. Oft wird das ganze Assyrische Reich als Ninive bezeichnet.

NORDREICH, Israel, abgefallene 10 Stämme.

NOVUM TESTAMENTUM GRAECA, Urtext des NT von E. Nestle erstellt.

NUMERI, deutsch: Zahlen, 4. Buch Mose.

OKKULTISMUS, Lehre vom Verborgenen; spiritistische Geheimwissenschaft.

ÖKUMENE, griech. wörtl.: bewohnte Erde. Heute kirchliche Einheitsbestrebung.

OFFENBARUNGS-THEOLOGIE, Theologie Karl Barths.

OSTRAKA VON LACHSIS, 21 Briefe des Hauptmanns von Lachsis aus dem Jahr 588 v. Chr. in hebräischer Sprache. 1935-38 entdeckt.

OXFORDER HEILIGUNGSBEWEGUNG, Folge der Oxforder Heiligungsversammlungen, die Robert Pearsall Smith seit dem Sommer 1874 abhielt. Sie standen unter dem Thema »Heiligung durch den Glauben«. Viele Führer der Deutschen Gemeinschaftsbewegung (Pietismus) wie Heinrich Rappard, Theodor Jellinghaus u. a. nahmen teil und brachten den Heiligungsgedanken nach Deutschland. So wurde die Oxforder Bewegung zu einem Auslöser der Erweckungsbewegung und des Neupietismus in Deutschland.

PATRIARCHEN (bibl.), Väter Israels: Abraham, Isaak, Jakob usw.

PARALLELISMUS, Form der Dichtung im Hebräischen. Es gibt verschiedene Arten:
1. Synonym — Wiederholung des gleichen Gedankens. Hier unterscheidet man noch zwischen:
Identischer Parallelismus z. B. Ps 24,1;
Ähnlicher Parallelismus z. B. Ps 19,2;
Unvollständiger Parallelismus, nur einige der Ausdrücke stehen parallel z. B. Ps 21,11
2. Antithese — Parallele durch Gegensatz (Ps 1,6)
3. Synthese — Auf einem Gedanken aufbauend z. B. durch Ergänzung (Ps 2,6) oder Vergleich (Spr 15,17)
4. Steigerung, die immer wieder auf dem selben Wort aufbaut z. B. Ps 29,1.
5. Bildersprache (sinnbildlicher Parallelismus), die parallele Einheit enthält eine metaphorische Erklärung z. B. Spr 25,25.

PASSAH, jüdisches Fest zum Gedenken an den Auszug aus Ägypten 14. Nisan.

PASSAHLAMM, Tier, das zum Passahfest gegessen wird.

PESACH, hebr. Passahfest.

PASTORALBRIEFE, deutsch: Hirtenbriefe. Briefe des Paulus an Timotheus und Titus.

PAULINISCHE SCHRIFTEN, Briefe des Apostels Paulus.

PENTATEUCH, Fünf Bücher Mose.

PERIKOPE, biblischer Textabschnitt.

PHARAO, Monarch von Altägypten.

PHARISÄER, religiös gesetzestreue Partei in Israel zur Zeit Jesu.

PHILISTER, wahrscheinlich im 12. Jahrhundert v. Chr. in Ägypten und Palästina von Kreta kommend eingefallen. Sie waren meist harte Feinde Israels. Sie gründeten wichtige Städte wie Gaza, Askalon, Asdod, Ekron und Gath. Nach der Vertreibung der Juden aus Israel durch die Römer bekam das Gebiet statt des vorigen Namens Judäa die Bezeichnung Philisträa. Im Laufe der Zeit wandelte sich der Name in Palästina. Die heutigen Palästinenser sind u. a. Nachfahren der alten Feinde Israels, der Philister.

PHÖNIZIER, altes semitisches Handels- und Seefahrervolk an der syrischen Küste. Erste Blütezeit 14./13. Jahrh. v. Chr. Im 9. Jahrhundert erlangte Tyros die Vorherrschaft. Die Phönizier gründeten u. a. Karthago und brachten die Buchstabenschrift von Ägypten nach Griechenland.

PIETISMUS, innerkirchliche deutsche Erweckungsbewegung des 17.-19. Jahrhunderts. Heute weitgehend in der Gemeinschaftsbewegung.
Ähnliche Bewegungen in Skandinavien werden ebenfalls pietistisch genannt.

POLYTHEISMUS, Glaube an mehrere Götter.

PSEUDONYM, Deckname.

PURIM, jüdisches Fest im Gedenken der Errettung vor der Vernichtung, 13./14. Adar.

PFINGSTFEST, hebr. Schavut: Erntedankfest, 6. Sivan.

PSALTER, biblisches Buch: Die Psalmen. Ursprünglich auch Instrument.

PSEUDEPIGRAPHEN, antike Schriften, die einem biblischen Autor fälschlich zugeschrieben wurden.

Q, vermutete Sammlung von Jesusworten, auf die die Verfasser der Evangelien zurückgegriffen hätten. Moderne Theologie. (Eine Quelle Q wurde bislang nicht gefunden.)

QUELLENSCHEIDUNGS-THEORIE, liberale exegetische Methode, die davon ausgeht, daß die Mosebücher nach der babylonischen Gefangenschaft aus verschiedenen Quellen (Schriften) zusammengeschrieben wurden.

RATIONALISMUS, Ideologie, die alles vom Verstand her (Ratio) beurteilt, wobei der Verstand autonom ist.

RAT VON JAMNIA, Synode der Führer des Judentums (97 n. Chr.), die das Judentum nach der Zerstörung des Tempels neu ordneten. Festlegung auf den hebräischen Text (masoretischen) des AT. Stand stark unter Einfluß von Rabbi Akiba.

REINKARNATION, aus den asiatischen Religionen übernommene Lehre mehrerer irdischer Leben nacheinander, sogenannter Wiedergeburten.

REFORMATOREN, Personen, die die Reformation anregten z. B. Luther, Calvin usw.

ROM, Hauptstadt des Römischen Reiches, zur Zeit der Apostel 1 Mio. Einwohner; bereits große Gemeinde. Selbst Mitglieder des Kaiserhauses waren Christen. Rom oft auch Bezeichnung für das ganze Römische Reich.

REICHSGESCHICHTLICHE AUSLEGUNG, eine Bibelauslegung, die besonders die Offenbarung des Johannes auf bestimmte Entwicklungen und Ereignisse in der Kirchengeschichte deutet.

REICHSTEILUNG, nach dem Abfall der 10 nördlichen Stämme vom davidischen Königshaus kommt es 931 v. Chr. zur Reichsteilung.

Fortan besteht Israel aus den 10 Stämmen und wird auch Nordreich genannt. Die Stämme Juda und Benjamin bleiben beim Königshaus und werden Juda bzw. Südreich genannt. Das Nordreich ging 722 v. Chr. unter.

REDAKTOR, Begriff aus der Quellenscheidung für den oder die Personen, die die Mosebücher (und andere biblische Bücher) aus verschiedenen Quellen zusammengefügt haben.

REFORMATION, Bewegung, die die in der Renaissance und im volkstümlichen Aberglauben entartete Kirche zu ihren biblischen Ursprüngen zurückführen wollte. Sie führte zur ersten abendländischen Kirchenspaltung. Unmittelbarer Anlaß waren die 95 Thesen, die Luther am 31. Oktober 1517 an die Schloßkirche zu Wittenberg nagelte. Unabhängig von Luther entwickelte sich in der Schweiz eine Reformation unter Zwingli und Calvin.

RENAISSANCE, deutsch: Wiedergeburt. Weltlich-geistige Bewegung am Ausgang des Mittelalters, die eine Rückbesinnung auf die Antike brachte.

RESTITUTIONSHYPOTHESE, in fundamentalistischen Kreisen vertretener Gedanke, daß Gott bereits vor der in 1. Mose 1 geschilderten 7-Tages-Schöpfung eine Welt geschaffen hatte. Diese Welt ging durch Satans Fall zugrunde. Gott schuf darauf in 7 Tagen unsere gegenwärtige Welt aus den Trümmern der alten Welt neu.

RÖMISCHES REICH, antikes Großreich mit Hauptstadt Rom. Zur Zeit Jesu war es Weltmacht. Von ca. 500 v. Chr. bis 500 n. Chr.

SABBAT, siebenter Tag der Woche. Wöchentlicher jüdischer Ruhetag.

SALAMIS, griechische Insel zwischen Attika und Peloponnes. 479 v. Chr. Sieg der Athener unter Themistokles über die Perser unter Ahasveros (Xerxes). Untergang der persischen Flotte.

SALOMONISCHER TEMPEL, siehe Tempel.

SAMARITER, im NT die Nachkommen der Einwohner des Nordreiches. Nach der assyrischen Wegführung (assyrische Gefangenschaft) wurden Menschen aus den verschiedensten Gegenden des assyrischen Großreiches in Samarien angesiedelt. Sie vermischten sich durch Eheschließungen mit den zurückgebliebenen Einwohnern des Nordreiches. Es entstand so das Volk der Samariter. Sie vermischten einige heidnische Bräuche mit dem ohnehin entarteten Jahwekult des Nordreiches (2. Kön 17,29).
Nach der babylonischen Gefangenschaft entwickelte sich eine zunehmende Abneigung der Juden gegen die Samariter. Während der Belagerung Jerusalems durch die Römer unterstützten die Samariter die Römer. Noch heute gibt es eine kleine Samaritergemeinde von ca. 300 Gliedern in Israel. Sie verwalten eine der wichtigsten Bibelhandschriften, den Samaritischen Pentateuch.

SAMARITISCHER PENTATEUCH, siehe Samariter, SCHAVUT, Pfingstfest

SCHWARMGEIST, Bezeichnung für unnüchternes Christentum.

SCHULEN (theologische), theologische Richtungen, die sich meist an den Lehren eines bekannten Theologen orientieren.

SELA, wahrscheinlich musikalisches Zeichen für Pause. Findet sich in den Psalmen

SEPTEMBERBIBEL 1534, vollständige Bibelübersetzung von Martin Luther.

SEPTUAGINTA, älteste (griechische) Übersetzung des AT, 2.
Jahrh. v. Chr.

SEMITEN, Nachkommen Sems 1. Mose 11,10 ff. Heute sind
meist Juden und verwandte Völker gemeint.

SIEBEN-TAGES-ADVENTISTEN, auf Millerbewegung (USA),
die mit Jesu Wiederkunft im Jahre 1844 rechnete, zurückgehende Glaubensgemeinschaft. Zwar verbindet sie mit
den aus der Reformation hervorgehenden Kirchen die Lehre von der Rechtfertigung allein durch den Glauben (Rechtfertigungslehre), aber sie hält das Beachten des Sabbats
und eines Teils der jüdischen Gesetze für verbindlich.

SILOAH-INSCHRIFT, 1880 in Jerusalem entdeckte Inschrift,
die von der Vollendung eines Kanals durch Hiskia berichtet. Sie stammt aus dem Jahr 701 v. Chr.

SINAI, gebirgige Halbinsel in Ägypten. Berg, auf dem Mose die
Gebote empfing.

SPHINX, als Grabwächter gedachte geheimnisumwobene Pla-
stik an den Pyramiden.

STIFTSHÜTTE, zeltartiger, transportabler »Tempel« Israels bis
zum Bau des Salomonischen Tempels.

SÜDREICH, Juda.

SYNAGOGE, zu deutsch: Schule. Gottesdienstlicher Lehr-und
Versammlungsort der Juden. Seit der babylonischen Gefangenschaft etabliert.

SYNKRETISMUS, Religionsvermischung.

SYNODE VON HIPPO, sanktionierte den Kanon 419 n. Chr.
endgültig für die Gesamtkirche. Bestätigung der Synode

von Karthago 397 n. Chr., alle 27 Bücher des heutigen NT
werden als kanonisch akzeptiert.

SYNOPTIKER, (von Synopse = Zusammenschau), die ersten
drei Evangelien im Unterschied zum Johannesevangelium.

TAG DER GESETZESFREUDE, jüdischer Feiertag.

TALMUD, jüdische Schriften. Sammlung verschiedenster
Überlieferungen. Man unterscheidet den babylonischen
Talmud (entstanden 200 bis 500 n. Chr.) und den palästi-
nensischen Talmud (entstanden 200 n. Chr.).
Ähnliche Werke sind die Midrasch (entstanden 100 v. Chr.)
und die Tosephta (entstanden 100 bis 300 n. Chr.).

TARSIS, griechische Stadt. Das im Buch Jona erwähnte Tarsis
ist wahrscheinlich das spanische Tartesso.

TÄTOWIEREN, Eingerben von Zeichen in die Haut. Oft religiöse Hintergründe.

TAUSENDJÄHRIGES REICH, endzeitliches Reich des Friedens, von dem Offb 20,1-6 spricht. Viele alttestamentliche
Verheißungen über ein endzeitliches Friedensreich deuten
es an.

TAYLOR-ZYLINDER, aus dem Jahr 686 v. Chr. beschreibt militärische Erfolge Sanheribs. Der Angriff auf Jerusalem wird
geschildert. 1830 n. Chr. in Ninive entdeckt.

TEMPEL, Israels Nationalheiligtum. Geht zurück auf die Stiftshütte. Salomo baute ihn vom 967-961 v. Chr. und weihte ihn
960 v. Chr. ein. Er wurde an der Stelle gebaut, die Gott David gezeigt hatte (2. Sam 24,18). Der Tempel bestand aus
drei Teilen:
1. Dem Vorhof, der von allen Männern betreten werden
   durfte. Dort befand sich der Brandopferaltar und das

eherne Meer, ein Becken für kultische Bäder der Priester.
2. Dem Heiligen, es befand sich im Gebäude und bildete dessen vorderen und größten Raum. Es durfte nur von Priestern und Leviten betreten werden. In ihm befanden sich der siebenarmige Leuchter, der Schaubrottisch, der Rauchopferaltar und zeitweise die eherne Schlange.
3. Dem Allerheiligsten, es war vom Heiligen durch einen Vorhang getrennt. In ihm befand sich die Bundeslade mit den Tafeln der 10 Gebote. Der Deckel der Bundeslade war der sogenannte Gnadenstuhl und galt als Gottes Thron. Das Allerheiligste durfte nur am Jom Kippur vom Hohenpriester betreten werden.
Bei der Eroberung Jerusalems durch die Babylonier 587 v. Chr. wurde der Tempel zerstört. Unter Esra, Haggai und Sacharia wurde der wiedererbaute Tempel 515 v. Chr. neu eingeweiht. Allerdings war die Bundeslade verloren gegangen, so daß das Allerheiligste leer war.
Herodes d. Große baute den Tempel erheblich aus.
70 n. Chr., wenige Jahre nach dem Abschluß der Ausbauarbeiten, die Herodes begonnen hatte, wurde er durch die Römer zerstört.
Die biblische Prophetie deutet an, daß es einen endzeitlichen Tempel geben wird (Hes 40-47).

TEMPELWEIHFEST, zum Gedenken der Wiedereinrichtung des Tempels 164 v. Chr., 25. Kislav.

THEOKRATIE, Gottesherrschaft.

THEOLOGIE, Lehre von Gott.

THERMOPYLEN, ehem. mittelgriechischer Engpaß. 4 km lang, 50 m breit. Heute durch Ausschwemmungen 4 km breit. 480 v. Chr. von den Griechen unter Leonidas mit 300 Spartanern und 700 Thespiern gegen die Perser bis zur völligen Aufopferung verteidigt.

THORA, jüdischer Begriff für die ersten 5 Bücher Mose. Im Judentum auf einer Rolle: Thorarolle.

TRADITIONALISMUS, den Formen des althergebrachten verhaftet.

TRIBUT, Abgaben (an Großmacht). Israel war oft tributpflichtig z. B. gegen die Babylonier und Assyrer. Zeitweise mußten aber auch andere Völker Israel Tribut leisten, z. B. die Edomiter.

TRITOJESAJA, von Bernhard Duhn eingeführter Begriff, der aussagt, das Buch Jesaja sei von wenigstens drei Verfassern geschrieben worden.

TSCHANUKA, Tempelweihfest.

TÜBINGER SCHULE, wichtige Richtung der liberalen Theologie des 19. Jahrhunderts.

TURMERLEBNIS, Luthers Bekehrung im Turm der Universität von Wittenberg, während exegetischer Arbeiten am Römerbrief.

URKUNDEN-HYPOTHESE, ältere Bezeichnung für Quellenscheidungs-Theorie.

URTEXT, ursprünglicher Text der biblischen Bücher. Er muß aus den Handschriften rekonstruiert werden.

VASALLENREICH, — Bezeichnung kommt von den Vasallen der mittelalterlichen Herrscher (Lehnsherren), die Einflußbereiche an treue Gefolgsleute vergeben und auch wieder wegnehmen konnten.
— Ein Reich, das seine Souveränität aufgibt oder aufgeben muß. Die Siegermacht setzt die Regierungen ein.

VERSÖHNUNGSFEST, hebr.: Jom Kippur. Höchstes Fest mit Opfer für Sünden des Volkes, 10. Tischri.

VISION, Schau bzw. Gesicht. Einblick in unsichtbare Wirklichkeiten der Welt Gottes. VISIONÄR: Prophet, der seine Offenbarung durch Gesichte erhält, z. B. Hesekiel, Daniel aber auch Johannes.

VULGATA, lateinische Bibelübersetzung des Hieronymus (397 n. Chr. in Bethlehem).

ZIONISMUS, jüdisch nationale Bewegung der Rückkehr der in alle Welt zerstreuten Juden nach Israel.

ZÜRICHER ÜBERSETZUNG, auf Calvin zurückgehende Bibelübersetzung.

Personenregister

Aebi, Ernst, Autor eines seit seiner Erscheinung 1949 immer wieder verlegten Buches über die Einführung in die biblischen Bücher »Kurze Einführung in die Bibel«.

Akiba, Rabbi, führender Theologe des Judentums nach der Zerstörung des Tempels. Wesentlich beteiligt, hellenistische Einflüsse aus dem Judentum zu beseitigen, was auch zur Verwerfung der LXX auf der Synode von Jamnia (Jamnia war Sitz des Synedriums nach der Zerstörung des Tempels) führte. Während des jüdischen Aufstandes unter Bar Kochbar, hat A. diesen als Messias anerkannt. 133 n. Chr. wurde A. durch Abziehen der Haut grausam hingerichtet.

Ahasverus, Perserkönig Xerxes (reg. 486-464 v. Chr.). Persischer Herrscher (Buch Esther). Er mußte erleben, wie das auferstandene Griechenland Persien die ersten Niederlagen zufügt: Schlacht an den Thermopylen (480 v. Chr.), Seeschlacht von Salamis (479 v. Chr.).

Alexander d. Große 356-13. 6. 323 v. Chr. Seit 336 v. Chr. König von Makedonien. Er unterwarf sich Griechenland. Vom sogenannten Korinther Bund wurde er mit einem Krieg gegen Persien beauftragt. 334/25 v. Chr. eroberte er Persien bis zum Indus. Durch die Heirat mit einer persischen Prinzessin verschmolzen Griechenland und Persien endgültig. A. nannte sich »König von Asien«. Nach seinem frühen Tod zerfiel das Reich in die vier sogenannten Diadochenreiche.

Ambrosius *339-397 n. Chr. Bischof von Mailand. Er war der erste Kirchenvater, der aus einer adeligen Familien stammte. In den christologischen Streitigkeiten setzte er sich für Athanasius ein und half, diese Lehre durchzusetzen. Er war so angesehen, daß er als damals noch nicht Getaufter zum Bischof gewählt (374 n. Chr.) wurde. A. hat sich besonders um die Kirchenmusik verdient gemacht. A. galt als besonders begabter Prediger. Etliche Bücher zu theologischen Fragen.

Amenophis II., Pharao während der 18. Dynastie (1580-1314 v. Chr.), die zum Neuen Reich gezählt wird. Das Neue Reich (1580-1085 v. Chr.) beginnt mit der Vertreibung der Fremdkönige der Hyksos.

Antiochus IV. Epiphanes, (reg. 175-164 v. Chr.) Antiochus (griech.: der Standfeste) war der Name von 10 Königen der Seleukiden. Antiochus IV. Epiphanes war der 8. König des hellenistischen Seleukidenreiches in Vorderasien (Syrien, einem Teilstaat aus dem früheren Reich Alexanders des Großen. A. wollte den hellenistischen Einfluß im ganzen Reich durchsetzen. Dabei war ihm das Judentum im Wege. Mit Hilfe einer hellenistischen Partei, zu der auch der Hohepriester gehörte, versuchte er, die jüdische Religion zu vernichten. 167 v. Chr. plünderte er den Tempel, verbot Sabbat und Beschneidung und führte im Tempel den Zeuskult ein. Der Aufstand der Makkabäer befreite Juda von der Syrischen Vorherrschaft. Antiochus gilt als Vorbild für den Antichrist.

Ariston wird von Papias (um 140 n. Chr.) als Gewährsmann für verschiedene Aussagen Jesu angegeben, die nicht biblisch belegt waren. Ariston war Gemeindeältester und kannte etliche Apostel persönlich.

Arius (gest. 336 n. Chr.) neben Eusebius v. Nikomedia führender Anhänger der nach ihm bezeichneten Lehre des Arianismus. Diese Lehre behauptete, Jesus wäre Gott nicht wesensgleich (lat. usia). Die Synode von Nizäa (335 n. Chr.) und die Synode von Konstantinopel (331 n. Chr.) verurteilten die arianische Lehre als Irrlehre. Allerdings hat es fast 100 Jahre gedauert, bis der Einfluß dieser Irrlehre in der Kirche ganz beseitigt war. Zeitweise war der Arianismus ein flußreicher als die Lehre der Synoden. Die ersten germanischen Christen (Goten) nahmen das Christentum in Arianischem Bekenntnis an.

Augustin v. Hippo *13. 11. 354-28. 8. 430 n. Chr., größter Kirchenvater der alten Kirche. Sohn eines heidnischen Vaters und einer gläubigen Mutter, Monika. Aus einem weltlich orientierten Leben heraus bekehrt, wird er Priester und später Bischof von Hippo. In seinen Schriften entfaltet er die Lehre der alten Kirche und half endgültig zur Überwindung des Arianismus. Er war einflußreichster Kirchenlehrer seiner Zeit. Luther wurde später stark von Augustins Schriften bewegt.

Barth, Karl *15. 5. 1886-10. 12. 1968 studierte bei den Liberalen Herrmann und Harnack. Schloß sich den religiösen Sozialisten an, deren linke politische Ideologie er lebenslang vertrat. B. wirkte als Professor in Bonn und Basel. B. wurde der Begründer der »dialektischen Theologie«, die nach Meinung ihrer Anhänger den theologischen Liberalismus überwand. Den Anstoß zu dieser theologischen Bewegung gab Barths »Römerbrief« 1919. B. beeinflußte stark die Bekennende Kirche und die »Barmer Erklärung« (1934).

Basilides, Gnostiker zur Zeit Hadrians (um 125 n. Chr.). Durch seine über 24 Bücher waren seine Lehren in der Kirche des ganzen Römischen Reiches verbreitet.

Bauer, Ferdinand Christian *21. 6. 1792-2. 12. 1860. Nach dem Studium Pfarrvikar und seit 1817 Professor in Blaubeuren, 1826 Professor in Tübingen. Als liberaler Theologe wirkte er in Wort und Schrift an der Verbreitung des Rationalismus in der Kirche. Er gehört zu den wichtigsten Vertretern der »Tübinger Schule«.

Bengel, Johann Albrecht *24. 6. 1687-2. 11. 1752. Prälat und einer der Väter des Württembergischen Pietismus. Schüler von Francke und Spener. Als Klosterpräzentor von Denkendorf hat Bengel 27 Jahre lang die evangelischen Theologen Württembergs geprägt. 1741 wurde er Prälat und Mitglied der Regierung, 1749 Mitglied der Kirchenregierung in Stuttgart. Auch ihm ist zu verdanken, daß der Pietismus in der Volkskirche verwurzelt blieb. Er schrieb u. a. eine noch heute geschätzte Auslegung des NT den »Gnomon«. Problematisch war seine Berechnung der Wiederkunft Jesu auf das Jahr 1836.

Beza, Theodor *1519-1605 Nachfolger Calvins. Er war ein Mann von größerer Milde als Calvin, vertrat aber ebenso wie dieser eine strenge Prädestinationslehre. Beza begründete 1559 die Theologische Akademie in Genf, die damals wichtigste calvinistische Ausbildungsstätte.

Bettex, Frederic geb. 1837. Professor am evangelischen Töchterinstitut in Stuttgart. Apologetisch (Glauben verteidigen) wirkender Schriftsteller, der schon in der 2. Hälfte des 19. Jahrhunderts versuchte, die modernen Angriffe auf die Autorität der Bibel zu wiederlegen. Sein umfangreichstes geschichtliches und naturwissenschaftliches Wissen konnte er dabei einsetzen.

Bonhoeffer, Dietrich *4. 2. 1906-9. 4. 1945. Nach mehrjährigen Dienst als Auslandspfarrer (Barcelona und London) kehrte er nach Deutschland zurück und wurde Leiter des Predigerseminars der Bekennenden Kirche in Finkenwalde. B. war einer der wichtigsten christlichen Widerstandskämpfer gegen das NS-System und wurde deshalb am 3. 4. 1943 verhaftet. Noch kurz vor Kriegsende wurde er hingerichtet. Durch seine Bücher »Nachfolge«, »Versuchung«, »Widerstand und Ergebung« beeinflußte er besonders die evangelische Ethik.

Boor, Werner de, gest. 1973. Führender Evangelikaler in der früheren DDR. Oberkirchenrat in Schwerin. Vorsitzender

der Evangelistenkonferenz. Gemeinsam mit Fritz Rienecker führender Autor der Wuppertaler Studienbibel.

Bora, Katharina v., 1499-1552. Gattin Luthers. Nach dem Besuch der Klosterschulen in Brehna (1505) und Nimbsch
(1508) trat sie 1515 ins Kloster ein. Am 4./5. April 1523 verläßt sie gemeinsam mit weiteren 8 Nonnen das Kloster und
geht nach Wittenberg. Am 13. Juni 1525 heiratet sie Luther.
Luther schätzt sie als kluge und selbstbewußte Frau. Er
spricht von ihr »Herr und Dr. Käthe«.

Braun, Herbert Professor, (em.). Universität Mainz. Ursprünglich Schüler Bultmanns. Wegen seiner noch radikaleren Bibelkritik kommt es zu Auseinandersetzungen mit Bultmann. Braun ist Vertreter der »Gott-ist-tot-Theologie«. Er
sieht in Christus, dessen Existenz er in Frage stellt, nur ein
»mitmenschliches Ereignis«.

Bruns, Hans, Theologe, Evangelist, Bibelübersetzer

Bultmann, Rudolf *20. 8. 1884- 30. 7. 1976. Studierte u. a. bei
dem Altliberalen Harnack. Er nimmt Gedanken und Begriffe der Philosophie Martin Heideggers (Phänomenologie) in die Theologie auf. Sein Vortrag »Neues Testament
und Mythologie« (1941) abgedruckt in »Kerygna und Mythos« (Hg. H. W. Bartsch), I, 1948, löste die heutige moderne Theologie aus. Dieser Aufsatz ist unter dem Stichwort
»Entmythologisierung« in die Geschichte der Theologie
eingegangen. Sein Gedanke ist, das die »mythologischen«
Darstellungen des NT den Menschen unserer Tage nicht
mehr nahezubringen sind. Er meint jetzt, daß es Aufgabe
der Theologen ist, die Texte nach ihrer verkündigenden
(kerygmatische) Intension zu befragen.

Calvin, Johannes *10. 6. 1506-27. 5. 1567. Schweizer Reformator. Als katholischer Theologiestudent wand er sich 1533
den evangelischen Lehren zu und flüchtete nach Basel.

Dort veröffentlichte er 1536 seine »Institutio religionis christiane«, die reformierte Dogmatik. Der Genfer Reformator Wilhelm Farel bewegte ihn 1536, nach Genf zu kommen. Dort versuchten beide den nach der Bibel geordneten »Gottesstaat Genf« zu schaffen. Nach anfänglichen Widerständen in der Bevölkerung, die zur zeitweisen Vertreibung der Reformatoren führte, konnten sie ihre Ordnung durchsetzen. Das Leben der Stadt wurde stark durch Kirchenzucht geregelt.

Cassius, (Gajus, Gallius Longinus) gest. 42 v. Chr., röm. Quästor; Anstifter der Verschwörung gegen Cäsar; beging Selbstmord nach der Niederlage bei der Schlacht von Philippi.

Chrysostomos, 345-407 n. Chr., eigentlich Johannes, erst seit dem 6. Jahrhundert ist der Name Chrysostomos eingeführt. Patriarch in Konstantinopel. Die heutige Liturgie der Eucharistiefeier (Abendmahl) der Ostkirche geht stark auf ihn zurück. Durch Intrigen als Patriarch gestürzt und in der Verbannung gestorben. 438 nachträglich rehabilitiert. Seine Gebeine wurden nach Konstantinopel zurückgeholt.

Clemens v. Alexandria, unter ihm und seinem Schüler Origenes entwickelte sich die Katechetenschule von Alexandrien zu einer der wichtigsten theologischen Schulen des ausgehenden 2. Jahrhunderts. Er versuchte, den christlichen Glauben mit griechischer Philosophie zu verbinden.

Clemens v. Rom, 88-97 n. Chr. Bischof von Rom. Die kath. Kirche rechnet ihn als ihren 4. Papst. In seinem Korintherbrief (Clemensbriefen) will er Probleme in einer anderen Gemeinde schlichten.

Domitian (Titus, Flavius Domitianus) 24. 10. 51-18. 9. 96 n. Chr. (ermordet), röm. Kaiser seit 81 n. Chr. Richete seine gewaltsame Herrschaft auch gegen den Senat von Rom. Von 90-96 n. Chr. Christenverfolgung. Die Christen wurden bestraft, weil sie sich weigerten, den Kaiser als Gott zu verehren, indem sie ihm Weihrauch opferten. Bekannte Märtyrer: Konsul Flavius Klemens (95jährig) und seine Frau (sie wurde verbrannt). Johannes wurde nach Pathmos verschleppt.

Darius III. Kodumannus, reg. 335-331 v. Chr. Persischer Kaiser, wurde von Alexander dem Großen besiegt.

Dionysius v. Alexandrien, von 247 bis 264 n. Chr. Leiter der Katechetenschule, Bischof von Alexandrien, Schüler von Origenes. Er vertritt einen gemäßigten Origenismus (Lehre von Origenes).

Duhm, Bernhard, geb. 1847. Liberaler evangel. Theologe der Tübinger Schule. Neben anderen Veröffentlichungen 1892 ein Kommentar zu Jesaja. 1873 Privatdozent in Göttingen; ab 1877 Professor in Göttingen; ab 1888 Professor in Basel.

Eichhorn, Johannes Gottfried * 1752-1827. Liberaler Theologe und Vorläufer der Tübinger Schule. Seine bekanntesten Schriften sind »Historisch-kritische Einleitung zum NT« (1780), »Die hebräischen Propheten« (1816). Mit seinen kritischen Thesen beeinflußte Eichhorn die liberale Theologie des 19. Jahrhunderts erheblich.

Erasmus (Desiderius) v. Rotterdam * 1466-1536. Humanist der Renaissance, erkannte die Notwendigkeit einer Kirchenreform. Seine ausgeprägten Reisen machten ihn zu einem der gebildetsten Menschen seiner Zeit. Sein 1516 erstellter Urtext lag in der 2. Auflage Luther bei dessen Bibelübersetzung vor. Von seinem humanistischen, durch das antike Griechentum geprägte Denken her konnte er der Reformation nicht zustimmen. Er gestand im Gegensatz zu den Reformatoren den Menschen den »freien Willen« (zum Guten) zu. Für Erasmus war das Herzstück des Evangeliums die Bergpredigt. Im weiteren Sinn war er Vorläufer der liberalen Theologie.

Eusebius von Cäsarea, 260-340 n. Chr. (unsicher). 314 n. Chr. wurde er Bischof in Cäsarea. Als Theologe war er Anhänger der Lehren des Origines. Er wirkte als Kirchengeschichtler mit seiner berühmten Kirchengeschichtsschreibung. E. hat auch eine Weltchronik in Tabellen erstellt, die später leider zerstört wurde. Weiter wirkte er als Apologet. Seine Schriften stellen bis heute eine der wichtigsten Quellen zur Kirchengeschichte.

Firmilan v. Cäsarea, gest. 264. Bischof von Cäsarea, Freund des Origenes. Im sogenannten Ketzertaufstreit wand er sich in einem Brief an den Kirchenvater Cyprian, um sich gegen die Haltung des damaligen römischen Bischofs auszusprechen.

Flügge, Theophiel, 1910-1980. Dozent der Kirchlichen Hochschule Berlin, 1970-1972 Professor an der FETA Basel, Autor zahlreicher apologetischer Schriften. Einer der einflußreichsten fundamentalistischen Theologen der früheren DDR.

Friedrich d. Weise, 17. 1. 1463-5. 5. 1525. Kurfürst von Sachsen seit 1486; Landes- und Schutzherr Luthers; gründete 1502 die Universität Wittenberg; stand 1519 im engsten Kreis der Kaiserkandidaten, wollte aber aus grundsätzlichen Gründen dieses Amt nicht. Er ließ Luther, nachdem dieser unter Reichsacht stand, entführen und auf der Wartburg unterbringen. Im Oktober 1521 wurder der katholische Gottesdienst in Wittenberg abgeschafft; vor seinem Tod am 5. 5. 1525 bekannte er sich durch Zurückweisung der letzten Ölung und der Kommunion unter Annahme des Abendmahls in beiderlei Gestalt (mit Brot und Wein) zum evangelischen Glauben.

Galba röm. Kaiser reg. 68 n. Chr.

Gregor I., der Große * etwa 590-604, Papst; als Präfekt von Rom (seit 571) trat er in den Benediktinerorden ein; als Papst förderte er die Mission unter Angelsachsen, bewegte die Westgoten, von der arianischen zur päpstlichen (athanasianischen) Kirchenorganisation überzutreten. Durch geschickte Diplomatie (gegenüber Langobarden, Franken) gelang es ihm, die weltliche und innerkirchliche Macht des Papsttums zu festigen. G. setzte sich für die kirchenmusikalische Entwicklung (Gregorianischer Gesang), die Ausgestaltung von Festen und die Entwicklung der Römischen Lehre (z. B. Fegefeuer) ein. Er bekämpfte den griechisch-philosophischen Einfluß in der Kirche und wurde später durch Papst Leo I. heilig gesprochen.

Graf, Karl Heinrich, 1815-1869. Liberaler Theologe, der an der Ausgestaltung der Quellenscheidungslehre mitwirkte. Nach dem Studium u. a. bei dem damals bekannten Prof. Reuß in Straßburg (er führte P in die Quellenscheidungstheorie ein) wurde er Lehrer für Französisch und Hebräisch in Leipzig und später in Meißen (seit 1852 Professorentitel). 1864 Promotion in Gießen. Sehr viele Veröffentlichungen.

Harnack, Adolf v. * 1851-1930. Letzter einflußreicher Theologe der altliberalen Richtung. Professor in Gießen, Marburg und Berlin; Generaldirektor der Staatsbibliothek und Präsident der Kaiser-Wilhelm-Gesellschaft. 1914 geadelt. Vor allem Kirchen- und Dogmengeschichtler. Er betrachtete die christliche Lehre als »Produkt des griechischen Denkens auf dem Boden des Evangeliums«.

Heidegger, Martin, 26. 9. 1889-25. 5. 1976. Philosoph, der die Phänomenologie (philosophische Lehre) zur »Existentialphilosophie« entwickelte. H. meinte, durch eine Fortbildung der »Wesenschau« zur »Interpretation des Daseins« zu gelangen. Nach H. besteht der »Sinn vom Dasein« in der »vorlaufenden Entschlossenheit zum Tode«. Diese an sich atheistische Sinngebung des Lebens wurde von Bultmann in die Theologie (Existentialtheologie mit Entmythologisierung) übernommen. Auch auf die Philosophie Sartres hatte er prägenden Einfluß.

Herakleon, Gnostiker, wirkte um 200 n. Chr. Führer einer gnostischen Schule, die auf Valentinus zurückging; schrieb ein Werk mit einer Einführung ins Johannesevangelium.

Herodes (griech.: Der Heldenhafte), d. Große, etwa 73 bis 4 v. Chr. Sohn des Idumäers (kein gebürtiger Jude) Antipater. Herodes wurde am Hofe des Hohenpriesters Johannes Hyrkan (Makkabäer) erzogen. Nach Kämpfen gegen Parter (die Syrien kurzzeitig Rom entrissen) wurde er 37 v. Chr. König des jüdischen Gebietes. Er baute den Tempel mit ungeheurem Aufwand aus; regierte besonders grausam. Jesu Geburt und der Kindermord von Bethlehem fällt in seine Amtszeit.

Herodot, 485-425 v. Chr., griech. Geschichtsschreiber aus Halikarnassos (»Vater der Geschichtsschreibung«); nach einer Orientreise schrieb er eine Geschichte der Perserkriege, die viele geographische und ethnographische Beobachtungen enthält.

Herrmann, Wilhelm, geb 1846. Liberaler Theologe der 2. Hälfte des 19. Jahrhunderts. Privatdozent in Halle, danach Professor in Marburg. Für ihn beschränkte sich das Christentum auf eine sittliche Haltung.

Hieronymus *um 340-30. 9. 420. Aus wohlhabender christlicher Familie, studierte Rethorik und weltliche Literatur. Aufgrund einer inneren Erweckung kurz nach seiner Taufe, begann er ein strenges Mönchsleben in Syrien und Konstantinopel. Vom römischen Bischof Damasus bekam er den Auftrag, die Bibel aus dem Hebräischen, bzw. Griechischen ins Lateinische zu übersetzen. Dies tat er in Bethlehem, wo er im Herbst 386 n. Chr. eine Einsiedelei gründete. Er wurde fortan Priester einer Mönchsgemeinschaft, die sich um ihn scharte. Seine Bibelübersetzung, die Vulgata (392-405 gefertigt), wird in der katholischen Kirche dem Urtext gleichgewertet.

Holmer, Uwe, geb. 1929; evang. Theologe und Pfarrer. Rektor der Gnadauer Bibelschule Falkenberg, dem Predigerseminar der Gemeinschaftsbewegung in der ehemaligen DDR (1967-1983). Mitautor der Wuppertaler Studienbibel (Petrus). Nach der politischen Wende in der damaligen DDR kurzzeitig Gastgeber des früheren Staatsratsvorsitzenden Honecker und Frau. Mitglied des Hauptvorstandes der Deutschen Evangelischen Allianz und Vorsitzender der Evangelistenkonferenz in Mitteldeutschland.

Holsten Carl, * 1825-1897. Liberaler evang. Theologe. 1870 Professor in Bern (1871 Ordinarius), 1876 Professor in Heidelberg. Knüpfte an die Tübinger Schule an. Schwerpunkt: Paulinische Theologie.

Homer, im 8. vorchr. Jahrhundert. Er gilt als erster griechischer Dichter: Epen und Hymnen u. a. »Ilias«, »Odyssee«.

Hubner, Fritz, evangelischer Theologe mit pietistischer Prägung. Arbeitet sehr systematisch. Sein 1937 erschienenes Buch »Der Heilsplan Gottes« hatte schon damals viel Aufmerksamkeit gefunden.

Hyksos XV., Pharao. Die Hyksos regierten von 1730 bis 1580 v. Chr.

Hyxos XVI., Nachfolger von Hyxos XV.

Ibn-Esra * 1092-1167. Jüdischer Gelehrter, geb. in Toledo (damals islamisch); in der zweiten Hälfte seines Lebens ruhelos durch alle Mittelmeerländer bis Bagdad gereist. Versuchte, die grammatischen Kenntnisse der Araber den Juden zu vermitteln. Machte gründliche Untersuchungen am Urtext des AT und führte eine heftige Bibelkritik ein. Später wurde Spinoza von ihm beeinflußt.

Ignatius, Bischof von Antiochien. Nach dem Bericht von Eusebius zwischen 110-117 n. Chr. unter Trajan nach Rom gebracht und von wilden Tieren in der Arena (Zirkus) zerrissen. Er trat für ein starkes Bischofsamt (monarchisches Episkopat) ein. In der Lehre seiner Anhänger sind starke Einflüsse von Gedanken heidnischer Mysterienreligionen zu finden. Sie lehrten z. B., daß ein Christ u. a. durch das Abendmahl substantiell mit Christus eins wird. Die Menschheit vor Christus sei dem Tode verfallen. Christus sei Begründer der neuen Menschheit.

Irenäus, geb. 130 v. Chr. wahrscheinlich in Kleinasien. Sein Todesjahr ist umstritten. Er war Bischof von Lyon und lehrte dort den Schülern des Apostels Johannes, Polykarp, kennen. Irenäus war einer der entschiedensten Gegner der Gnosis. Sein Hauptwerk ist»Entlarvung und Widerlegung der fälschlich sogenannten Gnosis«, worin er den gnostischen Spekulationen die Aussagen der Bibel entgegenhält. Er führte ein Taufbekenntnis ein, in dem Ansätze zur katholischen Theologie erkennbar werden z. B. der Empfang des Heiligen Geistes durch die Taufe.

Josephus Flavius *37 bis nach 100 n. Chr. Jüdischer Geschichtsschreiber, Pharisäer und später Oberbefehlshaber der jüdischen Truppe in Galiläa. Kam nach dem Fall der Festung Jotapata in Gefangenschaft. Gelangte durch Unterwürfigkeit in die Gunst der Römer und begleitete den Jüdischen Krieg jetzt von römischer Seite aus. Nach dem Untergang Jerusalems zog er nach Rom. Seine im Stil griechischer Geschichtsschreibung verfaßten historischen Werke gelten als wichtigste Quellen über die Geschichte des Judentums, u. a.»Der jüdische Krieg« (verfaßt zwischen 75-79 n. Chr.),»Die jüdische Archäologie« (Chronik von Schöpfung bis zum Jahr 66 n. Chr.; vollendet 93 oder 94 n. Chr.) und eine Autobiographie (um 100 verfaßt).

Justin d. Märtyrer *um 100-165 n. Chr.; kam von griechischer (stoisch-platonicher) Philosophie wohl in seiner Heimat

Ephesus zum Christentum. Wirkte als Lehrer und Apologet (Verteidiger des Glaubens in philosophischen Auseinandersetzungen). Erlitt den Märtyrertod.

Käsemann, Ernst *1906; Schüler R. Bultmanns, mit dem er sich später überwarf. Professor u. a. in Tübingen. Ausgehend von der Entmythologisierung wendet sich er sich u. a. stark gegen die leibliche Auferstehung Jesu. Trat nach dem Sieg der Pietisten nach der Synodalwahl 1984 aus der Landeskirche aus.

Kittel, Rolf *28. 3. 1853-20. 10. 1929. Nach schweren Jugendjahren als Waise studierte er als Angehöriger des »Tübinger Stifts«, aus dem viele berühmte Männer hervorgingen, in Tübingen Theologie. Nach einer Zeit als Gymnasialprofessor in Stuttgart folgte eine 10jährige Theologieprofessur in Breslau. 1898 von der Universität Leipzig, die ihn Ende des 1. Weltkrieges zwei Jahre hintereinander zum Rektor wählte, berufen. Als besonders guter Sprachenkenner verfügte er über einen guten Überblick über alle im 19. Jahrhundert entdeckten Handschriften zum AT. Herausgeber der zweibändigen Biblia Hebraica, die auch heute noch Verwendung findet.

Langton, Stephan, Erzbischof v. Cambridge. Kapiteleinteilung in der Bibel eingeführt, 1205 n. Chr.

Lee, Robert, evangelikaler Bibelkundler. Dozent an der englischen Mildmay Bibelschule. Verfaßte u. a. »Abriß und Gliederung der Bibel«, das in viele Sprachen übersetzt wurde.

Lerle, Ernst *18. 2. 1915, altlutherischer Theologe mit Lehraufträgen an der Universität in Erlangen. Bis 1974 Leiter des Theologischen Seminars der Lutherischen Freikirche in Leipzig. Verschiedene Veröffentlichungen zur Homeletik und zum Schriftverständnis »Moderne Theologie unter der Lupe«, u. a.

Luther, Martin *10. 11. 1483-18. 2. 1546, Reformator. Als Reaktion auf die Entartung der Kirche im ausgehenden Mittelalter und besonders auf den Ablaßhandel (Tetzel) verfaßte er 95 Thesen, die L. am 31. 10. 1517 an die Schloßkirche zu Wittenberg anschlug. Diese Thesen des Augustiner Mönchs und Theologieprofessors lösten die Reformation aus. Trotz schwerer Angriffe durch die Römische Kirche blieb Luther der Erkenntnis treu, daß die Gerechtigkeit des Sünders allein aus Gnaden kommt. Obwohl L. keine eigene Kirche gründen wollte, entstand aufgrund der Entwicklung die Lutherische Kirche. L.s Bibelübersetzung hatte über den geistlichen Ertrag hinaus großen Einfluß auf die Entwicklung der deutschen Sprache.

Marchion, Führer einer Sekte im 2. Jahrhundert. Er wollte das angeblich judaisierte Christentum reinigen. Wurde von Papias und Polykarp, welcher ihn den »Erstgeborenen Satans« nennt, abgewiesen. 139 geht er nach Rom, wo es zu einem Lehrverfahren kommt, das im Juli 144 n. Chr. zu seinem Ausschluß aus der Gemeinde führt. Die Kirchenväter rechneten ihn zu den Gnostikern. In den entstehenden marcionitischen Gemeinden rückte an Stelle des NT die Schrift »Antithesen« von Marcion. Er meinte, darin ein vom Gesetz gereinigtes Evangelium zu haben. Die Marcionkirche war im 2. und 3. Jahrhundert im ganzen römischen Reich verbreitet.

Melanchton (eigentlich Schwarzerd), Philipp, 16. 2. 1497-19. 4. 1560, enger Mitarbeiter Luthers. Er schrieb schon 1521 die erste lutherische Dogmatik »Loci« (deutsch: Hauptpunkte). Auf Empfehlung Reuchlins 1518 nach Wittenberg gekommen, wird er Professor für Griechisch an der dortigen Universität. Er war an Luthers Übersetzung des AT und an der Erarbeitung der »Augsburger Konfession« (wichtige luth. Bekenntnisschrift) wesentlich beteiligt. Da er ein Mann des Ausgleichs war, wurde er nach Luthers Tod von der aufkommenden lutherischen Orthodoxie bekämpft. Seine Anhänger wurden als Philippisten bezeichnet.

Möller, Hans, evangelischer Pfarrer in Trebitz Elbe, Gastdo-
zent am Theologischen Seminar der Evang. Lutherischen
Freikirche in Leipzig. Div. Veröffentlichungen u. a. »Alttestamentliche Bibelkunde«.

Montanus, Gründer einer Bewegung, deren Anfang in der
zweiten Hälfte des 2. Jahrhunderts n. Chr. lag. M., aus dem
phrygischen Dorf Ardabeu, war vor seinem Übertritt zum
Christentum ein heidnischer Priester der Kybele oder des
Apollo gewesen. Der Inhalt seiner Verkündigung war stark
eschatologisch (endzeitlich). Montanus verstand sich als
der verheißene Paraklet (Joh 14,16.26). Nach dem Anschluß
von zwei Frauen, Priska und Maximilla (die ihre Ehe aufgaben) weitete sich seine Bewegung aus. Er rief seine Anhänger auf: 1. in Erwartung des Weltendes sich in Pepuza
(Phrygien) zu versammeln; 2. Askese (Fasten, Eheverbot);
3. Übergabe alles Vermögens an Geld und Gold unter die
Verwaltung der Sekte; 4. Drängen nach dem Martyrium.
Die Bewegung breitete sich bis in den westlichen Teil des
röm. Reiches und nach Afrika aus und ist bis ins 5. Jahrhundert nachweisbar.

Nero * 37-68 n. Chr., röm. Kaiser seit 54. Brutaler Tyrann, welcher Bruder und Mutter ermorden ließ. Im Wahn, ein großer Dichter zu sein, ließ er, um Anregungen zur Dichtung
zu haben, Rom anzünden (64 n. Chr.).
Den Volkszorn lenkte er auf die Christen, indem er das Ge-
rücht verbreiten ließ, diese hätten den Brand gelegt. Es kam
daraufhin zur ersten großen, allerdings auf Rom beschränk-
ten Christenverfolgung (u. a. sind Petrus und Paulus umgekommen). Während eines Staatsstreiches schied er durch
Selbstmord aus dem Leben.

Nestle, Eberhard * 1851-1913, evang. Theologe. 1883 Professor
in Ulm mit Vertretung der semitischen Professur in Tübingen (1890-92); seit 1898 Professor am Theologischen Seminar in Maulbronn (Württemberg). Neben zahlreichen Ver-

öffentlichungen (»Die israelischen Eigennamen« 1876, »Tischendorfs Septuaginta« 1880, »Syrische Gramatik« u. a.) der heute noch gebräuchliche griechische Urtext »Novum Testamentum Graece« 1898.

Nietzsche, Friedrich Wilhelm * 15. 10. 1844-25. 8. 1900. Pfarrersohn aus Röcken bei Weißenfels, Philosoph und Lyriker; gilt als scharfsinnigster aller atheistischer Philosophen. Ausgeprägte Elitevorstellungen ruhend auf der Evolutionstheorie. Als logische Folge seines Atheismus forderte er dazu auf, alle moralischen Skrupel fallen zu lassen, wobei er selbst erkennt, in welch furchtbare Nacht und Kälte diese Gedanken führen. Ab 1889 lebte er in völliger geistiger Umnachtung.
Seine Gedanken fließen in die gesamte neuere Philosophie ein. Zu seinen wichtigsten Werken gehören »Also sprach Zaratustra«, »Wille zur Macht«, u. a.

Origenes * 185 n. Chr. (Alexandria) bis 254 n. Chr. (Tyrus, Palästina), als Märtyrer gestorben. Vermutlich Ägypter, der griechisch sprach und schrieb. Sohn des Märtyrers Leonides. Studierte bei Clemens v. Alexandria. Sehr jung schon Vorsteher der Katechetenschule von Alexandria. Er lebte asketisch, gilt als erster Theologe im heutigen Sinne und begabtester Lehrer der alten Kirche. Neben vielen anderen Schriften verfaßte er die erste Dogmatik »Über die Grundlagen« der Kirchengeschichte. Es finden sich in seiner Lehre Gedanken, die Ausgangspunkt verschiedener Irrlehren wurden. So verband er die Philosophie des Plato mit der christlichen Lehre. Origenes führte die Lehre von der »Wiederbringung aller«, die Allversöhnung, ein. Wegen seiner Irrtümer wurde er 231 n. Chr. von Bischof Demetrius von Alexandrien exkommuniziert.
Er starb an den Folgen der in der Verfolgung unter Decius zugefügten Folterqualen.

Pantänäus v. Alexandrien, gest. vor 216 n. Chr. Er war Lehrer

der Katechetenschule von Alexandria. 202/3 n. Chr. verließ
er wegen einer Verfolgung Alexandria und ging nach »In-
dien« (die Kirchengeschichtler meinen, daß damit Jemen
oder Arabien gemeint sei). Ähnlich wie die Gnostiker teilte
er den Glauben in verschiedene Stufen ein. Die untere Stufe ist der Gemeindeglaube, eine höhere Stufe der philoso-
phisch-christliche Glaube. Der Gemeindeglaube ist nach
dieser Lehre Vorbedingung zur Erlangung der höheren Stufe.

Papias, Bischof von Hierapolis (Phrygien), schrieb um 140
n. Chr. ein Werk in fünf Büchern »Auslegung der Herren-
sprüche«, das sich mit dem 1000jährigen Reich beschäftigt.
P. forschte bei den Ältesten, die noch die Apostel kannten,
nach Originalaussagen Jesu und Fakten, die nicht in der Bibel überliefert sind. Als Gewährsmann nennt P. im Vorwort einen Presbyter Ariston. Auch ein Ältester Johannes
wird genannt. Diesen Forschungen können wir entnehmen, daß Markus als »Dolmetscher« (wohl im Sinne von
Sprachrohr gemeint) des Petrus sein Evangelium schrieb.
Auch berichtet Papias, daß Matthäus Teile seines Evangeliums ursprünglich in hebräischer Sprache schrieb.

Polykarp, 69-155/6 oder 166 n. Chr. Selbst noch ein Schüler der
Apostel, soll von diesen als Bischof in Smyrna eingesetzt
worden sein (so berichtet dessen Schüler Irenäus). P. verfaßte zwei Briefe an die Gemeinde von Philippi. Über seinen Märtyrertod berichtet seine Gemeinde in einem Rundbrief. Das genaue Todesdatum ist unsicher (23. 2. 155 oder
22. 2. 156 oder 23. 2. 166).

Porphyrius, 223-304 n. Chr. Neuplatoniker und scharfer intel-
lektueller Feind des Christentums.

Rabast, Karl-Heinz, gest. 1952; evang. Pfarrer in Dresden. Ver-
öffentlichte Kommentar über den ersten Teil des Buches
Genesis, in dem er die wissenschaftliche Haltlosigkeit der
Quellenscheidung aufweist.

Rabbula v. Edessa, gest. 435 n. Chr. Sohn eines heidnischen Priesters und einer Christin. War nach seiner Bekehrung zunächst Einsiedler. Wurde 411 n. Chr. Bischof von Edessa. Er ordnete die lehrmäßig zerrissene syrische Kirche und machte sich um die Überlieferung der Bibel verdient. Er bekämpfte die Nestorianer (Gegenkirche) und die Reste der Gnosis in seinem Bistum.

Ramses II., Pharao der 19. Dynastie (des neuen Reiches) 1290-1234 v. Chr.

Rittelmeyer, Friedrich * 1872-1938, Theologe, Anthroposoph, Gründer und erster »Erzoberlenker« der Christengemeinschaft. Studierte Theologie und wurde besonders von Harnack geprägt. Evang. Pfarrer in Würzburg und Nürnberg, später Berlin. Sehr angesehener Kanzelredner. Unter dem Einfluß mystisch-philosophischer Lehren und der Anthroposophie Rudolf Steiners wollte er die Kirche unter Beibehaltung der liberalen Theologie durch anthroposophische Mystik und einen ausgebauten Kult erneuern. Am 16. 9. 1922 gründete R. durch die erste sogenannte Menschenweihehandlung die Christengemeinschaft. Sie versteht sich als überkonfessionelle religiöse Erneuerungsbewegung.

Schlatter, Adolf, 16. 8. 1852-19. 5. 1938; 1880 als Professor für NT in Bern, hier entstand sein grundsätzliches Werk »Glaube im NT« (1885), 1888-1893 Professor in Greifswald, 1893-1898 in Berlin, ab 1898 Professor in Tübingen. 1937 erscheint sein Buch »Kennen wir Jesus«, in dem er u. a. die Botschaft des Evangeliums dem nationalsozialistischen Anspruch entgegenstellt. Schlatter ist einer der wichtigsten Theologen im Bereich der bibeltreuen Theologie gewesen.

Salmanasser V., assyrischer König von 727-722 v. Chr. Er führte Israel in die assyrische Gefangenschaft.

Seti I., auch Sethos I., Pharao der 19. Dynastie (Neues Reich);

die genaue Regierungszeit ist unklar; 1310-1290 v. Chr. oder 1312-1289 v. Chr.

Sölle, Dorothee, geb. 30. 9. 1930; modernistische Theologin. Tritt seit den 60er Jahren immer wieder durch extreme politisch linke theologische Positionen in die Öffentlichkeit (Fernsehen und Presse, Kirchentag und bei ökumenischen Versammlungen). Verfechterin der »Gott-ist-tot-Theologie«, der »Theologie der Revolution« und neuerdings der feministischen Theologie. Sie sieht in der westlichen Ordnung eine militaristische und imperialistische, von Männern beherrschte Gesellschaft.

Spurgeon, Charles Haddon *19. 6. 1834-31. 1. 1892. Sohn eines englischen puritanischen Pfarrers, bekehrt sich mit 15 Jahren und schließt sich den Baptisten an. Ohne theologische Ausbildung wird er nach anfänglichem Dienst in kleinen Gemeinden mit 20 Jahren Prediger in London. Bei seinen Predigten, im eigens für ihn gebauten »Metropolitan Tabernach« (1861), erreicht er bei jeder Predigt 20 000 Menschen. Seine Verkündigung wurde weltweit verbreitet. Die lebensnahen aber trotzdem streng schriftverbundenen Erweckungspredigten wurden wöchentlich gedruckt. Zeitweise wurden sie noch am gleichen Tag in die USA telegraphiert, damit sie auch dort ohne Verzögerung in den Druck gehen konnten. Tausende fanden durch S.s bildhafte Verkündigung zum Glauben. Gleichzeitig wurde er sowohl von Liberalen wie von Traditionalisten heftig bekämpft und verspottet. S. gab eine Zeitschrift heraus, schrieb verschiedene Bücher, u. a. eine siebenbändige Psalmauslegung »Schatzkammer Davids«. Im von ihm gegründeten »Pfarrkolleg« wurden über 700 Prediger ausgebildet. Konsequent setzte er sich gegen die Sklaverei ein, was dazu führte, daß seine Veröffentlichungen in den Südstaaten der USA zeitweise boykottiert wurden. In selber Konsequenz trat er aus der Baptistenkirche aus, als hier liberale Einflüsse aufkamen. Er wirkte fortan als freier Prediger.

Schweitzer, Eduard, geb. 1913 in Basel. Liberaler Theologe; studierte bei R. Bultmann, E. Brunner, K. Barth. 1936-1946 Pfarrer in der Schweiz, 1946 Professor für NT in Mainz, 1949 Professor in Bonn und Zürich. Autor von verschiedenen Kommentaren.

Spinoza, Benedikt, eigentlich Baruch Despinoza * 1632-1677; (holländischer Jude). Studierte jüdische Theologie bei dem damals bekannten Rabbi Mortaura; später auch arabische Philosophie und naturwissenschaftliche Studien. Anfänglich von den Juden noch hochgeachtet; entwickelte sich unter Einfluß von Descartes Schriften zum Deisten. In seinen theologischen Studien vertrat er einen extrem rationalistischen Ansatz. 1656 wegen seiner »entsetzlichen Irrlehren und Frevel« aus der jüdischen Gemeinde ausgeschlossen und aus Amsterdam vertrieben. Spinoza lehnte Professur in Heidelberg ab und lebte vom Schleifen von Linsengläsern. Sein Hauptwerk: »Ethik«. Spinoza beeinflußte die gesamte liberale Theologie.

Steiner, Rudolf * 1861-1925; als Sohn eines kleinen Bahnbeamten in Kraljevec (damals Ungarn) geboren, studierte er nach der Realschule an der Technischen Hochschule Wien Natur- und Geisteswissenschaften. Als 21jähriger wird er mit der Herausgabe der »Naturwissenschaftlichen Schriften Goethes« beauftragt. Ab 1890 ständiger Mitarbeiter des Goethe-Schiller-Archivs in Weimar. 1891 promoviert er in Rostock zum Dr. phil. 1902 Eintritt in die Theosophische Gesellschaft, einer Gemeinschaft, die sowohl abendländisch-mystische, spiritistische und spiritualistische Gedanken, wie auch indisch-philosophische Gedanken verbinden will. Er wird Generalsekretär der deutschen Sektion. Nach Unstimmigkeiten über die Richtung der Bewegung gründet er die Anthroposophische Gesellschaft. Das Zentrum der Bewegung wurde das »Goetheanum«, dessen Grundstein er 1913 in der Schweiz legt. Gemeinsam mit Rittelmeyer versuchte er, Einfluß auf das Christentum zu be-

kommen (»neue Reformation vom Kult her«), was zur
Gründung der Sekte der »Christengemeinschaft« führt.

Steinseifer, Wolfgang, Herausgeber einer Bibelkunde beim Bibellesebund.

Stephanus, Robert, 1503-1559. Entstammte einer berühmten
Buchdruckerfamilie aus Paris. S. war selbst ein Gelehrter
und verfaßte viele wissenschaftliche Werke zur Bibel: u. a.
eine Ausgabe der Vulgata, in der er dem Urtext des Hieronymus sehr nahe kommt (1528). Bekannt wurde sein Urtext
des NT, der lange als wichtigste Ausgabe galt (1550), eine
Konkordanz des NT und AT. Besonders bekannt wurde er
durch seine Bibel von 1551, in der er erstmalig die noch heute übliche Verseinteilung verwendet. Aufgrund seiner Bibeltreue wurde er verfolgt, floh nach Genf, wo er zur Reformierten Kirche übertrat und auch Schriften der Reformation verlegte.

Stockmeyer, Otto * 1838-1918; Pfarrer, der in besonderer Weise
die Deutsche Gemeinschaftsbewegung als »Heiligungsbewegung« prägte. Nach seinem Bruch mit der kirchlichen
Tradition u. a. durch seine Glaubenstaufe, wirkte er als
Seelsorger in einem Heim in Hauptwyl (Schweiz), als Redner bei Gnadauer- und Allianzkonferenzen, sowie durch
sein zahlreiches Schrifttum.

Strauß, Daniel Friedrich * 1806-1874; liberaler Theologe und
führender Mann der »Leben-Jesu-Forschung«. Studierte
bei Chr. Baur und ging nach kurzer Zeit im Kirchendienst
nach Berlin (1831), wo er sich ganz der Philosophie Hegels
(Vorläufer des Marxismus) anschloß. An S. extremer Theologie schieden sich die Geister so sehr, daß eine ins Auge
gefaßte Berufung zum Professor in Zürich rückgängig gemacht werden mußte. 1842 trennte er sich nach zweijähriger Ehe von seiner Frau. Er war Mitglied des Frankfurter
Parlaments, und profilierte sich später immer mehr als ex-

tremster Liberaler seiner Zeit. Nach der Lektüre Darwins bekannte er sich offen zum theoretischen Materialismus.

Tertullian, Quintus Septimus Florens Tertullianus *um 155-222 n. Chr.; Sohn eines heidnischen Centurio (Offiziers) in Karthago. Wird nach philosophischen und rhetorischen Studien Jurist und wirkt in Rom. Geht um 190 n. Chr. zur kath. Kirche, die er später wieder verläßt, um sich dem Montanismus anzuschließen. (207/208 n. Chr.). Obwohl er Laie (kein Priester) war, rechnete man ihn als ersten lateinischen Theologen. Er wirkte stark durch seine Bücher.

Tiglatpileser III., assyrischer Großkönig von 745-727 v. Chr. Während seiner Herrschaft begann der Abstieg der Weltmacht Assyrien.

Tischendorf, Freiherr Constantin v. *18.1.1815-7.12.1874; evang. Theologe. Schon 1839 hält er erste Vorlesungen in Leipzig. Betreibt Urtextforschung am NT (Textkritik). 1840 für 27 Monate in Paris, wo es ihm zum Erstaunen der Gelehrten gelang, den bis dahin nicht lesbaren Codex EPHRÄM zu entziffern. 1844 führte ihn eine Studienreise zum Katharinenkloster auf den Sinai, wo er dreiundvierzig Blätter einer alten Handschrift erwarb. Nach einer zweiten vergeblichen Fahrt ins Katharinenkloster erhält er auf seiner dritten Reise am 4.2.1859 die restlichen Blätter der Handschrift. Diese Handschrift ist der CANON SINAITIKUS. Er übergab sie dem russischen Zaren, der damals als Schutzherr aller Orthodoxen galt.

Thutmosis III., Pharao im Neuen Reich, regierte von 1501-1450 v. Chr.

Tillich, Paul *1886-1965; 1919 Privatdozent in Berlin, ab 1924 Professor in Marburg, 1925 Professor in Dresden, 1929 Professor in Frankfurt; 1933 von den Nationalsozialisten entlassen. Danach in den USA. T.s Existentialtheologie hat bis heute Einfluß auf die moderne Theologie. Sehr bekannt ist seine dreibändige »Systematische Theologie« 1955-1966.

Trajan Markus, Ulpius Trajanus, 53-117 n. Chr. Römischer Kaiser ab 98 n. Chr.; erster Adoptivkaiser, unter ihm erreichte das römische Reich die größte Ausdehnung. Während seiner Herrschaft gab es sporadisch Christenverfolgungen. Die Christen wurden mit anderen Gruppen, deren Patriotismus bezweifelt wurde, in einen Topf geworfen. Bei ihrer Entdeckung sollten Christen hingerichtet werden. Sie wurden aber nicht gezielt gesucht.

Valentinus, Gnostiker; er wirkte zuerst (135 n. Chr.) in Ägypten, später in Rom (136-165 n. Chr.). Am Ende seines Lebens soll er wieder im Orient, bzw. in Cypern aufgetreten sein. In seiner Lehre flossen Worte von Jesus und Paulus mit Gedanken Platos zusammen. Der bei ihm offensichtliche Synkretismus (Religionsvermischung) wurde bei seinen späteren Anhängern noch extremer. Seine Schüler teilten sich in zwei Richtungen der Valentianer, die »abendländische Schule« und die »orientalische Schule«.

Vespasian, Titus Flavius Vespasianus, 9-79 n. Chr.; röm. Kaiser ab 69 n. Chr.; er ließ u. a. das Kolosseum in Rom errichten. In seiner Amtszeit gab es zahlreiche Aufstände, die er niederschlug. Großer Jüdischer Krieg (70 n. Chr. Zerstörung Jerusalems); den Aufstand der Bataver (69/71).

Weizsäcker, Karl Heinrich, 1822-1899, liberaler Theologe. Studierte bei Chr. Bauer, dessen Lehrstuhl er später übernahm (1861). Nach kurzer Zeit als Pfarrer im Dienst des württembergischen Ministeriums für Kirchen- und Schulwesen. Zahlreiche liberale Veröffentlichungen.

Wesley, John, 1703-1785; schon als Student versucht er mit dem Glauben ernst zu machen. Wesley und sein Bruder Charles gründen in Oxford, wo sie studieren, den »Heiligen

Klub«, in dem sie ihr geistliches Leben nach gewissen Ordnungen pflegen. Aus dieser Zeit scheint der spätere Name
der auf Wesley zurückgehenden Kirche »Methodisten« zu
stammen. Nach dem Studium und kurzer Zeit als Missionar in Amerika findet Wesley am 24. Mai 1738 unter der
Verkündigung eines Herrenhuter Laienpredigers zur
Heilsgewißheit. Fortan ist sein Dienst von dieser Bekehrung geprägt und zielt auf Bekehrung. Die durch Wesleys
unkonventionelle Art der Evangelisation zum Glauben gekommenen, besonders die aus den einfacheren Volksschichten, kamen immer wieder in Konflikte mit der englischen Staatskirche. Dies veranlaßte Wesley, die Neubekehrten in eigenen Gemeinden zu sammeln.

Wellhausen, Julius, 1844-1918. Liberaler Theologe, Alttestamentler. Auf ihn geht die moderne Pentateuchkritik (Quellenscheidungshypothese) zurück. Privatdozent an der philosophischen Fakultät in Halle (1882), Professor für AT in
Marburg (1885) und Göttingen (1892). Schon zu Wellhausens
Zeit sicherten sich die Vertreter seiner kritischen Theologie fast alle Lehrstühle für AT. Allerdings spalteten sie sich
bald in verschiedene Lehrmeinungen auf. Dennoch ist die
Kritik an der Quellenscheidung nie erstorben. Wellhausen
selbst zog die Konsequenzen aus seiner Beurteilung der Bibel und trat aus der Kirche aus, was ihn allerdings nicht daran hinderte, weiter als Professor für Theologie zu wirken.

Wulfila, 311-386 n. Chr. Sohn eines Goten und einer Kappadozierin, deren Eltern wohl von den Krimgoten während eines Raubkrieges (264) entführt worden sind. Mit etwa 30
Jahren wird er Bischof der Goten, nach 7jähriger Wirksamkeit zum Primas (d. h. Richter) der Goten ernannt. Er wirkte auch bei der Missionierung anderer Gotenstämme mit,
wobei ihm die von ihm verfaßte Bibelübersetzung ins Gotische zugute kam. Seine Übersetzung war die erste Bibel in
der Sprache des später so einflußreichen Volkes der Germanen, zu denen die Goten zählen.

Ximens, Franzisco *1436-1517; studierte Rechtswissenschaft und Philosophie, klassische und semitische Sprachen. Nach innerer Wandlung wurde er Franziskaner und Einsiedler, später Beichtvater der spanischen Königin Isabella von Kastilien. In der Politik kam er zu Einfluß, so daß er nach König Ferdinands Tod für den jungen König die Regentschaft übernahm; er setzte eine Reform der verweltlichten Klöster durch. Selbst als Politiker und Kardinal setzte er seine Einkünfte für wohltätige Zwecke ein. Obwohl er als Großinquisitor treu zur römischen Kirche stand, stellte er sich gegen den Ablaß der Päpste Julius II. und Leo X. zur Errichtung des Petersdoms. Er entwickelte schon vor Erasmus einen Urtext.

Zink, Jörg, Pfarrer in Stuttgart. Bekannt durch Mitwirkung im Fernsehen. Autor einer populären Bibelübertragung.

Zwingli, Huldreich (Ulrich) *1.1.1484-11.10.1531. Neben J. Calvin wichtigster Schweizer Reformator. Ursprünglich kath. Priester. Pestkrank erfaßte er die Botschaft von der Rechtfertigung des Sünders aus Gnaden. Unabhängig von Luther suchte er, angesichts des auch in der Schweiz aufkommenden Ablaßhandels, die Kirche zu reformieren. Dabei ging er davon aus, daß dies nur gegen die römische Kirche möglich war. Am 1. Januar 1519 gegann Z. am Münster zu Zürich mit einer Predigtreihe über das Leben Jesu nach Matthäus und löste dadurch die Schweizer Reformation aus. Er verfaßte 67 Thesen zur Religionsgesprächen, in denen er seine Erkenntnisse niederlegte. 1525 war in Zürich die »Lehr- und Glaubensbesserung« (Reformation) abgeschlossen. Ein verschiedenes Abendmahlsverständnis trennte ihn von Luther. Auch die 1529 durchgeführten Marburger Religionsgespräche brachten keine Einigung der Reformatoren. Die fünf Orte der Innerschweiz widersetzten sich der Reformation und suchten Hilfe in Österreich. In der Schweiz bei Kappeln wurde der wehrlose verwundete Zwingli von den Feinden erschlagen.

Literaturverzeichnis

Aebi, Ernst: »Kurze Einführung in die Bibel«, Lahr-Dinglingen, 1990 [12].

Bengel, Johann Albrecht: »Gnomon« Band 1 und 2, Berlin, 1960.

Bibelübersetzungen:
* »Jerusalemer Bibel« Freiburg, 1985.
* Elberfelder, »Die Heilige Schrift«, Wuppertal, 1985 [2].
* Menge, Hermann: »Die Heilige Schrift des Alten und Neuen Testaments«, Stuttgart, 1984 [11].
* Stuttgarter Jubiläumsbibel: »Die Bibel oder die ganze Heilige Schrift des Alten und Neuen Testamentes nach der Übersetzung Martin Luthers mit erklärenden Anmerkungen«, Stuttgart, 1981 (1. Aufl. 1912).
* »Deutsche Synopse der ersten drei Evangelien« Berlin, 1963.
* Züricher Bibel, »Die Heilige Schrift«, Zürich, 1987 [19].

BSLK: Die Bekenntnisschriften der lutherischen Kirche, hg. v. Deutschen Evangelischen Kirchenausschuß, 1956 [3] (entspricht dem Conkordienbuch).

Dächsel, August: »Bibelwerk«, Band 1 - 8 Breslau, 1874.

»Die Religion in Geschichte und Gegenwart«, Tübingen, 1909 - 1913 (1. Auflage).

Dietzfelbinger, Ernst: »Das Neue Testament«, Interliniarübersetzung Griechisch – Deutsch, Neuhausen-Stuttgart, 1989.

Flügge, C. A.: »Der Schriftforscher«, Kassel, 1928.

Flügge, Theophil: »Wer schrieb das 1. Buch Mose?«, Berlin, 1960.

Flügge, Theophil: »Das Buch der Psalmen mit Erklärung«, Betzendorf (Sieg), 1955.

Foerster, Werner: »Grundriß des Neuen Testamentes«, Berlin, 1967.

Grollenberg, Luc. H.: »Kleiner Bildatlas zur Bibel«, Berlin 1975 [3].

Haag, Herbert: »Bibel-Lexikon«, Leipzig, 1968.

Gerd Haendler u.a. Herausgeber: Kirchengeschichte in Einzeldarstellungen.
* Fischer, Karl Martin: »Das Urchristentum«, Berlin, 1985.
* Haendler, Gerd: »Von Tertulian bis zu Ambrosius«, Berlin, 1978.
* Thümmel, Hans Georg: »Die Kirche des Ostens im 3. und 4. Jahrhundert«, Berlin, 1988.
* Haendel, Gerd: »Die abendländische Kirche im Zeitalter der Völkerwanderung«, Berlin, 1980.
* Tröger, Karl-Wolfgang: »Das Christentum im zweiten Jahrhundert«, Berlin 1988.

Hauss, Friedrich: »Biblische Gestalten«, Neuhausen-Stuttgart, 1986[4].

Hennig, Kurt (Hrsg.): »Jerusalemer Bibellexikon«, Neuhausen-Stuttgart, 1990.

Heussi, Karl: »Kompendium der Kirchengeschichte«, Tübingen, 1981[16].

Jenssen, Hans Hinrich: »Theologisches Lexikon«, Berlin, 1981.

Kittel, Rudolf (Hrsg.): »BIBLIA HEBRAICA«, Stuttgart, 1990[4].

Lee, Robert: »Die Bibel im Grundriß«, Marburg, 1985.

Luther, Ralf: »Neutestamentliches Wörterbuch«, Berlin, 1937[11].

Matthiae, Karl: »Chronologische Übersicht und Karten zur spätjüdischen und urchristlichen Zeit«, Berlin, 1977.

Mau, Rudolf: »Theologisches Fach- und Fremdwörterbuch«, Berlin, 1978.

Nestle, Aland (Hrsg.): »NOVUM TESTAMENTUM GRAECE ET GERMANICE«, Stuttgart, 1986[26].

Pieper, Franz: »Christliche Dogmatik«, Missouri USA, 1946.

Rabast, Karlheinz: »Die Genesis«, Berlin, 1951.

Rienecker, Fritz: »Lexikon zur Bibel«, Wuppertal, 1988.

Rienecker, Fritz: »Sprachlicher Schlüssel zum Griechischen Neuen Testament« Gießen/Basel, 1987[18].

Rienecker, Fritz / Boor, Werner de: »Wuppertaler Studienbibel« Wuppertal, 1989.

Sauberzweig, Ernst v.: »Er der Meister wir die Brüder«, Denkendorf, 1977[2].

Schlatter, Adolf: Erläuterungen zum NEUEN TESTAMENT, Band 1–10, Berlin, 1952.

Scharff, Paulus: »Geschichte der Evangelisation«, Gießen-Basel, 1980[2].

Schmidt, Werner H. / Delling Gerhard: »Wörterbuch zur Bibel«, Berlin, 1971.

Steinseifer, Wolfgang (Hrsg.): »Die Bibel auf einen Blick«, Lahr, 1988.

Schuhmacher, Heinz: »Die Namen der Bibel und ihre Deutung im Deutschen«, Stuttgart, 1958.

Steurer, Rita Maria, »Das Alte Testament« – Interlinearübersetzung Hebräisch – Deutsch und Transkription des Hebräischen Grundtextes nach der BIBLIA HEBRAICA STUTTGARTENSIA 1986; Genesis – Deuteronomium, Neuhausen-Stuttgart, 1989.

Walton, John H. »Chronologische Tabellen zum Alten Testament« Marburg, 1986[3].

Walton, John H. »Chronologische Tabellen und Hintergrundinformationen zur Kirchengeschichte« Marburg, 1987.

Walvoord, John / Zuck, Roy: »Das Alte Testament erklärt und ausgelegt«, Neuhausen-Stuttgart, 1990-1991.

House, H. Wayne: »Chronologische Tabellen und Hintergrundinformationen zum Neuen Testament«, Marburg, 1986[2].

Westermann, Claus: »Abriß der Bibelkunde«, Berlin / Altenburg, 1981.

hänssler

Erstmals: Die gesamte Bibel erklärt und ausgelegt

Herausgegeben von John F. Walvoord und Roy B. Zuck

»Das konsequente hermeneutische Verständnis der Bibel als der von Gottes Geist eingegebenen Heiligen Schrift macht diese fünfbändige Studienausgabe zum Alten und Neuen Testament zu einer bedeutsamen Bereicherung bereits veröffentlichter Bibelkommentare.«
Kurt Hennig, Dekan i.R.

* **Abschnittsweise Auslegung unter besonderer Berücksichtigung schwer verständlicher Verse**

* **Bedeutung von Schlüsselbegriffen im hebräischen und aramäischen Grundtext**

* **Sitten und Gebräuche aus biblischer Zeit**

* **Erhellung von »Widersprüchen« des biblischen Textes**

* **Hintergrund-Information und geschichtliche Zusammenhänge**

Dieses neue Kommentarwerk erschließt dem Leser die faszinierende Welt und die heilsgeschichtliche Bedeutung des Alten und Neuen Testaments, die bisher selbst vielen Christen lebenslang Verständnisschwierigkeiten bereitet. Die Texte sind leicht lesbar und dennoch theologisch fundiert.
Weil alle Autoren dem Dallas Theological Seminary zuzuordnen sind, haben alle Beiträge eine gemeinsame bibeltreue Grundlinie, die sich durch die Kommentierung aller Texte zieht.
Das Werk vermeidet sowohl die Weitschweifigkeit mancher anderer Kommentare wie auch die Oberflächlichkeit mancher Kurzkommentare.
Konzeption und Aufbau ermöglichen eine schnelle Einarbeitung in die Texte, mit denen sich ein Ausleger oder Bibelleser befassen will.

hänssler

Bereits erschienene Bände:

Band 1: Genesis – 2. Samuel
Gb., mit Schutzumschlag, 608 S., 14 x 22 cm, 28 Tabellen, 20 Karten,
Nr. 391.568, DM 98,–/sfr 91,20

Band 2: 1. Könige – Hohelied
Gb., mit Schutzumschlag, 608 S., 14 x 22 cm, 19 Tabellen, 5 Karten,
Nr. 391.569, DM 98,–/sfr 91,20

Band 3: Jesaja – Maleachi
Gb., mit Schutzumschlag, 608 S., 14 x 22 cm, 15 Tabellen, 9 Karten,
Nr. 391.570, DM 98,–/sfr 91,20

In Vorbereitung:

Band 4: Matthäus – Römer
Gb., mit Schutzumschlag, ca. 700 S., 14 x 22 cm, 25 Tabellen, 13 Karten,
Nr. 391.579, DM 78,–/sfr 69,70
nach Erscheinen: DM 98,–/sfr 91,20

Band 5: 1. Korinther – Offenbarung
Gb., mit Schutzumschlag, ca. 700 S., 14 x 22 cm, 6 Tabellen,
Nr. 391.580, DM 78,–/sfr 69,70
nach Erscheinen: DM 98,–/sfr 91,20

Preisvorteil dieser Reihe:
Bei Vorbestellung aller 5 Bände sparen Sie DM 100,–/sfr 96,–.
Bitte bestellen Sie unter Nr. 391.311.

hänssler

Friedrich Hauss
Biblische Gestalten
Tb,; 296 S.; Nr. 70.092; DM 14,80; ISBN 3-7751-0152-7

Die 230 wichtigsten Personen der Bibel werden hier in einem kurzen Überblick über ihr Leben und Wirken mit allen Bibelstellen die von ihnen sprechen, zur Vorstellung gebracht. Damit ist der Band ein ideales Hilfsmittel zur Vorbereitung von Lebensbildern und Bibelarbeiten. Das Licht des Wortes Gottes soll als gestaltende Kraft im Leben der biblischen Menschen gesehen werden.

Friedrich Hauss
Biblische Taschenkonkordanz
Tb,; 248 S.; Nr. 70.066; DM 12,80; ISBN 3-7751-0141-1

Die tägliche Bibellese hat in dieser Stichwortkonkordanz der zentralen Begriffe der Bibel ein notwendiges Hilfsmittel erhalten. Die kurzen Begriffsbestimmungen und die übersichtliche Gliederung der zitierten Stellen nach sachlichen Gesichtspunkten machen es leicht, die Bedeutung des Wortes im Text zu finden. Altes und Neues Testament werden sorgfältig erklärt, vorher nicht gesehene Zusammenhänge werden mit Querverweisen deutlich.

Bitte fragen Sie in Ihrer Buchhandlung nach diesen Büchern!
Oder schreiben Sie an den Hänssler-Verlag, Postfach 12 20,
W-7303 Neuhausen-Stuttgart.